胡自逢著

文史哲學集成

虛室文輯

文史哲出版社印行

國家圖書館出版品預行編目資料

虛室文輯 / 胡自逢著. -- 初版. -- 臺北市：文史哲, 民 89
面； 公分. -- (文史哲學集成 ; 425)
含參考書目
ISBN 957-549-276-5(平裝)

1
848.6 89002918

文史哲學集成 ㊷

虛室文輯

著者：胡自逢
出版者：文史哲出版社
登記證字號：行政院新聞局版臺業字五三三七號
發行人：彭正雄
發行所：文史哲出版社
印刷者：文史哲出版社
臺北市羅斯福路一段七十二巷四號
郵政劃撥帳號：一六一八〇一七五
電話886-2-23511028．傳眞886-2-23965656

實價新臺幣六五〇元

中華民國八十九年三月初版

ISBN 957-549-276-5

虛室文輯序

此集名虛室者？《莊子人間世》，孔子告顏回曰：「唯道集虛，虛者心齋也。」又曰：「瞻彼闋者，虛室生白，吉祥止止」，荀子申之曰：「虛壹而靜，謂之大清明」（解蔽）故曾子以「有若虛，實若虛」，稱美顏子（論語泰伯）余竊有取焉，故以虛室名集，自知其中一無所有，敬待大雅宏達有以教誨之也。蓋嘗深探文之本原。乃知：

一、文章之根柢在群經

五經爲一切文體之本源，《顏氏家訓‧文章第九》

夫文章者，源出五經，詔命策檄生於書，序述論議生於易，歌詠賦頌生於詩，祭祀哀誄生於禮，書奏箴銘生於春秋。

而要之曰：「敷顯仁義，發明功德」。明五經之所以昭示來葉者在茲。《文心雕龍‧宗經篇》：

故論說辭序，則易統其首，詔策章奏，則書發其源，賦頌歌讚，則詩立其本，銘誄箴祝，則禮總其端，紀傳銘檄，則春秋爲根。……所以百家騰躍，終入環內者也。

彥和以五經爲文章之本源與家訓同。文章體製出於五經，後世文人徧引群經以加強本文之評價，或援以作主題之理據，歷代皆然，集中「東京文章引用群經發凡」，此其一例。

二、後世直接宗經，用經以為文者。

八大家首推韓、柳昌黎於進學解中云：

> 沈浸醲郁，含英咀華，作爲文章，其書滿家，上規姚姒，渾渾無涯，周誥殷盤，佶屈聱牙，春秋謹嚴，左氏浮夸，易奇而法，詩正而葩。……。

昌黎極力推尊經文，亦其得力於經籍之處，故曰：「行之乎仁義之途，游之乎詩書之源。」（答李翊書）。蓋其資之既深，則取之左右逢其原也。柳州自謂爲文悉宗五經，《柳子厚集答韋中立論師道書》：

> 本之書以求其質，本之詩以求其恆，本之禮以求其宜，本之春秋以求其斷，本之易以求其動，此吾所以取道之原也。

此柳子厚得力於群經之明證，而以質、恆、宜、斷、動爲道之原，文至約而其旨益遠。五經皆載道之言，故爲道之大原。知經籍固文章之林府，義理之淵海，五經固爲道義之門，誰能出不由戶，而不由斯道乎？屠隆逕謂六經爲六章之大觀。《屠隆由拳集卷二十三文論》曰：

> 夫六經之所貴者，道術固也。吾知之！即其文字，豈不盛哉！易之沖玄，詩之和婉，書之莊雅，春秋之簡嚴，絕無後世文人學士纖穠佻巧之態，而風骨格力，高視千古，若禮記檀弓、周禮考工記等篇則又峯巒峭拔，波濤層起，而恣態橫生，恆文章之大觀也。

屠隆謂六經文字與道術相與輝映，風骨格力迥絕千古，六經皆千古大文章，清辭麗藻，琳瑯滿目，屠氏之言，確有所見，段懋堂稱六經之文，功侔造化《潛研堂文集序》曰：

古代神聖賢人作爲六經之文，垂萬世之教，非有意於爲文，而文之功侔於造化。

懋堂知六經之文所以建天常，立人極者，固與造化同功，此實我先民生存經驗之累積，德慧術智之外發，足以垂萬世之教也。

三、肩負文章經國之大業為今之士大夫。

文章大業之所以可貴者？在能扶衰起敝，持危定傾，故以文章贊翊世教，導正人心風俗之大責，自在當今士大夫之仔肩耳，亭林嘗以「君子之爲學非利己而已也，有明道淑人之心，有撥亂反正之事，知天下之何以流極而至於此，則思起而有以救之」（亭林餘集與潘次耕書）撥亂反治，誠士人之責，亦其志之所在，孟子歷指士尚志（盡心上）其志在扶衰世以拯天下之陷溺，禹思天下之溺，由己溺之也，稷思天下之饑，由己饑之也。是以如是其急也。（離婁下）伊尹思天下匹夫匹婦有一不被堯舜之澤者，若己推而納之溝中，其自任以天下之重如此（萬章上）士爲四民之首，歷史使命、社會安危，責無旁貸，固知文章爲經國之大業，不朽之盛事（魏文帝語）者，咸在於斯。

四、文章義法。

群經明著爲文之大法者？如《易乾文言》曰：「修辭立其誠」《易家人象》曰：「君子以言有物而行有恆。」《繫傳下．五》曰：「其旨遠，其辭文。」《論語．衛靈》子曰：「辭達而已矣。」孔子夙謂：「言以足（成）志，六以足言，言之無文，行而不遠。」（左氏襄二十五年傳）文者華彩之謂，昭明文選序所謂：「事出於沈思，義歸乎翰藻」也。至清桐城古文家揭示文章義法以爲古文之宗旨，其論文曰：「文者，天地之精英，而陰陽剛柔之發也，文之至者通乎神明，人力不及施也」。（清儒學案卷八十八惜抱學案）文章自有義法，孟子所謂：「不以規矩，不能成方圓。」（離婁上）文法之謂也。

余集往日所撰詩文，數十年已積而盈帙，分爲學術、文化、詩賦、序跋、遊記、書札、紀事、雜著八類，大多與世教、人心、風俗有關，深知文章必須綱紀社會，端正人心以持載人文，即當世之急務，開來葉之坦途，期爲國家民族誕敷無疆之休祐，則文之爲德，可以彰顯無餘已。

虛室文輯目次

肆、序跋

伍、遊記

陸、書　札

柒、紀　事

捌、雜　著

壹、學術

試論學術

一、前言

八十三年三月二十六日爲高師仲華先生即世周年，中大文學院中文所系同仁共同發起本屆紀念大會，以追懷先師學術之成就與貢獻，逢不自揣謹以本文略陳學術爲一國立國之大本，與國家之興亡成敗，人心之淳正陷溺，直切攸關，此先生至爲屬意之大事，即學術風氣言，先生籍隸高郵，而王懷祖石臞父子開樸學之風，自俞樾、太炎、季剛諸先輩歷代光大高郵之學，先生直承統緒，先生在學術上之業績，著見於民國六十六年，由黎明出版之《高明文輯》中，第一輯，文化學術類；二、經學類；三、孔學類；四、小學類；五、目錄版本類；六、文學類；七、傳記類。其中一、二、三三類，純爲學術性之著作。於傳統文化，儒家思想，洞極大原，闡述揄揚，可謂體大思精、鉅細靡遺。先生系出名門，年四歲，習四書，六歲，讀五經，民國十四年，入國立東南大學，十六年，本校更名爲國立中央大學，時從季剛先生治經學、小學，備受嘉許，遂慨然以光大高郵學風爲職志，由遺教深知先生服膺儒家思想，以發揚傳統文化爲己任，其悲憫汲汲救世之苦心，隨文畢露，蓋堅信學術固有其尊嚴性，歷代聖哲所以推崇學術拳拳奉持而不容自己者在茲，此尊嚴性，孟子喻之爲天爵，孟子曰：

有天爵者，有人爵者，仁義忠信，樂善不倦，此天爵也；公卿大夫，此人爵也。古之人修其天爵而人爵從之，今之人修其天爵以要人爵，既得人爵而棄其天爵，則惑之甚者也，終亦必亡而已矣。①

孟子以「仁義忠信，樂善不倦」爲天爵，此德性之實踐，履蹈躬行，爲儒學重要之精神，仁義忠信，德性之本原也，樂善不倦，實踐德性之行爲也。何以天爵優於人爵？則《記》所謂「德成而上，藝成而下；行成而先，事成而後」②者也。天爵之所以至貴者？天爵不在於天，而在於人，人人有良貴而在於己身，孟子曰：

欲貴者，人之同心也。人人有貴於己者，弗思耳！人之所貴者，非良貴也，趙孟之所貴，趙孟能賤之。《詩》云：「既醉以酒，既飽以德。」③，言飽乎仁義也，所以不願人之膏粱之味也，令聞廣譽施於身，所以不願人之文繡也。④

天爵本在於己，此良貴，非在外者也。若趙孟之所貴，能予人以高位，一旦有所拂逆，立遭罷黜，是趙孟能貴、亦能賤之也。蓋富貴得失，舉在他人，我弗能與。而飽乎仁義者，雖膏粱之味，不足以易其甘美，文繡之麗，不足以取代令聞廣譽之施於身，令人身心有所寄寓，固君子之所樂，此天爵之足貴也。荀子則謂：

志意修則驕富貴，道義重則輕王公，內省而外物輕矣，傳曰：「君子役物，小人役於物。」此之謂矣。⑤

亦證道義之優於人爵也。至漢代有孫寶者，猶知守禮不屈不肯枉道以往教，而曰：

禮有來學，義無往教，道不可詘，身詘何傷？⑥

時御史大夫張忠辟寶爲掾屬令授子以經，寶自劾去而云然。則堅守學術之尊嚴，不肯以身詘道也。今日世風日下，道義淪喪，較之孟子所謂「世衰道微，邪說暴行有作」⑦之時奚啻千萬倍，當今必須闡明學術之眞實價值，乃足以振其頹風，每思潘四農之言：

今四海之眾，數十年之久，爭爲考據詞章，皆異乎聖人之心者，以如此之學術，而求其心之必惡利、必嗜義，是猶射魚而指天也。……欲救人事，恃人才，欲救人才，恃人心，欲救人心，則必恃學術。⑧

「欲救人心必恃學術」，善哉斯言！然則能救人心，而爲純正之學術者，果安在哉？則身心性命之學是也，清儒羅仲嶽曰：

自戊申以來，一夫倡亂，禍延東南，天下弦誦之聲或幾乎熄矣。今以一介書生，提倡義旅，履險蹈危絕無顧惜，當天下無事之秋，士人率以文辭相尚，有言及身心性命之學者，人或以爲迂，一旦有變，昔之所謂迂者，奮欲起而匡之救之，所謂其愚不可及也。亦由其義理之說，素明於中故也，余自愧德薄，日親當代崇實之儒，拔本塞源，共正天下之學術，學術正則禍難有不難削平者。⑨

仲嶽以義理之學，身心性命之教，乃學術之根本，足以匡世正俗，其光價何如？是端正學術，足以振作士氣，扶正人心，其用宏深，無遠弗屆，以下當緣此而分疏之。以明學術之大用。

二、釋學術

㈠學

《說文教部》

斅，覺悟也。从教、冂，冂，尚矇也，臼聲。學，篆文斅省。

按斅，古文。學，篆文。學，兼覺人自覺二義。《孟子·萬章》伊尹曰：

天之生斯民也，使先知覺後知，使先覺覺後覺，予天民之先覺者也，予將以此道覺此民也。

學有覺義，實則學即學習，《論語》首言「學而時習之」是也。明白言之，學即是讀書，朱子曰：

鄙意只要學者著實讀書，初時只尋行數墨，久之自有見處。最怕人說學不在讀書，不務佔畢。⑩

又曰：

書不只是貴讀，讀便是學，夫子說：「學而不思則罔，思而不學則殆」（爲政）。學便是讀，讀了又思，思了又讀。⑪

陳蘭甫直謂：

> 學者何？讀書也。朱子云：「昔子路曰有民人焉，有社稷焉，何必讀書然後爲學。（先進篇）而夫子惡之。」然則士本於學，而學必讀書，此孔門之遺法也。⑫

此解尤爲明白。

㈡術

《說文行部》

> 術，邑中道也。从行，朮聲。

《段注》：

按術字從行，本爲道路，引申爲法。《孟子·梁惠王上》曰：「無傷也，是乃仁術也。」《朱注》：「術，謂法之巧者。」《論語·雍也》：「夫仁者己欲立而立人，己欲達而達人，能近取譬，可謂仁之方已。」《朱注》：「方術也。」《孟子·告子下》孟子曰：「教亦多術矣，予不屑之教誨也者，是亦教誨之而已矣。」《朱注》：「多術，言非一端。」是術即方法之謂。綜合言之，學術古亦稱學問。《周易·乾文言傳》：

> 君子學以聚之，問以辨之。

《孟子·告子上》孟子曰：

> 學問之道無他，求其放心而已矣。

學術總括一切學問而言，名曰學術者，學始有術，學，則「資之深，取之左右逢其源。」⑬如此方得謂之學術。學術一詞之始見《宋史．吳潛傳》：

詔求直言，潛陳九事，四曰正學術。

考其始，則《漢書卷六十八．列傳第三十八．霍光傳贊》曰：

然光不學無術，闇於大理。……死財三年，宗族誅夷（宣帝時）。

學始有術，不學固無術，何能明大理？學術一詞之流變，有下列不同之稱謂。

1.曰學。

《漢書．儒林傳》曰：

古之儒者博學乎六藝之文，六學者，王教之典籍，先聖所以明王道，正人倫，致至洽之成法也。

六學，即六藝之學（經學），爲學術之正統。明王道三句，已包括王道、倫理、治法在內，學術之整體，此可概見。又《史記．老莊申韓列傳》曰：

老子修道德，其學以自隱無名爲務。

此「學」字指一家之學說，亦即學術也，今人之謂漢學、宋學同。

2.曰義。

《禮記》中之〈冠義〉、〈昏義〉、〈鄉飲酒義〉、〈射義〉、〈燕義〉、〈聘義〉

各篇正所以釋《儀禮》之〈冠禮〉、〈昏禮〉、〈鄉飲酒禮〉、〈射禮〉、〈燕禮〉、〈聘禮〉。

爲《儀禮》之傳。記、傳、義、問，釋經之通例也。

3.曰義學。

《後漢書．楊仁傳》曰：

拜什邡令，寬惠爲政，勸課掾史弟子，悉令就學，其有通明經術者，顯之右署（上司），或貢之朝，由是義學大興。

「義學」，承上「經術」而言，蓋即義理之學，解說經義，爲義理之學所由起，前聖作經，後人治經；所重均在於義也。

4.曰道術。

《莊子．天下篇》曰：

古之所謂道術者，果惡乎在？曰：「無乎不在」。曰：「神何由降？明何由出？」「聖有所生，王有所成，皆原於一」。……其明而在數度者，舊法世傳之史，尚多有之。其在於《詩》、《書》、《禮》、《樂》者，鄒魯之士，搢紳先生，多能明之。《詩》以道志，《書》以道事，《禮》以道行，《樂》以道和，《春秋》以道名分。其數散於天下，而設於中國者，百家之學，時或稱而道之。天下大亂，賢聖不明，道德不一，天下多得一察焉以自好。……雖然不該不徧，一曲之士也。……寡能備於天地之美，稱神明之容。是故內聖外王之道，闇而不明，鬱而不發，天下之人各為其所欲焉，以自為方，必不合矣。後世之學者，不幸不見天地之純，古人之大體，道德將為天下裂。……不侈於後世，不靡於萬物，不暉於數度，以繩墨自矯，而備世之急，古之道術，有在於是者。墨翟禽滑釐聞其風而說之，……不累於俗，不飾於物，不苟於人，不忮於眾，願天下之安寧以活民命，古之道術有在於是者。宋鈃、尹文聞其風而說之，……以禁攻寢兵為外，以情欲寡淺為內，其小大精粗，其行適至是而止。古之道術有在於是。彭蒙、田田駢、愼到聞其風而說之，……以本為精，以物為粗，以有積為不足，澹然獨與神明居，古之道術有在於是者。關尹、老聃聞其風而說之，……芴漠無形，變化無常，死與生與，天地並與神明往與，芒乎何之？忽乎何適？萬物畢羅，莫足與歸，古之道術有在於是者。莊周聞其風而說之，……。

細玩上段，可知

甲、道與道術並舉，道之表現於思想學說，人倫日用者曰道術。有方法、理論，具系統條貫者也。曰「內聖外王之道」，曰「道德不一」，是「道」。又曰「一」，故：「皆原於一」。「一」，即道也。《說文．一上》「一」字下曰：「惟初太極，道立於一，造分天地，化成萬物。」《老子．四十二章》曰：「道生一。」〈三十九章〉曰：「天得一以清，地得一以寧，萬物得一以生。」《易．繫傳》曰：「天下之動，貞乎一者也。」《莊子．天地》曰：「一之所起，有一而未形。」諸「一」字皆與「道」一義。

乙、方術與道術並提。皆言學術，道術爲其整全（純、全、該、徧），而方術則爲一曲、一察、即一部份。

丙、道術之運用、顯現。曰「其運無乎不在。」曰「其明而在數度，（制度與數、宮室有度，車、徒有數）者。」曰「其在於《詩》、《書》、《禮》、《樂》、（指群經）者。」曰：「其數散於天下而設於中國者。」諸「其」字，皆指「道術」，或「一」此約舉學術大閑，何者可名爲學術也。

丁、「天下之人各爲其所欲焉以自爲方。」又曰：「百家往而不反。」可見諸子百氏之學，皆分於道術。

戊、(1)論墨子、禽滑釐。(2)宋鈃、尹文。(3)田駢、愼到。(4)關尹、老聃。(5)莊周。皆曰：「古之道術，有在於是者。」足見「道術」，即是「學術」（即思想學說），又知「道術」舉其全體，即對整體學術而言也。(6)學術，古總名之曰「道」。

道者，人所當由之路，當行之事，當守之理則也。《論語・里仁篇》曰：「吾道一以貫之。……夫子之道，忠恕而已矣。」〈雍也〉曰：「非不說子之道，力不足也。」〈公治長〉曰：「道不行，乘桴浮於海。」上諸「道」字蓋指思想學說，亦即學術。《孟子・盡心》公孫丑曰：「道則高矣、美矣、宜若登天然。」《論語・述而篇》子曰：「志於道……」〈里仁〉子曰：「士志於道，而恥惡衣惡食者，未足與議也。」此「道」字，則聖哲終身蘄嚮之所止，亦即其信仰之歸趣也。要之，道，即今之學術。學術，爲人類心智之活動，即聖哲德慧之綜合表現，以其表現之業績，著錄於竹帛，則爲學術。學術須言天下之公言，退之〈原道〉「凡吾所謂道德云者，合仁與義言之也，天下之公言也。」所言，即天下之公理也。《四庫總目提要．經部總敘》曰：蓋經者非他即天下之公理而已。」天下之公言，即天下之公理，孟子所謂人心之所同然者也。《孟子．告子上》

心之所同然者何也？謂理也，義也，聖人先得我心之所同然耳。故理義之悅我心，猶芻豢（美味）之悅我口。

公理無古今中外，此心同，此理同，先聖後聖其揆一也。

三、學術之產生

人類基於生存之需求，逐次由一、接觸物界，二、了解事物，三、適應環境，四、改善生活，五、謀取福利，以達相生相養相安相樂之目的（人文化成）。此人文演進之自然歷程，學術即由此而萌芽而產生，人類爲欲達成此種需求，首須備物致用。《周易．繫傳》曰：

備物致用，立成器以爲天下利，莫大乎聖人。

〈繫傳下第二章〉曰：

作結繩而爲罔罟，以田以漁，蓋取諸離；耒耨之利，蓋取諸益；日中爲市，交易而退，各得其所，蓋取諸噬嗑；黃帝堯舜垂衣裳而天下治，蓋取諸乾坤；刳木爲舟，剡木爲楫，舟楫之利，以濟不通，蓋取諸渙；服牛乘馬，引重致遠，蓋取諸隨；重門擊柝，以待暴客，蓋取諸豫；斷木爲杵，掘地爲臼，臼杵之利，萬民以濟，蓋取諸小過；弦木爲弧，剡木爲矢，弧矢之利，以威天下，蓋取諸睽；古之葬者厚衣之以薪，後世聖人易之以棺椁，蓋取諸大過；上古穴居野處，後世聖人易之以宮室，蓋取諸大壯；上古結繩而治，後世聖人易之以書契，百官以治，萬民以察，蓋取諸夬。……。

上蓋取者（取卦象以制器）凡十三卦（離、益、噬嗑、乾、坤、渙、隨、豫、小過、睽、夬等），皆聖人制作利用之事，而書契之作，爲用文字之始，自茲方有著作，爲紀錄思想活動之肇端，亦學術之初步產生也。《禮記．禮運篇》歷言自茹毛飲血、草昧之初，迄制禮以祀天地鬼神，以至禮之大成，則禮文備物爲學術盛興之時期矣。其言曰：

昔先王未有宮室，冬則居營窟，夏則居橧巢。未有火化，食草木之實，鳥獸之肉，飲其血，茹其毛。未有麻絲，衣其羽皮。後聖有作，然後修火之利，范金合土，以爲臺榭宮室牖户。以炮以燔，以亨（烹）以炙，以爲醴酪，治其麻絲，以爲布帛。以養生送死，以事鬼神上帝，皆從其朔，陳其犧牲，備其鼎俎，列其琴瑟管磬鐘鼓以降上神與其先祖，以正君臣，以篤父子，以睦兄弟，以齊上下，夫婦有所，是謂承天之祜，此禮之大成也。聖人之所以治人七情，修十義，講信修睦，尚辭讓，去爭奪，舍禮何以治之？

後聖用禮以正君臣、篤父子、睦兄弟、齊上下、令夫婦有所、尙辭讓、去爭奪，以達禮治之效，爲禮之大成，郁郁乎文哉！已爲學術興盛之時期矣。又曰：

四體既正，萬革充盈，人之肥也；父子篤，兄弟睦，夫婦和，家之肥也；大臣法，小臣廉，官職相序，君臣相正，國之肥也；天子以德爲車，以樂爲御，諸侯以禮相與，大夫以法相序，士以信相考，百姓以睦相守，天下之肥也，是謂大順。

肥以喻美善安和。由家、國、天下之肥，謂之大順，固理想之盛世，亦學術昌明以經緯世宙之所致也。韓昌黎則總結聖人以禮樂刑政，爲人類備害防患，開萬世之太平。《昌黎集．原道篇》曰：

古之時，人之害多矣，有聖人者立，然後教之以相生養之道，爲之君，爲之師，驅其蟲蛇禽獸處之中土，寒然後爲之衣，飢然後爲之食，木處而顛，土處而病也，然後爲之宮室，爲之工以贍其器用，爲之賈以通其有無，爲之醫藥以濟其夭死，爲之葬埋祭祀以長其恩愛，爲之禮以次其先後，爲之樂以宣其壹鬱，爲之政以率其怠倦，爲之刑以鋤其強梗，相欺也，爲之符璽斗斛權衡以信之，相奪也，爲之城郭甲兵以守之，害至而爲之備，患生而爲之防。……。

其中衣食住行，爲生活必需品，禮樂刑政，乃爲治之具（政治學），而長恩愛，相生養之道，皆倫理人道之大端，學術之重心也。管、教、養、衛等學術具焉，文曰〈原道〉，「道」爲學術整全之代稱，即一篇學術史之縮寫也。

四、學術分類

㈠按資料而分者。四部分類。

中國載籍向分經史子集四部，溯始於劉向《別錄》，其子歆分爲七略，首〈六藝略〉，班孟堅《漢書·藝文志》因之。其後晉荀勖著《中經》分天下書四部，一曰甲部，紀六藝小學等書，宋王儉撰《七志》，梁阮孝緒有《七錄》，隋許善心有《七林》，《隋書》因之，立〈經籍志〉分天下書爲經史子集，而經爲甲部，迄清乾隆間詔修《四庫全書》，遂立經史子集四部，學界因仍至今。

㈡依性質而分者。

清人朱次琦新四分法：1.考據之學。2.義理之學。3.經世之學。4.詞章之學。朱次琦字子襄，隱居南海九江郡，學者稱九江先生，同光間講學於禮山草堂，以曾文正《日記》有「義理之學、詞章之學、經濟之學、考據之學。」朱氏僅易「經濟」爲「經世」，餘同。考其遠源，《論語·先進》已有四科之目。義理之學，即宋明理學在孔門爲德行之科；詞章，在孔門爲言語之科；經世，在孔門爲政治科；考據之學，在孔門爲文學之科，其內容：則考據之學，含文字、目錄、校讎、辨僞、考證等；詞章之學含文章、詩、詞、曲、小說、戲劇等；義理之學，含經學、子學、理學、哲學、玄學、佛學等；經世之學含史地、政書（如通志、通典、通考）、兵、農、醫學、博物、曆算、藝術等。

㈢據用途而分者。

1.人文科學。2.社會科學。3.自然科學。

自然科學，研究自然物質及其現象之科學，如天文學、數學、化學、物理學、動物、植物學、生理學等；社會科學，研究社會現象，求能發現其中因果關係之學，例如人類學、經濟學、政治學、法律學、心理學、社會學等；人文科學，即英文（humanites）爲研究人生及其規範之學，內容及方法別於前二者，包括哲學、文學、美學、宗教、倫理學、語言學等。人文學，有高度評價性之學，重價值、直覺，而以人性之發揚爲主，所追求者爲生活、生命之意義及其價值，要之以中國學術之廣大博厚，不外自然法則、倫理法則兩大類，人類由自然現象，擷取自然法則，復由自然法則以及社會生活中尋求基於自然法則之倫理法則。此倫理法則，即爲領導人類思想活動，教人如何適應現實生活環境之中心學術也。

五、學術內涵

學術大閑不外宇宙、人生兩大部門，約而言之曰道與器而已。《周易・繫辭傳》：

是故形而上者謂之道，形而下者謂之器。

宇宙、人生，即自然法則與倫理法則之分野。

(一)以人物事分之，則有

1.以人爲本位。如發揚人性，培養人格、健全人治、和諧人際關係等。2.以物爲對象。如窮究物理、利用物質等。

3.以事爲中心。有處事態度、作事方法等。

㈡**以道言之**，則有天道、人道、治道三者，而天道即人道亦即治道，天人一體，三者實一貫。《周易・說卦傳》曰：「立天之道曰陰與陽；立地之道曰柔與剛；立人之道曰仁與義。」天人合德，天人一理，實爲一事。

㈢**以學術體系言**，中國學術通天人、合內外，可分下學、上達二端。

《論語・憲問》子曰：

莫我知也夫，子貢曰：「何爲其莫知子也？」子曰：「不怨天，不尤人，下學而上達，知我者其天乎！」

《朱注》：

但知下學而自然上達。程子曰：「學者須守下學上達之語，乃學之要，凡下學人事，便是上達天理，然習而不察，則亦不能以上達矣。」

程子以下學爲人事，上達爲天理。實則《禮記・中庸》已明言之曰：「苟不固聰明聖知達天德者，其孰能知之？」上達，即所以「達天德」，上文所謂「立天下之大本，知天地之化育」是也。又可以「尊德性，道問學」爲分別。《禮記・中庸》

故君子尊德性而道（由也）問學，致廣大而盡精微，極高明而道中庸。

下學上達亦即上引道、器之分，《文史通義・外篇》

學術無有大小，皆期於道。……學術當然，皆下學之器也。中有所以然者，皆上達之道也。⑭

所以然者，究其極致也。《記》所謂「精微、高明」之境，下學上達須兼顧，方可無弊。清人許宗彥曰：

> 所謂下學而上達者：《詩》《書》執《禮》，則下學也；知天命則上達也。後之儒家，研窮心性，而忽略庸近，是知有上達，而不知由於下學，必且虛無惝怳而無所歸。考證訓詁名物，不務高遠，是知有下學，不知有上達，其究瑣屑散亂，無所總紀，聖賢之學不若是也⑮

下學上達一體，本支一貫，必須兼顧。孔門之學，不外尊德性、道問學二大端。清儒龔自珍曰：

> 孔門之道，尊德性、道問學二大端而已。二端之初，不相非而相用，蘄同所歸，識其初又總其歸，代不數人。……我朝儒術博矣，然其運，實爲道問學，是有文而無質也。聖人之道，有制度名物以爲之跡；有窮理盡性以爲之裡；有詁訓實事以爲之跡，有知來藏往以爲之神（《易傳》）。謂學盡於是，是聖人有博無約，有文章而無性與天道也。⑯

孔門學術，本以心性爲主，知其性則知天矣。（《孟子・盡心》）龔氏以「性與天道」爲孔門上達之實，誠爲知言。

六、學術功用

學術所以極深研幾，經世以致用。《周易・繫傳》「探賾索隱，鉤深致遠。」又曰：「彰往而察來，微顯而闡幽。」又曰：「精義入神，以致用也。」又曰「顯諸仁，藏諸用，鼓萬物而不與聖人同憂，盛德大業，至矣哉！富有之謂大業，日新之謂盛德。」富有、日新，此儒學之所以日用而無窮已。舉其大凡約有三端：

㈠修明人道。

人道宗旨，在發揚人性，擴充理性，基於人類相生相養、相安相樂之宗旨以敬老慈幼，養生送死，俾人類各遂其生，咸得其所，以開創太平「大順」之盛世爲極致。人道一詞之始見，《周易・謙彖傳》

天道虧盈而益謙，地道變盈而流謙，人道惡盈而好謙。

《周易・繫傳下》

《易》之爲書也，廣大悉備，有天道焉，有人道焉，有地道焉。

人道之本質，則爲仁義。《周易・說卦傳》

昔者聖人之作易也，將以順性命之理。是以立天之道曰陰與陽；立人之道，曰仁與義。

仁義二字，宜熟思深玩，以其爲大人之事。王子墊問士何事？曰：「尚志」。曰：「何謂尚志？」孟子曰：

仁義而已矣。殺一無罪，非仁也；非其有而取之，非義也。居惡在？仁是也；路惡在？義是也。居仁由義，大人之事備矣。

居仁由義，爲大人之事，士之所志在此。仁義之外，莫先於禮，《大戴記・哀公問於孔子》哀公曰：「敢問人道誰爲大？」孔子愀然作色而對曰：「人道政爲大。」「敢問爲政如之何？」孔子對曰：

> 夫婦別，父子親，君臣嚴，三者正，則庶民從之矣。爲政先禮，禮者政之本與。

按夫婦別，父子親，君臣嚴三句蓋重倫理之建設，亦即德治。曰「爲政先禮，禮者政之本」，即「道之以德」（《論語．爲政》）也。禮貴尊尊親親，其所先者五事。《禮記．大傳》：

> 上治祖禰，尊尊也，下治（正也）子孫，親親也，旁治昆弟，合族以食，序以昭穆，別之以禮義，人道竭矣。聖人南面而聽天下，所且先者五，民不與焉。一曰治親，二曰報功，三曰舉賢，四曰使能，五曰存愛（存，察也。察有仁愛。）。五者一得於天下，民無不足，無不贍者，五者一物紕繆，民莫得其死，聖人南面而治天下，必自人道始矣。

人道以政爲大，在施政之所側重，傳特標此五事以實之，五事一有紕繆，民莫得其死，言人道之所繫者至大，故藉禮樂以平民之好惡，而反於人道之正。《禮記．樂記》曰：

> 是故先王之極禮樂也，非以極口腹耳目之欲，將以教民平好惡而反人道之正也。

故禮實爲人道之極致。《荀子．禮論》曰：

> 禮豈不至矣哉！立隆以爲極，而天下莫之能損益也。故繩者直之至，衡者平之至，規矩者方圓之至，禮者人道之極也。

要而言之，人道則以仁爲歸。《孟子．盡心下》孟子曰：

> 仁也者，人也，合而言之，道也。

《趙注》「能行仁恩，人也，人與仁合而言之，可以謂之有道。」《正義》「孟子言爲仁者，所以盡人道也，此仁者所以爲人也，蓋人非仁不立；仁非人不行，合仁與人而言之，則人道盡矣。」《正義》推闡孟子之意，至爲明切。人行仁道，則人道盡矣。近人胡適之曰：「仁，就是理想的人道，盡人道即仁。」⑱孔子哲學，止一「仁」字足以蔽之，以其立人道之極。章實齋〈原道中〉曰：「儒家者流尊奉孔子孔子立人道之極，豈有意於儒道之極也。」甚是。

㈡建立倫紀。

倫紀者，倫常綱紀之謂。倫訓等、輩、道、理；紀訓綱紀、條理。倫紀即維護、處理人際關係之大經大法也。夷考倫紀原於天敘天秩。《書．皋陶謨》曰：

> 天敘有典，勑我五典五惇哉；天秩有禮，自我五禮有庸哉！

天敘，天所定之倫敘，意謂五倫。典，常也。勑，謹也。惇，厚也，五惇之五，承五典而言。秩，貴賤品秩，天意所定之爵秩也。五禮：天子、諸侯、卿大夫、士、庶民，謂自天子至於庶民之禮。庸，常也。（屈萬里先生《尙書釋義》）孟子特指出五倫之目。《孟子．滕文公上》孟子曰：

> 人之有道也，飽食煖衣逸居而無教，則近於禽獸，聖人有憂之，使契爲司徒，教以人倫：父子有親，君臣有義，夫婦有別，長幼有序，朋友有信。

又曰：

> 學則三代共之，皆所以明人倫也。人倫明於上，小民親於下，有王者起，必來取法，是爲王者師也。

明人倫爲學校施教之宗旨，王者治天下之大法。令百姓親和，其效大矣！至倫紀之建立，《禮記‧禮運》曰：

今大道既隱，天下爲家，各親其親，各子其子，貨力爲己，大人世及以爲禮，城郭溝池以爲固，禮義以爲紀，以正君臣，以篤父子，以睦兄弟，以和夫婦，以設制度，以立田里，以賢勇知，以功爲己，故謀用是作，而兵由此起。禹湯文武周公，由此其選也。此六君子者，未有不謹於禮者也，以著其義，以考其信，著有過，刑仁講讓，示民有常，如有不由此者，在埶者去，衆以爲殃，是謂小康。

按「禮義以爲紀」，即倫紀之所由建立，「以正君臣」下六句，乃倫紀建立後之績效也，「以著其義」下五句，所以示民有常，常，即倫紀，則其目的也。故倫紀之大本固爲禮義，《禮記‧禮運》曰：

故禮義也者，人之大端也。所以講信修睦，而固人肌膚之會筋骸之束也；所以養生送死，事鬼神之大端也；所以達天道、順人情之大竇也。故唯聖人知禮之不可以已也，故壞國喪家亡人必先去其禮。

禮所以達天道順人情，任何時世，不可以已，否則國壞家喪人亡，其於治道關係至大。《禮記‧樂記》曰：

然後聖人作，爲父子君臣，以爲紀綱（倫紀），紀綱既正，天下大定，然後正六律，和五聲，弦歌詩頌，此之謂德音。

王者功成作樂，治平盛世，乃有德音。然必由倫紀之先建立，上下相守，不稍踰越，而後可安享太平之盛世也。

㈢正統學術制衡之作用。

學術爲立國之大本，國必有正統之學術，以領導一般學術思想，令其向正途發展，乃可有益於家國天下。學術有制衡之作用，方能爲人類造福，歷代論學術之正統，無出顧亭林之右者。亭林曰：

炎武自中年以前，不過從諸文士之後，注蟲魚、吟風月而已，積以歲月，窮探古今，然後海先河，爲山覆蕢，而於聖賢六經之旨，國家治亂之源，生民根本之計，漸有所窺。⑲

亭林明示「聖賢六經之旨」，爲我國正統之學術，蓋六經爲我國民族文化至珍貴之遺產，先聖哲覺世牖民光裕後昆之常典，我立國建國興國之大經大法，咸取足於茲。而曰「國家治亂之原，生民根本之計」，則六經之大用也。顏習齋直謂正統學術，是眞聖賢之學。習齋曰：

唐虞之世，學治俱在六府三事，外六府三事而別有學術，便是異端；周孔之時，學治只有三物，外三物而別有學術，便是外道。⑳

按六府爲民生日用，三事以正德爲首，利用厚生次之，三物爲德性之要目，綜皆德性民生，儒學之常典也。習齋北方之學者，早年出入程朱陸王，後以爲無用，而重事功實用之學。所謂「六府三事」，見《左傳．文公七年》，六府：金、木、水、火、土穀。三事：正德、利用、厚生。三物者：六德、六行、六藝。六德：知、仁、聖、義、忠、和。六行謂孝、友、睦、婣、任、卹。六藝：禮、樂、射、御、書、數。而三事之「正德、利用、厚生」爲中國學術發展之方針，三物即正德之事，正我傳統學術之重心。正統學術，爲一國學術發展之主導，亦即其動力，根據正統學術以爲制衡，保持其統一、穩定性，令一般學術，作均衡之發展，此中庸、中道之足貴，而無過與不及之弊也。六經所以經緯世宇，實齋謂「六經皆先王得位行道經緯世宙之迹」㉑又曰所貴君子之學術，爲能持世而救偏。」㉒持世救偏，乃知正統學術有制衡之宏效，其功用之大至矣，盡矣，蔑以加於此矣。

七、學術理想

學術之隆污，直接影響一國之興衰存亡，何則？正統學術能爲國家開啓光華絢麗之前途，指引人類共同生存之原則，基於此，則一國學術之發展，自必有其理想，此理想固非虛懸一不可企及之目標，有此則示人可以趨赴之方向，爲可企及而日以孳孳，即仰止行止之意也。茲分㈠由窮理盡性以參贊化育。㈡立心立命，以開創人類億萬年無疆之休祐。分陳於次。

㈠由窮理盡性以參贊化育。

《周易．說卦傳》曰：

> 昔者聖人之作易也，幽贊於神明而生蓍，參天兩地而倚數，觀變於陰陽而立卦，發揮於剛柔而生爻，和順於道德而理於義，窮理盡性以至於命。又曰將以順性之理。

由上知窮理盡性之要，所窮之「理」，乃「性命」之理也。據《禮記．中庸》

> 唯天下至誠，爲能盡其性。

則是致誠以盡性，由〈說卦〉則是窮理以盡性，二者相因相明，〈中庸〉此段爲自誠而明之事，所明者，明此理也，《孟子．盡心上》孟子曰：

「萬物皆備於我矣」句下，《朱注》

此言理之本然也。大則君臣父子，小則事物細微，其當然之理，無一不具於性分之內。

朱子言萬物之理，皆備於我身（在性分之內）。《中庸章句》

道之本原出於天而不可易，其實體備於己而不可離。

按西漢董仲舒已謂「道之大原出於天，天不變，道亦不變。」㉓言人秉性於天，天人同具此理，然盡性之「盡」，當如何盡？如何致力？孟子以盡性當自盡心始，其工夫在於存養。《孟子．盡心上》孟子曰：

盡其心者，知其性也，知其性則知天矣。存其心，養其性，所以事天也。

又曰：

求則得之，舍則失之，是求有益於得者也，求在我者也。（同上）

按「存其心」即操則存也，（《孟子．告子上》引孔子曰：「操則存，舍則亡。出入無時，莫知其鄉，惟心之謂與」）「求則得之」，《趙注》「求，謂修仁行義」，《朱注》「在我者，謂仁義禮智，凡性之所有者。」二注之義同是「盡」，有擴充之義。《孟子．公孫丑上》孟子曰：

惻隱之心，仁之端也；羞惡之心，義之端也；辭讓之心，禮之端也；是非之心，智之端也。……

> ……凡有四端於我者，知皆擴而充之矣，若火之始然，泉之始達，苟能充之，足以保四海，苟不允，不足以事父母。

「盡」有推極盡致之義，《孟子・盡心下》孟子曰：

> 人皆有所不忍，達之於其忍，仁也；人皆有所不爲，達之於其所爲，義也；人能充無欲害人之心，而仁不可勝用也；人能充無穿窬之心，而義不可勝用也。

人知如何存養，如何擴充其本然之善，竭其心力，則「盡」之也，而性命之理，非不可言，實則人人可以領悟。清儒張爾岐蒿菴曰：

> 性命之理，騰説不可也，未始不可默喻。侈言於人不可也，未始不可驗之於己。強探力索於一日不可也，未始不可優裕漸漬以俟自悟。如謂於學人分上了無交涉，是將格盡天下之理，而反遺身以內之理也。㉔

蒿菴直指性命之理在己身，可以證驗領悟，能窮理盡性，則可以贊化育。《禮記・中庸》

> 唯天下至誠，爲能盡其性，能盡其性，則能盡人之性；能盡人之性，則能盡物之性；能盡物之性，則可以贊天地之化育；可以贊天地之化育，則可以與天地參矣。

由上明言，人能盡性，則可以贊天地之化育。然參贊之事，固非虛語。《周易・泰象傳》直言其事曰：

> 天地交泰，后以財成天地之道，輔相天地之宜以左右（佐佑）民。

《正義》曰：「天地之道，謂四時也，冬寒夏暑，春生秋殺之道。天地之宜者，謂天地所生之物，各有其宜（言土性所宜）也。」能指實參贊之事者，莫如漢之丙吉，其言曰：

吉又嘗出，逢清道群鬥者，死傷橫道，吉過不問，掾史獨怪之。吉前行，逢人逐牛，牛喘吐舌，吉止駐，使騎吏問，逐牛行幾里矣？掾史獨謂丞相前後失問。或以譏吉，吉曰：民鬥相殺傷，長安令京兆尹職，所當禁備逐捕，宰相不親小事，非所當於道路問也。方春少陽用事，未可太熱，恐牛近行，用暑故喘，此時氣失節，恐有所傷害也。三公典調和陰陽，職所當憂，是以問之。掾史乃服，以吉知大體。㉕

吉以三公典調和陰陽，方春少陽用事，不宜太熱，陰陽不和，必有傷害，按調和陰陽，即參贊之實際，此爲三公而天子（帝王）之參贊，於〈月令〉中言之綦詳，略舉其梗概於後，《禮記・月令》曰：

孟春之月，日在營室（二星名），天子居青陽左个（大寢東堂北偏），立春之日，天子親帥三公九卿以迎春於東郊，命相布德和令，行慶施惠，下及兆民。是月也，天氣下降，地氣上騰，天地和同，草木萌動，乃修祭典，祀山林川澤，犧牲毋用牝，禁止伐木。是月也，不可以稱（舉也）兵，稱兵必大殃。……。

於春季天子當迎春東郊，布德施惠，禁止伐木（斧斤以時入山林，材木不可勝用，《孟子・梁惠王上》）此即順時施政，《易傳》所謂「財成輔相」之道在此，人贊天地之化育與天地參，將人類生命領域逐次向上提升，進而與宇宙整體合而爲一（天人合德）不僅與天地參，且與天地爲一。今之環保，力倡保護自然生態，促進天人和諧，即參贊化育之實也。

㈡立心立命，以開創人類億萬年無疆之休祜。

宋儒張橫渠有言：

為天地立心，為生民立命，為往聖繼絕學，為萬世開太平。㉖

按立心者，立天地之心，天地有心乎？《周易．復彖傳》曰：

復其見天地之心乎！

按復卦䷗承剝䷖，五陰剝一陽，陽氣行將澌滅而卒未澌滅，至復而一陽來復（復，返也。一陽復始，春回大地），按卦氣，復在十一月，冬至一陽復返，天地生物之心畢見。故曰：「復其見天地之心。」是天地果有心，天地之心，天地生物之心也。（天地之大德曰生，見〈繫傳〉下第一章），然人何以能立天地之心？《禮記．禮運》曰：

故人者其天地之德，陰陽之交，鬼神之會，五行之秀氣也。故人者，天地之心。……。

《記》曰「人者天地之心也」，此語至緊要，人心即天地之心，蓋人秉天地之德（生德）。《詩．大雅．烝民之什》曰：

天生烝民，有物有則，民之秉彝，好是懿德。

按物，形色也。則，天性也（舊注訓則，法也。非）孟子曰「形色，天性也」㉗人秉天地之德，人性即天性，人心即天心至明。天地有生物之心，即仁心。天心至仁，人有仁心，孟子曰「仁，人心也」㉘。人心上合天心，則人心固即天地之心，天人銜接之幾在此。人立天地之心，至明。立命者，命、猶道也。《詩・周頌》曰：「維天之命，於穆不已。」《箋》「命猶道也。」在天為天道，大化之流行者是也，在人為性。《禮記・中庸》「天命之謂性」是也。「命」，亦為生命，《左氏・成十三年傳》曰：「民受天地之中以生，所謂命也。」此「命」兼含「生命」之義。為生民立命者？蓋持續人類文化歷史之生命耳。宇宙本為一生命流行之整體，人之生命與宇宙之生命為一，上下與天地同流，曾無一息之或間，以人類為世界之主體也。儒家思想，以心性之學為主宰，重德性之實踐，所以立人極，天人同具此心，生德、仁心一也）泛愛人類為共同生存之原則，基於此，人類相生相養，相安相樂，而各遂其生，各得其所，此種足以保障人類共存共榮，實現世界大同之偉大文化與學術，必能為人類創造無疆之休祜而不容自己也。

八、結語

本文為紀念先師高仲華先生即世周年而著筆，先生畢生盡瘁於學術，為留存傳統文化，遙承儒家思想，以光大五千餘年歷代聖哲之業績，而殫竭志力，終身未遑！故以「試論學術」為題，明先生對學術之貢獻，以志景仰之忱，此為前言。一、二，釋學術之名，古單稱學、或義、或義學、或道術，總名之曰「道」。道，為先聖先哲終生蘄嚮之所止，德性義理之會歸，後世概名之曰學術。三曰學術之產生。即人文演進之歷程，由謀生之知識，樂生興事之學問，進而知所以相生養者，以達共存共榮之道，學術由之而郁郁蔚起。四曰學術分類。㈠按資料而分者，為經史子集四部。㈡按性質而分者，爲考據之學、詞章之學、義理之學、經世之學四類。㈢據用途而分者，爲人文科學、社會科學、自然科學三類。門類既立，則其大閑可知。學者可以各得其性之所近，五曰學術內涵。中國學術，不外宇宙、人生，約而言之，即自然法則、倫理法則二大端；自著手工夫言，則爲下學、上達二端。下學人事，上達天德；亦可謂道問學與尊德性之分野。六曰學術功用。純自經世致用言，分㈠修明人道。㈡建立倫紀。㈢正統學術制衡之作用。學術之興替與國家之盛衰存亡直接攸關，其用至大。七曰學術理想。㈠由窮理盡性以參贊化育。㈡立心立命以開創人類億萬年無疆之休祐。孟子門人公孫丑曰：「道則高矣美矣，宜若登天然，似不可及也，何不使彼爲可企及而日孳孳也？」④有此理想，令吾人爲可企及而日孜孜，則學術之理想，可以實踐，非徒資談說而已。仲華先生，畢生潛心於儒家思想，拳拳服膺，未嘗須臾離，其所作育之研究人才，多在上庠，從事講學著述，使文化界先後薪傳之脈緒，綿延萬代，先生在學術上之貢獻與勳猷，於此可以概見矣。

【附註】

①《孟子·告子上篇》。
②《禮記·樂記》。
③《詩·大雅·既醉之什》。
④《孟子·告子上》。

⑤《荀子・脩身篇》。
⑥《漢書・卷七十七・孫寶傳》。
⑦《孟子・滕文公下》。
⑧《養一齋集卷二・與魯通甫書》。
⑨《羅氏小學韻語序》。
⑩《答劉定夫書》。
⑪《朱子語類・卷十》。
⑫陳澧《盡心堂記》。
⑬《孟子・離婁下》。
⑭《文史通義・外篇・與朱滄海書》。
⑮《鑑止水齋集・卷十四》。
⑯《江子屛書敘》。
⑰《孟子・盡心上》。
⑱《東西文化及其哲學》。
⑲《梨洲思舊錄・亭林與梨洲書》。
⑳《言行錄・世情第十七》。

㉑《文史通義・易教上》。
㉒《文史通義・博約上》。
㉓《漢書・董仲舒傳》。
㉔《蒿菴文集・卷一・答亭林書》。
㉕《漢書・丙吉傳》。
㉖《宋元學案・卷十二・橫渠學案》。
㉗《孟子・盡心上》。
㉘《孟子・公孫丑上》。
㉙《孟子・盡心上》。

顏子學案

序言

始乾元運物而二氣流行，五行布序，斯道也化甄三才，品彙萬殊，昭昭然如日月經天，江河流地，所以建天常，立人紀而旅恆應變，永世無極者也，故非大聖，其孰能任重而肩之！孔子生衰周之季世，王道廢絕，禮義崩壞，諸侯力征，人倫失紀，蒸民靡安，莫之俾乂，周流歷聘，卒不能行其道，而後退居闕里，修堯舜之緒，述文武之教，刪定詩禮，贊易道，作春秋，所教束脩以上三千餘人，使之衣其衣冠，服其所行，將於斯人之徒而求可以與之者，故其施教，先之以孝弟仁義，然後成之以文德，蓋升堂入室者，得七十有二人，斯七十子者，於學無不窺，於藝無不達，則又以四科選之，四科之中，先閔冉而言者惟顏子，德行之冠也，孔子契之至深曰，用之則行，舍之則藏惟我與爾有是夫。言趣操同也，自孔顏沒而微言放絕，大義乖張，漢興諸儒泰半習章句故訓，鮮究危微之要眇謂聖不可以學，後之人葸葸然望而卻走，使夫道中熄歷久，嗟乎有宋程朱二子出，乃昌言聖人固可學而能也。爲當世學者解難析疑，袪蔽發蒙，樹之規撫，使有率從，其翊贊大猷之功，自不可遺，蓋亦深察乎道不遠人，君子之道造端乎夫婦，百姓日用而不知之義也，非必如子貢謂夫子之不可及，猶天之不可階而升也，而顏子之德通乎性天，其行符於聖人，於聖人之道又獨能得其大，今欲學希聖人，未有不研幾於七十子之徒，而況於顏子乎。第於百世之後，載籍散佚久矣，而能藉以窺子之學者，恐僅此耳，因竊輯而次之，將使世之茂才達士，苟欲究天人性命之微，修己治人之要得以探討服行而不失其所歸，亦野人致芹之微也耳。

一、傳略

顏子名回字子淵，魯人，黃帝之後也。黃帝生昌意，五傳而至陸終，生子六人，其五曰晏安，爲曹姓，國於邾，歷唐虞夏商，不能紀其傳，周武王克商，封其裔孫挾爲邾子，挾生非，非生成，成生車輔，車輔生將新，將新生訾父，訾父生夷甫，夷甫字伯顏，春秋時有功於周，齊威公命爲小邾子，別封其子友於郳，子孫遂以顏爲氏，以其附庸於魯，故世世仕魯爲卿大夫，自夷甫以下傳十七世至繇，爲魯卿士，聚齊姜氏以周敬王七年戊子，即魯昭公二十九年冬十一月十一日生顏子於魯，少孔子三十八歲，顏子生而明睿潛純，有聖人之資，十三歲從學於孔子（學統）。孔子曰；自吾有回，門人日益親（尚書大傳），又曰吾與回言，終日不違如愚，退而省其私，亦足以發，回也不愚，又曰，回也非助我者也，於吾言，無所不說（論語）。顏子問於孔子曰淵願貧如富，賤如貴，無勇而威，與士交通，終身無患難，可乎？孔子曰善哉回也，夫貧而如富，其知足而無欲也，賤而如貴，其讓而有禮也，無勇而威，其恭敬而不失於人也，終身無患難，其擇言而出之也，若回者其至乎（韓詩外傳）。孔子見客，客去，顏子曰，客仁也，孔子曰恨兮其心，顙兮其口，仁，則吾不知也，顏子曰，良玉度尺，雖有十仞之土，不能掩其光，良珠度寸，雖有百仞之水，不能掩其瑩，詩曰鼓鐘于宮，聲聞於外，溫良在中，則眉睫著之矣（韓詩外傳）。少正卯在魯，與孔子同時，孔子門人三盈三虛，惟顏子不去，獨知聖人之德也。（列子心隱）。顏子問君子，孔子曰，愛近仁，度近智，爲己不重，爲人不輕，君子也，問小人，曰毀人之善以爲辨，狡訐懷詐以爲智，幸人之有過，恥學而羞不能，小人也。問小人之言有同乎君子，不可不察也，曰，君子以行言，小人以舌言，君子惟爲義之上，相疾也退而相愛；小人惟爲亂之上，相愛也，退而相惡。問朋友之際如何？孔子曰，君子之於朋友也，心必有非焉而勿能，謂吾不知其仁人也，不忘久德，不思久怨，仁矣夫（家語）。問仁，孔子曰克己復禮爲仁，一日克己復禮；天下歸仁焉，爲仁由己，而由人乎哉？曰，請問其目，曰，非禮勿視，非禮勿聽，非禮勿言，非禮勿動，顏子曰，四雖不敏，請事斯語矣，孔子曰，語之而不惰者其回也與（論語）。又曰回之爲人也，擇乎中庸，得一善則拳拳服膺而弗失之矣（禮記）。十六歲在魯，魯定公問於顏子曰子聞東野畢之善御乎，對曰，善則善矣，雖然，其馬將佚，公不悅，入謂左右曰，君子固讒人乎！三日，校來謁曰畢之馬佚，公趣駕召顏子至，問何以知之，對曰臣以政知之。昔舜巧於使民而造父巧於使馬，舜不窮其民，造父不窮其馬，是舜無佚民，造父無佚馬也，今東野畢之御，升車執轡御體正矣，步驟馳騁，朝禮畢矣，歷險致遠，馬力盡矣，然猶求馬不已，是以知之也。定公曰善，得少進乎？顏子曰，臣聞鳥窮則啄，獸窮則攫，人窮則詐，馬窮則失，自古迄今，未有能窮其下而能無危者也（荀子）。公悅以告孔子，孔子曰，其所以為顏回者，此之類也，豈足多哉。孔子謂子貢曰汝與回也孰愈？對曰，賜也何敢望回，回也聞一以知十，賜也聞一以知二，孔子曰，弗如也，吾與汝弗如也（論語），顏子問子貢曰，吾聞諸夫子，身不用禮而望禮於人；身不用德而望德於人，亂也。夫子之言，不可不思也（家語）。顏子問於孔子曰成人之行若何？孔子曰，成人之行，達乎情性之理，通乎物類之變，知幽明之故，睹游氣之原，若此而可謂成人矣（說苑辨物）。顏子從孔子遊於農山之上，子路子貢皆侍側，孔子曰二三子各言爾志，吾將擇焉，子路曰願奮長戟，盪三軍，攘地千里，搴旗執馘，惟由能之，孔子曰，勇哉！子貢曰，兩國搆難，壯士列陣，賜推論利害，陳說其間，釋二國之患，惟賜能之，孔子曰，辨哉！顏子曰回聞薰蕕不同器而藏，堯桀不共國而治，以其類異也。回願明王聖主輔相之，敷其五教，導之以禮樂，使民城郭不修，溝池不越，鑄劍戟為農器，放牛馬于原藪，天下盛寧，無戰鬥之患，則由無所施其勇，而賜無所施其辨矣。孔子曰，美哉德也。子路曰夫子何取焉？孔子曰，不傷財，不害民不繁詞，顏氏之子有之矣（家語致思）。他日，子路入，孔子曰由智者若何，仁者若何？對曰，智者使人知己，仁者使人愛己。孔子曰，可謂士矣。子貢入，孔子曰，賜智者若何，仁者若何？對曰，智者知人，仁者愛人。孔子曰，可謂士君子矣。顏子入，孔子曰，回，智者若何，仁者若何？對曰，智者自知，仁者自愛，孔子曰可謂明君子矣。（荀子子道）孔子昧旦晨興，顏子侍側，聞哭聲甚哀，孔子曰回，知此何所哭乎？對曰，此哭聲非但為死者而已，又有生離別者也。孔子曰，何以知之？對曰，回聞桓山之鳥生四子，羽翼既成，將分於四海，其母悲鳴而送之，哀聲有似于此，謂其往而不返也，回竊以音類而知之，孔子使人問哭者，果曰，父死家貧，賣子以葬，與之長訣。孔子曰，回也善于知音矣（家語）。孔子去衛，過匡，匡人圍之，顏子後，孔子曰，吾以女爲死矣，顏子曰，子在，回何敢死。顏子居陋巷，孔子稱之曰賢哉回也，一簞食，一瓢飲，在陋巷人不堪其憂，回也不改其樂，賢哉回也！顏子問爲邦，孔子曰，行夏之時，乘殷之輅，服周之冕，樂則韶舞，放鄭聲，遠佞人，鄭聲淫，佞人殆（論語）。顏子將西遊于宋，問于孔子曰，何以爲身？孔子曰恭敬忠信而已矣，恭則遠乎患，敬則人愛之，忠則和于衆，信則人任之，勤此四者，可以臨國，豈特一身哉（家語賢君）。顏子從孔子厄于陳蔡之間，孔子知弟子有慍心，召顏子入，問之曰，詩云匪兕匪虎，率彼曠野，吾道非邪，吾何爲于此？對曰，夫子之道至大，故天下莫能容，雖然，夫子推而行之，何病不容，不容然後見君子，夫道之不修，是吾醜也，夫道既已大修而不用，是有國者之醜也，不容何病，不容然後見君子，孔子欣然而笑曰有是哉，顏氏之子，使爾多財，吾爲爾宰，二十九歲髮盡白（史記孔子世家）。孔子曰，回有君子之道四焉，彊于行義，弱于受諫，怵于得祿，愼于治身（家語）。顏子深契聖道之妙，一日喟然歎曰仰之彌高鑽之彌堅，瞻之在前，忽焉在後，夫子循循然善誘人，博我以文，約我以禮，欲罷不能，既竭吾才，如有所立，卓爾，雖欲從之，末由也已（論語）。又曰，舜何人也，予何人也有爲者亦若是（孟子）。孔子曰，回也其心三月不違仁，其餘則日月至焉而已矣。又曰回也其庶乎，屢空（論語）。仲孫何忌問于顏子曰，一言而有益于仁智，可得聞乎？對曰，一言而有益于智莫如豫，一言而有益于仁莫如恕（家語），叔孫武叔多稱人過而己評論之，顏子曰固子之來辱也，宜有得于回焉，吾聞諸夫子曰，言人之惡，非所以美己，言人之枉，非所以正己，故君子攻其惡，無攻人之惡（家語）。衛將軍文子問于子貢曰，吾聞孔子之設教也，入室升堂者七十有餘人，其孰爲賢？子貢對曰，夫能夙興夜寐，諷誦崇禮，行不貳過，稱言不苟，是顏回之行也，孔子說之以詩曰，媚茲一人，應侯愼德，永言孝思，孝思維則，若逢有德之君，世受顯命，不失厥名以御于天子，則王者之相也（大戴禮衛將軍文子）三十一歲，同季路侍孔子，孔子曰盍各言爾志，顏子曰願無伐善，無施勞，孔子謂顏子曰，用之則行，舍之則藏，惟我與爾有是夫（論語），孔子翼易於大傳，贊之曰，顏氏之子其殆庶幾乎，有不善，未嘗不知，知之未嘗復行也（易繫傳）。年四十一卒，時周敬王三十九年，魯哀公十四年也。孔子哭之慟曰噫，天喪予，天喪予！從者曰子慟矣，曰有慟乎，非夫人之爲慟，而誰爲？顏路請孔子之車以爲之槨，孔子曰才不才，亦各言其子也，鯉也死有棺而無槨，吾不徒行以爲之槨，以吾從大夫之後，不可徒行也。門人欲厚葬之，孔子曰不可，門人厚葬之，孔子曰回也視予猶父也，予不得視猶子也，非我也夫二三子也（論語），哀公將弔顏子，使人問于孔子，孔子對曰凡在封內皆臣子也，禮君弔其臣，升自東階，向尸而哭，其恩賜之施不有算（算同）也，哀公問弟子孰爲好學，孔子對曰有顏回者好學，不遷怒，不貳過，不幸短命死矣，今也則亡，未聞好學者也，季康子問弟子孰爲好學，孔子對亦如之（論語）。顏子葬曲阜縣防山，漢高帝以配祀孔子廟，唐贈兗國公，元贈復聖公，明嘉靖中改稱復聖顏子（學統）。

二、學　述

謹按顏子聰明睿智，沈潛純粹，德行備至，與聖人同，昌黎文公曰，夫子之道至大門弟子不能徧觀而悉睹也，今人於千百世之下假陳編舊章以窺顏子，亦何獨非然，蓋顏子之學，所可得而言者：

㈠體仁

易文言傳君子體仁足以長人，夫仁之爲德至矣，夫子罕言，不敢自居於仁，亦未嘗輕以許人也，故以令尹子文之忠，陳文子之清，克伐怨欲之不行，由求赤三子之治賦，宰邑，對賓客，亦言不知其仁，記曰，仁之爲器重，其爲道遠，舉者莫勝也，行者莫能致也，勉于仁者，不亦難乎！又曰仁之難成久矣，唯君子能之，班氏刑法志曰王者乘衰撥亂而起，被民以德教，變而化之，必世然後仁道成焉，仁之難能若是，然天道陰陽，地道柔剛，陰陽和而剛柔濟，則曰中，中者、天地之交也，天地交而人生焉，故曰，人者，天地之心也，仁，則人之心也，中庸，仁者人也，親親爲大。孟子釋仁最精曰，仁，人心也。所謂心者，人之本心，非薰染而成之習心，孟子又曰未有仁而遺其親者也，仁之實事親是也，孩提之童，無不知愛其親也，此愛親之心，即人之本心，亦即仁之本體，此本心所謂不學而能，不教而成者也，大雅云，天生蒸民有物有則，民之秉彜，好是懿德，言民皆有此德，惜時闇時明，旋生旋滅，惟顏子能擴而充之，擇善而固執之耳，故於其問仁，孔子語以克己復禮，一日克己復禮，天下歸仁焉，蓋禮以仁爲本，儒行云，禮節者仁之貌也，孔子深知顏子能行仁，故言之以此，顏子亦自揣能行之，概然請問其目，孔子曰非禮勿視，非禮勿聽，非禮勿言，非禮勿動，顏子對曰，回雖不敏請事斯語矣，亦期能必行也，夫視聽言動，古人皆有禮以制之，惟能克己復禮，凡非禮之事，所接於吾者，自能有以止吾之耳目心口而勿視聽言動也，樂記云，是故君子，反情以和其志，比類以成其行，姦聲亂色，不留聰明，淫樂慝禮，不接心術，惰慢邪辟之氣，不設于身體，使耳目鼻口心知百體皆由順正以行其義，即此所愼非禮諸事也，顏子體認深至，生機清絜，與天地化通，故能剛健篤實，輝光日新，易曰，天行健，君子以自強不息。又曰君子終日乾乾，夕惕若厲，无咎，中庸曰，故至誠無息。詩云維天之命，於穆不已，顏子洞澈宇宙生生不息之理，仁德日晉，故孔子稱其心三月不違仁，又曰，語之而不惰者，其回也與。大學言格物，中庸言明善，顏子明乎至善，仁以守之，內磊落而外和敬，心廣體胖，雖簞瓢陋巷，不改其樂，詩云既醉以酒，既飽以德，言飽乎仁義也，所以不願膏粱之味令聞廣譽在身，所以不願文繡也，孔子疏食飲水，曲肱而枕樂在其中者，亦樂有此仁也，論語孔子曰，富與貴是人之所欲也，不以其道之，不處也；貧與賤，是人之所惡也，不以其道得之不去也，君子去仁，惡乎成名，君子無終食之間違仁，造次必于是，顚沛必于是，又曰朝聞道夕死可矣，據此，則孔子所謂道即仁也，又曰，天下有道則禮樂征伐自天子出；天下無道，則禮樂征伐，自諸侯出，據此則孔子所謂道即禮也，是故曰道，曰禮，曰仁，其義一也。自其表於外者而言之，曰禮，自其蘊於內者而言之曰仁，仁之爲德其體至大，周流溥洽，含弘廣淵也如此，而顏子能體行不倦，存養醇熟，若顏子者雖謂之聖，不亦可乎！

㈡為治

論語，孔子曰，夫仁者，己欲立而立人，己欲達而達人，而成己成物，博施濟衆，莫善於爲政，故顏子問爲邦，孔子曰行夏之時，乘殷之輅，服周之冕，舉三代損益因革制宜之道，乃所以爲天下，豈云邦而已乎？孔子以夏政尙忠，而其敝民惷而愚，喬而野，朴而不文；殷承夏而其敝則蕩而不靜，勝而無恥；周承殷而其敝則利而巧，文而不慚，賊而蔽，斯時當周之末世王道陵遲，禮義崩壞，諸侯力政，強陵弱，衆暴寡，百姓靡安，莫之綱紀，周政之敝，已臻其極，則救周者又當繼之以質，故宜有所損益也。白虎通曰，三代之治，如順連環、周而復始，窮則返本，窮變通久，此天地之理，陰陽往來之義也，勢運之相斡相生也，禮運云，我欲觀夏道，是故之杞而不足徵也，吾得夏時焉，漢書禮樂志云，王者必因前王之禮順時施宜，有所損益，即民之心，稍稍制作，至太平而大備，周監于二代，禮文尤具事爲之制，曲爲之防，孔子美之曰，郁郁乎文哉，吾從周。而夏時得天，百王所同，春生萬物，爲四時始，平秩東作，民便施功也；殷輅以木，最質質昭其儉也，周冕禮冠，繅采具飾，文備之著也，則三代之美盡之矣。較而觀之，而其因革損益，亦昭然若揭矣。呂氏春秋云，國無法則亂，守法而弗變則悖，悖亂不可以持國，世異時移，變法故宜，此即易窮則變，變則通，通則久也。亦顏子問爲邦之本意，善乎，干寶之言曰，弟子問政者數矣，而夫子不與三代之損益，蓋以非其任也。回則備言，王者之佐，伊呂之人也，故夫子及之焉。

㈢好學

孔子聖之天縱，自云若聖與仁，則吾豈敢，又曰，聖則吾不能，然自謂發憤忘食，又謂十室之邑必有忠信如丘者焉，不如丘之好學也，於三千弟子中，乃獨許顏子爲好學，答魯公，季康子之問是也。蓋好學非易云爾也，君子之爲學也，原始要終，一以貫之，孔門惟顏子好學，能有此詣，孔子稱顏子之好學曰，不貳過；又曰回之爲人也，擇乎中庸，得一善則拳拳服膺而弗失之矣，當其未擇時，固不能無過中之時，及得善而服膺弗失，所以能不貳過，此顏子思誠之學，以人道合天道者也。易曰，君子以見善則遷有過則改，又曰，不遠復，无祇悔，无吉。夫子學易，可以无大過，顏子好學，亦能體復，故孔子曰，顏氏之子其殆庶幾乎！有不善未嘗不知，知之未嘗復行也，顏子嘆孔子之道，仰之彌高，鑽之彌堅，瞻之在前，忽焉在後，然於博文約禮之教服習已久，積日累月，見道彌深，雖欲從末由，終欲罷不能，故孔子稱之曰回，吾見其進也，未見其止也，子在川上曰逝者如斯夫，不舍晝夜，若顏子之好學亦若是矣，莊子云顏淵曰，夫子步亦步，夫子趨亦趨，夫子既奔逸絕塵，而回瞠若乎後矣，此可見孔子之道高，而顏子之好學也，孟子公孫丑曰，道則高矣、美矣，宜若登天然，孟子曰君子中道而立，能者從之，若顏子好學之至，殆可謂能者矣。

三、附　錄

(一) 附錄上

曾子曰以能問於不能，以多問於寡，有若無，實若虛，犯而不校，昔者吾友嘗從事於斯矣。

孟子曰禹稷當平世，三過其門而不入，孔子賢之，顏子當亂世一簞食，一瓢飲在陋巷人不堪其憂，顏子不改其樂，孔子賢之，禹稷顏回同道，禹思天下有溺者，由己溺之也，稷思天下有饑者由己饑之也，是以如是其急也，禹稷顏子，易地則皆然，又曰冉牛閔子顏淵，則具體而微。

揚子法言曰，孔子習周公者也，顏淵習孔子者也。或曰，人可鑄與？曰，孔子鑄顏淵矣。又曰顏不孔，雖得天下，不足以爲樂。又曰，昔乎仲尼，潛心於文王矣，達之，顏淵亦潛心於仲尼矣，未達一間耳，周子曰，見其大則心泰，心泰則無不足，無不足則富貴貧賤處之一也，處之一則能化而齊，故顏子亞聖。

又曰聖人之蘊微顏子殆不可見，發聖人之蘊，教萬世無窮者顏子也，伊尹、顏淵大賢。

程子曰，欲學聖人，且須學顏子。

又曰，顏子和風慶雲也。

又曰，顏子大率與聖人同，只是便有分別，若無，則是聖人矣。

又曰，博文約禮，此顏子稱聖人最切當處，聖人教人惟此二事而已。

又曰，顏孟之於聖人其知之深淺同，只是顏子尤溫醇淵懿於道更得淵粹，近聖人氣象。

又曰，顏子簞瓢陋巷非可樂，蓋自有其樂耳。

程叔子曰，詩書六藝，七十子非不習而通也，顏子所獨好者何學也？曰，學以至聖人之道也，學之道如何？曰，天地儲精，得五行之秀者爲人，其本也眞而靜，其未發也，五性具焉，曰仁義禮智信，形既生矣，外物觸其形而動於其中矣！其中動而七情出焉，情既熾而益蕩，其性鑿矣，覺者約其情使合於中，正其心養其性而已，中正而誠則聖矣。君子之學必先明諸心，知所往然後力行以求至，所謂自誠而明也。故顏子所事則曰非禮勿視聽言動，得一善則拳拳服膺而弗失之，此其好之篤，學之之道也，所異於聖人者，守之也，非化之也，以其好學之心，假之以年，則不日而化矣。

又曰，大學之道在明明德，明德乃至善也。知既至則意自誠，顏子有不善未嘗不知，知之至也。知之至故未嘗復用，他人復行，知之不至也，顏子雅意，則直要做聖人。

尹氏曰，古來惟孔子好學，其次莫如顏子。

楊氏曰，顏子好學，學舜而已，蓋舜於人倫，無所不盡，孟子所謂爲法天下，可傳後世也。孟子所憂，憂不如舜耳，人能以舜爲心，其學不患不進。

朱子曰，顏子生平只受用克己復禮四箇字，顏子地位，有甚非禮處，也須淨盡截斷。

又曰，不遷怒不貳過，是顏子好學之符驗處，卻不是學此二事。顏子學處專在非禮勿視聽言動上。

又曰，顏子只是見得過道理透，自不遷不貳。

又曰，顏子之樂平淡，如曾點之樂便勞攘了。

又曰，夫子之道如天，惟顏子得之。夫子許多大意思盡在顏子身上發見，顏子所以發聖人之蘊，恐不可以一事言，聖人全體大用，無不一一於顏子身上發見也。仲尼無迹，顏子微有迹，孔子之教，惟顏子爲得其全，故因其進修之迹，而後孔子之蘊可見，猶天不言而四時行百物生也。

又曰，程子云昔受學於周茂叔，每令尋仲尼顏子所樂何事，按程子之言引而不發，蓋欲學者深思而自得之，今不敢妄爲之說，學者但從事於博文約禮之誨，以至欲罷不能而竭其才，則庶乎有以得之矣。

又曰顏子之心，無少私欲，天理渾然，是以日用動靜之間，從容自得，而無適不樂，不待以道爲可樂然後樂也。

又曰顏子爲是私欲既去，天理流行，動靜語嘿日月之間，無非天理，胸中廓然，豈不可樂，此與貧窶自不相干，故不以此而害其樂。

又曰，顏子不改其樂，是他工夫到後自有樂處，與富貴貧賤了不相關，自是改他不得。

又曰，顏子是孔子稱他樂，他不曾自說道我樂，人自說樂時已是不樂了。

又曰，顏淵問仁一章，乃傳授心法切要之言，非至明不能察其幾，非至健不能致其決，故惟顏子得聞之，而凡學者不可以不勉也。

又曰，顏子三月不違，只是此心常在，無少間斷，自三月後，卻未免有豪髮私意間斷，在顏子念慮之間，間有不善處，卻能知之而未嘗復行也。

屏山劉氏曰，學易者必自復始，顏子不遠復，天下歸仁，復之功至矣。論語所載，惟發二問，一爲仁，一爲邦，夫子答之，皆極天理人事之大者，原易之用，內焉惟窮理盡性，外焉惟開物成務，顏子盡之。

張氏曰，顏子之所至，亞於聖人，孔門高第，莫得而班焉，及考魯論師友之所稱有曰不遷怒，不貳過而已，有曰以能問於不能，以多問於寡，有若無，實若虛，犯而不校而已。自學者觀之，疑若近而易識，然而顏子之所以爲善學聖人者，實在乎此，則聖門之學其大略亦可見矣。

黃氏曰顏子存養之深，省察之明，克治之力，持守之堅，故其未怒之初，鑑空衡平，既怒之後，冰銷霧釋；方過之初，瑕纇莫逃，既知之後，根株悉拔，此所以爲好學，而朱子以爲克己之功也。又曰顏子天資只是明與剛，顏子之用功，只是敬與義，既明矣又持之以敬，既剛矣又輔之以義，天資學力兩極，則血氣豈能輕爲之動，念慮豈能再使之差，此所以謂之不遠復也，所以謂之有不善未嘗不知，知未嘗復行也。

輔氏曰顏子不遷不貳乃終身學力之所就，固非一日收其放心便能如此，亦非是學者克己之事，故朱子以爲克己之功，必其平日遇怒則克，不使之流蕩於外以過於物，遇過則克，不使之伏藏於內，以爲之根，怒不過於物，則久久自然不遷，過不爲之根，則久久自然不貳。

陳氏曰，顏子一身渾是義理，不知有人。

莫氏曰，顏子工夫乃是博文約禮上用力，博文者，格物致知之事也，約禮者，克己復禮之事也，內外精粗，二者並進，則此心此身皆與理爲一，從容游泳於天理之中，雖簞瓢陋巷不知其爲貧，萬鍾九鼎，不知其爲富，此乃顏子之樂也，程朱二先生恐人只想像顏子之樂，而不知實用其功，雖曰談顏子之樂，何益於我？故程子全然不露，使人自思而得之，朱子又恐人無下手處，特說出博文約禮四字，令學者從此用力，眞積力久，自然有得，至於欲罷不能之地，則顏子之樂可以庶幾矣。

新安陳氏曰，顏子博文精也，約禮一也。

吳氏曰，顏子所謂卓爾，亦在乎日月行事之間，非所謂窈冥昏默者。曹月川曰，顏子之學，固欲明道，然亦未嘗不欲道之行也，觀其問爲邦，而夫子告以四代禮樂及放鄭聲遠佞人。其言志，一則曰願無伐善，無施勞，一則曰願得明王聖主輔相之，敷其五教，導之以禮樂使民室家無離曠之思，千載無戰鬥之患，而勇辨者無所施用焉，然則顏子之志，又豈非堯舜君民而公天下之心也哉？

敬軒薛氏曰，顏子於聖人體段已具，即孟子公孫丑所謂顏子具體而微也，體段是聖人所具之天理，顏子亦有，蓋以一身四肢之體段喻一心四德之體段也。

又曰，程子曰，顏子簞瓢陋巷，在他人則憂，而顏子獨樂者仁而已。愚謂聖賢之樂，不過全天命之性，仁即天命之性也，專言仁，則禮義智皆在矣。

又曰仰不愧，俯不怍，心廣體胖，人欲淨盡，天理渾全，則顏氏之樂可識矣。

又曰，顏子所言高堅前後，朱子曰，道體也，道體即性也。敬齋胡氏曰，讀書極難，蓋難得聖賢之意，或有讀周茂叔令二程尋顏子所樂何事，遂去他身上尋個樂，未免猖狂自恣，自己不曾做顏子工夫，遂樂顏子之樂，不亦誤乎！又曰，程子曰，識得此理，以誠敬存之而已最是。如曾點天資高，所見大，其言志處高邁不滯於迹，已勝於顏子，但不如顏子能誠敬存養，既不存養並與所見者而失之矣。此顏子所以進於聖而曾點卒歸於狂也。

又曰，顏子四勿，涵養省察工夫都在裏。

又曰，顏子克己，便是王者事，王者無私。

整庵羅氏曰，顏子克己復禮，殊未易言，蓋其于所謂禮者見得已極分明，所謂如有所立卓爾也。惟是有我之私，猶有纖毫消融未盡，消融盡則渾然與理爲一矣，然此處工夫最難，蓋大可爲也，化不可爲也，若吾徒之天資學力去此良遠，但能如謝上祭，所言從性偏難克處克將去，即是日用間切實工夫，士希賢，賢希聖，固自有次第也。

呂涇野曰，先儒謂周茂叔令程子尋顏子之樂處，所樂何事，伊川只答或人云，若說有道可樂，便不是顏子。此語極好，夫顏子心胸何等宏大，何等灑落，視世之富貴貧賤利害夭壽，舉無以動其中者，此誠見大心泰，無不足也，顏子樂處正在乎此。

問不遷不貳如何？呂涇野曰不遷怒，發而中節之和，不貳過，幾於喜怒哀樂未發之中，顏子逐日在這性情上用功，怎麼不謂之好學，又問何以見得性情？曰七情之中惟怒爲甚，怒而不遷，則凡七情皆得其正矣。人性至善，本無過失，過而不貳，則馴致於至善矣。

又曰，顏子以能問於不能與舜好問好察同。舜有並生之心，天下之人疾痛痾養與己相關，故好問好察以求所以處之之方，不但問於君子，雖耕稼陶漁之人亦往問之，不自知其爲聖人，若自以爲聖人，人怎肯與他說。惟舜好問好察，以天下之聞見爲一己之聞見，故曰大知。顏子亦具此心，故以能問於不能以多問於寡。中庸言舜之大知，即以顏子繼之，亦是此意，又曰，仰之彌高，鑽之彌堅，瞻之在前，忽焉在後，無極而太極也，博文約禮，一陰一陽也，既竭吾才，如有所立卓爾，陰陽即太極也，雖欲從之末由也已，太極本無極也，周元公曰，發孔子之蘊，教萬世無窮者，顏子也，知言哉。

高景逸曰，簞瓢陋巷，是何胸次？博文約禮，是何修持？不遷不貳，是何力量？是之謂不違仁。識仁者，當識顏子所以爲仁。

又曰，顏子之好學，不在怒與過上用功，只看大易，便知復卦初九一爻，惟顏子能當之，此一爻即乾元也，所謂元者，善之長也，夫子一生，好學二字，惟自許許顏子一人。

按自曾子而下以迄景逸高氏諸前賢所論述，皆足以發顏子之蘊，發顏子之蘊，亦所以發孔子之蘊也。此皆儒者之言，純一而不雜，顯晦而相貫，錯比而齊觀之，亦足以發明大義故列之於前。

㈡附録下

莊子人間世，顏回見仲尼，請行，曰，奚之？曰，將之衛曰，奚爲焉？曰，回聞之夫子曰，醫門多疾，亂國就之，仲尼曰，譆！夫德行名聞未達於人，而彊以仁義繩墨之，人將惡有其美，必死於暴人之前矣。且今之人君，多求名實，名實者，聖人之所不能勝，而況若乎？曰，回端而虛，勉而一可乎？曰惡可。曰，然則我內直而外曲，成而上比。仲尼曰，惡可？曰，吾無以進矣。敢問其方？仲尼曰齋，曰，回不飲酒，不茹葷者數月矣，可以爲齋乎？曰，非心齋也。曰，敢問心齋？曰，若一志，虛而待物，虛者心齋也，曰回之未始得使，實自回也，得使之也，未始有回也，可謂虛乎？夫子曰盡矣，若能入遊其樊，而無感其名，入則鳴，不入則止，無門無毒，宅而寓于不得已則幾矣。

大宗師顏回曰，回益矣，仲尼曰，何謂也？回忘仁義矣，猶未也，它日復見曰，回益矣，曰，何謂也？曰，回忘禮樂矣，曰可矣，猶未也，它日復見曰回坐忘矣。仲尼蹴然曰，何謂坐忘？顏回曰墮枝體，黜聰明。離形去知，同乎大通，此謂坐忘。仲尼曰，同則無好也，化則無常也，而果其賢乎，丘也請從而後也。

知北遊，顏淵問乎仲尼曰，回嘗聞諸夫子曰，無有所將，無有所迎，回敢問其遊？仲尼曰，古之人外化而內不化；今之人內化而外不化，與物化者一不化者也。安化安不化，安與之相靡，必與之莫多，聖人處物不傷物，唯無所傷，爲能與人相將迎，哀樂之來，吾不能禦，其去弗能止，至言去言至，爲去爲齊，知之所知則淺矣。讓王，孔子謂顏回曰，回來，家貧居卑，胡不仕乎？對曰，不願仕，回有郭外之田五十畝，足以給飦粥，郭內之田十畝，足以爲絲麻，鼓琴足以自娛，所學夫子之道者，足以樂也，回不願仕。孔子愀然曰，善哉回之意，丘聞之，知足者不以利自累也，審自得者，失之而不懼，行修於內者，無位而不怍，丘誦之久矣，今於回而復見之，是丘之得也。

大宗師、顏回問仲尼曰，孟孫才其母死，哭泣無涕，中心不慼，居喪不哀，無是三者以善喪蓋魯國，固有無其實而得其名者乎？仲尼曰，孟孫氏進於知矣，簡之而不得，不知所以生死，若化爲物，吾之與汝，其夢未始覺者邪！若孟孫造適不及笑，獻笑不及排，安排而去化，乃入於寥天一。

田子方，顏淵問于仲尼曰，夫子步亦步，夫子趨亦趨，夫子言道回亦言道，乃奔逸絕塵而回，瞠若乎後者，夫子不言而後，不比而周，無器而民滔乎前而不知所以然而已矣，仲尼曰，惡可不察焉，夫哀樂莫大于心死，而人死次之，萬物有待而死生效物而動，日夜無隙，不知其所終，汝殆著乎吾所以著，彼已盡矣，是求馬於唐肆也，吾服汝也甚忘，汝服吾也亦甚忘，雖忘乎故吾，吾有不忘者存。

列子、仲尼閒居，子貢入侍而有憂色，子貢不敢問，出告顏回，顏回援琴而歌，孔子聞之，果召回入而問曰，若奚獨樂？回曰，夫子奚獨憂？孔子曰，先言爾志，曰，吾昔聞之夫子曰，樂天知命故不憂，回所以樂也。孔子愀然有間曰，有是言哉，汝之意失矣，汝未知樂天知命有憂之大也，吾今乃得之矣，無樂無知，是眞樂眞知，無所不樂，無所不知，無所不憂，無所不爲，回曰，回得之矣，出告子貢，茫然思，七日不得，顏回重往喻之，乃反丘門，弦歌誦書，終身不輟。

按莊列諸人，其立論多激切，矯枉過正，大率皆寓言也。莊子自云謬悠之說，荒唐之言，無端崖之辭是也。莊子中自論心齋坐忘，前人謂其有類于道而外，餘雖與儒氏異要亦別具體段，可備而存之，故列於後。

四、軼事

白虎通三教，顏回問三教變虞夏何如？曰，教者所以追補敗政靡敝溷濁，謂之治也，舜之承堯無爲易也。

琴操，孔子使顏淵執轡，列匡郭外，顏淵舉策指匡穿垣曰，往與陽虎正從此入，匡人聞其言率衆圍孔子數日不解。北堂書鈔，孔子使子貢，爲其不來，占之遇鼎，謂弟子曰，占之遇鼎，皆言無足而不來，顏回掩口而笑，孔子曰，回何哂乎？曰，回謂賜必來，子曰，何如也？曰，回乘舟而來矣，賜果至矣。水經注泗水，魯人藏孔子所乘車于廟中，是顏子沒後，顏路所請者也。

論衡儒書，孔子與顏淵俱登魯東山望吳閶門謂曰爾何見？曰，一匹練前生藍，子曰，白馬藍芻也。

續博物志，顏淵從孔子上泰山，東南望吳昌門外，孔子見白馬，引顏淵指之，若見吳昌門乎？顏淵曰見之，有匹練之狀，孔子撫其目而止之，顏淵髮白齒落以病死，蓋精力不及聖人而強役之也。

論語撰考讖，顏回有角額似月形，淵，水也，月是水精，故名淵。

孟子心性說來導人類的先路

前言

人類行爲發自個己之思想，哲學則爲導正人類思想之思想。孟子深探人類心性之精微，闡明其良知良能，首創性善說，立中國哲學的本源，下啓宋明新儒學的契機，由人的自然生命活動中，發現其崇高的道德價値，使人知自別於禽獸。人類因此有了道德生活，此種道德生活，爲一種主動的實踐生活，是基於吾人的善性而表現的生活，亦即吾人的道德心靈的創造活動。中國哲學向以厚生植其基，厚生不限於物質生活的滿足，而在提高其精神生活，擴大其生命之境界，以充實生命之內涵。此孟子特尊仁義忠信、樂善不倦的「天爵」，而輕夷公卿大夫的「人爵」。①至荀子更因之而倡「志意修則驕富貴；道義重則輕王公②之言，更加強宏揚孟子尊重「天爵」之意義。儒家學說，以人性之自覺爲中心，人格的尊嚴，來自人性之自覺，此亦發自孟子，有「民貴君輕」③之說。人自信本心即天心，則自己與天地相似，此爲人格的高度表現，亦即人格尊嚴的高度彰顯，人格尊嚴，即爲當今民主政治之基本精神。且孟子的心、性、天一貫，一天人、合內外的要旨，與《周易》之思想，若合符契，宋儒謂孟子深知《易》理，洵有所見，試觀「繼善成性」④之體用一源，其「顯諸仁」⑤者，即孔子哲學核心之「仁」。仁爲天地之心，《復》其見天地之心⑥，天心至仁，孟子則曰：「仁，人心也」⑦。此一語開示心性之全體大用，其功至偉！心之所同然者爲理⑧，此天之所與我⑨，是理即天，孟子言「理」止於此。孟子自謂不動心在於知言養氣，而善養吾浩然之正氣⑩，以支拄宇宙，與《易剝・復》之幾，《剝》上九一陽，碩果僅存⑪，顯示正氣常存，正義不孤，凜冽之正氣，對當前道義淪喪，邪說暴行橫決之世局，實具鍼砭之功效，以見哲學無用之用。孟子肯定人類道德心之自覺、自發，牖啓人類向上、向善之潛力，於哲學振溺淑世之苦心孤懷，正復相應，其有裨於人類之生存，世界之和平，不言而喻。本文分一、心性釋義。二、心性區別。三、心性本原。四性善說。五、心性作用。六、心性存養。七、心性說與人文等目，分述於次。

一、心性釋義

心，是人的神明，一身之主宰。人的意識、感情，均發自心。荀子稱爲天君「心居中虛，以治五官，夫是之謂天君⑫。」孟子於心之活動，提出「盡心」，梁惠王說「寡人之於國也，盡心焉耳矣⑬。」於親喪厚葬自謂「非直爲觀美也，然後盡於人心。」⑭又「親喪固所自盡也⑮。」盡心，當是充吾心之量。心，可以運用，「老吾老以及人之老；幼吾幼以及人之幼，言舉斯心加舉彼而已⑯。」言用心以推恩。至心之官能，孟子特爲重視，認心爲事物的權度，可知輕重長短「權然後知輕重，度然後知長度，物皆然，心爲甚。⑰」此即謂人心可以別是非曲直，以心有主宰德慧也。心的別名、有恆心「無恆產而有恆心者，惟士爲能，若民則無恆產，因無恆心」⑱，或本心「鄉爲身死而不受，今爲宮室之美爲之……是亦不可以已乎，此之謂失其本心。⑲」或良心「雖存乎人者，豈無仁義之心哉，其所以放其良心者，亦猶斧斤之於木也⑳。」恆心、本心、良心，其實一個，皆是此心。孟子於性，未嘗專釋，僅就所稟賦言「君子所性，雖大行不加焉，雖窮居不損焉，分定故也㉑。」言君子所秉之性體如此，不能加損。人類爲宇宙中之最高級者，不只因人體的構造繁複，主因人類心靈能發揮其最大作用，乃成人之所以爲人，由人心發揮之作用，不但建立知識系統，而且建立社會組織，更發展價值與道德觀念，以彰顯生命價值與爲人的特徵。

二、心性區別

心性的分別，至爲精微，二者當有別，若其無別，孟子何以立二名？惟其別實難以言喻。觀孟子既以心具仁義禮智四德，故謂「惻隱之心，人皆有之，羞惡之心，人皆有之，恭敬之心，人皆有之，是非之心，人皆有之。惻隱之心，仁也，羞惡之心，義也，恭敬之心，禮也，是非之心，智也。仁義禮智，非由外鑠我也，我固有之也，弗思耳矣㉒。」而又以仁義禮智四德爲性，故說「仁之於父子也，義之於居臣也，禮之於賓主也，智之於賢者也，聖人之於天道也，命也，有性焉，君子不謂命也㉓。」父子、君臣是命，仁義禮智是性，則心、性實難分疏。蓋性、即心之體，心即是性，不過賴心以顯性，因表現性體，必須心之自覺活動，性只是潛在的，而無法顯現，凡言及心性，要不直接就性說，均是即心而言。故即主體發用來說，謂之心；即客體存在說，謂之性。質言之，心即是性，心性不二，乃孟子的本義。孟子說「盡其心者，知其性也㉔。」人能擴充此心之量，便能知其性，其別亦在此。

三、心性本源

心性來自天生，心自天生，孟子已明言「心之官則思，思則得之，不思則不得也，此天之所與我者㉕。」性亦自天生，孟子說「仁之於父子也，義之於君臣也，禮之於賓主也，智之於賢者也，聖人之於天道也，命也，有性焉，君子不謂命也㉖。」命在天，而謂「有性焉」，是性亦來自天。故孟子論仁義禮智為人所固有而引《蒸民》詩「天生蒸民，有物有則，民之秉彝，好是懿德㉗。」物，指形色，則，指性，是明人性秉之於天。孟子釋天，以天者，理勢之當然「天下有道，小德役文德，小賢役大賢；天下無道，小役大，弱役強，斯二者，天也。順天者存，逆天者亡㉘。」此以世事自然之趨勢言之。又以天、非人力之所能及，故說「舜與益相去久遠，其子之賢不肖，皆天也，非人之所能為。莫之為而為者天也㉙。」言天意如此，非人力所能及。至形上之天，《詩．周頌》「維天之命，於穆不已㉚。」已明示天道之生生不息，「天行健，君子以自強不息㉛。」生生不息之眞幾，已及於人。天人已聯成一氣。由《蒸民》詩「天生蒸民，有物有則」。天命、天道，已下注而為人性，此一發自天賦之常性，知好善而惡惡，具有道德判斷的意義。《左傳》劉康公曰「民受天地之中以生，所謂命也。是以有動作作威儀之則㉜。」中，即是性，《中庸》所謂「天命之謂性。」與康公之言同。天命天道之賦於人性，在人而爲人之主體，遂形成人的眞實主宰。孔子之「仁」，孟子之「性善」，均由此一眞實主體（天命、天道）而導出，中國人性論的主流，由此而形成。孟子「盡其心者，知其性也，知其性則知天矣㉝。」即詮明此理。孟子心性說，上承孔子之「仁」，孟子謂仁德至大！「夫仁，天之尊爵也，人之安宅也㉞。」天之尊爵，即天爵，此天之所與我者。仁、在儒家傳統，爲創造之幾，或生生不已。孟子於「萬物皆備於我矣，反身而誠，樂莫大焉！強恕而行，求仁莫近焉㉟，」章，對仁體已作具體的說明，「反身而誠」，即仁心仁體之呈現，「堯舜性之也㊱」，是本心仁體之如此呈現。仁體即天命流行之體，形上之創造實體。仁體是具有絕對性、普遍性的本體，亦即道德創造的眞幾。故謂之仁體。孟子強調仁與人之關係而謂「仁也者，人也，合而言之，道也㊲。」天下之人斷無有舍仁而可以爲人者，天下之道亦決無有舍仁而可以爲道者，仁，是天所賦予吾人之性，乃人之所以爲人者也。以其具於人之心，而非是無以爲心，則說「仁，人心也㊳。」以其具於人之身，而非是則難以成人，一離乎仁，不成其爲人，亦不成其爲道。

四、性善說

孟子自謂上接堯舜禹湯文王孔子之道統㊴，又自嘆未能親炙孔子之門謂「予未得爲孔子徒也，予私淑諸人也㊵。」孟子的性善說，確是直承孔子之「仁」，其心、性、天一貫說，以仁合天人，上下與天地同流，奠立儒家哲學深厚的基石。孔子於性但云「性相近也㊶。」孟子則云「雖存乎人者，豈無仁義之心哉？其日夜之所息，平旦之氣，其好惡與人相近也者幾希㊷」。此兩處「近」字一樣，當是相近於善，是孔子「性相近也」一語，已啓其端。孟子就人之自然生命活動，發現其崇高的道德價値，故主性善說。人的自然生命中，有自動自發向上向善的本能，爲仁民愛物的德性之泉源。試究性之所以爲善者？正以性即仁也。孟子於此，不惟認之至深，而且資之尤切，孟子言求放心、即是求仁。而曰「仁也者，人也，合而言之道也㊸。」明非仁無以爲人，非仁無以爲道。「仁也者人也」，是本然之合，「合而言之」，是責人去合。孟子性善說，非徒託空言，又舉實例以證，孟子說「人之所不學而能者，其良能也，所不慮而知者，其良知也。孩提之童，無不知愛其親也，及其長也，無不知敬其兄也。親親，仁也，敬長，義也。無他，達之天下也㊹。」以孩提之愛敬，驗仁義之固有，與以「乍見孺子入井㊺」驗仁，以「嘑爾蹴爾不屑㊻」驗義，以「平旦之好惡㊼」驗仁義，正復相同，皆爲實例。不學不慮，就人之本心自然發見言。此章孟子以仁義爲良知良能，言愛親敬長，爲人之本然，末句「達之天下也」，言愛親敬長，爲人人所同然，皆足以證人性之善。吾人當知儒家性論，導源於孔子之「仁」，孔子已提示此一「德性生命」，孟子直說「仁，人心也㊽。」乃是以心善說性善，而本心即是性，亦即「仁即是性」。由仁心以說仁性，心性是一，是良知良能，天生本然，且盡心知性知天，此孟子一貫之心性論，對人性之善，有充足之理據，確立儒家人性論的哲學思想，應自孟子始。至人有不善者，孟子以爲受後天環境之影響，孟子說「今夫水，搏而躍之，可使過顙，激而行之，可使在山，是豈水之性哉？其勢（搏激之勢）則然也。人之可使爲不善，其性亦猶是也㊾。」搏激，爲外力，外力可令水不就下，外在環境，可使人爲不善，孟子重視後天環境可知，故又說「富歲子弟多賴，凶歲子弟多暴，非天之降才爾殊也，其所以陷溺其心者然也㊿。」環境陷溺其心，才質固不殊異，不害其爲善。

五、心性作用

人的本心在靜定時，自作主宰，自發命令，自定方向，此爲內在的抉擇能力。用舍行藏，操之在我。人類道德行爲，來自固有的道德傾向，孟子於此，有極明確之揭示，孟子說「存乎人者，莫良於眸子，眸子不能掩其惡，胷中正，則眸子瞭焉；胷中不正，則眸子眊焉。聽其言也，觀其眸子，人焉廋哉？51」本心良知的流露，由人眼中的瞳仁，很自然而迅速地看出，是非邪正，一望而知，瞳仁明瞭，知其心正，瞳仁昏眊，其人必有掩匿自愧之心，此是人類德性之傾向，可名之曰德慧。《禮記》「人者，其天地之德，陰陽之交，鬼神之會，五行之秀氣也52。」明言人爲天地靈秀之所鍾，故爲萬物之冠首，又曰「人者，天地之心也53。」人心即天心，故孟子說「無惻隱之心非人也，無羞惡之心非人也，無辭讓之心非人也，無是非之心人也54。」明人性具有仁義禮智四德，若自人身中剔除其特有的無形的「人性」，則與一般生物無二，如「植物人」是。人具四端，乃爲人最高層之特徵，從而發展人類特有的社會和文明。經由心性的昇華，可達致吾人精神世界之最高標準「所欲有甚於生者55。」

孟子指出一個超乎生命價值之上的價值標準，舍生取義，指出天爵良貴「人人有貴於己者56。」建立絕對的道德尊嚴，尤可貴者，爲配義與道所發出之至大至剛的浩然正氣，綜上述「舍生取義」，「天爵良貴」，「浩然之氣」，皆吾人性分之所固有，只要反求諸己，即應念而生，舍生取義，平時「由仁義行」之實踐，天爵良貴，乃德性之自覺，發自固有之本心、良心、四端之心、不忍人之心，亦即良知良能，而浩然之氣，乃集義所生，非由外鑠，人能善養吾固有之德性，自可培育至大至剛的浩然正氣，便是一個充實而有光輝的生命，心性作用之大可知。

六、心性存養

孟子於心性力主存養，故說「存其心，養其性，所以事天也57。」又說「君子所以異於人者，以其存心也。君子以仁存心，以禮存心58。」又說「故苟得其養，無物不長；苟失其養，無物不消。孔子曰操則存，舍則亡，出入無時，莫知其鄉（向本字），惟心之謂與59。」存養隨時，不宜有間，故說「無或（惑）乎王之不智也，雖有天下易生之物也。一日暴之，十日寒之，未有能生者也60。」蓋存養一旦間斷，則有茅塞之虞，孟子謂高子「山徑之蹊間，介然用之而成路，爲間不用，則茅塞之矣，今茅塞子之心矣61」！山徑常經步履，不久成路，頃刻不行，則茅草叢生，原路便即不見，此喻至切！養心之道，以寡欲爲主，孟子說「養心莫善於寡欲，其爲人也寡欲，雖有不存焉者，寡矣；其爲人也多欲，雖存焉者寡矣62。」耳目口鼻之欲，人恆有之，稍加節制，則吾之本心常存，《記》所謂「欲不可從（縱）也⑥³」，論其方法，亦至簡易，即反求諸己而已。孟子說「愛人不親反其仁，治人不治反其治，禮人不答反其敬，行有不得者，皆反求諸己，其身正而天下歸之⑥⁴。」又說「天下之本在國，國之本在家，家之本在身⑥⁵。」自天子以至於庶人，壹是皆以修身爲本⑥⁶。修身反求，爲反觀、內省，外此，當注意環境，「孟子自范之齊，望見齊王之子，喟然嘆曰居移氣，養移體，大哉居乎！王子宮室車馬，多與人同，而王子若彼者，其居使之然也，況居天下之廣居者乎？⑥⁷」居、爲居處，實指環境，養爲奉養，物質享受。孔子曰「里仁爲美，擇不處仁，焉得知？⑥⁸」荀子謂「君子居必擇鄉，遊必就士⑥⁹」，更善明此義。存養之工夫在平時，孟子的工夫論，不疾不徐，教人勿忘勿助，說「必有事焉而勿正，心勿忘、勿助長也。無若宋人然，宋人有閔其苗之不長而揠之者……其子趨而往視之，苗則槁矣，天下之不助苗長者寡矣，以爲無益而舍之者，不耘苗者也；助之長者，揠苗者也，非徒無益，而又害之⑦⁰。」此喻至妙，心涉懈怠是忘，「勿忘」，隨時檢點防閑是。「必有事焉」，勿忘之謂。「勿正」，即勿助長，優游厭飫，使自得之，工夫多在「必有事焉」。次當以理勝欲，所謂「克己復禮是也⑦¹。」工夫緊要處，在先立其大者，從存養擴充入手，人人可以用心著力，儒學理論的證成，須經修養工夫，存養踐履，先立其大體（本心），餘小體自然從命，此孟子之修養論，孟子主知言養氣。知言以明辨是非，養氣以肩負道義，由本心善端之擴充，進而操持涵養，立內聖之學，進而嚴義利之辨，王伯之分，而外王之業以成，故合內外之道，要自心性的存養始。

七、心性說與人文

孟子首倡「民貴君輕」說故謂「民爲貴，社稷次之，君爲輕[72]」又答萬章問「堯以天下與舜」是天與之？孟子認爲非「天與之」。而全取決於民意。並引《泰誓》「天視自我民視；天聽自我民聽[73]。」以證己說，是中國民本思想，自孟子而建立。人文思想之重振，亦自孟子始，觀孟子「尊德樂義」之精神，以德行爲天爵謂「有天爵者，有人爵者，仁義忠信，樂善不倦，此天爵也；公卿大夫，此人爵也。古之人修其天爵而人爵從之[74]。」又以天爵爲至貴，說「欲貴者，人之同心也。人人有貴於己者（天爵良貴），弗思耳。人之所貴者，非良貴也。趙孟之所貴；趙孟能賤之。《詩》云『既醉以酒，既飽以德[75]』言飽乎仁義也，所以不願人之膏粱之味也；令聞廣譽施於身，所以不願人之文繡也[76]。」有天爵良貴，提高了人的精神生活，自然視物質享受如敝屣，荀子謂「志意修則驕富貴；道義重則輕王公。《傳》曰『君子役物；小人役於物』[77]」。此是物物而不物於物。孟荀一聖一賢，重視道德人格之前後輝映有如是，重視道德人格，乃能享無欲自得之樂，孟子答宋勾踐問何以能囂囂（無欲自得貌）？即謂「尊德樂義，則可以囂囂矣[78]。」此一光明開大之心境，惟孟子有之。故對人類之關懷，可云極致！首爲與人爲善，孟子說「子路、人告之以有過則喜，禹聞善言則拜，大舜有（又）大焉，善與人同，舍己從人，樂取於人以爲善……取諸人以爲善，是與人爲善者也，故君子莫大乎與人爲善[79]！」嘉獎爲善之人，而善人益多，其欲人爲善之心至爲殷切，孟子去齊，謂「予雖然豈舍王哉？王由足用為善，王庶幾改之，予日望之⑳！」渴望其改，引領企待之心何如？尤貴以善養人，孟子說「以善服人者，未有能服人者也；以善養人，然後能服天下；天下不心服而王者，未之有也㉛。」以善養人者，無自善之私，而冀人之同歸於善，；此廓然而大公之心如何？以善養人，故極欲加強人類之親和力，以消弭禍亂於無形，故謂「人倫明於上；小民親於下，有王者起，必來取法，是為王者師也㉜。」有倫理之親和力（即凝聚力），則人文秩序，必賴以鞏固。由上與人為善，以善養人，均源於孟子淑世之苦心，勇於承當之責任感，觀孟子去齊，答充虞之問，「夫天未欲平治天下也，如欲平治天下，當今之世，舍我其誰也？㉝」舍我其誰，當仁焉讓的勇於擔承，故極推崇伊尹「天之生此民也，使先知覺後知，使先覺覺後覺也，予、天民之先覺者也，予將以斯道覺斯民也，非予覺之而誰也？其自任以天下之重如此㉞。」以天下之重自任，固孟子之自況耳，故畢生以上承禹周公孔子為目的。其心性說，可激厲人類向上、向善之情志，肯定人性具仁義禮智四德，對季世人心有極大的鼓舞作用，於人文之化成，為功至鉅。

八、結　語

中華傳統文化的精神在「道」，學術思想的大體系在人心之「仁」。仁，為儒學修養之最高峯。仁者與天地萬物為一體，孟子說「仁，人心也㉟」。人心有仁體，乃能自覺地「盡心知性知天」，而與天合德，由內在而超越，此之謂一天人，合內外，道體與性體，一源無間。天道之生生，與人性之仁愛冥合，即《周易》「顯諸仁[86]」之謂。因之，生生不息，非理想，而純爲實德，人達天德，是爲生化、創造之眞幾，凡道德自我之建立，中國文化之精神，人類文明之蘄嚮，人文價值之世界，人之所以爲人，人類未來之前途，胥於此是賴。綜孟子最大之貢獻有三，一、建立心性之學的義理規模。二、強調王道政治（仁政）。三、揭示人禽之辨，義理之辨。心性，是價值之源；道德之根，儒家的心性之學，肇端於孔子之「仁」，而大成於孟子的「性善」說，開拓「盡心知性知天」的義理境界，內聖外王之學，由是而確立。而仁政王道，則是由內聖之學推擴而出的政治宏規，愛民養民保民，即賴仁政王道精神之充分發揚。人禽之辨，義利之辨，華夷之界，所顯示的道德睿智與文化生命，更是中華民族賴以繁榮生存之基本精神，中華文化之所以輝光日新者，實基於此。孟子下啓陸、王，立人文之丕烈，象山尊之曰「近時伊洛諸賢，研道益深，講道益詳，志行之專，踐行之篤，乃漢唐所未有，其所植立，可謂盛矣！然江漢以濯之，秋陽以暴之，未見其如曾子之皜皜；肫肫其仁，淵淵其淵，未見其如子思之能達其浩浩；正人心，息邪說，距詖行，放淫辭，未見其如孟子之長於知言，而有以承三聖也[87]。」象山以爲孟子繼曾子、子思在伊洛諸賢之上，以其志在上承禹周公孔子三聖之志業，而有卓立人文化成之大功，洵爲定論。

【附　註】

① 見《孟子告子上》有天爵者章。

②見《荀子修身篇》。
③《孟子盡心下》民爲貴章。
④《周易繫傳上》第四章。
⑤《繫傳上》第五章。
⑥《復卦彖傳》。
⑦《告子上》。
⑧同上富歲子弟多賴章。
⑨《告子上》鈞是人也章。
⑩《公孫丑下》不動心章。
⑪《易剝卦上九爻》。
⑫《荀子天論篇》。
⑬《梁惠王上》寡人之於國章。
⑭《公孫丑下》葬於魯章。
⑮《滕文公上》定公薨章。
⑯《梁惠王上》齊桓晉文章。
⑰同上。

⑱《梁惠王上》齊桓晉文章。

⑲《告子上》魚我所欲章。

⑳《告子上》牛山之木章。

㉑《盡心上》廣土衆民章。

㉒《告子上》性無善無不善章。

㉓《盡心下》口之於味章。

㉔《盡心上》首章。

㉕《告子上》鈞是人也章。

㉖《盡心下》口之於味章。

㉗《告子上》性無善無不善章。

㉘《離婁上》天下有道章。

㉙《萬章上》人有言至於禹章。

㉚詩周頌維天之命章《箋》「命猶道也，天之道於乎美哉！動而不止，行而不已。」

㉛《周易乾象傳》。

㉜《左傳》成公十三年。

㉝《盡心上》首章。

㉞《公孫丑上》里仁爲美章。
㉟《盡心上》萬物皆備章。
㊱《盡心上》堯舜性之章。
㊲《盡心下》仁也者章。
㊳《告子上》仁人心也章。
㊴《孟子》全書末由堯舜至於湯章。
㊵《離婁下》君子之澤章。
㊶《論語陽貨篇》。
㊷《告子上》牛山之木章。
㊸《盡心下》仁也者章。
㊹《盡心上》人之所不學章。
㊺《公孫丑上》人皆有不忍章。
㊻《告子上》魚我所欲章。
㊼《告子上》牛山之木章。
㊽《告子上》仁人心也章。
㊾《告子上》水信無分章。

㊿《告子上》富歲子弟章。
51《離婁上》存乎人者章。
52《禮記禮運篇》。
53同上。
54《公孫丑》上人皆有不忍章。
55《告子上》魚我所欲章。
56《告子上》欲貴者章。
57《盡心上》首章。
58《離婁下》君子所以異章。
59《告子上》牛山之木章。
60《告子上》無或乎章。
61《盡心下》謂高子章。
62《盡心下》養心莫善章。
63《禮記·曲禮》上。
64離婁上愛人不親章。
65同上人有恆言章。

⑥⑥《大學》首章。
⑥⑦盡心上自范之齊章。
⑥⑧《論語・里仁篇》。
⑥⑨《荀子勸學篇》。
⑦⑩《公孫丑上》不動心章。
⑦①《論語・顏淵篇》。
⑦②《盡心下》民爲貴章。
⑦③《萬章上》堯以天下與舜章。
⑦④《告子上》有天爵者章。
⑦⑤同上詩大雅既醉篇。
⑦⑥同上欲貴者章。
⑦⑦《荀子修身篇》。
⑦⑧《盡心上》謂宋勾踐章。
⑦⑨《公孫丑上》子路告之章。
⑧⑩《公孫丑下》尹士語人章。
⑧①《離婁下》以善服人章。

⑧《滕公上》滕文公問爲國章。
⑧《公孫丑下》充虞路問章。
⑧《萬章上》伊尹以割烹章。
⑧《告子上》仁人心也章。
⑧《周易繫傳上》第五章。
⑧象山與姪孫濬書。

莊子學述

莊子生於亂極之世，故謂天下沈濁。又曰：方今之時，僅免刑焉。蓋治世之民易處，亂世之民難爲。故其著書立言，幾全爲涉亂世處憂患之人生哲學。我國史乘，一若亂世多而治世少。因之憂患之人常多，然而自來大有爲之聖賢豪傑，每生於憂患之世，孰爲爲之，其有意乎？矧雞鳴風雨，奮乎亂世以支柱艱危而奠定國基者，於今尤足尊貴。閒嘗謂莊子生當亂世，故爲謬悠荒唐之言，一似規避現境而厭棄斯人之流。然若妄執莊子純爲出世之學，而輕詆其不屑爲人類獻其一己之才力，是又深誣莊子者也。莊子實立內聖外王之學者。觀其所著，今存三十三篇中，以內七篇爲冠冕。七篇中，如齊物論，專爲齊一物議，泯絕爭端亂源而發。逍遙遊以解釋人類精神之桎梏（逐物不反），欲令人之思想輕靈活潑，不爲耆欲所係，而見役於物。德充符，純養自己之人格，內充其德而發之於外。養生主，依乎天理，因其固然。而行乎其所當行，止乎其所不得不止，非止養生而已。人間世，則虛己任物，斥名與爭，而樂與世俗處。大宗師，隱喻卓立之師表，應帝王，揭示有效之政治。體大思精，綱紀儼然。而已實欲處則爲大宗師，出則以應帝王。全部內聖外王之學，由斯以立。特藉神奇入化之筆，貌爲恢詭譎怪之詞，以寄其空靈超曠之思想。獨與天地精神往來，而上與造物者遊。彼固不離於宗之天人矣。善讀莊子者，亦當有逍遙自適之人生，天地萬物一體之襟懷，彼是一揆，物我渾忘。俾暴戾彊梁之世況，化而爲諧和安榮之樂土，其於莊子匡時弭亂之苦心，差得之矣。

斯篇分一宇宙論、二人生觀、三政治思想、四處世方法、五莊子非出世者，凡五章。皆以內七篇爲主，其餘能發明莊子思想之各篇爲輔，即莊子本文，以探尋其思想之系統，玩索其立言之旨趣，所謂以莊解莊，執柯伐柯，其則當不遠矣。

一、宇宙論

㈠道

道爲宇宙萬有生成變化之本原，獨立無待，創生天地，化成萬物。大宗師篇曰：

> 夫道、有情有信，無爲無形。可傳而不可受，可得而不可見。自本自根。未有天地，自古以固存。神鬼神帝，生天生地。在太極之先而不爲高，在六極之下而不爲深，先天地生而不爲久，長於上古而不爲老……。

此莊子之本體論也。莊子之學，出於老子。老子曰：「其中有信」。莊子則曰：「有情有信」。老子曰：「先天地生」。莊子則曰：「自本自根。未有天地，自古以固存」。又曰：「先天地生而不爲久」。此老莊同以道爲宇宙之本體也。莊子學術思想，均淵源於此。道亦曰造化。本篇又曰：

> 今大冶鑄金，金踊躍曰：我且必爲鏌鋣。大冶必以爲不祥之金；今一犯人之形。而曰：人耳！人耳！夫造化者，必以爲不祥之人。今一以天地爲大鑪，以造化爲大冶，惡乎往而不可哉？

造化者，創造化生萬物之名。道生萬有，人物舉在其中。造化既爲大冶以鎔鑄萬品，則造化即「道」耳。今不曰道，而名之曰造化者，令「道」化而爲有主宰有力量之具體人格，益強調「道」之生意活潑，流行無間，不尤愈與？是造化爲道之別名也。道生萬有，其功用至大，今何由見之？則賴天地陰陽之氣耳。蓋陰陽爲道之顯用。陰陽交和而物類以生，田子方篇曰：

> 孔子見老聃……老聃曰、吾遊於物之初。孔子曰、何謂也？曰、心困焉而不能知，口辟焉而不能言。嘗爲女議乎其將。至陰肅肅，至陽赫赫。肅肅出乎天，赫赫發乎地。兩者交通成和而物生焉。或爲之紀，而莫見其形。消息滿虛，一晦一明，日改月化，日有所爲，而莫見其功。

此言道之無形，而以陰陽爲之徵（表德）。曰「至陰肅肅，至陽赫赫。兩者交通成和而物生焉」。兩者，指陰陽。陰陽爲天地之氣。則陽：「天地者，形之大者也；陰陽者，氣之大者也」。故曰：「肅肅出乎天，赫赫發乎地」。陰陽之氣相交和，自能生物。又按天地之氣相交和，易已寓其義。姤彖傳：「姤，遇也，柔遇剛也……天地相遇，品物咸章也」。姤䷫巽下乾上，一陰始生於下，與陽相遇，遇即交合之義。故傳曰：「天地相遇，品物咸章也」。使天地之氣不相遇接，品物何由以章？歸妹彖傳：「天地不交，而萬物不興」，正與此義相足，以見天地之氣，有交和之理。莊子本段曰：「莫見其功者，功即道之顯用，大化流行之謂。以其無形，故曰：「莫見」。實則道之全體大用，皆可以感觸、認知，奈何人之習焉不察耳。天地之氣，化生萬物，知北遊言之至明，曰：

舜問乎丞曰，道可得而有乎？曰、汝身非汝有也，汝何得有夫道？舜曰、吾身非吾有也，孰有之哉？曰：是天地之委形也。生非汝有，是天地之委和也。性命非汝有，是天地之委順也。孫子非汝有，是天地之委蛇也。故行不知所往，處不知所持，食不知其味，天地之彊陽氣也。

右即言道之化生人物，本天地一氣之作用，曰「身非吾有，是天地之委形也」。言吾此身，乃天地所付與之也。「生與性命」，爲天地和順之德之所鍾。子孫繩繩，爲天地間新故相禪之層序，皆天地一氣之所爲。此氣而謂之彊陽者，即其健動不已之德而言，蓋大化周流，純亦不已。近人錢氏謂彊陽即易之「乾元」是也。至物種之衍化，本篇亦舉其梗概。曰：

孔子問於老聃曰，今日晏閒，敢問至道？老聃曰……夫道窅然難言哉！將爲汝言其崖略，夫昭昭生於冥冥，有倫生於無形。精神生於道，形本生於精，而萬物以形相生。故九竅者胎生，八竅者卵生。其來無迹，其往無崖……。

此言物種之由來，曰「精神生於道」者，精神爲人物之生元。道又爲萬物之本原也。「形本生於精」，此句精，乃男女構精之精。「而萬物以形相生」。此即物種衍化之說。下句所謂胎生、卵生……等是，而物類由是繁殖矣。本篇復以天道之運行及物之死生方圓，指爲天地之大美，以總括道之功用，曰：

天地有大美而不言，四時有明法而不議，萬物有成理而不說。聖人者，原天地之美，而達萬物之理……今彼神明至精，與彼百化。物已死生方圓，莫知其根也。扁然而萬物自古以固存。六合爲巨，未離其內。秋豪爲小，待之成體。天下莫不沈浮，終身不故。陰陽四時，運行各得其序。惛然若亡而存，油然不形而神。萬物畜而不知，此之謂本根，可以觀於天矣。

本段總結道之功用。道無不容，故曰「六合爲巨，未離其內」也。物無巨細，賴之以成形。故曰「秋毫爲小，待之成體」。又曰「萬物畜而不知」。言萬物資之以生成而不自知。陰陽四時之運行（即天道之運行），亦各得其序，。下文又曰：「天不得不高，地不得不廣，日月不得不行，萬物不得不昌，此其道與」。而萬物之昌盛，日月之照臨，天地之高明博厚，要皆道之所爲。此非天地之大美而何？又曰「天下莫不沈浮，終身不故」，言萬物沈浮（猶言變化）於其中，而道仍終身（終古）不改。則謂道爲絕待，不生不滅；不增不減。自足自備，圓滿無缺，美之至也。由上知道之功用至矣！道既無物不容，無物不資以生，故道又無所不在，亦無物不具，同篇又曰：

東郭子問於莊子曰，所謂道，惡乎在？莊子曰，無所不在。東郭子曰，期而後可。莊子曰、在螻蟻。曰、何其下邪？曰、在稊稗。曰，何其愈下邪？曰、在瓦甓。曰、何其愈甚邪？曰，在屎溺。東郭子不應，莊子曰，夫子之問也，固不及質。正獲之問於監市履狶也，每下愈況，汝惟莫必，無乎逃物。至道若是……。

問者期必。此莊子實指道之無所不在，爲至落實之語，恐人之見惑於大道也。道不離於物，而無物不具，此中庸「體物而不遺」之說也。道無所不在，無方無所，故道又兼天人而言。漁父篇：

且道者，萬物之所由也。庶物失之者死，得之者生。萬事逆之則敗，順之則成。故道之所在，聖人尊之。

曰：「庶物失之者死，得之者生」。此言庶物之生死，繫之於道。庶物春夏生長，秋冬枯落。此一氣之流行，即天地仁厚，肅殺之氣，分值時令之所致，天之道也；曰：「爲事逆之則敗，順之則成」。此事物當然之理，吾人行事之準則，固人道耳。此道故兼天人而言，天人本不可分。

㈡變

道生萬有，由道觀之，天行剛健，運化不已。動而之變也。日月代明，陰陽消息，變而後四時行焉，百物生焉。天道不變可乎？莊子言變，亦基於天道之本然。齊物論：

一受其成形，不亡以待盡。與物相刃相靡，其行盡如馳，而莫之能止，不亦悲乎！

「一受其成形」，指物之生。物已生成之後，必與外物相刃相靡（礴同），如聲色貨利之沈浮，人事之傾軋，膠葛……等皆是，「其行盡如馳，而莫之能止」。人之一生，無時而不變也。大宗師：「夫大塊載我以形，勞我以生，佚我以老，息我以死」。生長老死，即人一生之變化，其間不容一髮，故齊物論曰：「物方生方死；方死方生（此處生死，雖指彼是一念之起滅，而人之生死良然）」。蓋方生，則變而之死；方死，又變而之生。故自其變者而觀之，則天地曾不能以一瞬，況生死之際乎！至樂篇：莊子妻死，鼓盆而歌，惠子非之，莊子曰，「察其始而本無生，非徒無生也，而本無形，非徒無形也，而本無氣，雜乎芒芴之間，變而有氣，氣變而有形，形變而有生，今又變而之死，是相與爲春夏秋冬四時行也」。莊子明言夫人生死之變化，譬如四時之更代，乃天道之自然，何異之有？賈誼鵬鳥賦：「萬物變化兮，固無休息。斡流而遷兮，或推而還，形氣轉續兮，變化而蟬」，即本莊子此段文字立意，所謂「形氣轉續兮」是也。莊子深明天道人事之變，故於秋水篇又曰：

> 物之生也，若驟若馳。無動而不變，無時而不移。

人之一生，自少而壯而老以死，幾無時而不變，物類亦然，自其生長，以至死滅，亦莫不如此。寓言云：「萬物皆種也，以不同形相禪，始卒若環，莫得其倫，是謂天均」。天均，齊物論作天鈞同，言其運行不息，故謂之鈞。物之生死，與天道終始，皆無端際，新故相續，往復不已，其變亦不自己。其出於自然，故謂之天也。賈生鵬鳥賦：「且夫天地爲鑪兮，造化爲工。陰陽爲炭兮，萬物爲銅。合散消息兮，安有常則？千變萬化兮，未始有極」，言陰陽消息，促成萬物之變化，推衍莊子文意，可謂簡切之至。

二、人生觀

(一)天人合一

莊子立內聖外王之學，首主天人合一。天道人事，本不可分。人而自人，則人也；人而能全其天，則天矣。思知人不可以不知天。天人之際，固非有甚深難解之理也。大宗師篇曰：

> 知天之所爲，知人之所爲者，至矣！知天之所爲者，天而生也。知人之所爲者，以其知之所知，以養其知之所不知，終其天年，而不中道夭者，是知之盛也。雖然，有患。夫知有所待而後當，

> 其所待者，特未定也。庸詎知吾所謂天之非人乎？所謂人之非天乎……。

此言天人本一，兼知天人，斯爲至盛。中庸云：「思知人不可以不知天」，天人之理同，天人之事應，何者？人紀本乎天秩；天理待人事而彌章。林雲銘曰：「天與人相待而成。天固自然矣，又必以人爲合之。而後人事盡而天理見，故曰至」。即天人合德之謂也。曰：「庸詎知吾所謂天之非人乎？所謂人之非天乎」？極言天人之合一，天人之不可分也。合天人之方不難，能與大化通流，即合天人而爲一，本篇又曰：

> 顏回曰，回益矣。仲尼曰、何謂也？曰、回忘仁義矣。曰、可矣，猶未也。它日復見，曰、回益矣。曰、何謂也？曰、回忘禮樂矣。曰、可矣、猶未也，它日、復見、曰、回益矣。曰、何謂也？曰、回坐忘矣。仲尼蹴然曰、何謂坐忘？顏回曰、墮枝體、黜聰明，離形去知，同於大通（奚侗曰、大，淮南道應訓作化），此謂坐忘。仲尼曰、同則無好也；化則無常也。而果其賢乎，丘也請從而後也。

回由忘仁義、禮樂，而至於坐忘，則物我一切皆忘，尙何枝體聰明之足云。離形去知，一切俱泯，乃與大化通流。同則無好、無分別相，化則無常，不執著一物一事，斯與大化相通，則天人不合而自合，是合天人固不難，要在能忘物我，離形去知而已。蓋人若常思其身，則自以身爲物矣。物交物，則引之而去。故莊子曰：「其耆欲深者其天機淺」（本篇），是人不爲耆欲所亂，則天機自見耳。程顥曰：「莊子此言最善！人於天理昏者，止是爲耆欲所亂」。深得莊生之意。天道篇又申忘物忘己之旨曰：

忘乎物，忘乎天，其名爲忘己，忘己之人，是之謂入於天。

忘物忘天，基於忘己，己固天下最難忘之物，忘己之人，不知物我之分，渾然與大化泯合，乃可以「入於天」。然天人之合，主宰在人，合之之方，存乎一心。平時若善養此心，常含生意和德，則不爲外物所亂，而與天地合其德。本篇又曰：

仲尼曰、死生存亡、窮達貧富……不足以滑和，不可入於靈府，使之和豫通而不失其兌（淮南精神訓兌作充，注充、實也），使日夜無郤，而與物爲春，是接而生時（是也）於心者也。是之謂才全。

莊子以爲心，須不爲外物所擾（外物、死亡存亡、窮達貧富，不可入於靈府），此心宜常含生意（與物爲春），和德。要之！天人之合在人，合之之方，存乎一心，此心須常含和德（知北遊、生非女有，是天地之委和也）。天地固有和德），常存生意（大宗師、知天之所爲者，天而生也。天地之大德曰生、易傳。）蓋人心含和與生，則瑩徹圓融，天機流露，自能與天地合其德也。曰、日夜无隙。曰、接而生時，皆令和德，生意之純亦不已，流行无間，語尤明切。合天人在此心而已。循是以求天人合一之眞實境界不難矣。

天地篇：

太初有無無，有無名。一之所起，有一而未形。物得以生，謂之德。未形者有分，且然無間謂之命。留動而生物，物成生理謂之形，形體保神，各有儀則謂之性。性修反德，德至，同於初，同

> 乃虛，虛乃大。合喙鳴，喙鳴合，與天地爲合，其合緡緡，若愚若昏，是謂玄德，同乎大順。

此段論性命之本原及天人之冥合，合則天人無間，是之謂大順。大順，則天人合一之眞實境界也。「無無者」，道。道本虛無，即「無」亦不得言（不落言詮），故曰「無無」。有無名、天地之始也。「一之所起」，又老子所謂「道生一」也。「有一而未形」、即鴻蒙元氣之動，易繫所謂「天地絪縕，萬物化醕」也。故曰「物得以生」也。此則道之作用，道之表徵，「故謂之德」也。於是萬物資始，各正性命「故謂之命」。人物稟賦不同，而各有儀則，詩大雅「天生蒸民，有物有則」，是「謂之性」。人含此性，率性而行，此性之修也。曰：「反德者」，返同天德也。人受性於天，至其能達天德（德至），而同於初（太初），則與道冥合，故曰「若愚若昏，是謂玄德」。即天人合德也。此際天人不相勝，而通化爲一，和順之至，莫可名狀，故曰「同乎大順」也。於此際人已不知有天，不知天人之別，庚桑楚曰：

> 羿工乎微，而拙乎使人無己譽，聖人工乎天而拙乎人。夫工乎天而俍（音良、有工巧義）乎人者、唯全人能之。唯蟲能蟲，唯蟲能天。全人惡天？惡人之天？而況乎吾天乎人乎？

「唯蟲能天」者，蟲類不識不知，順帝之則。能蟲故能天。在全人，烏有所謂天？烏有所謂人之天？而況語吾立於天人之閒乎？陸長庚曰：「天人一體，自爾不生分別」。誠然。天下篇，莊子自謂：

> 以天下爲沈濁，不可與莊語……獨與天地精神往來，而不敖倪於萬物……上與造物者遊，而下與外死生無終始者爲友……。

莊子自謂「上與造物者遊」。又曰：「獨與天地精神往來」。即與天地合其德也。故言天人之學，以莊子爲極致。可謂不離於宗之天人矣。然其曷克臻此？以其能超然物外也。物者，生死禍福，壽夭得失等，非專指聲色貨利之屬。超然物外，不累於物，物物而不物於物，翛然而往，翛然而來，而遊乎塵垢之外，而後己之神明，乃與天地精神往來。故能上與造物者遊耳。有此襟懷，眞所謂前無古人，後無來者。莊子全副精神，舉在於此。

(二)萬物一體

萬物一體之說，首見於齊物論，曰：

> 天下莫大於秋毫之末而太山爲小；莫壽於殤子，而彭祖爲夭。天地與我並生，而萬物與我爲一。

此莊子之中心思想，萬物一體之說也。此主在破除常人之俗見。以俗所見，太山固大，而秋毫爲小；彭祖固壽而殤子爲夭。然以道觀之，物無大小，人無壽夭之足分。蓋物性自足，何分大小；終始無端，何言壽夭？故知萬物一體，何大小之足言；道無終始，何壽夭之足分？宜乎莊子謂「彭祖乃今以久特聞，衆人匹之，不亦悲乎」。衆人不明大小壽夭之理，妄生企羨，固足悲耳。德充符：

> 魯有兀者王駘，從之遊者，與仲尼相若……常季曰：彼兀者也，而王先生，其與庸亦遠矣……仲尼曰，自其異者視之，肝膽、楚越也。自其同者視之，萬物皆一也。夫若然者，且不知耳目之所宜，而遊心於德之和。物視其所一，而不見其所喪，視喪其足，猶遺士也。

聖人視萬物爲一，自其同者視之而已。同者，萬物皆稟氣成形，同稟造化之元氣以生，故雖天地，亦與我並生，不能有愈於人，人能自異於物乎？若自以有異於物。則雖同體之肝膽，亦猶楚越之不相及（休戚痛養無與）耳。人能如此漠然而涼薄其心乎？「物視其所一，而不見其所喪」。一亦同也。不見其所喪者，不見其有所喪（失也）也。即不見其無足（刖者）而不足。若然，又何有足無足之足分？故萬物一體，此遊心於德之和之聖人，所優爲之也。彼聖人且不知耳目之所宜，耳宜聲，目宜色，遊心於德之和，則聲色俱泯，萬物一同矣，此申萬物一體之理也。

㈢泯絕對待

對待，物理之常。爲自然之情況。泯絕者，掃除吾人心中對待之觀念也。凡是非、貴賤、小大、壽夭、生死……等對待之觀念一立，則人與人間，企羨、忮刻、激辯、爭奪、傾軋、相殺、相魚肉之禍端、亂源，不旋踵而至。而哲人有憂之，此即莊子齊物論之所由作也。人必須根絕此一觀念，吾人類方可相生相養，相安相樂，以度其和諧幸福之人生。秋水篇：

昔者堯舜讓而帝，之噲讓而絕。湯武爭而亡，白公爭而滅。由此觀之，爭讓之理，堯桀之行，貴賤有時，未可以爲常也。梁麗可以衝城，而不可以窒穴，言殊器也。騏驥驊騮，一日而馳千里，捕鼠不如狸狌，言殊技也。鴟鵂夜撮蚤，察毫末，晝出，瞋目而不見丘山，言殊性也。故曰，蓋師是而無非，師治而無亂乎？是未明天地之理，萬物之情者也。是猶師天而無地，師陰而無陽，其不可行明矣。然且語而不舍，非愚則誣也。帝王殊禪，三代殊繼，差其時，逆其俗者，謂之簒夫，當其時，順其俗者，謂之義之徒。默默乎河伯，女惡知貴賤之門，小大之家？

右段歷言對待之名物。一爭一讓，爲禮文之對待。堯與桀，爲行爲之對待。曰是非、治亂、天地、陰陽、貴賤、小大。均爲對待之物事。對待者，相對爲名，相待而生者也。吾人不能「師是而無非」。易言之，有是必有非，有治亦有亂，此「天地之理，萬物之情」。即爲自然之情理，自然之現象也。

本篇又曰：

河伯曰、然則我何爲乎？何不爲乎？吾辭受趣舍，吾終奈何？北海若曰，以道觀之，何貴何賤？是謂反衍。無拘而志，與道大蹇。何少何多？是謂謝施。無一而行，與道參差……兼懷萬物，其孰承翼？是謂無方。萬物一齊，孰短孰長？道無終始，物有死生，不恃其成。一虛一滿，不位乎其形。年不可舉，時不可止。消息盈虛，終則有始。是所以語大義之方，論萬物之理也。

右段亦言對待爲物理之常。消息盈虛，終始反復，一若貴賤之反衍，多少之謝施（委蛇義）。聖人兼懷萬物（萬物一齊），不分長短貴賤，要在不一其行。偏執貴賤小大之一方。而不與道參差，乃可以語大義之方，明萬物之理。明示對待，爲萬物之常理。吾人不能執一不變，以對待之觀念，橫梗於胸中，而自亂其辭受趣舍之步武也。茲舉對待之顯例：

1. 是非

對待觀念之大而著者，莫過於是非。覈其始，生於彼是（即彼此）之對立，齊物論曰：

物無非彼，物無非是。自彼則不見，自知則知之。故曰、彼出於是，是亦因彼。彼是方生之說也。雖然，方生方死，方死方生；方可方不可，方不可方可。因是因非，因非因是。是以聖人

> 不由而照之於天，亦因是也。

人皆是己而非彼，彼此更相是非，永無已時。則彼亦一是非；此亦一是非，不知伊於胡底。是以聖人不由而照之於天。先根絕彼是之觀念，而是非之爭自息矣。吾人當知是非愈辯愈滋，愈遠於道。本篇又曰：

> 辯也者，有不辯也。曰、何也？聖人懷之，眾人辯之，以相示也。故曰，辯也者，有不見也……
> ……道昭而不道，言辯而不及……。

辯者強執己見爲是，必妄以彼方之見爲非，而無暇計及彼方之有理，或當理與否。故曰：「辯也者，有不見也」。錢澄之曰：「只見一邊，則以所見爲是，所不見爲非」。是也。是非愈辯愈多，其去眞理（道）也亦愈遠，故曰：「道昭而不道，言辯而不及也」。是非不可置辯者，以是非紛然殽亂，漫無標準也。本篇又曰：

> 齧缺問乎王倪曰、子知物之所同是乎？曰、吾惡乎知之……且吾嘗試問乎女？民溼寢，則腰疾偏死，鰌然乎哉？木處、則惴慄恂懼，蝯猴然乎哉？三者孰知正處？民食芻豢，麋鹿食薦，蝍且甘帶，鴟鴉耆鼠，四者孰知正味？蝯、猵狙以爲雌，麋與鹿交，鰌與魚游，毛嬙麗姬，人之所美也。魚見之深入，鳥見之高飛，麋鹿見之決驟。四者孰知天下之正色哉？自我觀之，仁義之端，是非之塗，樊然殽亂，吾惡能知其辯？

今以處、味、色三事而言，人與物，人與人，各自所擇好者不同，孰爲正處？正味？正色？均無由定，亦猶人間是非之漫無標準。縱有有心之人，欲正人之是非，將何所取裁乎？是則排遣是非，爭論自息。此齊物論之旨也。今爭是非者，蓋欲求得一是非之定論（結果），必思有以正之者，本篇又曰：

> 既使我與若辯矣，若勝我，我不若勝，若果是也，我果非也邪？我勝若，若不吾勝，我果是也，而果非也邪？其若是也，其若非也邪？其俱是也，其俱非也邪？我與若不能相知也，則人固受其黮闇，吾誰使正之？使同乎若者正之，既與若同矣，惡能正之？使同乎我者正之，既同乎我矣，惡能正之？使異乎我與若者正之，既異乎我與若矣，惡能正之？使同乎我與若者正之，既同乎我與若矣，惡能正之？然則我與若，與人，俱不能相知也，而待彼也邪？

正之者，仲裁是非之人也。同乎我者偏向我，同乎若者偏向若。異乎我與若，兩方俱非之，究誰爲是？同乎我與若者，是則俱是，非則俱非之。要皆不能正其是非。是非既無有人能正之者，爭之何益？故主以不言止辯。又曰：

> 夫大道不稱，大辯不言……故知止其所不知，至矣！孰知不言之辯，不道之道。若有能知，此之謂天府。

不言，非謂不言。故寓言篇曰：

> 終身不言，未嘗不言。

以言爲人籟，與天籟之出於自然者異。此行不言之教，以爲多言而好辯者戒耳。故齊物論曰：

> 夫言非吹也，言者有言。其所言者，特未定也。果有言邪？其未嘗有言邪？其以爲異於鷇音，

亦有辯乎？其無辯乎？

吹爲天籟，出於自然。言非其比。況其所言者，是非莫定。有言與未嘗有言，一耳。如是，則與鷇音（雛鳥啁啾之聲）何辯？人固不必較其是非耳。不言之教，特爲中人以上言，而世人好辯而多言者固衆，則是非之爭難息。於是莊子又提出解決是非之根本方法，本篇又曰：

道隱於小成，言隱於榮華。故有儒墨之是非，以是其所非，而非其所是。欲是其所非，而非其所是，則莫若以明。

又曰：

物無非彼，物無非是……故曰、彼出於是，是亦因彼。彼是方生之說也。雖然，方生方死，方死方生；方可方不可，方不可方可。因是因非；因非因是。是以聖人不由，而照之於天，亦因是也。

又曰：

物固有所然，物固有所可。無物不然，無物不可。故爲是舉莛與楹，厲與西施，恢詭譎怪，道通爲一……因是已。已而不知其然，謂之道……是以聖人和之以是非，而休乎天鈞，是之謂兩行。

右三段言解決是非之根本方法爲：以明、因是、兩行。以明者，以彼此是非之見，反覆相明。各不是己而非人，則是非自泯矣。因是者，因任之而已，不與置辯也。不與置辯，先平其爭氣，則好辯之興致下降，其爭亦可自止。其至者，謂之兩行。兩行者，和之以是非，而休乎天鈞。鈞均義同。聖人以自然均平之理（照之於天），協和是非，以息爭端。書堯典：「克明俊德，以親九族，九族既睦，平章百姓，百姓昭明，協和萬邦，黎民於變時雍」是也。蓋以道觀之，是非通合爲一，畢竟無是非可言，何爭之有？故曰：「已而不知其然謂之道」。是自以爲然者，有私心存，自非道也。物論之大者爲是非，莊子首先齊之，其用心蓋亦苦矣。

2. 貴賤

以道觀之，物論本齊，無貴賤小大是非之分，以貴賤小大是非之本無定也。秋水篇：

河伯曰、若物之外，若物之內，惡至而倪貴賤？惡至而倪小大？北海若曰、以道觀之，物無貴賤。以物觀之，自貴而相賤。以俗觀之，貴賤不在己。……以功觀之，因其所有而有之，則萬物莫不有；因其所無而無之，則萬物莫不無。知東西之相反，而不可以相無，則功分定矣。

「東西相反而不可以相無」。東西，對待之名。凡相待之物，相反相成。即東西言，東之名，因西而立，無西則無東。此相反適所以相成也。又相待之物，由比較而生出差別相。即一物言，物性自足。若泯除對待之觀念，而以道觀之（若物之外），夫物何貴何賤？況貴賤在俗不在己。俗能貴之，則能賤之。昨之所貴，今之所賤也。人當尊其在己之「良貴」，何必向外求不可必得之貴賤，而爭於孰貴孰賤乎？若然，則一切貴賤小大是非，乃至於生死，俱不必錙銖較量，以起無謂之爭辯也。必曰、「孰貴孰賤」，無異於夢囈耳。齊物論曰：

夢飲酒者，旦而哭泣。夢哭泣者，旦而田獵，方其夢也，不知其夢也。夢之中，又占其夢焉，且有大覺，而後知此其大夢也。而愚者自以爲覺，竊竊然知之。君乎，牧乎，固哉！予謂女夢亦夢也。是其言也，其名爲弔詭。萬世之後而一遇大聖，知其解者，是旦暮遇之也。

浮生若夢，爲君、爲牧、一也。何貴賤之有？以俗觀之，貴賤在人。趙孟之所貴，趙孟能賤之。知此理者尠，「旦暮遇之」者，正索解人不得，莊生所以慨乎其言之也。

3. 小大

事物之有差別相，其尤著者，爲一物形狀之大小，而大小亦不定。秋水篇曰：

北海若曰，以道觀之，物無貴賤……以差觀之，因其所大而大之，則萬物莫不大；因其所小而小之，則萬物莫不小。知天地之爲稊米也，知毫末之爲丘山也，則甘數覩矣。

中華學苑第十三期，民國六十三年三月一日出版

《漢宋學術異同論》釋義

一、前 言

在近代學界論學時常提出兩大主題：一爲漢學、宋學，一爲經今古文。此二者幾爲學界之兩大公案。後者聚訟幾達兩千餘年，前者亦近三百年，其間是非眞僞、優劣得失迄今仍難有較公允之定評。

申叔先生名師培，申叔其字也，江蘇儀徵人，世傳左氏學，先生著述甚富，今傳世《劉申叔先生遺書》關於群經及小學者二十二種、論學術及文辭者十三種，群書校釋二十四種，詩文集四種，讀書記五種，學校教本六種，凡七十四種，率皆民元前九年以後十五年中所作。（《蔡元培劉君申叔事略》）先生生於清光緒甲申年，民國八十年一月二十日卒於北京，年三十有六，天不假年，良足痛惜！本文《漢宋學術異同論》，乃先生學術名著中之一篇，以其與治經直接關連，特專文析論。先生自言「故薈萃漢宋之說以類區別，稽析異同，討論得失，以爲研究國學之一助（《總序》）」。先生爲此文之目的，已明白指出，清人魏默深嘗謂：

自明以來，學者爭朱陸；自本朝以來，學者爭漢宋。（外集卷一《論語．孟子類編序》）

此為一時代之風氣，此風迄今仍未稍戢，錢賓四先生則謂「近世揭櫫漢學之名以與宋學敵，不知宋學則無以評漢宋之是非。」《中國近三百年學術史第一章引論》誠然，漢宋學二者之關係至為密切，影響學界至鉅，尤其治經，實不可須臾離也。

二、漢宋學二名之起原

漢學之名，起於乾隆中葉，自明末諸大老不滿末季理學後起之侈談心性，不務實際，於是顧亭林先生首倡經學即理學，徵實學風既啓，而漢學鼎盛，曾文正公謂：

當乾隆中葉，海內魁儒畸士，崇尚鴻博，繁稱旁證，考核一字累數千言不能休，別立幟志，名曰漢學。（曾國藩《歐陽生文集序》）

則漢學之名，實由清人反對宋儒而起，故曾氏又曰：

自乾隆中葉以來，世有所謂漢學云者，起自一二博聞之士，稽核名物，頗拾先賢之遺而補其闕，久之風氣日滋，學者漸以非毀程朱為能。（《文集卷二漢陽劉君家傳》）

漢宋二名，相因而起，相對以生，言漢學淵源者必溯諸晚明諸遺老如孫夏峰、李二曲、陸桴亭、張蒿菴一代大儒耆學，無不沈潛於宋學，繼此而降，如李恕谷、方望溪、李穆堂、全謝山乃至江慎修諸賢皆於宋學有至深之了解，於是已逮乾隆，風雲際會，披靡一時而漢學之名，始告確立。

三、漢宋學在今日仍是治經方式之一

中國學術向來萃於五經，歷史文化之淵源，是非得失以至天下興亡之原理，無不考信於六藝，折中於群經，提要曰：

夫學者研理於經，可以正天下之是非，徵事於史可以明古今之成敗，餘皆雜學也。（《四庫全書子部總序》）

古今載籍，如此浩博，讀書必先有所主，然後心無旁務，眞積力久則入。故夏峰先生曰：

我輩讀書不能不博覽旁搜，然必先有所主，當以堯舜禹文周孔子之書爲主，則諸子百家，皆拱手聽令焉，正吾人所謂窮經以溯其源也。（《答問補遺頁三》）

孔子嘗自謂「吾非斯人之徒與而誰與。」（論語微子）汲汲救世之苦心，正如亭林所稱：

孔子之刪述六經，即伊尹太公救民放水火之心。天下後世用以治人之書，將欲謂之空言不可也。（《亭林文集卷四與人書三》）

然治經自有塗徑，當先由小學入，錢大昕曰：

國朝通儒若顧亭林、陳見桃，閻百詩、惠天牧諸先生始篤志古學，研覃經術，由文字聲音訓詁而得義理之眞。（《潛研堂文集卷二十四．經義雜志序》）

錢氏所謂文字聲音訓詁，正是漢學、治經之初基也。由此而得義理之眞，戴東原更謂六經爲道義之宗，聖哲之心學曰：

六經者，道義之宗而神明之府也。古聖哲往矣，其心志與天地之心協而爲道義之心，是之謂道。（《戴東原文集卷十》）

經言義理宋儒昌明義理，固宋學之所專擅，梁任公以義理爲植根柢之學，曰：

學問之道未知門徑者以爲甚難，其實則易易耳。所難者莫如立身，學者不求義理之學以植其根柢，雖讀盡古今書，祇益其爲小人之具而已。所謂藉寇兵而資盜糧，不可不警懼也，故入學之始，惟義理是務，讀象山，上蔡學案以揚其志氣，讀後漢儒林、黨錮傳、東林學案以厲其名節，熟讀孟子以悚動其神明，大本既立，然後熟讀語類及群學案以養之，凡講義理之書，總以自已心得能切實受用爲主，既有受用之處，則拳拳服膺，勿使偶失，已足自治其身，不必以貪多爲貴也。（《讀書分月課程舉要十五則》）

總右述小學爲漢學，義理漢宋兼有而以宋儒擅長是治經仍當崇漢宋之學而不可更易也。

四、本文分異求同說

本節爲全篇之重心，全引先生原文，《總序》首揭析理之準則「必比較分析，辨章明晰，使有繩墨（準則）之可循。」又曰「未嘗舍事而言理。」即理事相應「鉤玄而提其綱。」而後綱舉則目自張也，本文主分四目：㈠曰漢宋義理學異同論。㈡曰漢宋章句學異同論。㈢曰漢宋象數學異同論。㈣曰漢宋小學異同論。分次於下：

㈠漢宋義理學異同論

先生謂（此下皆引原文）近世治義理之學者有二派、一以漢儒言理平易通達與宋儒清淨寂滅者不同；此戴阮、錢、焦之說也（言其異）；一以漢儒言理多與宋儒無異而宋儒名言精理，大抵多本於漢儒，此陳氏王氏之說也（此其同）。

漢宋同者。

宋儒之說多為漢儒所已言者，例如：

1.太極無極說

太極無極，濂溪所倡之說也。然秦漢以來，悉以太極為絕對之詞（凡（　）號以內，皆先生夾行小注原文。說文云，「惟初太極，道立於一，造分天地，化成萬物。」即由太極生陰陽之說。鄭君注周易亦云：「極中之道，淳和未分之氣也。」）而無極之名，亦見於毛傳（維天之命篇引孟仲子說）濂溪，言無極而太極，即漢儒由無形生有形之說耳（何休公羊解詁云元者「氣也，無形以起，有形以分」。趙歧孟子章句云「大道無形而生有形。」）此同者。

2.本原之性、氣質之性

本原之性，氣質之性，二程子所創之說也（見二程遺書中不具引，大約謂本原之性無惡，氣質之性則有惡）然漢儒言性，亦以性寓於氣中（如鄭君注禮運，故人者天地之德節云：「言人兼此氣性純也」。又注故人者天地之心也節云「此言兼氣性之效也」。又樂記注云「氣順性也」春秋繁露亦曰，「凡氣從心。」此即朱子注中庸天命之謂性所本）惟宋儒喜言本原之性，並謂人心之外，別有道心，此則誤會僞書之說矣。逢按先生此言小誤！人心、道心見於荀子解蔽篇，「故道經曰，人心之危，道心之微。」乃僞大禹謨抄荀子之言。此言有異有同。）

3. 覺悟

覺悟之說，本於說文諸書（說文云：斆、覺悟也。從教冂、冂尙矇也。學，篆文斆省。白虎通云，學之爲言覺也，以覺悟所不知也。鄭注禮記云，學不心解則忘之矣。又曰，思而得之則深。）惟覺悟由於治學，非謂覺悟即學也。及宋人重覺，遂以潛心默坐爲先，此則易蹈思而不學之弊矣（案漢儒之說最易與宋明之言心者相混，釋名云、心、纖也，所識纖微、無物不貫也。即朱子心聚衆理說所本。說文云，聖，通也。白虎通云，聖通也明無不照，此即朱子虛靈不昧，豁然貫通說所本。趙歧孟子章句云，聖人亦人也，其相覺者以心知耳。即陽明以知覺爲性說所本。孟子章句云，欲使己得其原本如性自有之性也。即朱子明善復性說所本。趙歧孟子章句云，學必根原如性自得，物來能名，事來不惑。鄭君注樂記云，物來則又有知。此即程子思慮有得，不假安排之說。若夫鄭君注禮記言人情中外相應，即程子感寂說所從出也。漢儒注周易曰君子以明自照其德，即延平觀心說所從出也。特漢儒之說，在於隨經隨釋，而宋儒則以澄心默坐標宗旨耳。此言宋學自漢學中出，仍是同）

4. 言理

漢儒言理，主於分析（白虎通曰，禮義者有分理）而宋儒言理則以天理爲渾全之物，復以天理爲絕對之詞。（戴東原曰，宋儒言理以爲如有物焉，得於天而具於心，因以意見言之，其說是也。然朱子答何叔京書則言渾然仍具秩然之理，是朱子仍以理爲具分析之物矣。故程朱言事事物物皆有理可格）此則宋儒解理之失矣（朱子言天即理，性即理，此用鄭君之說而誤者，鄭君注樂記云，理，猶性也。注檀弓云，命，猶性也。箋毛詩云，命，猶道也。猶爲擬詞，即爲實詞，此宋人訓詁之學所由誤也。）此言有同有異。

申叔評曰「蓋宋儒言理，多求之本原之地，故舍用言體，與漢儒殊。」

右第4條漢宋同言理，而所主異，一主分析，一主渾全，絕對。且宋人訓詁之學有誤，以虛擬之詞爲實在也。

5. 情欲

欲生於情，私生於欲，此亦宋儒之說也。然漢儒說經，亦主去欲。（說文情字下云，人之陰氣，有欲者。趙岐孟子章句云，情主利欲也。此即宋儒欲生於情之說（按此其同）又說文云，欲，貪欲也。鄭君注樂記云，欲謂邪淫也。又曰，窮人欲，言無所不欲。又云，心不見物則無欲，又曰，善心生則寡於利欲。又箋毛詩云，人少而端慤，則長大無情欲。尙書大傳曰，禦思於有尤。鄭注云，尤，過也。止思心之失者，在於去欲有所過欲者。是漢儒不特言欲，亦且言無欲矣。（按漢宋同言欲）特宋儒著書，遂謂天理與人欲不兩立，此則宋儒釋欲之非矣（按指宋人過重視欲。言同而指其非者）。

6. 宋儒主靜主一

宋儒主靜主一之說，雖出於淮南，然孔氏注論語已言之（孔注曰，無欲故靜。又鄭君箋詩曰，心志定，故可自得）。宋儒主一之說，雖出於文子，然毛公作詩傳已言之（毛傳云，執義而用心固。韓詩外傳亦曰好一則博）。此漢宋之說同（源出於漢）。

7. 仁

漢儒言仁，讀爲相人耦之仁（鄭注中庸云，仁，相人耦也。即曾子人非人不濟之義）近於恕字之義（說文云，仁、親也。從人二，又云，恕，仁也。惠、仁也。見漢儒言仁，皆主愛人之義，故仁必兩人而後見也）張子西銘本之，至程朱以斷私去欲爲仁（程子言愛非仁）已與漢儒之說相背矣。（此謂張子言仁同，而程朱則相背，即有同有異）

8. 敬

漢儒言敬，皆就威儀容貌而言（說文云，恭肅也。敬，肅也。忠敬也。肅，持事振敬也。从聿在上，戰戰兢兢也，釋名云，敬，警也，鄭君注檀弓云，禮，主於敬。又注少儀云，端愨，所以爲敬也，是敬字皆就整齊嚴肅言）朱子家禮本之，至程門以寂然不動爲敬（如楊龜山、李延平、謝上蔡之類是）則與漢儒之言敬相背矣。（此言有同有異）

9. 體用

體用之說，漢儒亦言之（說文德字下云，外得於人，內得於己，從直心。言德兼內外，即宋儒體用之說。又鄭君箋毛詩云，內有其性，又可以有爲德也。亦與說文相同）。特宋儒有體無用（董子言性有善端，而趙岐亦言尋其本性。宋儒本之，遂謂仁有仁體，性有性體，道有道體，以體爲本，以用爲末）致遺棄事物，索之冥冥之中，而觀心之弊遂生。（此言有同有弊）。

10. 下學上達

下學上達，漢儒亦言（孔安國註論語云，下學人事，上知天命。鄭君注儒行云，初時學其近者小者以從人事自以爲可則狎侮之至於先王大道，性與天命，則遂捍格不入迷惑無聞，此其確證）特漢儒由下學入上達，而象山、慈湖遂欲舍下學而言上達耳。（言有同有異）。

11. 知幾

知幾說出於說文（說文云，幾，微也。即周子幾善惡、朱子幾者動之微所本。逢按繫傳言「幾者動之微，吉之先見者也。」繫傳成書約在戰國中葉以後，則知幾之說，先秦已有，後漢書引之，吉下增「凶」字。（此言同）。

12. 擴充

擴充之說出於趙岐（趙岐孟子章句云，人生皆有善行，但當充而用之耳。逢按《孟子公孫丑上》曰，「凡有四端於我者，知皆擴而充之矣。」似當先出於孟子，趙注因而釋之耳（此言同）

13. 存養

存養之說出於繁露（周末世碩言性，以養性為主而繁露亦曰，性可養而不可改。韓詩外傳曰，中心存養而日新之，趙岐注孟子云，能存其心，養育其正性，是為仁人）逢按《孟子盡心上》曰「存其心養其性，所以事天也。」（此同）

14. 愼獨

愼獨之說，出於鄭君（鄭君注中庸，愼獨者愼其閒居之所為也。則宋儒之說，孰非漢儒開其先哉？逢按中庸曰「莫見乎隱，莫顯乎微，故君子愼其獨也」（此言同）

右第一目

第一目中約分三類：

甲、同者，為1、3、6、11、12、14，凡六條。

乙、有同有異者，為2、4、7、8、10，凡五條。

丙、有同而可議者，為5、9兩條。

先生又評東原云：「乃東原諸儒於漢學之符於宋學者絕不引援。惟據其異於宋學者，以標漢儒之幟，於宋學之本於漢學者亦屏斥不言，惟據其異於漢儒者以攻宋儒之瑕，是則近儒門戶之見也。然宋儒之譏漢儒者，至謂漢儒不崇義理，則宋儒忘本之失也，此學術所由日歧歟。」

先生直謂當時漢宋學者，皆有門戶之見而東原此見又過深，持平之言，可以論學術矣。

(二)漢宋章句學異同論

本篇可分：

1. 漢宋說經不同

漢儒恪守家法，各有師承，其失或膠於章句，堅固罕通，即義有同異，亦率曲爲附合，不復稍更，其得者，去古未遠，間得周秦古義。且治經崇實，比合事類，詳於名物制度，足以審因革而助多聞；宋儒說經，不軌家法，其失，則土苴群籍，悉憑己意所欲出，以空理相矜，其得，亦間出新義，或義乖經旨而立說至精。此漢宋說不同之證也。先生即漢宋之得失優劣，分別至爲精審，可從。

2. 漢儒信經與宋儒疑經不同

大抵漢代諸儒惑於神祕之說，輕信而寡疑，又譎詐之徒往往造作僞經以自售其說，若張霸僞作百兩篇，劉歆增益周官經（歆於左傳亦稍有所增益），若宋代諸儒，則輕於疑經，然語無左驗（與閻氏疑古文尚書之有左驗者不同）。多屬想像之辭，如易有十翼，著於漢志（漢志言易有十二篇）而宋儒歐陽修則疑十翼之名始於後世，繼其說者並不信說卦三篇，而元人俞玉吾並謂序卦、雜卦之名始於韓康伯，與漢志、隋志不符。而三墳爲唐人僞作，鄭樵轉信其書，此宋學不可解者，一也；尚書有今古文，而古文則係僞書，吳棫、朱子、王應麟漸知古文之僞（元人吳澄亦以古文爲僞）然程張諸子並疑今文（張子謂金縢文不可信而朱子稍疑伏生之通今文）而元儒王柏遂本其意作書疑（王柏舉大誥、洛誥咸疑其僞）近儒斥爲邪說（江鄭堂），曾爲辨誣此宋學不可解者二也；毛公、鄭君皆謂詩序作於子夏，而朱子作詩傳則屏斥詩序，獨玩經文，南軒、仁山皆守朱說（鄭漁仲亦主不用詩序之說，惟馬端臨力言詩序不可廢）至王柏著詩疑則又本朱子之意，斥鄭衛之詩爲淫奔，刪詩三十餘篇（並刪野有死麕），此宋學不可解者，三也；至唐，趙匡啖助，陸淳始廢傳說經而三傳束置高閣，有宋諸儒孫（覺）張（載）蘇（軾、轍）劉（敞）咸說春秋，支離怪誕，而泰山安國之書亦移經就己（泰山尊王發微主於定名分；胡氏春秋主於別華夷）既雜糅三傳，復排斥三傳之非，其不可解者，四也。

逢按疑十翼，信三墳，不可解者一，不知書有今古文，不疑古文之僞，反疑今文之眞，不可解者二；疑詩序，刪經文，不可解者三；漢儒守家法憑三傳以說春秋，宋儒不信三傳專憑臆說且移經就已於三傳既雜糅、又排斥、不可解者四，斥其毫無是非，正見，不可以理喻也。

先生又曰，餘如子由、永叔、五峯咸疑周官。君實，李覯、馮休咸疑孟子，立說偏頗，殆成風習。且孝經經文十八章，漢唐以來無異議，而朱子輒據汪氏（端明）何氏（可久）之妄說，改竄刪削，指爲僞傳，於劉炫僞造之古文，反列爲經文，於僞者信其爲眞；於眞者復疑其爲僞（眞僞不分），此誠宋人說經之大失（斥宋儒眞僞莫辨、是非顚倒，爲說經之大失）。

3. 改移經文

且宋儒非僅疑經蔑古已也，於完善之經文，且顚倒移易，以意立說，例如改周易繫辭（繫辭傳）有程子（改易繫辭天一地二一節於天數五地數五節之上，後世讀本從之。）改尙書洪範康誥者有東坡

（東坡改洪範王省惟歲節於五日歷數之下，又改康誥惟三月哉生魄節於康誥周公拜手稽首之上）改論語鄉黨季氏篇者有程朱（程子改鄉黨必有寢衣節於齊必有明衣布節之下。朱子改季氏篇誠不以富二句於民到於今稱之之下）而臨川俞氏改易周官，妄生穿鑿（若復古篇謂司空之屬分寄五官，取五官中四十九官以補冬官之缺，此說一倡，而元儒清源邱氏又以序官置各官之首，而臨川吳氏以及明儒椒邱何氏於周官皆妄有移易，幾無完書）。

4. 妄分經傳及章節

及朱子尊崇學庸，列爲四書，復妄分章節，於大學、孝經則以爲有經有傳（朱子分大學爲經一章，傳十章，復改康誥曰節於未之有也下，瞻彼淇澳二節於止於信之下。於中庸復分爲三十三章，以孝經首七章爲經，餘皆爲傳）王柏繼之，而附會牽合，無所不用其極矣（王柏作二南相配圖，洪範經傳圖，於洪範妄分經傳，復作重定中庸章句圖，金仁山、胡允文諸人多崇奉其妄說）。

5. 宋儒改經之弊

宋儒改經，其弊有二，一曰分析經傳。二曰，互易篇章。雖漢儒說經非無此例（如費直以十翼說釋上下經，此即合傳於經之例也，若夫鄭君十月之交四篇爲刺厲王詩，以及河間王以考工記補冬官，馬氏增月令於小戴，皆移易經文篇次者也）

6. 評漢宋儒

先生曰，然漢儒之說皆有師承，即與古誼不同，亦實事求是，與宋儒獨憑臆說不同。自宋儒以臆說改經，而流俗昏迷，不知篤信好古，認宋儒改訂之本爲眞經，不識鄒魯遺經之舊，可謂肆無忌憚者矣。惟朱子作易本義，追復古本（易古經爲王弼所亂，朱子用呂大防之說，追復古本十二篇之舊，與漢藝文志合）而論次三禮，則以儀禮爲本經（朱子以儀禮爲本經，其說出鄭君「周禮爲本，儀禮爲末」之上）皆與班志相合，此則宋儒之得也。蓋宋代之時注經不立準繩，故解經之書，競以新學相標，又理學盛行，故注釋經文，亦侈言義理，疏於考核，例非漢儒之例（如程大昌謂詩無風體，而劉氏、胡氏等復重定春秋之例是）說非漢儒之說（如程朱以大學爲曾子所作，以中庸爲孔門傳心法之書咸與漢儒之說不合，而所注各書，以史書釋經，或以義理說經）圖非漢儒之圖（如易有先後天圖，易數鉤隱圖，詩有二南相配圖，皆不足據，惟程大昌禹貢地理圖，蘇軾春秋指掌圖，楊復儀禮圖，稍爲完善）而傳注之中，復採摭俗說，武斷支離（由於不精小學）易蹈緣詞生訓之譏，近儒斥之誠知言也。

第二目

小結

1. **漢宋說經不同**

漢儒守家法，其失膠於章句，其得去古未遠，間存周秦古義。詳於名物制度，足資多聞；宋儒說經不守家法，其失土苴群籍，悉憑己意，以空理相尙，亦間出新義，雖乖經旨而立說至精。

2. **漢儒信經，宋儒疑經**

提出宋儒不可解者四，一、爲疑十翼，信三墳，疑所不當疑，信所不可信。二、不知書有今古文，不疑古文之僞，反疑今文之眞。三疑詩序、刪經文。四漢儒信三傳而宋儒說春秋支離，移經就己，既雜糅三傳又排斥三傳，不可理喻，不知所謂也。

3. **改移經文**

於完善之經文，任意割裂，顚倒改置，令各經幾無完書。

4. **妄分經傳及章節**

朱子於學庸妄分章節，於大學、孝經以爲有經有傳。致誤後世不淺。

5. **宋儒改經之弊**

即分析經傳，互易篇章。

6. **評漢宋儒**

謂漢儒說有師承，即異古義，亦實事求是與宋儒獨憑臆說妄改經文，致後人誤以改定之本爲眞，惟朱子於易追復古本，以儀禮爲經高出於康成，此宋學之得也，但宋儒治經無準繩、解經之書競以新學相標，侈言義理，疏於考核，例、說、圖，皆不從漢儒，傳注中用俗說，不諳小學緣詞生訓清儒譏之是也。

(三)漢宋象數學異同論

內容可分：

1. 漢宋於象數各有所宗

漢儒信讖緯，宋儒信圖書（此本節綱要）（讖緯亦稱圖書公羊疏、王者依圖書行事、史官錄其行事言出圖書）但與宋人圖書迥異。

2. 讖緯圖書二者其源皆出於方士

上古之時，天人合一，爰有史祝之官，兼司天人之學，凡七政五步十二次之圖測，星辰日用天象之變遷，咸掌於馮相保章，則太史之屬官也。及東周之際，官失其方，萇弘以周史而行奇術（如射貍首事）老子以史官而託游仙，史職末流爲方士，若趙襄獲符，秦王祠雉以及三戶興楚之謠，五星興漢之兆，皆開讖學之先，然盧生入海求仙，歸奏亡秦之讖，則讖書出於方士明矣。至於西漢儒道二家，競爲朝廷所尊尚，由是方士之失職者，以讖緯之說雜糅於六經之中，如公玉帶獻明堂之圖，欒大進封禪之說是也。而兒寬之徒緣飾經術以自諱其本原，此讖緯源於方士之證也（宋人圖書亦出於方士）若夫宋人圖書之學出於陳摶，摶以道士居華山，從种放、李漑游、搜采道書得九宮諸術倡太極、河洛、先天後天之說作道學綱宗，其學傳之劉牧，牧作易數鉤隱圖，而道家之說，始與周易相融。周茂叔從陳摶游、隱師其說（馬貴與曰晁氏曰朱震言程頤之學出於周敦頤、敦頤得之穆修，亦本於陳摶，景迂云，胡武平、周茂叔同師鶴林寺僧壽涯，其後武平傳於家，茂叔則授二程，此周子學術出於陳摶之證）作太極圖說，宋代學者皆宗之，夫太極之名，圖書之數，先天後天之方位，雖見於易傳，然摶放之圖縱橫曲直，一本己意所欲出，似與易旨不符，近世諸儒堅斥宋人圖書之說（宋林栗以易圖爲後人依託，非晝卦時所本有，俞琰作易外別傳，以邵子先天圖闡明丹家之旨，元吳澄、明歸有光亦皆著說爭辨，元延祐間天台陳應潤作爻變義蘊，確指陳邵之圖爲參同爐火之說，以爲道家假借易理以爲修鍊之用。厥後胡渭作易圖明辨、黃宗炎作圖書辨惑，毛奇齡作圖書原舛，皆斥之甚力，此後遂爲定論矣）以陳邵圖書係屬方士修鍊之別術，雖指斥稍堅，然宋儒圖書出於方士，則固彰彰可考矣。

3. 河洛之說漢儒亦言

讖緯圖書既同溯源於方士，然河洛之說，漢儒亦非不言也。（孔安國楊雄以圖書係出伏羲世，爲劉牧說所本，劉歆則言圖出伏羲時，伏羲以之作易，書出禹時，禹法之以作洪範與孔楊之說迴殊）又虞翻注易傳易有太極節云，四象、四時也。兩儀、謂乾坤也。而陳邵易圖亦謂太極分爲兩儀，由兩而四，兩數迭乘以成六十四卦之數（由兩而四，而八、而十六，而三十二，而六十四）實與古說相符，非徒方士祕傳之說也。

宋儒有斥緯書者，若歐陽修（有論九經請刪正義中讖緯劄子，以讖緯非聖人書）魏了翁（重訂九經正義盡刪讖緯之言）王伯厚（譏宋書符瑞志引讖緯，晁以道亦日使緯書皆存，猶學者所弗道，況其殘缺不完，於僞之中又僞者乎，蓋宋人不喜緯書殆成風習）雖深斥緯書，然朱子注論語河不出圖（云河圖、河中龍馬負圖，此引緯書中說也）注楚辭崑崙天闕（云，崑崙者，地之中也，地下有八柱，亦本緯書）亦未嘗不引緯書也。

4. 漢宋皆極尊象數

蓋漢代之時以通讖緯者爲內學（惟孔安國毛公皆不言緯，桓譚、張衡尤深嫉之，范蔚宗云，桓譚以不喜讖流亡，鄭興以遜辭僅免，賈逵能附會文字差顯，世主以之論學，悲矣哉！）宋代之時以通圖書爲道學，漢人言讖緯並兼言災異五行，宋人言圖書並兼言皇極經世。

漢人災異五行之說，於易有孟氏（孟氏從田王孫受易得易家候陰陽災變書，梁邱氏以爲非田生所傳，然梁邱氏亦言災異，惟丁寬易不言陰陽災變之說）京氏（京氏之學出於焦延壽，延壽嘗從孟喜問，故著易林）於書有夏侯氏（喜言洪範五行傳，以之言災異）劉氏；於詩，有翼氏、石氏（皆齊詩也，稱五際六情與詩緯推度災紀歷樞之說合，蓋齊詩家法如此）；於春秋，有童氏、眭氏咸以天變驗人事，迄於東漢不衰，若皇極經世書作於邵子，其學出於陰陽家，昔鄒衍之徒，侈言五德，以五行之盛衰驗五德之終始，邵子本之，故所作之書，亦侈言世運（由陰陽五行而生世運，由世運之異而生帝皇王霸之分）。

5. **宋儒象數之學出於漢儒，宋學亦未能越漢學之範圍**

邵子於漢儒最崇楊雄（邵子曰洛下閎改顓帝歷爲太初歷楊子雲準太初而作太玄，凡八十一首，九分其三卦，凡五隔四分之，則四分當一卦，卦氣始於中孚，故首中卦。又云子雲既知歷法，又知歷理。又云子雲作太玄可謂知天地之心矣。又邵子詩云，若無楊子天人學，焉有莊生內外篇。此皆邵子推崇子雲之證也。故程子曰堯夫之學雖由李挺之紹，陳搏之傳，然師淑楊雄，則仍漢學之別派也，且邵子之學本於漢儒者：

一曰卦氣之說

夫卦氣之說，始於焦贛，京房謂卦氣始於中孚，以四正卦分主四方（以坎離震兌分主四方，應二至二分之日，謂四時專主之氣，春木夏火秋金冬水，每卦各值一日，以觀其善惡，其餘六十餘爻，別主一日，凡三百六十日，易緯圖相同）子雲太玄本之（朱子曰，太玄都是學焦延壽，惟卦氣案京焦言卦氣以中孚爲冬至之初，頤上九爲大雪之末，太玄亦以中爲陽氣開端節，即以中孚爲冬至初之說也。養百踦贏二贊，即以頤上九爲大雪之末也。以易卦氣爲次序而變其名，朱子之說是也。）而邵子之言卦氣也，亦用六日七分之說（蔡西山云康節亦用六日七分之說，此其證）此宋學之源於漢學者，一也。

一曰九宮之說

夫九宮之法，見於乾鑿度，鄭君注緯亦信其言，張平子力排圖讖，不廢九宮風角之占，而陳摶喜言九宮，邵子之書亦兼明九宮之理（毛西河以九宮始於張角，實則漢學亦有此一派）此宋學之源於漢學者，二也。

夫卦氣之占，九宮之法，語鄰荒渺，說等無稽，然溯其起源則兩漢鴻儒已昌此說，安得盡引爲宋儒之咎哉？且宋儒象數之學非僅卦氣，九宮已也，餘尚有：

(1)河洛之圖

易緯河圖數云：「一與六共宗，二與七同道，三與八爲朋，四與九爲友，五與十同途。」而宋儒之繪河圖洛書也，實與相符（如河圖之象：一六在北，三八同在東，二七同在南，四九同在西，而五則居中）又劉歆有言，河圖洛書相爲經緯，八卦九章，相爲表裡，則又宋儒圖書相爲用之說所從出也（宋儒謂八卦之水火木金土，即洪範之五行，圖之五十有五，即九疇之子目也。又謂圖書皆所以發明易理）惟孔安國劉歆關朗皆以十爲圖，以九爲書，與劉牧之說不同（劉牧以十爲書，以九爲圖，別爲一說）然朱子作易學啓蒙，仍主漢儒孔劉之說（蔡元定亦然），則宋學亦未能超越漢學範圍也。

⑵納　甲

朱子所深信也（朱子曰如納甲法，坎納戊，離納己，乾之一爻屬戊，坤之一爻屬己，留戊就己，方成坎離，蓋乾坤屬大父母，坎離屬小父母也。）然虞翻注易已言之（惟陳邵先天互體之說實不可信）。

⑶太極陰陽

亦爲漢儒所已言（鄭君注「易有太極」云：「極中之道，淳和未分之氣也」。此即宋儒以太極爲元渾之物之說也。又說文一字下云「惟初太極，道立於一，造分天地，化成萬物」。此即周子太極圖說，所謂太極生陰陽，由陰陽以生萬物之說也。又何氏公羊解詁云：「元者氣也，無形以起，有形以分，造起天地，天地之始也。」其說亦與易注及說文同）特宋儒以太極標道學之幟耳。又周子太極圖說謂陰陽合而生五行（大約宋儒於馬融四時生五行之說排斥最深，目爲曲說）此亦許鄭之舊說也（鄭氏尚書大傳注曰：天變化爲陰爲陽，覆成五行。又說文曰，「五，五行也，從二，陰陽在天地間交午也。」皆五行生於陰陽之說也）特陰陽五行，古學分爲二派，漢儒宋儒均失之耳。

⑷先天後天

漢唐以前，初無是說，乃陳邵臆創之談（邵子又謂有已生之卦有未生之卦，而朱子申之曰，自震至坤爲已生，自巽至坤爲未生，則又牽說卦傳以就圓圖之序，可謂穿鑿附會無所不至者矣）而天根月窟，尤屬無稽（黃梨洲曰，邵子所謂天根者，性也，月窟者，命也，性命雙修，老子之學，康節自訴其希夷之傳則其理與易無與，則亦自訴其道家之學，而其說於易無與也。說者求之易而欲得其三十六宮者，可以不必也。黃氏之說最確）甚至改定新曆（亦邵子事）創造新圖，以聖賢自擬，此其所以遭近儒之指斥。特漢儒之學多舍理言數；宋儒之學則理數並崇。

6.（宋儒）格物窮理亦間邁漢儒。其可取者有三

邵子之言曰天依形，地附氣（或問堯夫曰，天何依？曰，天以氣而依於地，地何附？曰，地以形而附於天，則其說又稍誤，不若此語之確）又曰，其形也有涯，其氣也無涯。程子曰天氣降而至於地，地中生物者，皆天之氣也。又曰，有氣莫非天，有形莫非地。張子曰，虛空即氣，減得一尺地，便有一尺氣。朱子曰，天無形質，但如勁風之旋，升降不息，是爲天體，而實非有體也。地，則氣之渣滓，聚成形質，但兀然浮空而不墮耳。此即歧伯大氣舉地之說也（見素問）與晳種空氣之說，大約相符，此宋人象數之學可取者，一也。

張子之言曰，地對天，不過天，特地中之一物耳，所以言一而大謂之天，二而小謂之地（案唐孔穎達云，天是太虛，本無形體，但指諸星轉運，以爲天耳。天包地外，如卵之裹黃，其證亦確）又曰地有升降，地雖凝聚不散之地，然二氣升降，其相從而不已也。陽日上，地日降而下者，虛也，陽日降、地日進而上者，盈也。此一寒暑之候也。至於一晝夜之盈虛升降，則以海水潮汐驗之爲信（黃瑞節注正蒙謂地有升降，人處地上如在舟中，自見岸之移不知舟之轉也。又曰地乘水力與元氣相爲升降，氣升則地沈而海水溢上則爲潮，氣降則地浮而海水縮下則爲汐，其說亦精）朱子亦曰，天地四游，其升降不過三萬里（其說稍訛）此即鄭君地有四游之說也（考靈耀注云地蓋厚三萬里，春分之時，地漸漸而下至夏至之時，地之上畔與天中平，至冬至後漸向下，蓋鄭注誤日爲天）與晳種地球公轉之說大抵相同，此宋人象數學之可取者，二也。

程子之言曰，月受日光，日不爲虧，然月之光乃日之光也。朱子之言曰，月在天中則受日光而圓，月遠日則其光盈，近日則其光損（又曰月無盈缺，人看得有盈缺，晦日，則日與月相疊至初二方漸漸離開，其說是也）又曰緯星皆受日光，此即張衡日蔽月光之說（張衡曰，火外光，水含景，月光生於日之所照，魄生於日之所蔽，當日而光盈，就日而光盡，衆星被耀，因水轉光，當日之衝，光常天合者，蔽於地也，是爲闇虛在星，星微月過則食，日之薄地其明也）與晳種月假日明之說，互相發明此宋人象數學之可取者，三也。

（邵子曰，日月之相食，數之交也。日望月則月食，月掩日，則日食，是日月不爲災異，北宋時邵子已先知之）然宋人象數之學精語尤多。

7. 宋儒之學遠邁漢儒者

周子言動而生陽，動極復靜，靜而生陰，靜極復動（又謂一動一靜，互爲其根）非即效實儲能之說乎（案動而生陽，即西人闢以出力之說，所謂效實也；靜而生陰，即西人翕以合質之說，所謂儲能也，故周子之語甚精）。

張子言聚亦吾體，散亦吾體，知死生之不亡，可與言性。非即不生不滅之說乎（聚散雖不同，而原質仍如故，即不生不滅之說也），又謂兩不滅，則一不可見，一不可見，則兩之用息。此即正負相抵之法乎（物有二即有對待，故佛家言三世一時，衆多相容。張子此言，與代數正負相等則消之法同）而邵子觀物內篇曰，象起於形，數起於質，名起於言，意起於用。其析理尤精，遠出周、張之上（象起於形者，即左傳物生而後有象也。物之不存，象將安附？數起於質者，即左傳象而後有滋；滋而後有數是也。凡物之初，皆由一而生二，而後各數乃生。名起於言者如爾雅之指物，皆曰謂之是也。意起於用，即古人所謂思而後行也，以穆勒名學之理證之，則象即物之德也，數即物之量也，言即析詞之義也，用即由意生志，由志生爲之義也，故其理甚精）又以水火土石爲地體（邵子曰，太柔爲水，太剛爲火，少柔爲土，少剛爲石，水火土石交而地之體盡。張子亦曰，水火土石，地之體也）以代洪範之五行（此則深明地質之學）地質之學，已啓其萌，此則宋儒學術遠邁漢儒者矣。

8.漢人象數遺文可考者

約分三派：

(1)附周易者爲一派

孟喜、京房、鄭玄、荀爽之流，注釋周易咸雜術數家言是。

甲曰游魂歸魂之學（出於易傳「游魂爲變」一語說尤奇詭）

乙曰飛伏升降之說（亦孟京之學，宋衷、虞翻皆傳之）

丙曰爻辰之學（張皋聞曰，乾坤六爻，上應二十八宿，依氣而應謂之爻辰。錢竹汀謂費氏有周易分野一書爲鄭氏爻辰之法所從出，陳蘭浦曰，鄭氏爻辰之說實不足信，故李鼎祚集解刊削之）

丁曰消息之學。（陳蘭浦曰，十二消息卦之說，必出於孔門，繫辭傳云，往者屈，來者信，原始反終，通乎晝夜之道，皆必指此而言之，故鄭荀虞三家注易皆用此說）

說經之儒，皆崇此說，此一派也。

(2)附曆數者爲一派

劉洪作乾象曆（大抵爲談天象之書）鄭康成作天文七政論（並爲劉氏乾象曆作注）鄭興校三統術，李梵作四分術，推之霍融作漏刻經，劉陶作七曜論（論日月五星）甄叔珍作七曜本起，張衡作靈憲算罔論（又作渾天儀一卷）雖推步之術，未若後世之精，然測往推來足補實用（張衡之說最爲有用），此一派也。

(3)附雜占者爲一派

何休作風角注訓（風角者，謂候四方四隅之風以驗事物之吉凶）王景作大衍元基（景以六經所載皆有卜筮，而衆書雜淆，吉凶相反乃參稽衆家術數之書冢宅禁忌堪輿日相之屬適於時用者爲大衍元基）以及景鑾作興道論（抄風角雜書列其占驗）徐岳作術數紀遺，莫不備列機祥，自矜靈祕，然鄰左道，易蹈疑衆之誅，此又一派也（漢人此派之學別有圖宅說及太平清領書，圖宅說者，以五行五姓五聲定宮室之向背，王充論衡引之，太平清領書者，專以五行爲主，乃道家之書，若夫許峻易林，易決易占諸書，亦屬此派者也）

9. **申叔先生評之曰：**

蓋漢儒象數之學，舍理言數，仍爲五行災異說之支流，乃近世巨儒表佚扶微，摭拾叢殘，標爲絕學，而於宋學之近理者轉加排斥，雖有存古之功，然荒誕之言，豈復有資於經術，此則近儒不加別擇之過也。

第三目小結

㈠漢宋象數各有所宗，漢儒信讖緯，宋儒信圖書，特讖緯圖書其源同出於方士。宋人圖書之學其源出於陳摶、漢儒亦言河洛。

㈡宋儒象數之學出於漢儒者有卦氣、九宮、河洛之圖納甲、互體、太極陰陽、宋學未能越漢學之範圍。

㈢比較漢宋·漢人舍理言數，宋儒理數並崇。

㈣宋儒格物窮理，間邁漢儒者。列宋儒象數學可取者一、二、三又有遠邁漢儒者。

㈤漢人象數遺文可考者有三派：1.附周易者一派。2.附曆數者一派。3.附雜占者一派。

㈥申叔先生評曰，漢儒舍理言數，仍爲五行災異說之支流，近世大儒摭拾叢殘，雖是存古，但荒誕無補於經術，而於宋儒之近理者反予排斥，是近儒未予別擇之過也。

㈣漢宋小學異同論

本節可分：

㈠上古未造字形，先造字音，有文字後，字義咸起於右旁之聲，義起於聲，故諧聲必兼有義，故古韻同部之字，其義必相近。

㈡漢宋諸儒，解文字不同。漢儒重口授，故重耳學；宋儒競心得，故重眼學，漢儒知字義寄於字音，故說字以聲爲本；宋儒不明古韻（惟吳才老略知古韻）昧於義起於聲之例，故說字以義爲本，而略於字音。

㈢由今觀之，則聲音訓詁之學（小學）固漢儒是而宋儒非也。何則？爾雅一書，凡同義之字，聲必相符（如釋詁篇，哉基台三字皆訓爲始，然皆與始音相近。洪龐旁弘戎五字皆訓爲大，而其音咸相近，皆音同則義通之證也）而東周之世，達才通儒，咸以音同之字，互相訓釋（如孔子作易傳云，乾健也，坤順也。其證一，論語云，政者正也，其證二，又言貊之爲言惡也，其證三。爾雅釋草木鳥獸，如蒺藜爲茨，扁竹爲蓄，皆以切語爲名，而蓄蕾萑蓷之類，復以音近之字互釋，其證四。中庸云，仁者人也，義者宜也，其證五。餘證尚多）

其解釋會意者，僅反正爲乏（左傳宣五年）止戈爲武（宣十二年）皿蟲爲蠱（昭元年）數語耳。

㈣是字義寄於字音，故義由聲起，聲可該義，義不可該聲漢儒明於此義，觀孔鮒作小爾雅，多以同音之字互訓以證古人義起於音，而許君作說文所列之字，亦以形聲之字爲較多而假借一門，咸以音同相假用，即轉注一門亦大抵義由聲起，如茦莿拈掫火娓妹娟之類，字義既同而其字又一聲之轉（蓋二字互訓，上古只有一字，後以方言不同，造爲兩字故音義全同）猶之爾雅訓哉基台三字爲始也。又說文於諧聲之中復析爲亦聲，省聲二目。亦聲者，會意之字聲義相兼者也（亦聲之例有三，一爲會意之兼聲，一爲形聲字之兼意者。一爲在本部兼聲與義，而在異部則其義迥別也。然以會意字之兼聲者爲正例）省聲者諧聲之字以意爲聲者也（如蕑字下云，期省聲，明字，會意而簡字兼從之得聲也餘類推）是會意之字亦與諧聲之字相關。若象形指事二體，亦多聲義相兼（如龍字能字皆係象形之字，而龍從肉童省聲，能字從肉亦係省聲，其證一。若指事之字，則尹字以君得聲是也，其證二）是說文一書雖以字形爲主，說字實以字音爲綱矣。即劉熙釋名，區釋物類以聲解字，雖間涉穿鑿，然字義起於字音，則固不易之定例也（揚雄方言詳舉各地稱謂，事物之不同，亦多聲近之字）是馬鄭說經，明於音讀，用讀爲讀若之例，以證古字之相通，然漢儒異讀咸取音近之字以改易經文，則用字之法，音近義通，漢儒固及知之也。

(五)宋儒治說文者，始於徐鉉，鉉雖工篆書，然校定說文，昧於形聲相近之例，且執今音繩古音，於古音之異於今音者，則易諧聲爲會意（如說文棣字取枲聲，徐以枲非聲，不知枲從台聲，詩棣天之未陰雨，今本作迨，亦從台聲也。轘從睘聲，徐以睘爲非聲，當從環省，不知古人讀睘如環。詩獨行睘睘，釋文本作煢煢，與睘聲相轉，故多假借通用，熇取高聲，徐以高爲非聲，當從嗃省，不知嗃亦從高，且說文無嗃字，徐氏新增此字，蓋熇嗃字通，不當展轉取聲也，贛從竷省聲，徐以竷爲非聲，按詩坎坎鼓我，說文引坎作竷，坎空音近，故贛竷二字音亦不殊，穛取焦聲，讀若酋，徐云穛側角反，音不相近，穛從焦聲，平入異而聲相通，鄭玄謂秦人猶搖聲相近，亦焦音近酋之旁證也。是古音相通之例，徐氏未及知也）自是以降吳淑治說文學取書中有字義者千餘條，撰說文互義（宋史吳淑傳）舍聲說義，自此始矣，及荊公作字說，偏主會意一門，於諧聲之字，亦歸入會意之中，牽合傅會，間以俗學相雜糅，而羅願爾雅翼，陸畋作稗雅，咸奉字說爲圭臬，而漢儒以聲解字之例，遂無復知之者矣（惟鄭樵解武字非會意，當從亡從戈，亡字係諧聲亦誤訛雜出，不足信也）且說文以比類合誼以見指撝解會意，蓋會與合同，又誼義又爲通用之字，合誼，即會意之正解（所以合二字之義以成一字之義也）而宋人解會意之會爲會悟，此其所以涉於穿鑿也。又如程伊川之解雹字從雨從包，是大氣所包住，所以爲雹，不知雹字從包得聲，乃諧聲而非會意也。朱子之解忠恕也，引中心爲忠如心爲恕之說，其說雖本孔穎達，然忠字從中得聲恕字從如得聲，亦諧聲而非會意。古字義寄於聲，故聲義相兼，何得舍字聲而解字義與（惟朱子注論語侃侃誾誾，注時習注非禮勿視，注孟子自艾，注不屑就，注周易天下之賾，注詩注王舅，皆引說文，而比字之音，亦用群經字解之說，乃宋儒之稍通小學者）惟王觀國以盧字田字爲字母（學林云，盧者，字母也，田者，字母也，又云凡省文者省其母加之字也。但用字母則字義該矣，說甚精）王聖美治字學，演其義以爲右文（夢溪筆談云王聖美治字學演其義以爲右文，又謂凡從戔之字，皆以淺字爲義）張世南謂文字右旁亦多以類相從（游宦紀聞謂從戔之字皆有淺小之義，從青之字皆有精明之義）明於音同義通之義。

㈥先生評之曰，近世巨儒如錢（錢塘欲離析說文系之以聲）黃（黃春谷謂字義咸起於聲音）姚（姚文田作說文聲系）朱（朱駿聲作說文通訓定聲悉以字之右旁爲綱）解析說文咸用其意，是六書造微之學，宋人猶及知之，特俗學泥於會意一門，而精微之說，遂多湮沒不彰耳（王船山說文廣義，全以會意解古字，特較荊公字說爲稍優）近代以來小學大明，而聲音文字之源，遂歷數千年而復明矣。此豈宋儒所能及哉？

本目小結：

㈠漢宋諸儒解文字不同。漢儒重耳學，宋儒競心得。漢儒知字義寄於字音，故說字以聲爲本；宋儒不明古韻，不知義起於聲之例，故說字以義爲本而略於字音。

㈡說文一書說字以音爲綱，假借一門，咸以音同相假，轉注一門大抵義由聲起，諧聲字復析爲亦聲，省聲。會意字亦與諧聲字相關，即象形，指事二體，亦多聲義相兼。劉熙釋名全書以聲解字。

㈢字義寄於字音，義由聲起，漢儒明於此例，用字之法音近義通，漢人固已知之。

㈣聲音訓詁之學（小學）由今觀之，固漢儒是而宋儒非也。

㈤宋儒惟王觀國、王聖美知右旁之聲之重要，明於音同義通之例，故六書造微之學，宋人猶及知之。

㈥近代小學大明，聲音文字之源，歷數千年而大明，此非宋儒所能及也。

五、漢宋學評議

學術隨時代而變遷，或歷百年，或歷數百年而必變，此似與世運有關，每一時代，經一二人之領導倡首，蔚成一時之風尚，及其稍久，又流弊叢生，此則周易窮變通久之律則也。漢學宋學亦然，漢學本針對宋學而起，一般以爲宋學之反動及對明末科舉八股之痛惡而有情緒上之反應者。清人方東樹則曰：

近世爲漢學考證著書闢宋儒以言心言性言理爲厲禁，究其所以爲之罪者，不過三端：一則以其講學標榜門户分爭，爲害於家國；一則以其言心言性言理，墮於空虛心學禪宗，爲歧於聖道；一則以其高談性命束書不觀，空疏不學，爲荒於經術。而其人所以爲言之指亦有數等，若黃震、萬斯同、顧亭林輩，自是目擊時敝，意有所激（此反動）創爲救病之論。而析義未精，言之未當；楊愼、焦竑、毛奇齡輩則出於淺肆矜名深妒宋史創立道學傳，若加乎儒林之上，緣隙奮筆，忿設詖辭，若夫好學而愚、智不足以識眞，如東吳惠氏，武進臧氏則爲闇於是非。……方氏《漢學商兑序》

方氏指出清儒反對宋學者舉列宋儒之罪過而攻宋儒之人多有未當者，此方立場不同，亦稍有激情之言，然若以系出漢學宗派，自爲漢學名家，而能自訟漢學家之過者如段懋堂則以理學不可不講，曰：

今日之弊在不當行政事而尚勦說，漢學亦與河患同，然則理學不可不講，先生其有意乎？《與

王石臞書》

又曰：

喜言訓詁考核，尋其枝葉，略其根本，老大無成，追悔已晚，漢人之小學，一藝也，朱子之小學，蒙養之全功也。段氏《朱子小學跋》。

段氏極推崇朱子謂其本末兼賅未違孔子之教以漢學家自訟漢學之失，其器量之閎大可敬又曰：

玉裁竊以爲義理之事未有不由考核而得者，自古聖人制作之大，皆精審乎天地民物之理，得其情實，綜其終始……故能奠安萬世。段氏《重刻戴東原文集序》

段又以考核爲義理之源（後人因治經以明義理）段氏所謂考核不專在名物文字間故曰：

考核者，學問之全體，學者，所以學爲人也，故考核在身心性命倫理族類之間，今之言學者，身心倫理之不務，謂宋人之理學不足言，謂漢之氣節不足尚，別爲異說，簧鼓後生，此又吾輩所當大爲之坊者。《爲嚴元照娛親雅言序》

在今日於漢宋學之評論應當持平觀姚姬傳曰：

元明以來以程朱取士，爲其學者以爲進趨富貴而已，斯固數百年以來之陋習，今乃思一切矯之，以專宗漢學攻駁程朱爲能，倡於一二專己好名之人，而相率而效尤者，固爲學術之害。《惜抱軒文集六、復蔣如松書》

嚴百詩於漢宋之態度，則較謹飭而曰：

近代奉宋儒經學太過，而貶剝之者亦太過。《劄記卷一》

故今日治學，當知漢宋各有所長，東原曰：

聖人之道在六經，漢儒得其制數，失其義理；宋儒得其義理，失其制數。《東原與方希原書》

漢宋各有得失於二者之得失可謂一言以蔽之矣，申叔先生曰：

學必有律（準則）漢人循律而治經；宋人舍律而論學，此漢宋學術得失之大綱，夫漢儒說經，雖有師承，然膠於言詞，立說或流於執一；宋儒著書雖多臆說，然恆體驗於身心，或出入老釋之書，故心得之說，亦間高出於漢儒，是在學者之深思自得耳。《總序》

先生言治學論道皆有準繩分評漢宋之得失，析理至當。學者於心宜有權度爲至要也。

六、漢宋學對後世之影響

近代學者童杭時追懷蔡子民先生有詩曰「心喪三載念先師救國二言萬世規。」自注「先生遺言：學術救國，道德救國。」學術足以救國，提高學術之評價，誠千舌良言，救世之箴砭，明儒高景逸曰：

天下不患無政事，但患無學術，學術正則心術正……故學術者，天下之大本。《高子逸書卷一》

清儒潘四農曰「欲救人心必恃學術」《養一齋集》蓋孟子嘗言「我亦欲正人心，息邪說詎詖行以承三聖（禹、周公、孔子）者」（《滕文公下》）清儒段懋堂本先聖往賢淑世救民之苦心而言之尤爲痛切曰：

今日大病在棄洛閩關中之學不講，謂之庸腐，而立身苟簡、氣節壞，政事腐，天下皆君子而無眞君子，未必非表率之故也！故專言漢學，不講宋學，乃眞人心世道之憂，而況所謂漢學者如同畫餅乎？《與陳恭甫書》

不尊宋學，不知立身厲志，眞人心世道之憂，人心世道關係之大如此，時懋堂年已八十故言之痛切若是，以宋儒所講者爲聖賢之學，直與於家國天下之安危，清儒歸玄恭曰：

漢唐諸儒不過辨經文之同異，講訓詁之得失，至宋儒始知講聖賢之學，鵝湖、鹿洞之論說，與石渠、虎觀不同日而語矣。稱聖人之遺訓，演先儒之眇旨，知人倫之不可苟，名教之不可犯。人心正而天下知學術，人才出而天下有事功，氣運之亨國家之興，恆必由之。《歸玄恭遺著靜觀樓講義序》

有人倫、名教，人心以之正，人才以之出，則聖賢之學，所謂古之學者爲己，己立而後乃能立人，修己以安人堯舜其猶病諸，今日安可忽視，由右知漢宋學，對後世影響之大可知。

七、今後治經之取向

治經必由漢宋學入、養其通識，胸懷開廓，則不入主而出奴清儒章實齋曰：

忖己之長，未能兼有，必不入主而出奴，擴而充之，又可因此以明彼。《史通外篇三》

何以致通識，又曰：

凡人之性必有所近，必有所偏，偏則不可以言通……唯即性之所近而用力之能勉者，因以推微而知著，會偏而得全，斯古人所以求通之方也。《通義外篇二，爲邱君題南樂官舍》

次則吾人於漢宋學應持之態度袁子才言之較晰曰：

尊宋儒可，尊宋儒而薄漢唐之儒則不可；不尊宋儒可，毀宋儒則不可。《文集二十一．宋儒論》

故曾文正力主會通漢宋，其言曰：

乾嘉以來士大夫爲訓詁之學者，薄宋儒爲空疏，爲性理之學者，又薄漢儒爲支離，鄙意由博乃能返約，格物乃能正心，必從事於禮經考核於三千三百之詳博綜乎一名一物之細，然後本末兼賅，源流畢貫，雖極軍旅戰爭食貨淩雜皆禮家所應討論之事，故嘗謂江氏禮書綱目，秦氏五禮通考，可以通漢宋二家之結而息頓漸諸說之爭。《書札十三．覆夏弢夫》

文正所言乃孔門博文約禮之宗旨，顏子之所由卓立者，文正又曰：

先王之道，所謂修亡治人經緯萬端者何歸乎？亦曰禮而已矣。《文集卷二．聖哲畫像記》

修己治人，內聖外王之學儒學之重心，所以扶衰持危維繫世道人心於不墜故陳蘭浦論漢宋不能忽視義理，曰：

謂經學無關於世道，則經學甚輕，謂有關於世道，則世道衰亂如此，講經學者，不得辭其責矣。蓋百年以來講經學者訓釋甚精，考據甚博而絕不發明義理以警覺世人。其所訓釋考據，又皆世人所不能解，故經學之書汗牛充棟，而世人絕不聞經書義理，此世道人心之所以衰亂也。《遺稿》

陳氏大呼「世道衰亂如此，講經學者不得辭其責。」此言，又今日社會亂象之曉鐘，醒世扶衰救亂之警策也，學術之可貴在能扶衰救敝，在今日尤爲當務之急也。

八、結　語

今日治經，當漢宋兼資，博覽約取以宋學有宗旨，漢學有家法，清儒朱一新曰：

漢學必以宋學爲歸宿，斯無乾嘉諸儒支離瑣碎之患；宋學必以漢學爲始基，斯無明末諸儒放誕之非。……黃梨洲、顧亭林、江愼修，皆漢宋兼治，學博而識精，故國初學術爲極盛，乾嘉以後，精深過之而正大不逮矣。《雜成卷上復傅敏生妹婿》

朱鼎甫論學，漢宋兼采，仍本宋儒以來以修齊治平爲學術之正宗故又曰：

學之精者在乎天人之際，性命之微，其大者在修齊治平之實。《文存卷下答濮止潛同年書》

道咸以降學界於漢宋之爭漸趨調和，不尊漢抑宋，亦不偏宋蔑漢，所謂實事求是也，陳東塾曰：

中年以前治經，每有疑義則解之考之，其後幡然而改，以爲解之不可勝解，考之不可勝考乃尋求微言大義，經學源流正變得失所在而後解之考之、論贊之，著爲學思錄一書，今改名爲東塾讀書記。《東塾集卷四復劉叔俛書》

東塾所解者惟微言大義經學源流正變得失之所在，正所謂賢者識其大者，誠士大夫之學，純就學術，流變言學術風氣，無往不復隨時移易，凌次仲嘗曰：

蓋嘗論之，學術之在天下也，閱數百年而必變，其將變也，必有一二人開其端而千百人譁然攻之，其既變也，又必有一二人集其成，而千百人靡然從之。《次仲與胡敬仲書》

凌氏論學術風氣之變易極是，漢宋之爭至清乾嘉而極盛，在今日則群言並起，是非淆亂漫無準繩，不見主導之學術，由何折中？有識之士已洞矚幾先，審度時變，應風氣時措之宜，變而通之以盡其利，知隨波逐流之遺患無窮，爲學必須自立宗旨，知所抉擇，方能卓爾有所樹立也。

（本文引用資料，隨文附錄，不另加注釋）

太炎先生左氏學

一、前　言

先生初名學乘字枚叔，後更名炳麟字太炎，浙江餘杭人。少時憤異族之入主中國，立志不仕。外祖朱氏授以《春秋》大義，用知夷夏之辨，嚴於君臣。年十八從德清俞曲園治經，逕通《春秋左氏傳》，爲《春秋左氏讀》數十萬言，名聞大噪。

己亥五月，東渡日本，癸卯返國，居上海愛國學舍，時鄒容作《革命軍》一書，先生爲之潤色，遂行於世。清廷深忌之，囚西牢三年，丙午五月出獄，再往日本，爲民報主筆，以國故民紀，墜緒堪虞，心良不忍，故集生徒講學，以箸述爲事。

民國元年孫先生任臨時大總統，開國典制，多與商榷。及南北統一，袁世凱爲大總統，旋欲稱帝，以先生天下衆望，思脅誘之，先生不屈，被幽於北京龍泉寺，先生憤不食，世凱恐激天下之怒，特許其弟子黃侃得隨時探視，先生見侃至歎曰「余爲國絕粒死亦無憾，余死後經史小事，傳者有人，惟諸子哲理，恐成廣陵散耳。」世凱死，先生遂南歸上海。

二十年一月二十八日浙滬變起，先生至舊都，傷學術日衰乃南之蘇州創章氏國學講習會，四方有志之士雲集，一時稱盛。

先生於經學，嘗謂「文有古今，學無漢晉。」①故於古文今文界之至嚴，清儒倡漢學，則曰「清人治經，以漢學爲名，其實漢學有今古文之別，信今文則非，守古文即是，故漢學二字，不足爲治經之正軌②。」故先生治經，力闢今文家「孔子託古改制受命爲素王」之說③以爲經者編絲綴屬之稱，謂孔子以前已有《詩》《書》《禮》《樂》之備，孔子贊《周易》修《春秋》始有六經之名。先生既斥今文家附會讖緯，多怪誕之言，又以古文家信歷史而不信緯書，故篤守古文家法，於《春秋三傳》，則謂「左氏采集事實以考同異，能明義法，穀梁下筆矜愼，於事實不甚明了者，出以懷疑之詞，不敢武斷。公羊本無神話，凡諸近神話者，皆公羊後師傅會而成。」於是嚴華夷之辨，正褒貶之義，力斥康有爲之徒，以公羊何休之說轉於奇邪怪誕以流毒後世④。

綜先生學術，博洽經史，淹貫百氏，又精研佛藏，深契因明，承清儒之風，尤精小學，可謂集有清一代考證學之大成，著作至盛，今又集爲《章氏叢書》行世，春秋經傳類，則有《春秋左氏讀敘錄》、《春秋左氏疑義答問》、《劉子政左氏說》等，本文即就上述諸書以略探先生春秋左氏學之梗概管窺所及，宏觀不足，尚乞大雅宏達有以教正！

二、尊奉左氏

㈠左氏傳授不誣

《春秋左傳讀敘錄》引《劉向別錄》：

左丘明授曾申，申授吳起，起授其子期，期授楚人鐸椒，鐸椒作《鈔撮八卷》授虞卿，虞卿作《鈔撮九卷》授荀卿，荀卿授張蒼。

劉逢祿《左氏春秋考證》證曰：

向治公羊，後奉詔治穀梁，其書本公羊者十之九，本穀梁者十之一，未嘗言左氏，《史記十二諸侯年表》云鐸椒爲楚威王傳，爲王不能盡觀春秋。……此春秋當是檮杌……必非左氏之書，虞卿傳云，上采春秋，下觀近世曰節義稱號揣摩政謀凡八篇，世曰《虞氏春秋》，非傳左氏者也……荀卿之書，多本穀梁，亦非傳左氏者。

太炎於《春秋左傳讀敘錄》駁之曰：

五行志載子政說皆釋穀梁義，何云本公羊者十九？《說苑》、《新序》、《列女傳》載左氏者六七十條，而子公黿羹一事載子夏語與左氏大義有相會者矣。《論衡》言子政玩左氏，童僕皆呻吟之，桓譚亦云劉子政、子駿尤珍重左氏，況其瘐上《別錄》籠絡百家，本不爲一經一師而作，何得不詳左氏之授受乎？據《戰國策》載虞卿說曰《春秋》於安思危，此可校今本《左傳》「居」字之誤……《荀子》書中載賞不僭刑不濫等語，全本《左傳》，又說賓主事、葉公事，亦與《左傳》合，何云不傳左氏之學？虞爲趙相，荀亦趙人，故所傳左氏或云《趙氏春秋》，左氏傳授鐸椒，鐸椒後惟有虞荀，虞荀授受之語，於是固若金湯矣。

又太炎《敘錄》引《經典釋文》云：

左丘明作傳以授曾申，申授衛人吳起，起傳其子期，期傳楚人鐸椒，鐸椒傳趙人虞卿，卿傳同郡荀況，況傳武威張蒼，蒼傳洛陽賈誼，誼傳至其孫嘉，嘉傳趙人貫公，貫傳其少子長卿，長卿傳京兆尹張敞，及侍御史張禹。

劉逢祿於《考證》中又曰：

此兼采僞別錄及漢《儒林傳》爲之，左氏傳授不見太史公書，又曾申非爲左氏之學者。……張蒼非荀卿弟子、賈生亦非張蒼弟子。……嘉果以左氏爲傳春秋，何不言諸朝爲立博士？……而歆博采名儒，牽合佚書，妄造此文，敘錄如此，不可爲典要。

太炎駁之曰：

總之，《左氏春秋》之名，猶《毛詩》《齊詩》《魯詩》《韓詩》《孟氏易》《費氏易》《歐陽尚書》《夏侯尚書》《慶氏禮》《戴氏禮》舉經以包傳也，以爲不傳孔書而自作春秋者，則諸家亦自作《詩》《書》《易》《禮》乎？左氏傳授不見《史記》者，猶於詩家不言毛公，於申公雖嘗入錄而又不舉其出於浮丘伯以上溯荀卿之傳於瑕丘江生。言爲穀梁春秋，然不言穀梁子授荀卿，荀卿授申公，申公授瑕丘江生也。謂左氏傳授爲誣，則《魯詩》《穀梁》之傳授，亦皆不可信乎？

太炎又取諸書以證左氏傳授之可信，《春秋左氏疑義答問一》七頁曰：

曾申者，首受春秋傳於左氏者也。依〈檀弓〉之記，曾申不及魯穆公時，其受春秋，當在悼、元之世，曾申又以授吳起，《呂氏當梁篇》及太史公書皆稱吳起學於曾子是也。起以春秋授子期，期授鐸椒，椒爲楚威王傅，威王元年，去獲麟百四十二年而《鐸氏微》始作，自楚威王元年，下至楚考烈王六年，凡八十二歲，而虞卿欲以信陵君之存邯鄲爲平原君請封，則卿不得直受春秋於椒，《別錄》所稱鐸椒傳虞卿者，中間尚有闕奪也。……春申君死而荀卿廢，在邯鄲解圍後十九年，固得受春秋於虞卿，秦并天下時，張蒼爲御史，主柱下方書，秦并天下時，蒼已三十餘，時荀卿尚在，故蒼猶得從受春秋，此其授受可知者也。

按右段太炎考出《別錄》「鐸椒傳虞卿」一事，中間當有闕奪，考析至細。本節太炎以證左氏之傳授不誣，皆信而有徵，先立乎其大者也。

(二)三傳世次

《春秋左傳敘錄》三十四頁曰：

尋桓譚《新論》以爲左氏傳世後百餘年，魯穀梁赤爲春秋，又有齊人公羊高緣經作傳，鄭《起廢疾》以穀梁爲近孔子，公羊六國時人，傳有先後。由今推之，穀梁子上接尸佼，下授荀卿，蓋與孟子淳于髡同時，公羊之文有曰「君親無將，將而誅焉」秦博士稍引其文，有曰「撥亂世反諸正」。漢群臣爲高帝議謚，亦用其文，疑高（公羊高）蓋嘗入秦或在博士諸生之列，何以明之？公羊以伯于陽爲公子陽生，伯、舊或書作白，公舊或書作伀，小篆白字從入從二，隸變作入二，則字近公，若古文白字作白，與純爲小篆不從隸變者，形皆不得近公，隸書子字于字形近，小篆作作亐，亦又無以譌變，明此作傳者但覩隸書，不及知古文大小篆也。又公羊十五年傳曰「上變古易常應是而有天災」解詁曰，「上，謂宣公。」按六國時，尚無直稱人君爲「上」者，以「上」之名㡿（斥本字）人君，始於秦并天下以後，公羊遂用之稱宣公，然則穀梁在六國，公羊起於秦末，爲得其情（情猶實）。

由右段已明三傳之世次，左氏最先，穀梁次之，公羊至晚矣。太炎又曰（同上頁）

自仲尼作經，弟子既人人異端，故左氏具論本事以爲之傳若隱括之正曲木，平地之須水準，自是以降，七十子或散在諸侯，猶以緒言教授，而亦略記左氏，若《春秋》莊三年經葬桓王，左氏則曰「緩也」，七年始葬，於禮已慢，卻尸則非人情，緩爰聲通，舊有兩讀，爰，則爲爰田，爰書之義，說爲改葬，穀梁子聞其說，故其葬桓王傳先引傳曰改葬也，次舉或說，爲卻尸以求諸侯，其所舉傳，宜即左氏，而爰緩兩讀，未嘗著其得失，公羊復聞穀梁之說，又不審此桓王，即桓十五年所書天王崩者，故發傳云此未有言崩者，何以書崩？蓋改葬也，言蓋云者，於改葬，卻尸兩不能決，姑取改葬之說以傳疑，左氏稱孔丘，聖人之後而滅于宋，穀梁子聞其說，故於「宋督弒其君與夷及其大夫孔父」傳曰其不稱名，蓋爲祖諱也，孔子故宋也，公羊誤讀穀梁之文，復於成周宣榭下，發新周之文以偶之，由是有黜周王魯之謬。左氏昭七年傳孟縶之足不良能行穀梁子聞其說，故於盜殺衛侯之兄輒傳曰，「輒者何也？曰，兩足不能相過，齊謂之綦，楚謂之踂，衛謂之輒」，公羊聞穀梁天疾之說，復以惡疾解不立，尚不能知其疾在足也，左氏定三年傳說楚三年止蔡侯，蔡侯歸及漢，執玉而沈曰，余所有濟漢而南者，有若大川，穀梁子聞其說，定四年傳說蔡侯被拘事與左氏相應，其文曰拘昭公於南郢數年然後得歸，歸乃用事乎漢曰，苟諸侯有欲伐楚者，寡人請爲前列焉，公羊全錄穀梁傳文，改其用事乎漢爲用事乎河，是不審楚蔡間地望，何氏解詁曰時北如晉請伐楚，因祭河，此左傳下有蔡侯如晉之文救之也，然不審公羊此傳悉襲穀梁，於左氏如晉之文何與？且既言歸時事，何得謂之如晉？此左氏、穀梁公羊先後之次也。

按右段太炎考訂，左氏先於二傳，穀梁又在公羊之先，孟子所謂知人必論其世也，首謂公羊不及知古文大篆但知隸書，又宣公十五年公羊傳稱宣公爲「上」，此字秦時始用，又左氏莊三年經葬桓公，公羊傳不知桓王之爲天王，尤要者，左氏稱「孔丘聖人之後而滅於宋」穀梁傳於宋督弒其君與夷下曰「蓋爲祖諱，故宋也。」公羊誤讀穀梁之文於成周宣榭下，發新周之文以偶之（配故宋一詞）由是有黜周王魯之謬。太炎既出三傳之先後，又發公羊之謬論，非考證至精者其孰能與於此。

㈢左氏保存古文

《劉子政左氏說》第十條僖十九年傳「宋人圍曹討不服也子魚言於宋公曰：文王聞崇德亂而伐之軍三旬而不降，退修教而復伐之，因壘而降，今君德無乃猶有所闕而以伐人若之何？盍姑內省德乎」《說苑》述此傳作「胡不退省德」太炎曰按《說文》「復卻也，從彳日夊，一曰行遲，衲復或從內，退古文從辵」。按從內者，內聲也，此內字，乃納之古文省借，子政識古文，故以退釋內。《墨子親士》曰，「君子進不改其志，內究其情。」兪先生曰，「內，乃納壞字，與進對文。」今觀此文，則內，納固以聲通矣。《釋詁》「省察也」，省德、自察其德何如，作修德者便文易之，非訓詁也，尋上說，文王云「退修教而復伐之」則此當以退勸宋公，寉然無疑義。今人疑於內省不疚（論語）之文，皆以內爲本字，由不知六書假借也。

按《劉歆傳》稱左氏多古字古音，《說苑》以退釋內，此足見左氏古文之一例也。又《劉子政左氏說》第二十二條《左襄三十一年傳》「子太叔美秀而文。」《說苑政理》述此傳美秀作「善決」太炎曰：

案惠定宇以此傳爲誤，今觀美秀聯文，語意鄙俗，西漢古文，必是「善決」。

按太炎此條亦證《說苑》能保存左氏古文也，又《春秋左氏疑義答問五》曰

奇字遺教，亦多見太史公書。……其在太史公書者，一、桓公五年傳，君子不欲多上人。〈鄭世家〉作「犯長且難之」，此古文長字作上𠂊，今誤分爲上人二字。二、僖公二十八年傳，「齊桓公爲會而封異姓」。〈晉世家〉作「齊桓公合諸侯而國異姓。」昭公元年傳「成王滅唐而封太叔焉。」〈鄭世家〉作「成王滅唐而國太叔焉」。此古文封皆作邦，依《說文》字當作𡴎，太史公以諱改爲國，後人以訓故改爲封也。文公元年傳「歸餘于終」歷書引作「歸邪于終」此古文餘作邪。宣公八年傳「晉人獲秦諜」〈晉世家〉作「虜秦將赤」，疑傳文正作赤，後人以訓

故改正文也。襄公二十七年傳「崔成有疾而廢之而立明」〈齊太公世家〉曰「成有罪二相急治之（二相謂無咎與偃）立明爲太子」，此訓疾爲罪，《春官小祝》「遠辠疾」是疾與罪義相通。襄公二十九年傳「大而婉，險而易行，以德輔此，則明主也。」〈吳太伯世家〉婉作寬，險作儉，明作盟。按古文，婉，本作宛，《方言》宛蓄也。《說文》奧宛也。是宛有蓄藏奧博之義，故訓曰寬，險本作儉，後人以訓故改之，明本作盟，今作明者，杜氏本也。足以窺左氏古字，不賢識小略可紬繹。

㈣左氏優於二傳

《春秋左傳讀敘錄》七頁，劉逢祿曰：「夫子所云其義則丘竊取之者，在漢，獨有董生知其說也」（劉氏《春秋左氏考證》凡引劉氏類此）太炎駁之曰：

春秋三家大義，公羊至董而備，穀梁至大劉而備，左氏至小劉而備。太史公時，二劉未生，惟公羊義爲完具，故錄董生一人，非謂董生所說《春秋》大義，果有內聖外王之道也。《史記儒林傳》云：「漢興至於五世之間唯董仲舒名爲明於《春秋》」唯之云者，以見時左氏之學，張賈貫公等多傳訓故而章句義理未備也。「名爲」云者以董生治公羊，非眞能明《春秋》也，〈平津侯傳〉（公孫弘）云「年四十餘乃學《春秋》襍說」，則史以公羊爲春秋襍說，其以左氏爲春秋正義明矣。

按太炎於此首謂左氏優於公羊，釋《史記》「名爲」二字語義可謂由微之顯。又《春秋左氏疑義答問四》問文公經晉人宋人陳人鄭人伐秦，左氏稱晉先且居，宋公子陳、陳轅選、鄭公子歸生伐秦，卿不書，爲穆公故，尊賢也，謂之崇德；公羊於秦伯「使遂來聘」下稱賢穆公，以爲能變也。荀子兼治左氏穀梁，則三家之說大同，春秋賢君衆多，獨崇秦穆何哉？太炎曰

　　按傳言尊某，有列國君卿自卑而尊人者，有《春秋》尊之者，此言爲穆公故言謂之崇德，則爲《春秋》尊之，崇德之由，左氏自釋其義於次年秦伐晉傳，其要在子桑知人舉善，穆公舉周與人壹，〈秦誓〉之美即在其中，是以足崇也。然所以著此者，《秦誓》思得一人容有技好彥聖者，以保子孫黎民，其言雖王者無以過，孔子論列桓文，皆有閒言，獨於秦穆則曰秦國雖小，其志大，處雖僻，行中正，身舉五羖，爵之大夫，起纍紲之中與語三日⑥，及其卒，則以三良爲殉，適所謂媢嫉不容者也，故君子謂其死而棄民，因遂不書其卒，然則生時可期之於王者，死乃見其不能爲盟主，前之崇德，至斯替矣，此蓋丘明之志，反覆相明，而仲尼取以作經者也，豈泛尊賢主之謂邪？語曰，仁義豈有常所，蹈之則爲君子。背之則爲小人，秦穆爲人，可謂三變矣。公羊聞崇德之說，於「使遂來聘」下稱之，乃不知穆公卒已六年矣，其比左氏，豈獨跛與全足而已，何休又於秦伯罃卒，說爲穆公，乃不知穆康二公之名，是并《秦本紀·十二諸侯年表》，亦未見也，紕繆可勝道邪？

按太炎以三傳皆云賢穆公，其旨大同，然左氏於穆公卒，謂其「死而棄民」，因不書卒，即明穆公生時可期之王者，死乃見其不爲盟主（不能崇德），此蓋丘明之志，反覆相明，而仲尼取以作經者也。

固優於二傳遠矣！又指出公羊於「使遂來聘」下稱其崇德（穆公卒已六年）又斥何休不知秦伯罃之爲康公，紕繆至矣。又按《春秋左氏疑義答問五》十頁，問：桓譚稱左氏傳世後百餘年，魯穀梁亦爲春秋，殘略多所遺失，又有齊人公羊高緣經作傳，彌離其本事矣。今觀二傳違離本事，蓋亦相等，桓子獨斥公羊何也？太炎曰：

> 穀梁祇誤其事，公羊并妄改經，如襄公二十五年經，鄭公孫夏帥師伐陳，公羊妄改爲公孫蠆，乃不知公孫蠆於十九年先卒，王嘗賜之大路也，昭公十年經齊欒施來奔，公羊妄改爲晉欒施，蓋以晉欒盈相推，以爲欒氏獨出自晉，不知齊亦有欒氏也。此之繆戾，乃穀梁所無，遠戾本事之咎，安得不獨歸公羊邪？穀梁亦有改經者，顧反依左氏傳文，如矢魚作觀魚，衛俘作衛寶，大鹵作大原是。大氏鐸椒節鈔左氏有傳無經，不錄凡例書法，穀梁子偶見數事，信之甚篤，遽以改經，是亦賢者之過，然於本事無失也，公羊於觀魚，衛寶大原皆同穀梁經，則由未見古經眞本，亦并未見鐸氏書，唯依穀梁爲主耳，其奮筆擅改者，則穀梁所不爲也。

按右段太炎謂穀梁誤事，公羊妄改經，則公羊罪浮於穀梁，又公羊未見左氏古文眞本，此明云左氏優於二傳也。又《劉子政左氏說》第五條桓十四年傳秋八月壬申御廩災，乙亥嘗書不害也，劉逢祿曰，「以天災爲不害，的是劉歆之謬」太炎曰

> 按公羊傳云「何說爾，譏嘗也，曰，猶嘗乎，御廩災不如勿嘗而已矣。」此特老生常談。其實傳說閎深（書不害），非公羊所能駁，證以子政說如左方：《說苑反質》曰：「魏文侯御廩災，文

侯素服避正殿五日，群臣皆弔，公子成父獨不弔，文侯復殿，公子成父趨而入賀曰甚大善矣，夫御廩之災也。文侯作色不悅曰，夫御廩者寡人寶之所藏也，今火災，子大夫不弔，猶入賀何爲？公子成父曰，臣聞之，天子臧于四海之內，諸侯臧于境內，大夫臧于其家，士庶人臧于篋櫝，非其所臧者，不有天災，必有人患，今無人患，乃有天災，不亦善乎？文侯喟然嘆曰善！

案由是說言之，慮內變則幸外患，非幸外患也。幸其可戒懼以免內變也；慮人患則幸天災，非幸天災也。幸其可修省以免人患也。魏文侯之賢無天災猶憂人患，況魯桓無藝者乎。災而猶可嘗，是天災其穀不甚也，其能震栗改行以免人患乎，小懲而大戒，此小人之福也⑦。若不害乃大害也。戰國初，左氏之學在成父，蓋本傳義爲言。

案太炎論桓十四年御廩災乙亥嘗事，斥公羊譏嘗之說，而以左氏書「不害」之義爲長，由天災以懲人君，庶可以轉禍而爲福即謂左氏之義長於公羊也。

(五)左氏大義

《春秋左氏疑義答問二上》問，孔子成《春秋》而亂臣賊子懼，然於魯弒皆諱之，內之亂賊尚無所懼，何有於外？太炎曰：

案《春秋》之懼亂賊也，或以名治，或以事戒，在外者，名治事戒兼之，在內者惟以事戒，其效一也。計魯凡弒四君，其賊則公子翬，公子遂，哀姜也。於公子翬也，隱公經書翬帥師會宋公陳人察人衛人伐鄭傳曰羽父請以師會，公弗許，固請而行，故書曰翬帥師，疾之也，疾之者，謂隱公疾之也。隱公惡惡而不能禁，於是弑於翬矣。於公子遂也，文公經書冬十月壬午公子遂會晉趙盾於衡雍，乙酉公子遂會雒戎盟于暴。傳曰書曰公子遂珍之也，珍之者，謂文公珍之也。文公寵異一臣，用過其任，以長恣睢，於是嗣子弑於遂矣。於哀姜也莊公經先書冬、公如齊內幣，繼書夏，公如齊逆女，繼書公至自齊，八月丁丑，夫人姜氏入，繼書戊寅大夫宗婦覿用幣，所以示哀姜之媢妬孟任，而公委曲以順之也。媢妬弗釋則子般危，因以旁通慶父而閔公又危，於是二子弑於姜與慶父矣，其預戒之明如此，雖韓非《姦劫弑臣》之篇不過，後之爲上者，因是以知所儆，則亂賊自無所藉手，何爲而不懼乎？

太炎謂左氏之懼亂賊也有二義。一爲名治，一爲事戒，在外者兼用，在內惟以事戒，其預戒之明如此，亂賊之所以懼，此即左氏之大義一也。又《答問二下》問鄭伯寤生於狡黠之人，左氏於周鄭交質，桓王失鄭之事，皆深譏周室，寬議寤生，且於他事殊有道其美名何也？太炎曰：

按寤生之才，春秋之初爲傑出，其未射王也，雖多任權譎而亦憑藉名義，輔以恩威，桓文可美，則於寤生何訾焉。若夫周之東遷，晉鄭是依，及曲沃分判而晉益弱，所恃獨鄭耳。武莊相繼爲平王卿士，王貳于虢，桓王立，周人將畀虢公政，以分鄭權，虢公能薄而鄭伯材武，猶足倚恃，朝周二歲，又以齊入朝，其於宋公不王，則以王命討伐，是王靈賴以不替也。周之大寶，惟天位耳，其時政刑雖衰而九鼎尤重，桓文且猶絕望而況寤生哉？桓王疾鄭已甚，終奪其政，鄭遂不朝，憤與一戰，激爲射肩，鄭自是失爲王官伯，而王室從是亦孤，下逮莊王，魯與齊宋陳蔡相率而抗王命矣，使周稍假寤生，其寡弱，未至如是甚也，〈王風〉〈葛藟〉刺桓王棄其九族，蓋鄭於周室爲近，棄鄭任虢，是以爲終遠兄弟也。〈兔爰〉刺桓王失信，諸侯皆叛，構怨連禍，王師傷敗，即指繻葛之戰也。〈黍離〉之作，周已不競，旋又失鄭，王室益無所蔭庇，左氏箸傳以見東周之衰，在其自侮，正與風人同旨，豈如刀筆之吏，持文墨以臨危難沾沾自謂得之者乎？

按太炎謂《春秋》深察世變，左氏大義在箸其衰微之迹以見王之不用鄭伯而自失其庇蔭，是自取之也。夫人必自侮而後人侮之，此左氏察幾微之大義也。

(六)專駁劉逢祿說

《春秋左傳讀敘錄》二頁，《史記十二諸侯年表》「是以孔子明王道，干七十餘君莫能用，故西觀周室，論史記舊聞，與於魯而次春秋。……七十子之徒，口受其傳指。」劉曰⑧，「此言夫子春秋七十子之徒口受其傳旨，今所傳者，惟公羊氏而已」太炎駁之曰：

> 左氏、公羊氏，皆不在七十子中，而左氏親見素王，則七十子之綱紀，公羊末師，非其比也。

《漢書劉歆傳》「歆以爲左丘明好惡與聖人同，親見夫子，而公羊穀梁在七十子後，傳聞之與親見，其詳略不同」劉曰：「《論語》之左丘明其親見夫子，或在孔子前，俱不可知，若爲左氏春秋者，則當時夫子弟子傳說已異，且魯悼已稱謚，必非《論語》之左丘明，其好惡亦大異聖人，知爲失明之丘明，猶光武諱秀，歆亦可更名秀。左氏僅見夫子之書及列國之史，公羊聞夫子之義，見夫子之書者盈天下聞而知之者，孟子而下，其惟董生乎。」太炎駁之曰：

以《論語》之左丘明，非失明之左丘明，啖趙輩始爲此說而宋儒祖述之，非有明據。果如劉秀劉歆之有二，何以〈古今人表〉但有一左丘明邪？縱令誤信子駿仞爲一人，然他書別見者，子駿不能盡改，豈孟堅皆未見乎？若他書亦不言有二左丘明，則啖趙之說爲憑臆妄造明矣！且異人同名者，未有相沿不辨之事。且舉左氏諸師言之，京兆尹張敞，人知其非造縲字之張敞與爲公孫康收集遺民之張敞也。侍御史張禹，人知其非成帝師之張禹與光武大舅之孫張禹也。司農鄭眾人知其非大長秋鄭眾也。侍中賈逵，人知其非字梁道之賈逵也。然而名氏雖同終無相混之事。若左丘明果有二人，何以自漢至唐茫不訾省？若夫左氏書魯悼者，八十之年未爲大耋，何知不親見夫子？……若《春秋》則孔子自作，欲求其義非親炙則無所受，欲詳其事，非史官則不與知……。

按太炎謂左丘明止一人，即《左氏春秋》之作者。《劉歆傳》又曰「孝成皇帝閔學殘文缺，稍離其眞，乃陳發祕臧，校理舊文，得此三事以考學官所傳，經或脫簡，傳或閒編。」逢祿曰，「經自公羊胡母生董生相傳，絕無脫簡，傳或閒編者，亦比坿《春秋》年月改竄左氏之故。」太炎駁之曰：

劉氏父子校祕書，乃以祕書校常行本，改常行本之字而不改祕書之字，若子駿改竄祕書之《左氏春秋》以就己意，則自北平獻書，共王壞壁以至子駿百有餘年墨漆新故，孰有不符，設博士求觀其書，寧不自敗？且劉歆傳云「河平中受詔與父向領校祕書」云云，如有改竄，又豈能欺其父邪？

按公羊家動輒謂劉歆改竄經傳，太炎於此特加攻駁，以正學界之視聽耳。

三、力主左氏為說經之書

㈠左氏為說經而作

《史記十二諸侯年表》又曰：「魯君子左丘明懼弟子人人異端各安其意失其眞，故因孔子史記具論其語，成《左氏春秋》。」

劉曰⑨「夫子之經，書於竹帛微言大義，不可以書見，則游夏之徒傳之，丘明蓋生魯悼後，徒見夫子之經及史記晉乘之類，而未聞口授微旨，當時口說多異，因具論其事實，不具者闕之，曰魯君子，則非弟子也，曰《左氏春秋》與鐸氏虞氏呂氏並列，則非傳《春秋》也，故曰《左氏春秋》舊名也，曰《春秋左氏傳》，則劉歆所改也。」太炎駁之曰：

名者實之賓，左氏自釋《春秋》，不在其名傳與否也。正如《論語》命名，亦非孔子及七十子所定，《論衡正說篇》云，「初孔子孫孔安國以教魯人扶卿，官至荊州刺史，始曰《論語》，是《論語》乃扶卿所名，然則其先雖不曰《論語》，無害其爲孔子之語也。正使子駿以前左氏未稱爲傳，亦何害其爲傳經乎？若左氏自爲一書，何用比附孔子之《春秋》而同其年月爲？尋太史公言，「因孔子史記具論其語，成《左氏春秋》」「因」之云者舊有所仍，而敷暢其旨也。且曰「懼弟子人人異端各安其意失其眞，」此謂口授多譌，故作書以爲簡別，固明《春秋》之義，非專塗附其事矣。若以爲呂氏春秋之流，則《韓詩外傳》載荀子謝春申君書云，故《春秋》之志曰楚王之子圍聘于鄭，未出境，聞王疾返問疾，遂以冠纓絞王而殺之，因自立，齊崔杼之妻美，莊公通之，崔杼率其群黨而攻莊公，莊公請與分國，崔杼不許，欲自刃於廟，崔杼又不許，莊公出走踰於外牆，射中其股，遂殺而立其弟景公，此二事皆本《左傳》，稱爲《春秋》之志，若如呂氏書，可爲《春秋》之志邪？《韓非姦劫，弒臣篇》亦載是書，其前則曰《春秋》記之曰，其後則云上比於《春秋》，未至於絞頸墜股也。下比於近世，未至餓死擢筋也。夫惟以《左氏春秋》與近世史書爲別，故分言之，不然湣王擢筋，主父餓死，齊史、趙史亦載之矣，彼獨非百國春秋邪？夫六國之史，且猶與左氏別言，況復呂氏所輯乎？又《吳太伯世家》云，《余讀春秋古文，乃知中國之虞與荊蠻句吳，兄弟也。」此本左傳太伯虞仲太王之昭爲說，若如呂氏書，得稱春秋古文否？使稱《漢書》曰「書古文」，稱古詩十九首曰「詩古文」，其可乎？又歷書云周襄王二十六年閏三月，而春秋非之，此本左氏文元年傳。若如呂氏書，可單稱春秋邪？必若拘牽題號則《後漢書樊儵傳》云，受公羊嚴氏春秋，又云儵刪定嚴氏春秋章句，假令左氏春秋，爲呂氏之類，則公羊嚴氏春秋，何以非呂氏春秋之類乎？鐸虞二家乃演暘左氏書者，亦非呂氏可比。按《秋官冥氏》鄭司農注云「冥讀爲冥氏春秋之冥，」此公羊家冥都說經之書也。而賈公彥釋云，冥氏春秋者，冥氏作春秋書名，若晏子呂氏春秋之類，此乃公彥誤解，若如劉逢祿說，鐸氏、虞氏與呂氏同類，則雖謂冥氏與呂氏同類，亦不誤也。至孔子言與左同恥，則是朋友，而非弟子易明也。何見必後孔子者，乃稱魯君子乎？謂生魯悼公後者以傳有悼之四年，據〈魯世家〉言，悼公在位三十七年，去獲麟已五十年耳，然使左氏與曾子年齒相若，則終悼世，尚未及八十也。又按盧植王接皆謂左氏囊括古今，成一家之言，不主爲經發說與逢祿同，然據〈盧植傳〉上書曰，「今《毛詩》《左氏》《周禮》各有傳記，其與春秋共相表裏（此句專指左氏）宜置博士，爲立學官」，則所謂傳記者，非謂一家箸述不通於經者明矣。何者？《毛詩傳》與《周官傳》，皆據經發義者也，彼亦謂之傳記，則豈謂左氏之爲傳記，獨異彼二書乎？且非說經之書而何爲欲置博士，立學官乎？子翰上封事引天子避位移時，亦謂之春秋傳，則其意可知矣，至夫囊括古今云，豈以左氏書中有說天官律曆禮樂政教等事，非爲一事而發，然後彼此互明不專於篇章之下，其實總爲釋經。王接本治公羊，各於其黨，無足論也，又案以《左氏春秋》同《呂氏春秋》者，亦本《論衡案書篇》左氏言多怪，頗與孔子不語怪力相違反也。《呂氏春秋》亦如此，然仲任固云「《春秋左氏傳》者蓋出孔子壁中」，又云「公羊高、穀梁寘、胡母氏皆傳春秋各門異戶，獨左氏爲近得實」又云「左氏傳經，辭語尚略，故復選錄《國語》之辭以實」。據此諸語，仲任固以左氏爲傳，且謂勝彼二家，則其與呂氏並論者，特吐言之疵繆耳。

按右文長，大炎主謂左氏爲說經，傳經之書，首引太史公語「因孔子史記成左氏春秋」曰，因之云者，舊有所仍而敷暢其旨也；次引《韓詩外傳》載荀子語稱左氏所記楚圍二事稱爲「春秋之志」。次引太史公〈吳大伯世家〉云「余讀春秋古文（專指左氏）」次引盧植上書，「請爲左氏置博士、立學官」，左氏若不通經，何得立於學官？復引《論衡案書篇》云「左氏傳經辭語尙略，故復選錄《國語》以實之」引證明確，左氏爲說經之書信而有徵矣。又《劉歆傳移書》曰：「往者綴學之士，不思廢絕之闕……抑此三學以尙書爲備，謂左氏爲不傳春秋，豈不哀哉。」逢祿曰，「聖人文約而旨博，歆畏其難於精究，欲以傳記事實易口說，則百家小說賢於夫子遠矣。……若歆之誣蔑先聖緣飾經術以崇奸回，豈不哀哉！」太炎駁之曰

彼言左氏不傳春秋者，猶史記言申公無詩傳耳，馬遷閎通，不以題號介意，博士鄙俗，專以題號卻攻，復徵公羊家，如定元年傳曰，「定哀多微辭，主人習其讀而問其傳則未知己之有罪焉爾」，此爲假設之詞，然何氏解詁亦云，「孔子畏時君上以諱尊恩，下以辟害容身」，夫哀公時經始成立，主人即時君，時君即哀公，此時若無左氏傳所謂傳者何書？若謂口授義旨，此可言說，不可以言傳矣。據此，則公羊傳亦以春秋始作即有傳文，若舍左氏，即無傳文之可言，彼以左氏不傳春秋者，又違公羊明文。

按此證左氏實傳春秋至明。《國學略說》九十五頁，太炎曰

太史公云「左丘明因孔子史記具論其語成左氏春秋」此謂丘明述傳本以說經，故桓譚《新論》（太平御覽引）「左氏傳於經，猶衣表裏，相持而成」焉得謂是晏子呂覽之比，蓋左氏之旨在采集事實以考同異，明義法，不以訓故爲事，本與其餘釋經之傳不同。春秋不須訓故，即公穀

亦不重訓故也。

(二)經傳相依而存

《黃侃春秋左氏疑義答問書後》曰：

章公撰《春秋左氏疑義答問五卷》，侃幸先後受讀而繕寫之，謹演贊師言書其後曰，孔子作《春秋》因魯史舊文而有所治定，其治定未盡者，付丘明使爲之傳，傳雖撰自丘明，而作傳之旨，悉本孔子，公書所說明者梗概如此。不知因舊史之說，而直以《春秋》爲素王之書，責之纖悉而粲疑⑩起；不知孔子有所治定，則云《春秋》不經孔子筆削純錄魯史原文而修經之意泯。不知作傳之旨悉本孔子，則經違本事與褒諱挹損之文辭屈於時君而不得申者，竟無匡救證明之道。其弊也。執傳而疑經，廢傳而經義彌晦矣。……是以知孔子有所治定也。……孔子與丘明西觀周室，見列國史官記注之文，乃以所可治定者箸之經，所未可治定者付之傳。經以存魯史之法，傳以示是非之眞，故經即有違於本事，屈於時君者，得傳而不患無匡救證明之道，是以知定未盡，專付丘明，作傳之旨，悉本孔子也。觀孫卿子遺春申君書引傳楚圍，齊崔杼事，經稱曰《春秋》，太史公〈吳太伯世家〉稱左傳爲「春秋古文」，明經皆出聖人，故言之初無分別也，桓譚有言「左氏傳於經，猶衣之表裏，相持而成，經而無傳，使聖人閉門思之十年不能得也。」善哉斯言，信成學治古文者之埻臬矣。公書上甄曾吳孫賈太史之微，下取賈服杜預之所長，要使因史修經，論事作傳之旨，由之昭晰，轇紛⑪盡解，瑕適不存，鄭君贊《周禮》先師，謂其所變易灼然如晦之見明；其所彌縫奄然如合符復析，公於《春秋》，亦豈異是？

按左氏與《春秋》，經傳相依而存。丘明作傳，悉本孔子。經存魯史之法，傳示是非之眞。二者名二而實一體，故孫卿史遷，直稱左氏曰《春秋》，或《春秋古文》，明經傳之爲一體也明矣。《春秋左氏疑義答問一》，太炎曰：

《嚴氏春秋》引觀周篇，孔子修春秋與左氏丘明乘如周，觀書於周史，歸而修春秋之經，丘明爲之傳共爲表裏⑫。此則春秋經傳同作具修，語見觀周，嚴氏雖治公羊，不能非閒。桓譚新論稱左氏傳於經，猶衣之表裏，相持而成，經而無傳，聖人閉門思之十年不能知也⑬

按太炎引公羊家嚴氏春秋之言以證左氏與春同作具修，至爲可信，又《春秋左氏疑義答問一》十四頁，太炎曰：

故策書而外觚牘注記魯史亦陰書其事，非專以不地示意，由是左氏得據以錄，外柔順內文明，不害史官之直，亦惟恥巧令遠足恭者爲能修之，信哉經之與傳猶衣服表裏相持，去傳而經爲虎豹之鞹與犬羊無異矣⑭

又同卷十六頁，太炎曰：

夫名分不可越，故仍其舊記，事狀不可誣，故以付之丘明。他經皆起於數百年之上，其傳成於數百年之下，獨《春秋》經傳爲同時觀周論史者所錄。經無傳，則實而非用，經合於傳，則備而非名，故二者相須，有不能踦舉者矣。

㈢經中有丘明之筆

《春秋左氏疑義答問一》六頁，太炎曰：

言相持而成（桓譚），則經傳同修可知，所以爾者，經有從赴告諱國惡之文，不以實事付之於傳，則遠慚南董之直，必改赴告忌諱以從周室史記，則非魯之春秋。是以相持成書，事義始備。觀周之役，本兼爲經傳行也。且後人作史，尚不得有本紀而闕列傳，豈以聖哲參會鑒不及斯乎？又觀左氏及太史公所述，經亦自有丘明之筆矣。如宋督弒其君與夷及其大夫孔父，傳曰，君子以督爲有無君之心而後動於惡，故先書弒其君。〈十二諸侯年表〉秦繆公薨葬殉以人，從死者百七十人，君子譏之，故不言卒⑮。依史公說，丘明爲魯君子，則此先書，不書者，皆丘明新意，而孔子斟酌焉。經且有丘明同纂者，其傳安得後時而作乎？若乃貫穿百國，詞無鉏吾；引事說經，兼明義例，則非程功十餘年，固弗能就，是故傳之成也，延及哀公之末。……

按太炎謂經中有丘明之筆，丘明新意，而孔子且斟酌焉，則左氏之於經，不只引事，兼明義例，則竊取之義，二丘兼而有之，其推尊左氏，可云至矣？

四、三傳相同之旨

《劉子政左氏說》第四條，隱五年經「公矢魚于棠，又經螟」太炎曰：

〈五行志〉董仲舒劉向以爲時公觀魚于棠，貪利之應也。劉歆以爲又逆臧釐伯之諫，貪利區霿，以生嬴蝨之孽也。案此是二傳皆以矢魚爲貪利，子駿之說即本其父穀梁說，左氏穀梁一義，今錄子政說如左《說苑貴德》曰，凡人之性莫不欲善其德，然而不能爲善德者，利敗之也。故君子羞言利名，言利名尚羞之，況居而求利者也。周天子使家父毛伯來求金於諸侯《春秋譏之，故爲人君者，明貴義而賤利以道下，下之爲惡尚不可止。今隱公貪利而身自漁濟上，以此化於國人，國人安得不解於義而縱其欲？則災害起而臣下僻矣。故其年始書螟，言災將起，國家將亂云爾。案此論前半取《春秋繁露玉英篇》，是爲三家通義。

《劉子政左氏說》十八頁，成九年經「二月，伯姬歸于宋，夏季孫行父如宋致女，晉人來媵。」太炎曰：

公羊傳曰未有言致女者，此其言致女何？錄伯姬也。媵不書，此何以書？錄伯姬也。穀梁傳曰，逆者微故致女詳其事，賢伯姬也。媵淺事也，不志，此其志何也？以伯姬之不得其所，故盡其事也。惟左氏無明文，讀《列女傳》乃知氏義通二傳，非空言褒美而已。《列女傳》曰，伯姬者，魯宣公女、成公之妹也，其母曰繆姜，嫁伯姬於宋恭公，恭公不親迎，伯姬迫於父母之命而行，既入宋三月廟見當行夫婦之道，伯姬以恭公不親迎，故不宜聽命，宋人告魯，魯使大夫季文子如宋致命於伯姬，還復命，公享之，繆姜出於房再拜曰，大夫勤勞於遠道送小子，不忘先君以及後嗣，使（脫地字）下而有知，先君猶有望也，敢再拜大夫之辱。按所說行父使宋復命之事，皆本左傳而更詳其致女之由。然則賢伯姬云，錄伯姬云，非徒賢徒錄之，非以他日赴水賢之錄之，爲其守義不渝，重禮文而輕情欲爾。前傳記衛人來媵恭姬，禮也。此傳又說晉人來媵，禮也，媵女常事，數言其禮，則爲尊獎伯姬可知，此義乃與二傳同耳。

又《國學略說》九十一頁，太炎曰：

貴王賤伯之說，三傳俱無，漢人偶一及之，宋儒乃極言之耳。三傳事迹不同，褒貶亦不同，而大旨則相近。所謂黜周王魯，爲漢制法者，公羊固無其語，漢儒傅會以干人主，意在求售，非《春秋》之旨也。要之，立國不可無史，《春秋》之作，凡爲述行事以存國性。以此爲說，無可非難。

五、左氏書法

《左氏春秋疑義答問二上》太炎曰：

凡書臣之罪者，戮辱止乎其身。書君無道者，戒厲及於永世。兩者相校，則後者之效多矣。……皆以事理有殊，故書法隨而委曲，不得以其君之惡銖兩稱量也。然則箸之凡例，載之策書者，無過示其大者，君無道者，不謂臣無罪也；臣之罪者，不謂君悉有道也。主書之意有緩急，制事之宜有屈申，以是成《春秋》之志而已。

按左氏書法尚多，此書君無道及臣之罪，乃書法之一耳。

六、評三傳得失

《春秋左氏疑義答問四》，問僖公經晉人及姜戎敗秦師于殽，左氏無貶秦之義，穀梁謂秦之爲狄，自殽之戰始，公羊削經文「師」字云，其謂之秦何？夷狄之也，曷爲夷狄之？則祇以不聽蹇叔爲狀，何所見而云是邪？太炎曰：

按左氏例，敵未陳曰敗某師。穀梁則稱敗某師者，皆對夷狄爲文。義指有異，則譏貶自殊，然云秦越千里之險入虛國，徒亂人子女之教，無男女之別，此亦有所見聞者，太史公〈扁鵲列傳〉秦穆公嘗疾，七日不知人，寤告公孫枝曰，帝告我晉國將伯，伯者之子將令而國男女無別。夫襄公敗秦師於殽，而歸縱淫，即其事也。所謂秦師敗歸縱淫者，蓋歸師無紀，所在姦亂。穀梁子聞之，因謂秦之無別，自殽戰時縱淫始，公羊聞穀梁言秦爲夷狄，乃削經文師字以就之而文嘗其始末，猥以愎諫行師坐成其罪，則言不成義矣，就如穀梁說，敗後縱淫，當其敗時，不應逆探後事而狄秦若如楊士勛所解，以亂人子女指入滑時，此又絕無徵論。且入而弗地者多矣，悉可責其亂人子女夷狄視之乎？左氏以晉人「要秦不整」故書曰「敗秦師」，縱淫之說，非左氏所敢知也。

按右段太炎謂公羊夷狄秦人與穀梁同傅會縱淫之事，不如左氏以晉人「要秦不整」，直書曰「敗秦師」，即事實而言之，三傳之得失明矣。《國學略說》九十四頁，太炎曰：

公羊傳云「所見異辭，所聞異辭，傳聞異辭。」此語不然，公羊在野之人，不知國史，以事實爲傳聞，其實魯有國史，非傳聞也。董仲舒、何休更以所見之世爲著太平，所聞之世爲見升平，所傳聞之世爲起衰亂。分《春秋》二百四十二年以爲三世，然公羊本謂「《春秋》撥亂世反諸正。」是指二百四十二年皆爲亂世也。

同書又九十九頁，太炎曰：

穀梁下筆矜愼，於事實不甚明了者，常出以懷疑之詞，不敢武斷。荀卿與申公皆傳穀梁、魯學有儒者之風，不甚重視王伯，公羊齊人，以孟子有「其事則齊桓晉文」之言，故盛稱齊桓，亦或過爲偏護，何休更推演之，以爲黜周王魯，爲漢制法，諸說彌離公羊之本義矣。公羊後師有新周故宋之說《公羊成十六年傳》「成周宣榭災，外災不書，此何以書？新周也」夫豐鎬爲舊都，成周爲新都，〈康誥〉曰「周公初基作新大邑于東國洛」，《召誥》曰「乃社于新邑」，〈洛誥〉曰「王在新邑烝」。新周猶言新邑，周不可外，故書，義本坦易，無須曲解。故宋，本非公羊家言，《穀梁桓二年傳》「孔子故宋也。」孟僖子稱孔子聖人之後而滅于宋。穀梁亦謂孔子舊是宋人，新周，故宋，截然二事，董何輩合而一之，以爲上黜杞、下新周而故宋，此義實公穀所無，由董何誤讀傳文而立。至文家五等，質家三等之說，尤爲傅會，左氏言在禮卿不會公侯，會伯子男可也，公羊亦云伯子男一也。申之會，子産獻伯子男會公之禮六，〈魯語〉叔孫穆子言諸侯有卿無軍，伯子男有大夫無卿，據《周官》上公九命，侯伯七命，子男五命，即謂公一等，侯伯一等，子男一等。至春秋時，則伯子男同等，此時王新制爾。若云素王改制，則子產叔孫穆子，皆在孔子修《春秋》以前，何以已有伯子男同班之說？仲舒未見左氏，不知公羊之語所由來，乃謂孔子改五等以爲三等，爲漢制法，其實漢代只有王侯二等，非三等也。

公羊即不見左氏傳或曾見《鐸氏鈔撮》，故其說亦有通於左氏者，如元年春王正月，左氏云「王周正月」，王周，猶後世之稱皇唐、皇宋，謂此乃王周之正月，所以別於夏殷也。公羊云，「王者孰謂？謂文王也。曷爲先言王而後言正月？王正月也。何言乎王正月？大一統也。」蓋文王始稱王，改正朔，故公羊以周正屬之，其義與左氏不異。乃董仲舒演爲通三統之說。如董說，則夏建寅、商建丑，必將以二月爲商正月，三月爲夏正月，不得言王二月，王三月矣。

公羊本無神話，凡諸近神話者，皆公羊後師傅會而成，近人或謂始於董仲舒，案公羊本以口授，至胡母生乃箸竹帛，當漢景帝時，則與仲舒同時也。何休《解詁》一依胡母生條例，蓋妖妄之說，胡母生已有之，不專出董氏也。公羊嫡傳，漢初未有其人，《論衡案書篇》云：「公羊高、穀梁寘、胡母生皆傳春秋，各門異戶。」夫三人并列，可知胡母生雖說公羊，而亦自爲一家之學，漢人傳《尚書》者，小夏侯本受之大夏侯，後別立小夏侯一家，胡母生之傳公羊，亦其比矣。《別錄》及《藝文志》但列公穀鄒夾四家，今謂應加胡母氏爲五家，庶幾淄澠有辨，惜清儒未見及此，故其解釋公羊，總不能如晦之見明，如符之復合也。惟公羊得胡母生始箸竹帛，使無胡母生，則公羊或竟中絕，然則胡母生亦可謂公羊之功臣矣。

漢末鍾繇不好公羊而好左氏，謂左氏爲太官廚，公羊爲賣餅家。自公羊本義爲董胡妄說所掩而聖經等於神話，微言竟似預言與推背圖、燒餅歌無別矣。

今治三傳，自應以左氏爲主，穀梁可取者多，公羊頗有刻薄之語，可取者亦尚不少，如內諸夏外夷狄之義，三傳所同，而公羊獨著明文。又譏世卿之意，左穀皆有之，而公羊於尹氏卒，崔氏出奔，皆言世卿非禮。故讀公羊傳者宜舍短取長，知其爲萬世制法，非爲漢一代制法也。

按本節自《國學略說》所錄太炎先生語，駁公羊張三世之說以公羊本無新周故宋之義，以董何輩合而一之，於三傳長短則謂穀梁下筆矜愼，穀梁爲魯學，有儒者之風，公羊齊學有刻薄之語，言多武斷，公羊盛稱齊桓，過爲偏護，三傳大義有相同者內諸夏外夷狄。而公羊獨有明文、譏世卿之意左穀皆有而公羊特言尹氏。今治三傳，應以左氏爲主，二傳則舍短長長可也。知《春秋》不爲漢制法，而爲萬世制法，立萬世立國之綱紀，則永爲不刊之論也。

七、結　語

太炎先生篤守古文家法，至尊奉左氏，引《別錄》《釋文》以證左氏傳授之不誣，定三傳世次，左氏最早，穀梁次之，公羊最晚。此與一家學說相互承受之統緒關係至切。丘明親見孔子爲事實，謂左氏優於二傳，舉列左氏大義在誅亂臣賊子以名治，事戒二端爲主，深察世變，推明盛衰治亂之迹以戒後世，此一、二節之大略。第三節力主左氏爲說經之書，謂左氏實爲傳經而作，經傳相依而存，引桓譚新論之言，左氏與春秋，如衣之表裏。作傳之旨，悉本孔子，經中猶有丘明之筆，且有孔氏與丘明同纂者，第四節敘三傳有相同之旨，舉隱五年成九年經書二事以證之。第五節明左氏書法，書君無道，臣有罪，皆以事理有殊，書法隨事委曲，固無達例。第六節評三傳得失，仍以左氏為主，謂二傳有得有失治三傳當舍短取長，知春秋本為萬世制法之宗旨，立萬世之人極使人文演進，止於人類共同生存相安相樂而後已。太炎一生承有清一代諸大儒治學之統緒，且集清代考證學之大成，於經學篤守古文家法，力斥公羊後師張三世，新周故宋等說，於二傳當取其長而舍其短，庶幾持平之言也。

【附　註】

① 見《太炎文錄續編漢學篇》。

② 《章氏講習會經學略說》。

③ 詳《國故論衡原經篇》。

④ 本林景伊師《章太炎先生傳》見《國學略說》一三六頁。

⑤ 見劉逢祿《春秋左氏傳考證》一頁。

⑥ 見《孔子家語》。

⑦ 《周易繫辭傳》引孔子語。

⑧ 見《左氏春秋考證》一頁。

⑪　紛，猶繽紛也。

⑫　《左傳正義》引沈氏所述。

⑬　《史通》《太平御覽》皆引此。

⑭　《論語顏淵篇》子貢曰文猶質也質猶文也，虎豹之鞟猶犬羊之鞟。

⑮　君子譏之見左氏傳文公六年秦伯任好卒下。

「道」家的政治哲學在漢代的徵實性

一、前言

中國學術自先秦始即匯於三宗，所謂儒道墨是也。儒家爲傳統文化之主流，主導一切學術思想，垂數千餘年，迄今而風流未沫，光輝發越。次則道家。本文所論，專屬道家。道家以老莊爲代表，老子肇其端，而莊子承其緒，且集道家之大成。老莊均在戰國時代。老子之《道德經》；莊周之《莊子》，均是衰世之學，以其同涉混濁亂極之時代，而老學則影響後世至大，由老子的宇宙論，發展而爲莊子的哲學，進而爲魏晉的玄學；由老子的「無爲」說，發展而爲申韓的法治，應用而爲兩漢的政治實施，寖假而演爲後世的帝王之術。除儒家的修齊治平、王道、天下爲公之政治原理而外，在政治哲學方面，可以說受道家的影響最大了！儒家學說自正面言；老莊則自反面言。孔子指出事理之當然；老子則推究事理之所以然。老子主「無爲」，故反對造作，力闢智慧，他以爲「聖治」是聖人的有心，仁義是聖人的有爲。有了人爲造作，導致天下人民遠離眞樸之大道；有了智慧機心，則詐僞愈多，而爭逐之風亦日盛，故力主絕聖棄智，絕仁棄義，讓人民重返其本然之孝慈，不再有心有爲，天下自然太平。

故說：「爲無爲，則無不治」①又說：「爲無爲，事無事。」②又說：「處無爲之事，行不言之教」③他以爲聖人（道家）之所爲，乃出於自然，無心而爲，而其收效之大則是：「功成事遂，百姓皆謂我自然④。又說：「道常無爲而無不爲，侯王若守之，萬物將自化⑤。」若有心爲之，反易僨事滋亂，故說：「將欲取天下而爲之，吾見其不得已，天下神器，不可爲也。爲者敗之，執者失之⑥。」在老子心目中，一般好大喜功、雄才大略、鐵腕作風之君主，皆非眞正之政治家。至於莊子，則代表南中國之文化精神，莊子後於老子，與孟子同時，他自認承老子之學，主順物自然，他自己則是以藝術家之眼光去觀賞自然而已，故亦堅黜德智，蕭然於塵垢之外，視富貴榮名如糞土，常支配外物，而不役於物，莊子掌握了眞理的全體，洞悉大化的流行，以萬物爲一體，以宇宙之整全爲對象，建設道體一元論，反對破壞有爲的干涉政治，他的態度是無爲逍遙，與老子思想如出一轍，對漢代政治的影響，可謂與老子同奏膚功。

二、道家的政治哲學

㈠道

「道」，爲萬有之本原，義理之會歸，一切學術思想整全之代偁，諸子百家、無不言「道」，於「道」字各有詮釋。本文專就老莊子之思想言之，老莊均以「道」難以言喻，老子說：

道可道，非常道⑦

視之不見，名曰夷；聽之不聞，名曰希；搏之不得，名曰微。此三者，不可致詰，故混而爲一。⑧

道者，萬物之奧⑨。

老子以道爲常道，經常不變的，曰夷、曰希、曰微，是說整個的道是看不見，聽不見，觸摹不著的，然而它是萬物之奧，是萬物的府藏，萬物悉包容於其中，雖是含宏廣大，然而難以言語表述，確是眞實而又具體的，故說：

道之爲物，惟恍惟惚，惚兮恍兮，其中有象。恍兮惚兮，其中有物。窈分冥兮，其中有精。其精甚眞，其中有信。⑩

有物混成，先天地生。寂兮寥兮，獨立而不改，周行而不殆，可以爲天下母。吾不知其名，字之曰道⑪

所謂恍惚窈冥，把道看作抽象的說法，然而其中有精有信，便是眞實而具體之物。又說它是先天地而生，是未有天地自古以固存（莊子大宗師篇）了。要之，「道」，爲老子思想之中心，爲形上之實體，是實有義。它泛指宇宙之法則，萬有事象，皆循此一法則而行，萬有皆變，唯「道」爲常而不變；莊子之中心思想，仍是一個「道」字，以道爲宇宙之本體，萬有之根原，莊子說：

夫道有情有信，無爲無形，可傳而不可受，可得而不可見。自本自根，未有天地，自古以固存⑫。

可見道爲天地萬物所以生成之總原理，曰有情有信，與老子之言同，道自本自根，無始無終而久存，

「道」雖如此眞實，卻又無爲無形，亦與老子之說相合，他所謂之「道」，即是自然，「道」爲天地萬物所以化生之總原理，但天地萬物之化生，仍歸於「自然如此」。道、天、自然一物。要之，老莊論「道」，其揆一也。老子說「其中有信」，莊子也說「夫道有情有信」。老子說「先天地生」，莊子則說「未有天地自古以固存」此老莊同以道爲宇宙之本體，至於道體之作用，乃係自然者，老子說：

人法地，地法天，天法道，道法自然⑬

莊子說：

行於萬物者，道也。上治人者事也。能有所藝者，技也。技兼（統也）於事，事兼於義，義兼於德，德兼於道，道兼於天⑭

天即自然，「道兼於天」者，即老子所謂「道法自然」之義，故說

天在內，人在外。牛馬四足是謂天；落（絡同）馬首穿牛鼻，是謂人⑮

老莊同謂道即自然，故在政治上，均主「無爲」之論也。

㈡「道」家的政治哲學

老莊對於道的詮釋，以「自然」爲第一要義，在政治上首主以道莅（君臨）天下，老子說：

以道莅天下，其鬼不神，非其鬼不神，其神不傷人，非其神不傷人，聖人亦不傷人⑯

所謂以道莅天下者，即治天下常以無事，清靜無爲之謂也。主無爲，故深惡智巧，他說：

絕聖棄智，民利百倍；絕仁棄義，民復孝慈。絕巧棄利，盜賊無有⑰

大道廢，有仁義；智慧出，有大僞；六親不和，有孝慈；國家昏亂，有忠臣⑱。

民之難治，以其智多。故以智治國國之賊；不以智治國國之福。⑲

即治天下貴在無事，即清靜無爲之義。「無爲」，乃道之作用以其無爲自然，故爲天下所歸往。

執大象，天下往，往而不害。⑳

「大象」，指「道」而言，他章說「大象無形」、「其中有象」、「無物之象」，都是形容「道」的。能執守大道的，天下人都去歸往他。爲何？因爲歸從有道的人，不會有害，而且會得到安全快樂。老子之政治哲學，根本上歸於無爲而反於「道」之無不爲，就政治言，則期於聖人之無爲，而歸於百姓之無不爲。

我無爲而民自化；我好靜而民自正；我無事而民自富；我無欲而民自樸㉑

老子之政治哲學，乃極端之無爲主義，他說：

聖人無常心，以百姓心爲心。善者吾善之；不善者吾亦善之，聖人在天下，歙歙（合也，斂也）爲天下渾（渾樸）其心，百姓皆注（凝聚）其耳目，聖人皆孩之（如保赤子）㉒

常心，一定的心，即是成見、渾樸其心、不用私智。「聖人無常心以百姓心爲心」，此老子政治哲學中無上之要義（微言大義）其次是無爲、無事，令天下人素樸自在，五千言中，力破德性、知識、形軀，三者有一，即深陷於「執」，由是而生無爲，由無爲之展露，乃有守柔、不爭、尙寡民之說。至於莊子之政治思想，則極端否定政治效力，反對社會上的干涉政策，他認爲仁治、禮治、法治，都是無事滋擾，將欲治之，適所以亂之，他主張純粹的放任主義，在哲學上的根據，以為凡事須任其自然，自可歸於無事而天下太平，他認為「自然」之為物，是至眞至善至美的，凡干涉有為的政治，是致亂之根苗，是以老莊之政治哲學，皆由「道」之自然義引發而出、「無為」，為其政治哲學之唯一守則也。

三、「道」家的政治哲學在漢代的徵實性

(一)時代背景

漢承秦之後，亦緊接戰國之末，戰國之世，諸侯交爭，戰禍連年，孟子謂「爭地以戰，殺人盈野；爭城以戰，殺人盈城㉓」劉向說：

> 大兼小，暴師經歲，流血滿野。父子不相親，兄弟不相安，夫婦離散，莫保其命。晚世益甚，萬乘之國七，千乘之國五，敵侔爭權，兵革不休，詐偽並起㉔

戰國上繼春秋，下承秦漢之起，二百四五十年之間，王室卑弱已造乎其極，兵連禍結，死傷滿野，詐偽姦邪，逐處皆是，社會秩序，夙已蕩然無存。秦雖統一六國，而用法家為治，嚴刑峻法，道路以目，使民無所措其手足，遑言樂生興事，迨漢高創業又與項羽相持，東西征伐，無有寧日，孝惠高后之時，不得不與民休息，已肇無為而治之始基，故說

> 孝惠高后之時，海內得離戰爭之苦，君臣俱欲無為，故惠帝拱己，高后女主制政，不出房闥，而天下晏然，刑罰罕用，民務稼穡，衣食滋殖。㉕

史臣美斯時垂拱默然，有無爲之治。在漢開國之初，老學已漸萌芽，觀張良受書圯上老人之事可知

良嘗閒從容步游下邳圯上，有一老父衣褐，至良所，直墮其履圯下，顧謂良曰：孺子下取履，良愕然，欲毆之，爲其老彊忍，下取履，父曰履我，良業爲取履，因長跪履之……出一編書曰，讀此則王者師矣㉖

按老子守柔貴忍，圯上老人欲深挫良之銳氣，使能忍辱負重，爲漢開基。以「柔」，爲天下之至強「剛強者，死之徒；柔弱者，生之徒」㉗「天下莫柔弱於水，而攻堅強者，莫之能勝」㉘而襲用老子思想者，首爲留侯張良

家世相韓今以三寸舌爲帝者師，封萬户，位列侯，此布衣之極，於良足矣！願棄人間事，欲從赤松子游耳㉙。

按留侯知足知止，功成身退，正合老子之旨，老子說：

知足不辱，知止不殆，可以長久㉚

功成名遂身退，天之道。㉛

天道好還，盈不可久，老子蓋深戒之。當時陳平亦嘗治黃老

陳平者，陽武户牖鄉人也，少時家貧，好讀書，治黃帝老子之術㉜

平少時當楚漢相持之際，其時已有黃老之學，其風漸啓矣。漢初創業，當先與民休息，此正黃老學蓄勢待發之時。

㈡黃老風氣

一代風尙繫乎平時當政之好惡，社會之環境，與夫歷史之趨勢，三者一揆，蔚爲一時之風氣，則其勢必如長江大河之就下，沛然莫之能禦，其風首開自當政。

魏其武安俱好儒術，舉適（讁同、檢舉）諸竇無節行者……毀日至竇太后，太后好黃老之言……滋不說㉝

竇太后尊爲帝王之母，如周之太姒，太后好黃老言，自文帝以下無不受其影響，此風一開，誠如莊子所謂

大塊噫氣，其名爲風，是唯無作，作則萬竅怒呺，前者唱于，而隨者唱喁（于喁，聲之相和）㉞

又觀竇太后問老子書於轅固生，轅固生曰：此家人言耳（輕易之）太后震怒，幾不免於死，至是，有誰敢輕視老子之書者，至如士大夫階層：

田叔者，趙陘城人也。叔喜劍，學黃老術於樂巨公，趙人舉之趙相趙午，午言之趙王張敖所，漢七年，高祖過趙……。㉟

是高祖時學界已有研究老子的人

景帝立，釋之恐，懼大誅至，用王生計，卒見謝，景帝不過也。王生者，善爲黃老言，處士也㊱

按景帝爲太子時，入朝，不下司馬門，釋之劾太子不下公門，爲不敬，故景帝立，釋之恐見誅，幸用王生計得免，足見景帝之寬容。王生好黃老，本處士，是當時士大夫之好老學也。又

文帝既立，以勃爲右丞相，賜金五千斤，邑萬户，居月餘，人或說勃曰：君既誅諸呂，立代王（文帝）威震天下，而君受厚賞，處尊位以寵，久之，即禍及身矣！勃懼，亦自危，乃謝，請歸相印，上許之㊲

按老子說

禍兮，福之所倚；福兮，禍之所伏。孰知其極？正復爲奇，善復爲妖㊳

物壯則老㊴

按物極必反，福極致禍，此老子之所深戒者。用道家學說以爲政者

孝惠帝元年，以參爲齊相，參之齊，聞膠西有蓋公，善治黃老言，使人厚幣請之，蓋公爲言治道貴清靜而民自定，參於是避正堂舍蓋公焉，其治要用黃老術，相齊九年，齊國安集，大稱賢相㊵

此直用老子之政治學按老子說

道常無爲而無不爲，侯王若能守之，萬物將自化……不欲以靜，天下將自定㊶

其用老子哲學，而表現於政治風度者

莊好黃老之言，其慕長者（厚重之人），如恐不見，年少官薄，然其游知交，皆其大父行，天

下有名之士也。莊爲太史戒門人，客至無貴賤無留門者（悉與接見），執賓主之禮，以其貴下人，每朝候上之閒說，未嘗不言天下之長者，未嘗名吏，與官屬言，若恐傷之，聞人之善言，進之，唯恐後㊷

按鄭莊不但好黃老之言，且深探老子哲學，而一一見之於事，客至無貴賤無留門者，不以其貴驕人，推薦天下惇厚有德行之長者，謙恭有禮，接納善言，無一不以老學爲旨歸（老子以濡弱謙下爲表），足見當時黃老之風盛行，朝野一揆，隨風披靡，學風之盛，莫踰於漢代矣。

㈢帝王服膺黃老

按史記卷四十九

竇太后好黃帝老子言，帝（景帝）及太子諸竇不得不讀黃帝老子，尊其術。竇太后後孝景帝六歲建元六年崩

竇太后爲孝文帝之后，景帝之生母，據景言曰太后，以太后好故景帝及諸竇（外戚）不得不讀，景帝孝，太子諸竇聞風披靡，亦勢之所必至，上有好者，下必有甚焉者，君子之德風，小人之德草，草尙之風必偃㊸誠然。景帝一朝，黃老之風盛，景帝以下，西漢一代皇帝，太半都喜歡老學可云猗歟盛矣。

㈣宰執導夫先路

漢初三傑張良蕭何韓信皆拓土元勳，沛公爲漢王時以何爲丞相，高祖即帝位，拜何爲相國，而何之爲相，常用老學以自保

黥布反，上自將擊之，數使使問相國何爲？相國爲上在軍，乃拊循勉力百姓，悉以所有佐軍如陳豨時，客有說相國曰：君滅族不久矣！夫君位爲相國，功第一，可復加哉？然君初入關中，得百姓心十餘年矣，常復孳孳得民和，上所爲數問君者，畏君傾動關中，今君胡不多買田地賤貰貸以自污，上心乃安，於是相國從其計，上乃大說，上罷布軍歸，民道遮行上書言相國賤彊買民田宅數千萬，上至，相國謁，上笑曰夫相國乃利民（取入田宅以爲己利）？㊹

此何暗用老學

知其白，守其黑，爲天下式；知其榮，守其辱，爲天下谷㊺

聖人云：受國之垢，是謂社稷主；受國不祥，是謂天下王㊻

蕭何親蒙彊買民田宅之污名，使高祖不疑其貳，得以自保，次代何爲丞相者曹參，參有二事，爲奉行老子無爲而治之顯例：其一

參爲相國，日夜飲醇酒，卿大夫以下吏及賓客見參不事事（不作丞相之事），來者皆欲有言，至者參輒飲以醇酒。吏舍日飲歌呼，從吏幸相國召按之（以法制止），乃反取酒張坐（鋪筵設席）飲，府中無事㊼

參日飲醇酒不事宰相事有諫止者，亦令其醉不得開說，屬吏效之，日夜歌呼以爲常，見人之有過者，爲之掩匿，不發其私不顯察察之明（正用老子意），然而府中無事，收無爲而治之宏效。其尤甚者，爲揄揚老學而痛笞其子

參子窋（音絀）爲中大夫（常在帝側），惠帝怪相國不治事，以爲豈少朕與（謂輕慢惠帝，少者不足之辭）？乃謂窋曰：若歸試從容問而（爾同）父曰：高帝新棄群臣，帝富於春秋，君爲相，日飲，無所請事，何以憂天下乎？然無言吾告若也！窋既洗沐歸，閒侍，自從其所諫參，參怒而笞窋二百，曰趣入侍，天下事，非若所當言也。至朝時，惠帝讓參曰：與窋胡治乎？乃者我使諫君也。參免冠謝曰，陛下自察，聖武孰與高帝？上曰：朕乃安敢望先帝乎？曰：陛下觀臣能，孰與蕭何賢？上曰：君似不及也。參曰：陛下言之是也。且高帝與蕭何定天下，法令既明，今陛下垂拱，參等守職，遵而勿失，不亦可乎？惠帝曰善，君休矣。參爲漢相國三年卒，百姓歌之曰：蕭何爲法，顜若畫一（整齊也），曹參代之，守而勿失，載其清靜，民以寧一㊽

史公美曹參主清靜無爲，與道家之言合，又守而勿失，則用莊子之「因」也，老太史公學道論於黃子，故曰「因者，君之綱也」㊾其次爲陳平之讓，平嘗爲右丞相。

孝文帝立，以太尉勃以兵誅呂氏功多，陳平欲讓勃尊位，乃病謝（告病假）願以右亟相讓勃㊿

陳平概然以右丞相讓勃，謙遜之德，深契道家作風，然平多陰謀

始陳平曰：我多陰謀，是道家之所禁，吾世即廢亦已矣，終不能復起，以吾多陰禍也㊿①

此陳平自謂其多陰謀如受漢王五千金，閒疏楚君臣，又爲高帝畫策生擒韓信及用平奇計解平城之圍等載於史冊，後世以道家末流有入陰謀者，固非道家本自如此，高帝謂平智有餘，若不涉陰謀固爲漢世名臣無疑。

㈤大臣的實踐

史記卷一百二十汲黯傳：

上以爲淮陽楚地之郊（民多盜鑄錢難治），乃召拜黯爲淮陽太守，黯伏謝不受印，詔數彊予，然後奉詔……上曰：顧淮陽吏民不相得（官民不合作），吾徒得君之重，臥而治之，黯居郡如故治，淮陽政清

如故治者，「黯嘗爲東海太守時，臥閨閤內不出，歲餘，東海大治」52類皆無爲而治之宏效，黯則老學之實踐者。

㈥文景之治的基因

文景之治，光耀史冊，首由文帝有謙光之風，嘗四讓帝位，丞相陳平等上議願文帝即天子位，代王曰：

奉高帝宗廟，重事也。寡人不佞（不才），不足以稱（副也），願請楚王計宜者，寡人弗敢當，群臣皆伏固請，代王西鄉讓者三，南鄉讓者再53

代王四讓然後即天子位，謙沖不遑，正符道家「濡弱謙下」之旨，元年正月，群臣請預建太子，文帝不肯，下詔說：

朕既不德，上帝神明未歆饗也。今縱不能博求天下賢聖有德之人而嬗天下焉，而曰預建太子，是重吾不德也，謂天下何？其安之（安、徐也）……若舉有德以陪朕之不能終，是社稷之靈，天下之福也，今不選舉焉而曰必子，朕甚不取54

又文帝之儉素爲歷代帝王所未逮。

嘗欲作露臺，召匠計之，直百金。上曰：百金，中人十家之產也，吾奉先帝宮室，常恐羞之，何以臺爲？身衣弋綈（弋黑色，綈厚繒）所幸愼夫人，衣不曳地，帷帳無文繡，以示敦樸，爲天下先，治霸陵，皆瓦器，不得以金銀銅錫爲飾，因其山，不起墳㊺減耆（嗜同）欲，不受獻㊻

史臣美之謂

周秦之敝，罔密文峻，而姦軌不勝，漢興，掃除煩苛，與民休息，至於孝文，加之以恭儉，孝景帝遵業，五六十歲之間，至於移風易俗，黎民醇厚。周云成康；漢言文景，美矣！㊼

史臣以文景之治媲美成康，蓋當時掃除煩苛，與民休息正符老子「不擾民與之休息」之旨，文帝之恭儉，景帝之守而勿失，皆道家去奢泰，無爲之精義，是文景之治，以道家學說爲其基因無疑。

四、結 語

老莊之中心思想，均爲一個「道」字，以「道」爲宇宙之本體，萬有之根源。「道」之運行，雖有一定之規律，然要出於自然，以「自然」爲最高之理念，故在政治哲學上，主張無爲，道家身當戰國亂極之世，法網過密，政令煩苛，令民無所適從，不得措其手足，故主清靜無爲，力斥智巧詐僞，以返於純樸自在之社會，極示有爲之弊害而謂「民之難治，以其上之有爲，是以難治」㊾又說「天地相合。以降甘露。民莫之令而自均」㊾人民不須命令他們，也就自然歸於均平。更謂聖人之治天下「光而不耀」㊿言聖人雖有觀照之光（老莊洞見世局紛亂之根源），發而為內蘊潛在之明，並非以其炯光來揭發人性之陰私，若然，則為有心傷人之行為，故察察之明，深為道家所不取，因天道本一自然，聖人不過因之而已。尤足多者，道家之言，直與今之民主思想，深相契應，老子嘗謂「聖人無常心，以百姓心為心」㉑此為道家政治哲學之無上要義！聖人力斥聰明，無心而虛靜，乃能無心無為，專以百姓為實現政治理想之主體，己則不與，其深契於民主之理念、不待牽合，又說「聖人為而不恃，功成而不處，其不欲見賢」㉒（不願意自己表彰）見賢則有欲有為，何足以言無為之治。

【附註】

①老子第三章。②六十三章。③二章。④七章。⑤三十七章。⑥二十九章。⑦一章。⑧十四章。⑨六十二章。⑩二十一章。⑪二十五章。⑫莊子大宗師篇。⑬老子二十五章。⑭莊子天地篇。⑮莊子秋水篇。⑯老子六十章。⑰十九章。⑱十八章。⑲六十五章。⑳三十五章。㉑五十七章。㉒四十九章。㉓孟子離婁上篇。㉔劉向戰國策序錄。㉕漢書卷三高后紀贊。㉖史記卷五十五留侯世家。㉗老子七十六章。㉘七十八章。㉙史記卷五十五。㉚老子四十四章。㉛九章。㉜史記卷五十六、陳平世家。㉝史記卷一百七、魏其列傳。㉞莊子齊物論。㉟史記卷一百四、田叔傳。㊱史記卷一百二張釋之傳。㊲卷五十七周勃世家。㊳老子五十八章。㊴三十章。㊵史記卷五十四。㊶老子三十七章。

㊷史記卷百二十。鄭當時傳。㊸孟子滕文公上。㊹史記卷五十三。㊺老子二十八章。㊻老子七十八章。㊼史記卷五十四。㊽同上。㊾史記自序。㊿史記卷五十六。51同上。52史記卷百二十。53漢書卷四、文帝紀。54史記卷十、文帝紀。55漢書卷四、文帝紀贊。56漢書卷五、景帝紀。57漢書卷五、景帝紀贊。58老子七十五章。59老子三十三章。60老子五十八章。61老子四十九章。62老子七十七章。

東京文章引用經籍發凡

——以證群經為文學之本原

前言

文學與群經有其整體性之事實存在，譬猶樹木之有本枝，河海之分原委，無由截然以分割之也。五經皆大文章，洵爲文學之林府。先民生活之實錄，歷代聖哲思想心智之總匯咸在。是群經固爲文章之本源也。蓋文章若離經義，則減損其傳世之價値，故凡發揚人文精神，傳述忠孝義烈之作，則易引人入勝而不忍掩卷也。首即思想言，時代雖有先後古今之殊，而人之性靈，相去不遠。蓋人之五官勻稱，腦力敏給，思慮周洽，領先其他物種，其趨善、向上，前進之精神，古今不異，此人所以爲萬物之靈秀也。自思想推求，後世爲文，方其搦管揮毫，運用思考，必與群經中諸先民之思維，先後同揆，理無二致，《文心雕龍明詩篇》曰：「人稟七情，應物斯感，感物吟志，莫非自然。」詩固如此，文復何異？沈休文《宋書謝靈運傳論》曰：「民秉天地之靈，含五常之德，剛柔迭用，喜慍分情，夫志動於中，則歌詠外發，稟氣懷靈，理無或異。」皆是，復從辭語言，群經所載，凡麗辭華藻，足以賞心悅目，修己立人之教，如金如玉實先獲我心者，臨文之士無不摹仿引用，以致啓沃之功，其勢自然耳。如欲人之勤奮，則必曰「夙與夜寐，無忝爾所生（《詩小雅小宛》）」。欲人常懷戒懼。則每引「戰戰兢兢，如臨深淵，如履薄冰（《詩小雅小旻》）」之句，而淬厲其志氣，以爲銘勒者，則又以「天行健君子以自強不息（《易乾卦象傳》）」爲警策。如此之類，靡可勝舉。要之，後世文章，其中心思想，必出自經典，東京二百年間常見文章，徧引群經，逐處可徵，足見文章之與群經，本爲一整體。亙千古如是，數典不忘祖，其情有不獲已也，以下謹申述其理。

一、五經為後世一切文體之大本

後世文體，由簡而繁，名目雖多，必有所因，循流溯原，如示諸掌，《文心雕龍宗經篇》曰：

故論說辭序，則《易》統其首；詔冊章奏，則《書》發其源；賦頌歌讚，則《詩》立其本；銘誄箴祝，則《禮》總其端；紀傳銘檄，則《春秋》爲根，並窮高以樹表，極遠以啓疆，所以百家騰躍，終入環內者也。若稟經以製式，酌雅以富言，是仰山而鑄銅，煮海而爲鹽也。

按彥和所舉文體論說辭序等凡二十類，後世文體，略備之矣。又謂群經之文，樹立高遠之標的，開拓廣大之疆宇，百家之作，無不涵括於群經之內，後世謹承經文之所示以爲體制，譬之「仰山而鑄銅，煮海而爲鹽。」固取之不盡，用之不竭也。顏之推又曰：

夫文章者，原出五經。詔命策檄，生於《書》者也；序述論議生於《易》者也；歌詠賦頌，生於《詩》者也；祭祀哀誄，生於《禮》者也；書奏箴銘，生於《春秋》者也。朝廷憲章軍旅誓誥，敷顯仁義，發明功德，牧民建國，不可暫無（《顏氏家訓文章篇》）

按之推明言文章源出五經，一語破的，至五經開示後代之文體亦列二十類，其稱名小有出入，而內含則一，又云朝廷憲章等，所以「敷顯仁義，發明功德。」已明文章大用，「牧民建國」之不可或缺，則已啓文章爲經國大業之意也。章學誠又曰：

老子說本陰陽，莊列寓言假象，《易》教也；鄒衍侈言天地；關尹推言五行，《書》教也；管商法制，義存政典，《禮》教也；申韓刑名，旨歸賞罰，《春秋》教也。其他楊墨尹文之言，蘇張孫吳之術，辨其原委，挹其旨趣，九流之所分部，七錄之所敘論，皆於物曲人官，得其一致，而不自知爲六經之遺也（《文史通義、詩教上》）

章氏謂後世文體大備於戰國，戰國文章悉出於六經。章氏舉《易》《書》《禮》《春秋》四經以謂諸子舉受群經遺教之影響，其他楊墨尹文，蘇張孫吳衍爲九流，其文體亦均六經之遺，謂其皆出於群經也。

二、五經與文章同具經世之價值

五經之文，牖啓人文，陶冶性靈，其思想理念，夙已內化於吾民族生活之中，濳運脉息，匪言可喻，顧炎武嘗曰：「文之不可絕於天地間者，「日明道也；紀政事也；察民隱也；樂道人之善也，若此者有益於天下，有益於將來，」（《日知錄卷二十一．論文》）寥寥數語已見文章足以經世，而明道尤要！宋人李耆卿曰：

聖賢明道經世之書，雖非爲作文設而千萬代文章，皆從是出。《易》《書》《詩》《春秋》《儀禮》《禮記》《周禮》《論語》《大學》《中庸》《孟子》，皆

《李塗（耆卿之名）文章精義》

耆卿言群經爲明道經世之書，文章皆從群經出，則文章與群經同具經世之價值無疑。

是故君子動而世爲天下道，行而世爲天下法，言而世爲天下則。」其所以能如此者？以「君子之道本諸身，徵諸庶民，考諸三王而不謬，建諸天地而不悖，質諸鬼神而不疑，百世以俟聖人而不惑。」按君子之道，五經所明之道也。本諸身，謂驗之於己而無愧；徵諸庶民，證之大衆，心悅而誠服；考諸三王，有先王之歷史經驗也，建諸天地不悖無地域之界分，此理同也。質諸鬼神，取信於神明也，百世以俟聖人，聖人以之爲眞理也（孟子謂聖人復起不易吾言）此五者，經學經世之大用，無以復加矣！《中庸》曰：「

三、五經為文章之宗主

韓退之爲古文大家，約六經之旨以爲文（崔銑語），自言其致養也行之乎仁義之途，遊之乎《詩》《書》之源（答李翊書）故極推尊群經爲文章之英華曰：

沈滆醲郁，含英咀華，作爲文章，其書滿家，上規姚姒，渾渾無涯，周誥殷盤，佶屈聱牙，春秋謹嚴，左氏浮夸，易奇而法，詩正而葩（進學解）。

屠隆更以爲六經之文，其風骨高絕千古曰：

夫六經之所貴者道術，即其文字，豈不盛哉！《易》之沖玄；《詩》之和婉；《書》之莊雅；《春秋》之簡嚴，絕無後世文人學士纖穠佻巧之態，而風骨格力，高視千古，若《禮記檀弓》、《周禮考工記》等篇，則又峯巒峭拔；波濤層起，而姿態橫生，恆文章之大觀也。（《由拳集・文論》）

屠隆以《易》《詩》《書》《春秋》之文風骨格調，高絕千古，〈檀弓〉〈考工記〉文勢峭拔，姿態橫生，洵爲文章之大觀，袁子才則總謂「六經、三傳、古文之祖。」（《小倉出房文集卷三十與程蕺園書》）是五經爲文章之宗祖，信矣！東京文章徧引群經，今先輯《論語》部份，凡分七例：㈠明引經文。㈡約用經文。㈢直用經義。㈣隱用經義。㈤約用經義。㈥引經以證己說。㈦發明經義。分次於下：

㈠明引經文

凡十一則

第一則：

甲、引文

《後漢書皇后紀第十上》

和熹鄧皇后詔徵王子男女五歲以上四十餘人，鄧氏近親子孫三十餘人，爲開邸第，教學經書，〈詔〉曰：

吾所以引納群子置之學官者，實以方今承百王之敝，時俗淺薄，五經衰缺，不有化導，將遂陵遲，故欲褒崇聖道（儒學），以匡時俗。《傳》不云乎「飽食終日，無所用心，難矣哉。」今末世貴戚食祿之家，溫衣美飯，乘堅驅良而面牆術學（不知學術），不識臧否，斯固禍敗所從來也。

乙、經文

《論語陽貨篇》子曰：

飽食終日，無所用心，難矣哉！不有博奕者乎？爲之猶賢乎已。

案〈詔書〉重在宣揚經學以匡正風俗，故曰飽食終日，不用心於學術，以正當時之民風，以此爲禍敗之所由起，蓋深警之，孟子曰「人之有（爲）道也。飽食煖衣逸居而無教，則近於禽獸。」《孟子滕文公上》此與《論語》之意相足。今社會不良少年搶劫擄掠殺人越貨，皆由教育失敗之故，可畏也已。

第二則

甲、引文

〈袁安傳第三十五〉

時竇憲復出，屯武威，憲日矜己功，欲結恩北虜，乃上立降者左鹿蠡王阿佟爲北單于，事下公卿議，太尉宋由等議可許，袁安懼憲計遂行，乃獨上〈封事〉曰：

臣聞功有難圖，不可豫見；事有易斷，較然不疑。伏惟光武皇帝本所以立南單于者，欲安南定北之策也。恩德甚備，故匈奴遂分，邊境無患。……伏念南單于屯，先父舉眾歸德，自蒙恩以來四十餘年，陛下宜遵述先志，成就其業，況屯首唱大謀，空盡北虜，輟而弗圖，更立新降（阿佟），失信於所議，建立於無功，夫言行君子之樞機（易傳），賞罰國之綱紀，《論語》曰：「言忠信，行篤敬，雖蠻貊之邦行焉。」今若失信於一屯，則百蠻不敢復保於誓矣。

乙、經文：

《論語衛靈篇》子張問行，子曰：

言忠信，行篤敬，雖蠻貊之邦行矣；言不忠信，行不篤敬，雖卅里行乎哉。立則見其參於前也，在輿，則見其倚於衡也，夫然後行，子張書諸紳。

按「言忠信」二句，可以信化蠻夷，子張重之，故書諸紳，袁安引《論語》此文，明忠信篤敬，見服蠻貊，不可失信立新降之阿佟，以離析南單于內附之款誠。

第三則

甲、引文

〈孝明八王傳第四十．梁節王暢傳〉。

永元五年，豫州刺史梁相舉奏暢不道，有司請徵暢詣廷尉詔獄（大罪下此獄），和帝不許，有司重奏．除暢國，徙九眞，帝不忍，但削成武，單父二縣，暢慚懼，上書辭謝，〈詔〉報曰：

朕惟王至親之屬，淳淑之美，傅相不良，不能防邪，至今有司紛紛有言，今王深思悔禍，端自克責，朕惻然傷之。志匪由於咎，在彼小子（其左右如卞忌、王禮等）一日克己復禮，天下歸仁，王其安心靜意，茂率休德……。

乙、經文

《論語顏淵篇》，顏淵問仁？子曰：

克己復禮爲仁，一日克己復禮，天下歸仁焉，爲仁由己，而由人乎哉？

按〈詔書〉引孔子答顏淵問仁語，以勉劉暢之改過遷善、克己、勝其私欲，復禮，反於善，天下歸仁，謂咸許其仁，欣見其遷反於善也。

第四則

甲、引文

〈楊震傳第四十四．論曰〉

論曰：

孔子稱危而不持，顚而不扶，則將焉用彼相矣。誠以負荷之寄，不可以虛冒；崇高之位，憂重責深也，延光之間，震爲上相，抗直方以臨權枉，先公道而後身名，可謂懷王臣之節，識所任之體矣。

乙、經文

《論語季氏篇》

季氏將伐顓臾（魯附庸國名），冉有季路見於孔子曰，季氏將有事於顓臾。……冉有曰：夫子（季氏）欲之，吾二臣者皆不欲也。孔子曰，求！周任有言曰：陳力就列，不能者止，危而不持，顚而不扶，則將焉用彼相矣？……。

按史臣於傳末有〈論曰〉例至早，始於《左氏》有「君子曰」；《史記》有「太史公曰」，《漢書》文末有「贊曰」，范史用「論曰」，范曄才高氣盛，自負特甚，由其〈獄中與甥姪書〉，自云：「詳觀古今著述及評論，殆少可意者，吾〈雜傳論〉，皆有精意、深旨，至於循吏以下及〈六夷諸序論〉，筆勢縱放，實天下之奇作，其中合者，往往不減〈過秦篇〉，比方班氏所作，非但不愧之而已。」後書體大思精，文章爾雅，不忝列於四史之中，此體多引群經，今讀「論曰」，當熟玩之，按史臣引此數句以謂楊震有持危扶顚之毅力與大功，爲漢室之重臣，不虛矣。

第五則

甲、引文

〈王暢傳第四十六〉

郡中豪族，多以奢靡相尚，暢常布衣皮褥，車馬羸敗，以矯其敝，同郡劉表時年十七，從暢受學進諫曰：

夫奢不僭上，儉不偪下，循道行禮，貴處可否之間，蘧伯王恥獨爲君子，府君不希孔聖之明訓，而慕夷齊之末操，無乃皎然自貴於世乎？

暢曰：

若公儀休在魯拔園葵，去織婦（不與民爭利），孫叔敖相楚，被裘刈薪，夫以約失之者鮮矣。聞伯夷之風者貪夫廉，懦夫有立志，雖以不德，敢慕遺烈？

乙、經文

按本則兩引《論語》前孔聖明訓見《論言述而篇》子曰：

奢則不孫（遜），儉則固，與其不孫也。寧固

言仲尼得奢儉之中，而夷齊飢死，是末操也。文末答劉表引「以約」句「約」，有內斂、檢束之意，儉約自在其中，暢引此句，直以約爲「儉約」，以止當時奢靡之風也。今日臺灣因富足而奢侈太甚，亦非我民族之所素有，若不遏止，必自取敗亡也。

第六則

甲、引文

〈李雲傳第四十七〉

雲字行祖，桓帝延熹二年誅大將軍梁冀，中常侍單超等五人皆以誅冀封列侯專權選舉，又立掖庭民女

亳氏爲皇后，數月間后家封者四人，賞賜巨萬，是時地數震裂，衆災頻降，雲素剛，憂國將危，露布（詔書簡牘不須封者）上〈疏〉曰：

孔子曰帝者諦（詳審事理）也（緯文），今官位錯亂，小人諂進，財貨公行，政化日損，是帝不欲諦乎？

帝得奏震怒，送詣黃門詔獄，雲死獄中。〈論曰〉：

李雲草茅之生，不諳失身之義，遂乃露布帝者，班檄三公至於誅死而不顧，斯豈古之狂也，夫未信而諫，則以爲謗己，故說者識其難乎（韓非說難篇）。

乙、經文

《論語子張篇》子夏曰：

君子信而後勞其民，未信則以爲厲己也；信而後諫，未信則以爲謗己也。

《論語陽貨篇》子曰：

古者民有三疾，今也或是之亡也。古之狂也肆，今之狂也蕩；古之矜也廉，今之矜也忿戾；古之愚也直，今之愚也詐而已矣。

按史臣以李雲爲「古之狂也」。又不顧「未信而諫」之戒，桓帝以爲謗己，取禍之道也，然雲之極諫，亦未暇計及生死也。

第七則

甲、引文

〈陳蕃傳第五十六〉

靈帝即位，竇太后復優〈詔〉蕃曰：

蓋褒功以勸善，表儀以厲俗，無德不報，大雅所歎，太傅陳蕃輔弼先帝，出内（納）累年，忠孝之美，位冠本朝，謇諤（忠直）之操，華首彌固，今封蕃爲高陽侯，食邑三百户。

蕃上疏讓曰：

使者即臣盧授高陽侯印綬，臣誠悼心，不知所裁，臣聞讓身之文，德之昭也。然不敢盜以爲名，竊以割地之封功德是，臣熟自思省，前後歷職，無它異能，合亦食祿不合亦食祿，臣雖無素絜（潔）之行，竊慕君子不以其道得之不居也，若受爵不讓，掩面就之，使皇天震怒災流下民，於臣之身，亦何所寄？願惟陛下哀臣朽老，戒之在得。竇太后不許，蕃復固讓，章前後十上，竟不受封。

乙、經文

《論語里仁篇》子曰：

富與貴是人之所欲也，不以其道得之不處也（蕃引僅易「居」字）。

《論語季氏篇》孔子曰：

君子有三戒：少之時，血氣未定，戒之在色；及其壯也，血氣方剛戒之在鬥，及其老也，血氣既衰，戒之在得。

按蕃引〈里仁篇〉二句，言富貴不可苟得，有禮讓之高行，孔子曰：「能以禮讓爲國乎何有」（里仁篇）。又引〈季氏篇〉「戒之在得」。言年老喜「得」，三戒皆人所難行，今人亦當以爲戒。

第八則

甲、引文

〈黨錮列傳第五十七・序論〉

孔子曰：

性相近也，習相遠也，言嗜惡之不同，而遷染之塗異也。……。

乙、經文

《論語陽貨篇》子曰：

性相近也，習相遠也。

按史臣〈序論〉所引「性相近也」二句，乃孔子論性至緊要之語，此章以性與習對舉，雖未明言善惡，後世論性多據此而立言，史臣引之，特重習染，故曰嗜惡遷染，知後天環境之於人性大矣哉！長教育者當深體之。

第九則

甲、引文

〈范滂傳論〉曰：

李膺振拔汙險之中，蘊義生風，以鼓動流俗，激素行以恥威權，立廉尚以振貴埶，使天下之士，奮迅感染，波蕩而從之，幽深牢，破室族而不顧，至於子伏其死，而母歡其義，壯矣哉！子曰：

道之將行，命也。

乙、經文

《論語憲問篇》公伯寮愬子路於季孫，子服景伯以告曰，夫子固有惑志於公伯寮，吾力猶能肆諸市朝，子曰：

道之將行也與，命也；道之將廢也與，命也。公伯寮其如命何？

按〈史論〉謂李膺首開忠烈節義之風，振厲士氣，而儒林景從，故引《論語》此句以歎衰亂之世，正邪不分，忠義死節之士，何其多也。而子伏其死，母歡其義者（滂將死，母就與之訣，滂白母曰，仲博孝敬，足以供養，從龍舒君（滂父）歸黃泉，存亡各得其所，母曰，汝今與李杜齊名，死亦何恨？），誠爲悲壯之節，是大道晦塞，有此慘毒之禍，故曰「道之將廢也」，蓋深惜之。

第十則

甲、引文

〈循吏列傳第六十六・王渙傳〉

渙字稚子，少好俠尚氣力，晚而改節敦儒，習《尙書》州舉茂才，除溫令，在溫三年，遷兗州刺史永元十五年，從駕南巡，還爲洛陽令，元興元年病卒，百姓莫不咨嗟。永初二年，鄧太后〈詔〉曰：

夫忠良之吏，國家所以爲理也。求之甚勤，得之至寡，故孔子曰，才難，不其然乎？故洛陽令王渙秉清修之節，蹈羔羊之議（韓詩，賢人仕爲大夫，其德有潔白之性……）盡心奉公，務在惠民，功業未遂，不幸早世，今以渙子石爲郎中以勸勞勤。

乙、經文

《論語泰伯篇》：

舜有臣五人而天下治，武王曰予有亂臣十人，孔子曰，才難不其然乎？唐虞之際，於斯爲盛，有婦人焉，九人而已。

案太后〈詔〉盛稱王渙秉節清廉，功業在國，爲一時之茂才，故引《論語》此句，以證渙爲難得之人才。

第十一則

甲、引文

〈列女傳第七十四．樂羊子之妻〉

羊子嘗行路得遺金一餅，還以與妻，妻曰：妾聞志士不飲盜泉之水，廉者不受嗟來之食，況拾遺求利以汙其行乎，羊子大慚，捐金於野而遠尋師。一年來歸，妻跪問其故，羊子曰，久行懷思，無它異也，妻乃引刀趨機而曰：

此機生自蠶繭，成於機杼，一絲（織絹從絲貫杼也）而累以至於寸，累寸不已，遂成丈匹。今若斷斯織也，則絹失成功，稽廢時月，夫子積學，當「日知其所亡」以就懿德，若中道而歸，何異斷斯織乎？羊子感其言，還終業。

乙、經文

《論語子張篇》子夏曰：

日知其所亡，月無忘其所能，可謂好學也已矣。

按羊子妻引《論語》此句，明爲學須日有新知方能有成，日知句，爲知新，月無忘句，爲溫故，二句，誠爲學至上之方法也。

㈡約用經文

約用經文，凡十五則，略其文辭，不錄原經，而其義則與之合符。

第一則

甲、引文

〈馮異傳第七〉

安帝下〈詔〉曰：

夫仁不遺親，義不忘勞，興滅繼絕，善善及子孫，古之典也。

乙、經文

《論語微子篇》周公謂魯公曰：

君子不施其親（施，當作弛，遺棄也，朱注）

《論語堯曰篇》堯曰：

咨爾舜，天之曆數在爾躬……周有大賚，善人是富……興滅國，繼絕世，舉逸民，天下之民歸心焉。

按〈詔〉曰：「仁不遺親」，暗用《論語》周公之語意也。興滅繼絕，謂封黃帝堯舜之後，「興滅繼絕」，承「不忘勞」句言先王遺典開萬世太平之迹，有大功勞於後世。至善善及子孫，則《春秋公羊》之義。

第二則

甲、引文

〈魯恭傳第十五〉

鄧太后詔公卿議斷獄時日，恭議奏曰：

夫陰陽之氣，相扶而行，發動用事，各有時節，若不當其時，則物隨而傷，王者雖質文不同，而茲道無變，四時之政，行之若一，其變者唯服色、犧牲、徽號、器械而已。故曰「殷因於夏禮，周因於殷禮，所損益可知也。」

乙、經文

《論語爲政篇》，子曰：

殷因於夏禮，所損益可知也；周因於殷禮，所損益可知也。……。

按恭〈奏文〉約用經文，言禮制有當變，不當變者，即有損有益，有因有革，因革損益，斟酌時宜，治政書者，所宜熟知也。

第三則

甲、引文

〈魯恭傳第十五〉

恭再在公位，選辟高第至列卿郡守者數十人。而其耆舊大姓或不蒙薦舉，至有怨望者，恭聞之曰：

學之不講，是吾憂也，諸生不有鄉舉者乎？終無所言。

乙、經文

《論語述而篇》子曰：

德之不修，學之不講，聞義不能徙，不善不能改，是吾憂也。

按此約用經文之例，曰「學之不講」者，蓋謂大姓耆舊有怨望者，以責己無學，不見信於人，故云然。

第四則

甲、引文

〈范升傳第二十六〉

建武二年光武徵詣懷宮，拜議郎，遷博士，上書讓弟，不許，時尚書令韓歆上疏欲為《費氏易》《左氏春秋》立博士，詔下其議，四年正月朝公卿大夫博士於雲臺，帝曰，范博士前平說（平其然否）升起對曰：左氏不祖孔子而出於丘明，師徒相傳文無其人，且非先帝所存，無因得立，遂與韓歆等辯論，升退而奏曰：

臣聞主不稽古，無以承天；臣不述舊無以奉君，陛下愍學微缺勞心經藝，近有司請置京氏易博士，京氏既立，費氏怨望，左氏春秋亦希置立，如令左氏、費氏得置博士，高氏、騶氏並復求各有所執，從之則失道，不從則失人，孔子曰：「博學約之，弗叛矣夫」夫學而不約，必叛道也。顏淵曰：「博我以文，約我以禮。」孔子可謂知教，顏可謂善學矣。

乙、經文

《論語雍也篇》子曰：

君子博學於文，約之以禮，亦可以弗畔（叛通）矣夫。

《論語子罕篇》顏淵喟然歎曰：

仰之彌高，鑽之彌堅，瞻之在前，忽焉在後，夫子循循然善誘人，博我以文，約我以禮，欲罷不能。……。

案儒家至重「由博反約」之旨，孟子曰「博學而詳說之，將以反說約也」（離婁下）亦此意。博、植其基；約，守其要。范升之所謂約，乃擇其精要者，不在多聞博雜也，范升前引《論語》博學於文三句，意謂置博士、一經不在多家，須擇其精要者立之，方不違於道（經義）。又引顏淵「博我以文，約我以禮」二句，亦在證明當於博中取約耳。今之學制，大學在博洽，研究院所，即反之於約也。

第五則

甲、引文

〈陳元傳第二十六〉

時議欲立《左氏傳》博士，范升等奏，以爲左氏淺末不宜立，元聞之詣闕上〈疏〉曰：

陛下撥亂反正，文武並用，知丘明至賢，親受孔子，而公羊穀梁，傳聞於後世，故詔立左氏。升等又曰：先帝不以左氏爲經，故不置博士，後主所宜因襲，臣愚以爲先帝所行而後主必行者，則盤庚不當遷於殷，召公不當營洛邑，陛下不當都山東也。往者孝武皇帝好《公羊》，孝宣皇帝在人間時聞衛太子好《穀梁》，於是獨學之，及即位，爲石渠論，而穀梁氏興，至今與公羊並存，此先帝後帝各有所立，不必其相因也。孔子曰：「純儉吾從眾，至於拜下則違之」（不拜上），方今干戈稍弭，眷顧儒雅，採孔子下拜之議，卒淵聖獨見之旨，分明黑白，建立《左氏》，天下幸甚！

乙、經文

《論語子罕篇》子曰：

麻冕，禮也，今也純儉，吾從衆；拜下，禮也，今拜乎上，泰也，雖違衆，吾從下。

按純，絲也。儉，省約。麻冕細密難成，不如用絲之省約。泰，驕慢。（朱注）陳元引孔子此言，從衆、違衆，皆取於義之當否？以喻《左氏》之可與否，不必一循衆議，當以經義爲斷也。

第六則

甲、引文

〈楊終傳第三十八〉

時太后兄馬廖謹篤自守，不訓諸子，終與廖交善，以〈書〉戒之曰：

終聞堯舜之民，可比屋而封；桀紂之民，可比屋而誅，何者？堯舜爲之隄防，桀紂示之驕奢故也。《詩》曰「皎皎練絲，在所染之（逸詩），」上智下愚，謂之不移，中庸之流，要在教化，《春秋》殺太子母弟稱君（公羊春秋，殺太子申生），甚惡之者，坐失教也。

乙、經文

《論語陽貨篇》子曰：

性相近也，習相遠也；唯上知與下愚不移。

按終〈書〉前引「練絲在所染之」乃逸詩，承《論語》上章「習相遠也」之「習」字而言，「上知下愚不移」，則後世韓退之以三品論性（《文公集原性篇》）之所本。

第七則

甲、引文

〈崔篆傳第四十三〉

高祖父朝生子舒，舒小子篆，王莽時以篆爲建新大尹，篆不得已歎曰：吾生無妄（與陽九、百六同義，謂極亂之時）之世，値澆羿（斥莽）之君，上有老母，下有兄弟，安得獨潔己而危所生哉？乃單車到官稱疾不視事，建武初，朝多薦言之者，篆自以宗門受莽僞寵，慚愧漢朝，辭歸不仕，閉門潛思，作賦以自悼名〈慰志〉曰：

嗟昔人之遘辰兮，美伊傅之遌（遇也）時，恨遭閉而不隱兮（《易坤文言》）天地閉，賢人隱），違石門之高蹤。……。

乙、經文

《論語憲問篇》

子路宿於石門，晨門（掌晨啓門者）曰，奚自？子路曰，自孔氏，曰是知其不可而爲之者與。

按崔篆〈慰志賦〉中引《論語》「石門」句，其人作晨門，賢而隱於抱關者流，慚己不能步其高蹤，謂隱逸清高之風也。賦中有「靖潛思於至賾兮，騁六經之奧府。」足見篆於經學覃思精研有素而《論語》「是知其不可而爲之者與」句，又昭示孔孟栖栖皇皇，終生爲人類而奔走，儒家悲憫淑世之精神，允爲萬世之楷式也。

第八則

甲、引文

〈王暢傳第四十六〉

暢拜南陽太守，下車奮厲威猛，其豪黨有釁穢者，莫不糾發，張敞諫曰：五教在寬，著之經典，湯去三面，八方歸仁，高祖鑒秦，唯定三章之法，孝文皇帝感一緹縈，蠲除肉刑……仁賢之政，流聞後世。明府上智之才，敷仁惠之政，則海內改觀，愚以懇懇用刑，不如行思，孜孜求姦，未若禮賢，舜舉臯陶不仁者遠，化人在德，不在用刑，暢深納敞諫，更崇寬政。

乙、經文

《論語顏淵篇》樊遲問仁，子曰愛人、問知，子曰知人，樊遲未達子曰舉直錯諸枉，能使枉者直，樊遲退見子夏曰……舉直錯諸枉能使枉者直，何謂也？子夏曰：

富哉言乎！舜有天下選於眾舉臯陶不仁者遠矣；湯有天選於眾舉伊尹不仁者遠矣。

按張敞諫王暢，特約引《論語》「舜有天下選於衆舉臯陶不仁者遠」之句，言舉仁賢之人令在高位，則不仁之人，化而爲仁，實寬厚之政有以致之，儒家尙德次刑之意在此。

第九則

甲、引文

〈劉陶傳第四十七〉

陶字子奇，桓帝時有上書以貨輕錢薄，故致貧困，宜鑄大錢，事下四府群僚，陶上〈議〉曰：

聖王承天制物，與人行止，皆舉合時宜，動順人道也。……蓋以爲當今之憂，不在乎貨（貨幣），在乎民飢。夫生養之道，先食後民（民，當作貨）是以聖王敬授民時，使男不逋畝（逃避耕作），女不下機，由是言之，食者乃有國者之所寶，生民之至貴也。比年以來，良苗盡於蝗螟之口，杼柚空於公私之求，豈謂錢貨之厚薄，銖兩之輕重哉？就使當今沙礫化爲南金，瓦石變爲和玉，使百姓渴無所飲，飢無所食，雖皇羲之純德，唐虞之文明，猶不能以保蕭牆之內也。

乙、經文

《論語季氏篇》

……今由與求也，相夫子（季氏）遠人不服而不能來也。邦分崩離析而不能守也。而謀動干戈於邦內（伐顓臾），吾恐季孫之憂不在顓臾而在蕭牆之內也。

按《論語》此章謂禍起於內部，不在外患，以「蕭牆」喻禍患起於近側，防之在己而已，蕭牆，屏也。屏隔內外，近在己側。

第十則

甲、引文

〈劉陶傳〉

陶陳八事，言天下大亂，皆由宦官，（宦官）共讒陶曰：

今者四方安靜，而陶疾言聖政，專言妖孽，州郡不上，陶何緣知？疑陶與賊通情，於是陶下黃門北寺獄，掠案日急，陶自知必死，對使者曰，朝廷前封臣云何？今反受邪譖，恨不與伊呂同儔，而以三仁爲輩，遂閉氣而死，天下莫不痛之。

乙、經文

《論語微子篇》

微子去之，箕子爲之奴，比干諫而死，孔子曰，殷有三仁焉。

按陶憂天下崩亂，疾宦官專橫，卒爲宦官所譖誣而死獄中，忠賢不見容於亂世，至可哀痛，庶可與三仁同輩矣。微子、箕子、比干，孔子許之爲三仁，皆處紂王淫虐之時，或逃或死，故陶引之以自喻。

第十一則

甲、引文

〈蔡邕傳第五十下〉

邕性篤孝，母嘗滯病三年，邕未嘗解襟帶不寢寐者七旬，母卒廬於冢側，動靜以禮，有兔馴擾其室傍，又木生連理，遠近奇之。少博學，師事太傅胡廣，好辭章數術、天文，妙操音律、感東方朔〈答客難〉及楊雄班固崔駰之徒，設疑以自通，作〈釋誨〉以戒厲、有務世公子誨於華顛胡老曰：

蓋聞聖人之大寶曰位，故以仁守位，以財聚人（易傳），然則有位斯貴，有財斯富，仁義達道，士之司也。故伊摯有貢鼎之術，仲尼設執鞭之言，甯子有清商之歌，百里有豢牛之事。夫如是則聖哲之通趣，古人之明志也。胡老曰，居、吾將釋汝……是故天地否閉，聖哲潛形，石門守晨，沮溺耦耕。顏歜抱璞，蘧瑗保生，齊人歸樂，孔子斯征，雍渠驂乘，逝而遺輕，夫豈傲主而背國乎，道不可以傾也。

乙、經文

按〈釋誨〉引《論語》有六處：

(1)《論語述而篇》子曰：

富而可求也，雖執鞭之士，吾亦爲之，如不可求，從吾所好。

(2)《論語憲問篇》

子路宿於石門（已見前引）

(3)《論語微子篇》：

長沮桀溺耦而耕，孔子過之……桀溺曰，滔滔者天下皆是也，而誰以易之？……。

(4)《論語衛靈篇》子曰：

直哉史魚。……君子哉！蘧伯玉，邦有道則仕，邦無道，則可卷而懷之。

(5)《論語微子篇》

齊人歸女樂，季桓子受之，三日不朝，孔子行。

(6)《論語述而篇》子謂顏淵曰：

用之則行，舍之則藏，惟我與爾有是夫！

按〈釋誨〉引《論語》之文六處，第⑥則在〈釋誨〉中曰：「且行之則行，聖訓舍之則藏，至順也。」此六則約用經文，以爲典故，足見當時《論語》流布之廣遠。

第十二則

甲、引文

〈黨錮列傳范滂傳〉

滂字孟博，少厲清節，爲州里所服，時冀州飢荒盜賊群起，詔使案察之，滂登車攬轡，慨然有澄清天下之志。……滂在職嚴整疾惡，其有行違孝悌，不軌仁義者，皆埽迹斥逐，不與共朝。……後牢修誣言鉤黨，滂坐繫黃門北寺獄；獄吏將加掠考，滂以同囚多嬰病，乃請先就格（搒牀），桓帝使中常侍王甫以次辨詰，王甫詰曰，君爲人臣，不推忠國，而共造部黨，評論朝廷，諸所謀結，並欲何爲？滂對曰：

臣聞仲尼之言，見善如不及，見惡如探湯，欲使善善同其清，惡惡同其汙，謂王政之所願聞，不悟更以爲黨。滂乃慷慨仰天曰，古之循善，自求多福；今之循善身陷大戮。身死之日，願埋滂於首陽山側，上不負皇天，下不愧夷齊。

經文

《論語季氏篇》孔子曰：

見善如不及，見不善如探湯，吾見其人矣，吾聞其語矣。……

按滂引《論語》見善如不及二句，謂人當服善遠惡，分別善惡之心，如此其嚴切，而滂則疾惡如仇，所以不見容於亂世也。

第十三則

甲、引文

〈郭太傳第五十八〉

賈淑字子厚，林宗（太字）鄉人也，雖世有冠冕，而性險害，邑里患之，林宗遭母憂，淑來修弔，既而鉅鹿孫咸直亦至，咸直以林宗賢而受惡人弔，心怪之，不進而去，林宗追而謝之曰：

賈子厚誠實凶德，然洗心向善，仲尼不逆互鄉，故吾許其進也，淑聞之改過自新，終成善士，鄉里有憂患者，輒傾身營救，爲州里所稱。

乙、經文

《論語述而篇》

互鄉難與言（鄉人多惡，難與言善）童子見，門人惑，子曰與其進也，不與其退也，唯何甚（拒人不宜太甚）！人潔己以進與其潔也，不保其往也。

按郭太以賈淑雖性險害，但有向善之心（恆人多有向善，向上之心）吾許其進而向善，不究其既往。此孟子所謂「與人爲善也」。按孟子曰「大舜有大焉善與人同，舍己從人，樂取於人以爲善，取諸人以爲善，是與人爲善者也，故君子莫大乎與人爲善（《孟子公孫丑上》）」。

第十四則

甲、引文

〈孔融傳第六十〉

是時荊州牧劉表不供職貢，多行僭僞，遂乃郊祀天地，擬斥乘輿，詔書頒下其事。融上〈疏曰〉：

竊聞領荊州牧劉表，桀逆放恣，所爲不軌，至乃郊祀天地，擬儀社稷，雖昏僭惡極，罪不容誅，至於國體，宜且諱之，何者？萬乘至重，天王至尊，身爲聖躬，國爲神器，陛級縣遠，祿位限絕，猶「天之不可階，日月之不可踰也。」每有一豎臣，輒云圖之，若形之四方，非所以杜塞邪萌，愚謂雖有重戾，必宜隱忍，賈誼所謂擲鼠忌器（前書賈誼傳），謂此也。

乙、經文

《論語子張篇》，陳子禽謂子貢曰：

子爲恭也，仲尼豈賢於子乎？子貢曰，夫子之不可及也。猶天之不可階（梯也）而升也。

按融〈疏〉意謂劉表僭越，引《論語》天之高不可階而升，日月之光華，無得而踰，欲朝廷且隱忍，不宜公布以杜世之效尤者多，難以剪除也。

第十五則

甲、引文

〈列女傳曹世叔妻班昭傳第七十四〉

昭作〈女誡〉七篇，其〈和叔妹第七〉曰：

婦人之得意於夫主，由舅姑之愛己也。舅姑之愛己，由叔妹之譽己也。由此言之，我臧否譽毀，一由叔妹，叔妹之心，復不可失也，皆莫知叔妹之不可失，而不能和之以求親，其蔽也哉！自來聖人鮮能無過，故顏子貴於能改，仲尼嘉其不貳，而況婦人者也。

乙、經文

《論語雍也篇》

哀公問弟子孰爲好學，孔子對曰，有顏回者好學，不遷怒，不貳過，不幸短命死矣，今也則亡，未聞好學者也。

《論語學而篇》子曰：

君子不重則不威……過則勿憚改。

按孔子嘉顏子有過則改，不再犯，故班昭曰「仲尼嘉其不貳」。省「過」字。《易繫傳》「顏氏之子，其殆庶幾乎，有不善未嘗不知，知之未嘗復行也」義同。

㈢直用經義

所引文字不必雷同，或頗省改，但用經之義理而已，以經爲後世文章之宗祧也。凡十則。

第一則

甲、引文

〈崔瑗傳第四十二〉

早孤，銳志好學，盡能傳其父業，年十八至京師，從侍中賈逵質正大義，逵善待之，瑗因留學，明天官歷數《京房易傳》，六日七分，諸儒宗之，年四十餘，始爲郡吏，以事繫東郡發干獄（縣之獄），獄掾善爲禮，瑗間考訊時，輒問以禮說，其專心好學，雖顚沛必於是，後釋歸家。

乙、經文

《論語里仁篇》子曰：

富與貴是人之所欲也，不以其道得之，不處也。……君子無終食之間違仁，造次必於是，顚沛必於是。

按馬融曰：「顚沛、偃仆。」《詩蕩》「顚沛之揭」，《毛傳》「沛、拔」按拔與跋同，顚沛，喻困阨之時，顚仆不起，瑗時在獄中，故引之，史臣喜瑗之好學，雖在顚沛拘囚之際，亦不忘問學也。

第二則

甲、引文

〈崔寔傳第四十二〉

寔少沈靜，父卒，隱居墓側，服竟，三公並辟，皆不就，桓帝時，除爲郎，明於政體，論當時政事數十條，名曰〈政論〉，其辭曰：

自堯舜之帝，湯武之王，皆賴明哲之佐，博物之臣，故臯陶陳〈謨〉而唐虞以興；伊箕作〈訓〉而殷周用隆，及繼體之君欲立中興之功者，曷嘗不賴賢哲之謀乎！自漢興以來，三百五十餘歲矣，……且濟時振世之術，豈必體堯蹈舜然後乃理哉？期於補綻決壞，枝柱邪傾，故聖人値權，遭時定智，步驟之差，各有云設，不彊人以不能，皆急切而慕所聞也。蓋孔子對葉公以來遠，哀公以臨人，景公以節禮，非其不同，所急務也。

乙、經文

《論語子路篇》，葉公問政，子曰：

近者說，遠者來，（朱注：被其澤則說，聞其風則來，然必近者悅而後遠者來也。）

《論語爲政篇》哀公問曰，何爲則民服？孔子對曰：

擧直錯諸枉，則民服；擧枉錯諸直，則民不服。

按景公節禮，見韓非，說苑。崔寔〈政論〉，仲長統以爲「凡爲人主，宜寫一通，置之坐側。」其見重於世可知，引《論語》者，僅〈子路篇〉直用經義，〈爲政篇〉問服民之道，爲臨民義之一端。

第三則

甲、引文

〈周燮列傳第四十三〉

〈序論〉曰：

孔子稱蘧伯玉邦有道則仕，邦無道則可卷而懷之，然用舍之端，君子之所以存其誠也。

乙、經文

《論語衛靈篇》子曰：

直哉史魚，邦有道如矢，邦無道如矢（言其直），君子哉蘧伯玉邦有道則仕，邦無道則可卷而懷之。

《論語述而篇》子謂顏淵曰：

用之則行，舍之則藏，惟我與爾有是夫。

按史論謂蘧伯玉隨時進退，皆以道爲歸，與孔子所謂用之則行，舍之則藏意趣略同，然出仕易，卷懷（引退）難，故孔子止云「惟我與爾有是。」卷，收也，懷，藏也（朱注）。

第四則

甲、引文

〈馬融傳第五十〉

元初二年上〈廣成頌〉以諷諫，其辭曰：

臣聞孔子曰，奢則不孫（遜），儉則固，奢侈之中以禮爲界，是以蟋蟀，山樞之人竝刺國君，諷以太康，馳驅之節（上皆引詩，當別論於《詩》例之中），夫樂而不荒，憂而不困，先王所以平和府藏，（臟）頤養精神，教之無疆。……。

乙、經文

《論語述而篇》子曰：

奢則不孫，儉則固，與其不孫也寧固。

按《論語》言奢，失之不遜順，儉，失之固陋，二者各有所失，而儉之失爲小，〈頌〉引之，仍本經義，二者胥失其中，必須以禮節之方可。

第五則

甲、引文

〈荀爽傳第五十二〉

爽〈對策〉曰：

昔者聖人建天地之中而謂之禮，禮者所以興福祥之本而止禍亂之源也。《孝經》曰：「安上治民，莫善於禮。」禮者，尊卑之差，上下之別也。昔季氏八佾舞於庭，非有傷害困於人也。而孔子猶曰，「是可忍也，孰不可忍也。」〈洪範〉曰，「惟辟作福，惟辟作威，惟辟玉食（美食）」，凡此三者，君所獨行，而臣不得同也。今臣僭君服，下食上珍，所謂害于而（爾同）家，凶于而國者也。宜略依古禮尊卑之差，嚴篤有司，必行其命。……。

乙、經文

《論語八佾篇》

孔子謂季氏，八佾（舞列）舞於庭，是可忍也孰不可忍也。

按爽引《論語》八佾句，要在明尊卑上下之禮，不得踰越，不能稍予寬假，以防禍亂之源，故孔子斥之曰「是可忍，孰不可忍」《書》言「害于而家，凶于而國。」亦明僭禮有害及家國之危險也。

第六則

甲、引文

〈吳祐傳第五十四〉

祐字季英，父恢爲南海太守，祐年十二，隨從到官，恢欲殺青簡以寫經書，祐諫曰：「今大人踰越五嶺，遠在海濱，其俗誠陋，然舊多珍怪上爲國家所疑，下爲權威所望，此書者成，則載之兼兩，昔馬援以薏苡興謗，王陽以衣囊徼名，嫌疑之間，誠先賢所愼也。」恢乃止，撫其首曰，「吳氏世不乏季子（季札）矣。」及年二十喪父，居無儋石，而不受贍遺，常牧豕於長垣澤中，行吟經書，後舉孝廉，官至酒泉太守。祐政惟仁簡，民有爭訟者以道導之，或身到閭里，重相和解，自是之後，爭隙省息，吏人懷而不欺，嗇夫孫性，私賦民錢，市衣以進其父，父得而怒曰，有君如是，何忍欺之？促歸伏罪，性慚懼，詣閣持衣自首，祐屏左右問其故，性具談父言，祐曰，掾以親故受汙穢之名，所謂觀過斯知人矣。使歸謝其父，還以衣貽之。

乙、經文

《論語里仁篇》子曰：

人之過也各於其黨，觀過斯知仁矣。

按黨，類也。人之過也。各於其類，君子常失於厚，小人常失於薄（朱注）〈吳祐傳〉作「人」，錢大昕曰，仁，人通，然以「人」義爲長（集解）

第七則

甲、引文

〈鄧太后傳第五十八〉

左原爲郡學生犯法見斥，林宗遇諸路，爲設酒肴以慰之，謂曰，昔顏涿聚梁甫之巨盜，段干木晉國之大駔（市儈）也，卒爲齊之忠臣，魏之名賢，蘧瑗，顏回尚不能無過，況其餘乎！愼勿恚恨，責躬而已，原納其言而去，或有譏林宗不絕惡人者，對曰，「人而不仁，疾之已甚，亂也。」原後復更懷忿，結客欲報諸生，其日林宗在學，原愧負前言，因遂罷去，後事露，衆人咸謝服焉。

乙、經文

《論語泰伯篇》子曰：

好勇疾貧，亂也，人而不仁，疾之已甚，亂也（惡不仁之人而使之無所容，則必致亂，朱注）

按孟子曰：「仲尼不爲已甚者」〈離婁下篇〉與《論語》此章之意相足。

第八則

甲、引文

〈孔融傳第六十〉

融字文舉，孔子二十世孫也。融幼有異才，好學博涉，多該覽。……時論者多欲復肉刑，融乃見議曰：

胡者敦庬（厚大也），善否不別，吏端刑清，政無過失，百姓有罪，皆自取之，末世陵遲，風化壞亂，政撓其俗，法害其人，故曰，「上失其道，民散久矣。」而欲繩之以古刑，投之以殘棄，非所謂與時消息（易傳語）者也。求俗休和，弗可得已。

乙、經文

《論語子張篇》

孟氏使陽膚（曾子弟子）爲士師，問於曾子，曾子曰，上失其道，民散久矣，如得其情，則哀矜而勿喜。

按散，謂無秩序，不守禮法也。以民之犯法，由於上失其道，所以教導之不善也。融〈議〉引之，以謂肉刑不足以救弊，歸之於政教有失也。

第九則

甲、引文

〈逸民傳序論〉逸民列傳第七十三

光武側席幽人（禮遇高士），求之若不及，旌帛蒲車（安車）之所徵賁（微聘），相望於巖中矣。若薛方、逢萌，聘而不肯至；嚴光、周黨、王霸至而不能屈，群方咸遂，志士懷仁，斯固所謂「舉逸民天下歸心者乎。」

乙、經文

《論語堯曰篇》

周有大賚，善人是富，雖有周親，不如仁人。……興滅國，繼絕世，舉逸民，天下之民歸心焉。

按史論中言光武禮聘高士，前後相望，若逢萌、嚴光等，擢舉隱逸之人，天下咸服其尊賢禮士，開致太平，無不懷服，故引《論語》之文以足其意。

第十則

甲、引文

〈逸民傳論〉又曰：

肅宗（孝章帝名炟，明帝第五子）亦禮鄭均，而徵高鳳以成其節，自後帝德稍衰，邪孽當朝，處子耿介，羞與卿相等列，至乃抗憤而不顧，多失其「中行」焉，錄其絕塵不反（絕塵·莊子顏回語）同乎「作者」，列之此篇。

乙、經文

《論語憲問篇》子曰：

賢者辟（避）世，其次辟地，其次辟色，其次辟言，子曰作者七人矣。

《論語子路篇》子曰

不得中行而與之，必也狂狷乎。狂者進取，狷者有所不爲也。

按史論謂章帝亦禮聘鄭均、高鳳。至後有抗憤不顧，失其中行（稍過激切），篇中所錄，皆絕俗軼群之高士與「作者七人」，如長沮、桀溺、丈人、石門、荷蕢、儀封人、楚狂、接輿等媲美，中行即中道，孟子曰，「孔子不得中行而與之，必也狂狷乎，孔子豈不欲中道哉，不可必得，故思其次也。」（孟子盡心下）即釋「中行」，爲中行之確詁。

㈣隱用經義

不明引經文，直用經義，而所引之文，頗與經義相符，所謂暗合神同也。

第一則

甲、引文

〈梁統傳第二十四〉

統在朝廷，數陳便宜，以爲法令既輕，下姦不勝，宜重刑罰，以遵舊典，迺上〈疏〉曰：

臣竊見元、哀二帝輕殊死之刑以一百二十三事，手殺人者減死一等，自是以後，著爲常準，故人輕犯法，吏易殺人。臣聞立君之道，仁義爲主，仁者愛人，義者政理，愛人者以除殘爲務，政理以去亂爲心，刑罰在中，無取於輕，是以五帝有流殛放殺之誅，三王有大辟刻飢之法，故孔子稱「仁者必有勇。」

乙、經文

《論語憲問篇》子曰：

有德者必有言，有言者不必有德；仁者必有勇，勇者不必有仁。按「仁者必有勇。」即除暴安良之意，勇於除暴以安良，則仁者之用心也。案〈里仁篇〉子曰，「唯仁者能好人、能惡人」又曰「惡不仁者（除暴）其爲仁矣」是也，此隱用經義之例。

第二則

甲、引文

〈班固傳第三十・論曰〉：

司馬遷班固父子，其言史官載籍之作，大義粲然著矣！……固傷遷博物洽聞，不能以智免極刑，然亦身陷大戮（囚死獄中）知及之而不能守之（言有智而不能自守其身）嗚呼，古人之所以致論於目睫也。

乙、經文

《論語衛靈篇》，子曰：

知及之仁不能守之，雖得之，必失之矣。知及之，仁能守之，不莊以涖之，則民不敬。

按馬班稱良史，均大智之人，而皆不能守其身，故史臣引經文以譏之也。

第三則

甲、引文

〈楊秉傳第四十四〉

七年南巡園陵，行至南陽，詔書多所除拜，秉上〈疏〉曰：

臣聞先王建國，順天制官，太微積星，名爲郎位，入奉侍衛，出牧百姓，臯陶戒虞，在於官人，頃者道路拜除，恩加豎隸，爵以貨成，化由此敗，所以俗夫巷議，白駒遠逝。……。

乙、經文

《論語季氏篇》，孔子曰：

天下有道，則禮樂征伐，自天子出。……天下有道，則政不在大夫，天下有道，則庶人不議。

按秉諫語中「俗夫巷議。」即暗用《論語》「庶人不議」句，此隱用經義也。

第四則

甲、引文

〈馬融傳第五十上〉

融字季長，初，京兆尹摯恂以儒術教授，名重關西，融從其游學，博通經籍。永初四年，拜爲校書郎中，詣東觀典校祕書，是時鄧太后臨朝，騭兄弟輔政，而俗儒世士，以爲文德可興，武功宜廢，遂寢蒐狩之禮，息戰陳之法，故猾賊縱橫，乘此無備，融乃感激以爲「文武之道，聖賢不墜。」五才之用，無或可廢。……。

乙、經文

《論語子張篇》

衛公孫朝問於子貢曰，仲尼焉學？子貢曰，文武之道，未墜於地在人，賢者識其大者，不賢者識其小者，莫不有文武之道焉，夫子焉不學，而亦何常師之有？

按文武之道，謂文王、武王之謨訓，功烈與凡周之禮樂文章皆是（朱注），《論語》言文王、武王文治武功，典籍所載仍存（未墜），融之言專指文德與武事二者當並存，不可偏廢，其「五才之用」句，專指兵戎，五材見《左傳》宋子罕曰：「天生五材，人並用之，誰能去兵？」

第五則

甲、引文

〈黨錮列傳第五十七・李膺傳〉

及遭黨事，膺等頗引宦官子弟，宦官多懼請帝以天時宜赦，於是大赦天下，膺免歸鄉里居咸陽山中，及陳蕃免太尉，朝野屬意於膺，荀爽恐其名高致禍，欲令屈節以全亂世，爲〈書〉貽曰：

久廢過庭，不聞善誘，陟岵瞻望，惟日爲歲。……方今天地氣閉，大人休否（用《易文言傳及否九五爻辭》，謂休廢否塞）智者見險，投以遠害，雖匱人望，內合私願，想甚欣然，不爲恨也。

乙、經文

《論語季氏篇》

陳亢問於伯魚曰，子亦有異聞乎？對曰：未也。嘗獨立，鯉趨而過庭，曰，學詩乎？對曰，未也。不學詩，無以言，鯉退而學詩。

按「過庭」，後人均用於「侍教父前」之名，清儒有《過庭錄》一書，荀爽當以父禮事之，用「過庭」二字，尊之至也。下句「陟怙」《詩》「陟彼岵兮，瞻望父兮」句，亦以父禮爲言，此借用過庭，爲隱用經義之例。

(五)約用經義

不全引經文，略其語句，取合經義而已，本例有五則：

第一則

甲、引文

〈祭遵傳第十〉

遵爲將軍，取士皆用儒術，對酒設樂，必雅歌抗壺，又建爲孔子立後，奏置五經大夫，「雖有軍旅，不忘俎豆。」可謂好禮悅樂「守死善道者也。」

乙、經文

《論語泰伯篇》子曰：

篤信好學，守死善道

按經義，以其篤信，故能守死以善其道，殺生成仁。舍生取義，志士仁人之所爲，能守死故足以善其道，祭遵篤信儒術，敦悅禮樂，故史臣以「守死善道」美之。又「雖有軍旅，不忘俎豆」。正約用《論語衛靈篇》之文，衛靈公問陳於孔子，孔子對曰，「俎豆之事，則嘗聞之矣，軍旅之事，未之學也……」數句之義，亦足見遵敦悅禮樂，爲文武兼資之才也。

第二則

甲、引文

〈韋彪傳第十六〉

是時陳事者多言郡國貢舉率非功次，故守職益懈，而吏事寖疏，咎在州郡，有詔下公卿朝臣議，彪上〈議〉曰：

伏惟明詔，憂勞百姓，垂思選舉，務得其人，夫國以簡賢爲務，賢以孝行爲首，孔子曰事親孝，故忠可移於君，是以求忠臣必於孝子之門（《孝經緯》之文）夫人才行少能相兼，是以「孟公綽優於趙魏老，不可以爲滕薛大夫。」忠孝之人，持心近厚。鍛鍊之吏，持心近薄，「三代之所以直道而行者」，在其所以磨（磨厲後用）之故也，士宜以才行爲先不可純以門閥。

乙、經文

《論語衛靈篇》子曰：

吾之於人也誰毁誰譽，如有所譽者其有所試（實徵）矣，斯民也三代之所以直道而行也。

《論語憲問篇》子曰：

孟公綽爲趙魏老則優，不可以爲滕薛大夫。

按彪〈議〉兩引《論語》，孟公綽句言人才不必多能，取其長而已；「直道而行」數句，言無毁譽之私，量才而用，必先經磨鍊，言宜平時培育之也。

第三則

甲、引文

〈黃瓊傳第五十一〉

永建中公卿多薦瓊者，瓊至綸氏，稱疾不進，有司劾不敬，先是徵聘處士，多不稱望，李固素慕瓊，乃以〈書〉遺之曰：

聞已渡伊洛，近在萬歲亭，豈即事有漸，將順王命乎？蓋君子謂「伯夷隘，柳下惠不恭」，故傳曰，「不夷不惠，可否之間」，蓋聖賢居身之所珍也。誠遂欲枕山棲谷，擬迹巢由，斯則可矣，若當輔政濟民，今其時也。

乙、經文

《論語微子篇》

逸民伯夷、叔齊、虞仲、夷逸、朱張、柳下惠、少連，子曰，不降其志，不辱其身，伯夷叔齊與，謂柳下惠少連，降志辱身矣。言中倫，行中慮，其斯而已矣。謂虞仲夷逸，隱居放言，身中清，廢中權，我則異於是，無可無不可。

按「伯夷隘」句見《孟子公孫丑上》。李固引《論語》「不夷不惠，可否之間」句，即謂孔子不似柳下惠，不若伯夷，無適無莫，在可不可之間，聖之時者也，亦欲黃瓊出而輔世長民也。

第四則

甲、引文

〈黨錮列傳劉祐傳第五十七〉

延熹四年拜尚書令，轉司隸校尉，時權貴子弟罷州郡還入京師者，每至界首，輒改易輿服，隱匿財寶，威行朝廷，拜宗正時中常侍蘇康管霸用事於內，遂固天下良田美業，山林湖澤（不與墾植），民庶窮困，州郡累氣，祐移書所在，依科品沒入之，桓帝大怒，論祐輸左校，後得救出，每三公缺，朝廷皆屬意於祐，以譖毀不用，延篤貽之〈書〉曰：

昔泰伯之讓，人無得而稱焉，延陵高揖，華夏仰風，吾子懷蘧民之可卷，體甯子之如愚，微妙玄通，沖而不盈，蔑三光之明，未暇以天下爲事，何其劭（美也）與！

乙、經文

《論語泰伯篇》，子曰：

泰伯其可謂至德也已矣，三以天下讓，民無得而稱焉。

《論語衛靈篇》子曰：

甯武子邦有道則知，邦無道則愚，其知可及也，其愚不可及也。

按延篤三引《論語》之文，蓋欲祐引退隱居，守愚以保其身，此約經義之例。

第五則

甲、引文

〈列女傳第七十四〉

扶風曹世叔妻，班彪之女名昭，和帝詔昭就東觀藏書踵成之（成漢書），帝數召入宮，令皇后諸貴人師事焉，號曰大家（音姑），永初中太后兄大將軍鄧騭以母憂上書乞身，太后不欲許以問昭，昭因上〈疏〉曰：

伏惟皇太后陛下躬盛德之美，納芻蕘之謀慮……多聞謙讓之風，德莫大焉，昔夷齊去國，天下服其廉焉，太伯違邠，孔子稱爲三讓，所以光昭令德，揚名於後世者也。《論語》曰：「能以禮讓爲國於從政乎何有」？今四舅深執（熟）忠孝，引身自退，而以方垂未靜，拒而不許，如後有毫耗（微過）加於今日，誠恐推讓之名，不可再得，自知言不足采，以示蟲螘（蟻）之心，太后從而許之。

乙、經文

《論語里仁篇》子曰：

能以禮讓爲國乎何有（言不難），不能以禮讓爲國如禮何？

《論語雍也篇》

季康子問仲由可使從政也與。子曰由也果於從政乎何有？曰賜也可使從政也與？曰，賜也達於從政乎何有？

按昭上〈疏〉引《論語》兩章之文而兼用之，極言禮讓治國之重要，此語至近而其理至大，其效至速，惜乎！後世不知深體之，今社會漫無綱紀，惟見暴慢乖迕，禮讓之風，已泯絕矣！

㈥引經以證己說

爲文者欲暢其辭說，申理已足而苦無根據，故引經以證成之此「不愆不忘，率由舊章」之訓（孟子）也。凡八則

第一則

甲、引文

〈郎顗傳第二十下〉

順帝陽嘉二年正月公車徵顗洒詣闕拜〈章〉曰：

方今時俗奢佚，淺恩薄義，夫救奢必於儉約；拯薄無若敦厚。……自頃繕理西苑，修復太學，宮殿官府，多所構飾，昔盤庚遷殷，去奢即儉，夏后卑室盡力致美，又魯人爲長府，閔子騫曰，「

仍舊貫何必改作」（長府魯之府名，仍，因也。貫，事也，言因舊事即可，何必更作）臣愚以爲諸所繕修事可省減，稟卹貧人，賑贍孤寡，此天之意也，仁之本也，儉之要也。

乙、經文

《論語先進篇》

魯人爲長府，閔子騫曰，仍舊貫如之何？何必改作？子曰，夫人不言，言必有中！

《論語泰伯篇》子曰：

禹，吾無閒然矣（無可非議）菲飲食而致孝乎鬼神，惡衣服而致美乎黻冕……。

按郎顗上〈章〉旨在匡正當時奢佚，務從儉約，故引《論語》「禹卑宮室」，閔子騫「仍舊貫不改作」之語以爲證，我國雅以勤儉立國，而今民風不變，日益奢侈，不知節省，此文正箴砭末俗之弊也。

第二則

甲、引文

〈張奮傳第二十五〉

和帝永元九年，以病罷在家上〈疏〉曰：

聖人所美，政道至要，本在禮樂，五經同歸而禮樂之用尤急，孔子曰，「安上治民，莫善於禮，移風易俗，莫善於樂」（孝經）又曰，「揖讓而治天下者，禮樂之謂也」（樂記），先王之道，禮樂可謂盛矣。孔子謂子夏曰，「禮以修外，樂以治內」（禮稽命徵）又曰，「禮樂不興，則刑罰不中，刑罰不中，則民無所措手足。」

乙、經文

《論語子路篇》子路曰：

衛君待子而爲政，子將奚先？子曰必也正名乎！子路曰，有是哉，子之迂也，奚其正？子曰，野哉！由也，君子於其所不知，蓋闕如也。名不正則言不順，言不順則事不成，事不成則禮樂不興，禮樂不興，則刑罰不中，刑罰不中，則民無所措手足……。

按張奮上〈疏〉，明禮樂本爲政之要道，此斷章取義。《論語》此段，本孔子推明「正名」之旨，爲《春秋》之大義，奮引以證己說，禮樂爲爲政之要道也。

第三則

甲、引文

〈班超傳第三十七〉

八年拜超爲將兵長史，遣衛尉李邑護送烏桓使者，李邑始到于闐，而值龜茲攻疏勒，恐懼不敢前，因上疏陳西域之功不可成。又盛毀超擁愛妻，抱愛子安樂外國，無內顧心。超聞之歎曰，「身非曾參而有三至之讒，恐見疑於當時。」遂去其妻，帝知超忠，乃切責邑曰，「縱超擁愛妻，抱愛子，思歸之士千餘人，何能盡與超同心乎？」令邑詣超受節度，若邑任在外者，便留與從事，超即遣邑將烏孫子還京師，徐幹謂超曰，「邑前親毀君，欲敗西域，何不緣詔書留之，更遣他吏送侍子乎？」超曰：

是何言之陋也？以邑毀超，故今遣之，内省不疚，何恤人之言（逸詩、禮義之不愆，何恤人之言）。

乙、經文

《論語顏淵篇》

司馬牛問君子？子曰，不憂不懼，曰，不憂不懼，斯謂之君子矣乎？子曰内省不疚，夫何憂何懼？

按班超引《論語》孔子之言以明問心無愧，不慮他人之言如何？按李邑雖毀超，超不記前嫌，以德報怨，可謂光明，寬容之君子。

第四則

甲、引文

〈黃瓊傳第五十一〉

時連有災異，瓊上〈書〉曰：

間者以來，卦位錯繆（易乾鑿度求卦主歲之術），寒燠相干，日暗月散，原之天意，殆不虛然？使近臣儒者參考政事，密問得失，臣前陳災眚，並薦光祿大夫樊英、太中大夫薛包、廣漢楊厚，未蒙御省，伏見處士巴郡黃錯，漢陽任棠，年皆耆耋，有作者七人之志，宜更見引致，助崇大化。……

乙、經文

《論語憲問篇》子曰：

賢者辟世，其次辟地。……子曰，作者七人矣（詳見前條）

按瓊上〈書〉引《論語》「作者七人」句，明所薦處士黃錯等如不蒙擢用，恐當隱遯而去，爲國惜才也。

第五則

甲、引文

〈荀爽傳第五十二〉

爽字慈明，幼而好學年十二，能通《春秋》《論語》太尉杜喬見而稱之曰可爲人師，爽遂耽思經書，徵命不應，延熹九年太常趙典舉爽至孝，拜郎中〈對策〉陳便宜曰：

臣聞之於師曰，漢爲火德，火生於水，水盛於火，故其德爲孝（火，木之子，夏，火之位，木至夏而盛，故爲孝《集解》）故漢制使天下誦《孝經》，選吏舉孝廉，夫喪親自盡，孝之終也。今公卿群僚，政教所瞻，而父母之喪，不得奔赴，夫仁義之行，自上而始；敦厚之俗，以應乎下，傳曰，「喪祭之禮闕，則人臣之恩薄，背死忘生者眾矣」（禮記經解）。曾子曰，「人未有自致者也必也親喪乎」（致，盡也，極也）。

乙、經文

《論語子張篇》曾子曰：吾聞諸夫子，人未有自致者也，必也親喪乎！

按爽〈對策〉力陳孝道之大，駁當時公卿有父母之喪，不得奔赴，違漢以孝治天下之本制，故引《論語》句以證之。

第六則

甲、引文

〈延篤傳第五十四〉

篤字叔堅少從潁川唐溪典受《左氏傳》，旬日，能誦之，典深敬焉，又從馬融受業，博通經傳及百家之言，桓帝以博士徵，轉議郎與朱穆邊韶共著作東觀，稍遷侍中，帝數問政事篤詭辭（不以實告人）密對，動依典義（經義）又徙京兆尹，其政用寬仁，憂恤民庶，擢用長者，郡中懽愛，三輔咨嗟焉，時人或疑仁孝前後之證，篤乃論之曰：

觀夫仁孝之辯，紛然異端。互引典文，代取事據，可謂篤論矣，夫人二致同源，總率百行，非夫銖兩輕重，必定前後之數也。如欲分其大較，體而名之，則孝在事親，仁施品物。施物，則功濟於時；事親，則德歸於己。於己，則事寡，濟民，則功多，推此以言，仁則遠矣！然物有出微而著，事有由隱而章。近取諸身，則耳有聽受之用，目有察見之明，足有致遠之勞，手有飾衛之功，功雖顯外，本之者心也；遠取諸物，則草木之生，始於萌芽，終於彌蔓，枝葉扶疏，榮華紛縟，末雖繁蔚，致之者根也。夫仁人之有孝，猶四體之有心腹，枝葉之有本根也。聖人知之，故曰，夫孝，天之經也，地之義也，人之行也（孝經）君子務本，本立而道生孝悌也者，其爲仁之本與，如必對其優劣，則仁以枝葉扶疏爲大，孝以心體本根爲先，本無訟也。

乙、經文

《論語學而篇》有子曰：

其爲人也孝弟而好犯上者鮮矣，不好犯上而好作亂者，未之有也。君子務本，本立而道生，孝弟也者，其爲仁之本與。

按《論語》言孝弟爲仁之本，延篤之意，仁孝不分前後（輕重）即無輕重先後之別，故引經文以孝弟爲人之本。人，當自孝弟以及人言之，博施而能濟衆，其施則由親始，則仁孝爲一本，不必爭訟也。《論語》此章末句，「其爲仁之本與」「仁」字。他本作「人」，「人，仁」古通，以「人」字爲愈。

第七則

甲、引文

〈延篤傳第五十四〉

前越嶲太守李文德素善於篤，時在京師謂公卿曰延叔堅（篤字）有王佐之才，奈何屈千里之足乎？欲令引進之，篤聞乃爲〈書〉止文德曰：

「夫道之將廢，所謂命也。」流聞乃欲相求還東觀，來命雖篤，所未敢當，吾嘗昧爽櫛梳，坐於客堂、朝，則誦義文之《易》，虞夏之《書》，歷公旦之典《禮》，覽仲尼之《春秋》，夕則消搖內階詠《詩》南軒，百家衆氏，投間而作，洋洋乎其盈耳也。渙爛兮其溢目也，紛紛欣欣兮其獨樂。

乙、經文

《論語憲問篇》

公伯寮愬子路於季孫，子服景伯以告。……子曰，道之將廢也與命也，公伯寮其如命何？

按延篤引經謂時不我與，儒學不見重於當時，命定也。喻己以覃思典籍，百氏以自樂，安之如命，不必強求也。

第八則

甲、引文

〈文苑列傳第七十六·張升傳〉

升字彥眞，少好學，多關（涉）覽而任情不羈，其意相合者，則傾身交結，不問貪賤；如乖其志好者，雖王公大人，終不屈從，常歎曰：「死生有命，富貴在天。」其有知我，雖胡越可親；苟不相識，從物何益？

乙、經文

《論語顏淵篇》

司馬牛憂曰，人皆有兄弟，我獨亡！子夏曰，商聞之矣，死生有命，富貴在天，君子敬而無失，與人恭而有禮，四海之內皆兄弟也，君子何患乎無兄弟也。

按張升任情自信，不肯委曲從人，不爲富貴而枉己，故引經文「死生有命」二句以證己見，子夏曰，「商聞之矣。」蓋聞之於孔子。《論語》記弟子之言，有聞之孔子者，每如是。

(七)發明經義

當時文士徧引群經固矣，而引《論語》者尤多，其中不乏發明經義之作，於經文有鉤深衍義之功，蓋不可多得者也，爲例有四則。

第一則

甲、引文

〈桓榮傳第二十七〉

論曰：

伏氏自東西京相襲爲名儒以取爵位，中興而桓氏尤盛。自榮至典，世宗其道，父子兄弟，代作帝師，受其業者皆至卿相，顯乎當世，孔子曰，古之學者爲己；今之學者爲人。爲人者憑譽以顯物；爲己者，因心以會道，桓榮之累世見宗，豈其爲己乎？

乙、經文

《論語憲問篇》子曰：

古之學者爲己；今之學者爲人。

按右二句《朱注》引程子曰，「爲己，欲得之於己也；爲人，欲見知於人也。」孟子亦有此意，故曰：「君子深造之以道，欲其得之也，自得之則居之安，居安則資之深。」（孟子離婁下），荀子曰：「古之學者爲己；今之學者爲人，君子之學也以美其身；小人之學也以爲禽犢」（楊注．禽犢．餽獻之物），劉師培曰，「即以學爲贄之謂」孟荀於爲己之學，均有說明。史臣引孔子者極言爲己之學，後人當勉力爲之，先有爲己之學，而後方能建爲人之功業，其發明經義，引史事爲例，至爲懇切也。

第二則

甲、引文

〈楊秉傳第四十四〉

秉字叔節，少傳父業，明《京氏易》博通書傳，常隱居教授，年四十餘，拜侍御史，出爲豫、荊、徐、兗四州刺史（二千石），計日受奉，餘祿不入私門，以廉節稱，桓帝即位，以明《尙書》徵入勸講，帝時微行，私過幸河南尹梁胤府舍，是日大風拔樹晝昏，秉因上〈疏〉諫曰

臣聞瑞由德至，災應事生，傳曰，福禍無門，唯人自召（左傳閔子壽之語）天不言語，以災異譴告，是以孔子迅雷風烈必有變動。

乙、經文

《論語鄉黨篇》：

迅雷風烈必變

按迅、疾也，烈、猛也，變者，所以敬天之怒（朱注）楊秉〈疏〉文曰：「必有變動」此釋經之義至明。

第三則

甲、引文

〈李燮傳第五十三〉

燮字德公，初（李）固既策罷，知不免禍乃遣三子歸鄉里，時燮年十三，姊文姬為同郡趙伯英妻，賢而有智，見二兄歸，具知事本，默然獨悲曰，「李氏滅矣。」密與二兄謀，豫藏匿燮，託言還京師，人咸信之，有頃難作，下郡收固三子，二兄受害，文姬乃告父門生王成，君執義先公，有古人之節，今委君以六尺之孤，李氏存滅，其在君矣！成將燮乘江東下，入徐州界內變名姓為酒家傭，而成賣卜，變從受業，專精經學，十餘年間，梁冀既誅，而災眚屢見，明年史官上言，宜有赦令，又當存錄大臣冤死子孫，大赦天下，求固後嗣，燮乃以本末告酒家，遂返鄉里，追服。姊弟相見，悲感傍人，戒燮曰「先公正直，為漢忠臣，梁冀肆虐，令吾宗祀血食將絕，今弟幸而得濟，豈非天邪？宜杜絕衆人，勿枉往來，愼勿一言加於梁氏，加梁氏，則禍連主上，禍重至矣！唯引咎而已」後徵拜議郎，在位廉方自守，所交皆舍短取長，好成人之美時潁川荀爽、賈彪雖俱知名，而不相能（友善），燮並交二子，情無適莫，世稱其平正。

乙、經文

《論語里仁篇》子曰：

君子之於天下（於天下事）也，無適也，無莫也，義之與比。

按經文「無適無莫」句，歷代解者至多，鄭康成適作敵（經傳適，敵通用例至多，不具）莫，音慕，無所貪羡也。（釋文引）《正義》謂，「敵，即仇敵之敵，無適無莫，義之與比，是言無好惡，得其正也。」此就事言。《白虎通諫諍篇》君所以不爲臣隱何？以爲君之於臣，無適無莫，義之與比，賞一善而衆臣勸，罰一惡而衆臣懼。」《風俗通十反篇》「蓋人君者，闢門開窗，號咷博求，得賢而賞，聞善而驚，無適也，無莫也。」皆就人言，「君子之於天下也」句，就人、事言皆可，人事雙涉，按《論語》「適莫」句，若以史事明之，其義渙然別白，傳文「荀爽、賈彪二人俱知名，而不相能，爕並交二子，無適無莫。」即無親疏厚薄之分，兩言而釋之耳。何等明切，此發明經義之大者。

第四則

甲、引文

〈列女傳卷七十四．曹世叔妻〉

曹世叔妻昭作女誡七篇，卑弱第一，夫婦第二，敬愼第三，其婦行第四，曰：

女有四行，一曰婦德，二曰婦言，三曰婦容，四曰婦功（禮記文）夫云婦德，不必才明絕異也；婦言不必辯口利辭也，婦容不必顏色美麗也；婦功，不必工巧過人也，清閒貞靜、守節整齊「行己有恥，」動靜有法，是謂婦德；擇辭而說，不道惡語，「時然後言，不厭於人。」是謂婦言；盥浣塵穢，服飾鮮潔，沐浴以時，身不垢辱，是謂婦容；專心紡績，不好戲笑，潔齊酒食，以奉賓客，是謂婦功。此四者，女人之大德，而不可乏之者也。然爲之甚易，唯在存心耳。古人有言，「仁遠乎哉？我欲仁，而仁斯至矣」，此之謂也。

乙、經文

《論語子路篇》

子貢問曰，何如斯可謂之士矣。子曰，行己有恥，使於四方，不辱君命，可謂士矣。

《論語憲問篇》

子問公叔文子（衛大夫公孫枝）於公明賈曰，信乎！夫子不言不笑不取乎？公明賈對曰，以告者過也，夫子時然後言，人不厭其言，樂然後笑，人不厭其笑，義然後取，人不厭其取子曰，其然，豈其然乎？

《論語述而篇》子曰：

仁遠乎哉？我欲仁，斯仁至矣。

按本則班昭引《論語》三章，「行己有恥」，以爲婦德。「時然後言」，以爲婦言，「時」者何？孔子曰「侍於君子有三愆，言未及之而言謂之躁；言及之而不言謂之隱；未見顏色而言謂之瞽（季氏篇）」

若不躁不隱，不瞽，則其時也。昭以爲四行爲之甚易唯存乎一心，故引「我欲仁，而仁斯至矣。」「唯在存心耳」，即用〈顏淵篇〉「爲仁由己，而由人乎哉」之語，所引即事引申，皆足以發明經義，而「行己有恥」不止婦女當執守，任何人皆不可或忘，「恥之於人大矣！」（孟子盡心上）孟子特深警世俗也。謹按東京文章，所以廣引《論語》者？有二，一、《論語》多言爲人之方。二、每示社會群際關係之原理，由修己而立人以善處社會群際，則人類和諧共存之境況必可預期矣。

附注

本篇所引，皆隨文注明出處，未加附注。

說文研究

前言

讀書以通經爲本，通經首須識字。清人程瑤田曰：「夫讀書之難，難在識字，弗知其字，弗善其辭也。韓昌黎稱凡爲文辭，宜先識字是也。」（程際盛說文引經考序）《說文解字》爲字形之書，爲解說文字之專著。文字含古文籀文小篆等字體，自倉頡古文，一變而爲史籀大篆，再變而爲李斯小篆，三變而爲程邈隸書。若非許書尚存，則其遞變之迹，殆無由考矣。《說文解字》十四篇，合序目爲十五篇，書以小篆爲主，兼取古籀，分爲五百四十部，以形相系，凡九千三百五十三字。推闡文字之源流，述制作之初義，以之爲經藝之本始，極於知化窮冥，其體用至大！爲漢以後傳世之古今第一部字書，藉以考見文字孳乳之迹，始一終亥，包羅萬有。傳世字書雖多，其能推溯古今文字之本原，發明六書之微恉，據以爲識字之管籥者，惟許書而已。俾漢以下能睹唐、虞三代周公、孔子之字，其功固不在禹之下。王鳴盛曰：「凡訓詁當以毛萇、孟、京、康成、服虔、何休爲宗；文字當以許氏爲宗。然必先究文字，後通訓詁，故《說文》爲天下第一種書，讀偏天下書，不讀《說文》，猶不讀也。但能通《說文》，餘書皆未讀，不可謂非通儒也。」陳澧說文解字正義序其推尊《說文》，可云至矣！自來言小學者，咸宗主之，良有以也。

本書取材宏博，愼以前字書，金石資料，經籍群書，方言諺語，凡文字之說解，莫不搜求，擇善而從，若〈倉頡篇〉五十五章，章六十字，收字三千五百，乃漢初小學家集體之作。〈訓纂篇〉八十九章，章六十字，凡五千三百四十字，此西漢末楊雄續〈倉頡篇〉之作，〈倉頡篇〉複字，雄已改易，〈倉頡篇〉，爲日用必需之字，六經中之字，十不得四五，古文籀文不在其內王國維考訂因之一般字書外，許惟有取之於古文經傳與史籀篇而已。以字形言，《說文》所收，以古文、籀文小篆爲主，奇字、即古文而異者，全書僅五字，書中古文，來自古文經傳，敘曰：「古文，孔子壁中書也。魯恭王壞孔子宅，而得《禮》、《記》、《尚書》、《春秋》、《論語》、《孝經》，又北平侯張蒼獻《春秋左氏傳》。」又曰「孔子書六經，左丘明述《春秋傳》，皆以古文。」此古文字形之來源。又曰「郡國往往於山川得鼎彝，其銘即前代之古文，皆自相似。」明許已注意於此，惟以壁中書爲主，標出古文五百一十字，而籀文來自史籀篇，標出籀文二百二十五字，至小篆、有引自秦刻石、杜林、司馬相如、楊雄之解說者，當出於〈倉頡〉、〈凡將〉、〈訓纂〉等篇，外此標明篆文，今字、或體、俗字，亦必爲篆文，全書字形蓋如此。

許君撰《說文》之目的，原爲讀古文經者導夫先路。以秦火之後，儒籍毀損殆盡，漢初伏生等耆老賴記憶口授先秦要籍，弟子以當時隸書寫定，於是有今文經之名。秦時民間冒死私藏，漢興除挾書之律，下令搜求遺書，先秦舊籍又復問世，新出之書，皆先秦古籀，故名「古文經」。今古文初本文字之異，後因篇章、師法各殊，從事學者，嚴立門戶，在位者專己之好惡，乃有政治學術參合之勢，而今古文之爭日烈！西漢今文經獨盛，東漢以後，古文經自民間崛起，遂有後來居上之勢。許君生於古文經全盛之時，承其師古學之緒，著《五經異義》一書，儼與今文經對立，許亟欲用戰國時古文寫古文經，當時通行隸書之東漢，自不易爲流俗所通讀，於古文經之流通，固極不利，且今文家攻詆古文以爲不足徵信，反以隸書爲古帝王之作，父子相承，不得更易，於是許遂搜集古文經之古文籀文並及小篆，纂爲《說文》一書，解其形構、語義、讀音，明古文經之文字，固有由來，「厥意可得而說」，確非「鄉壁虛造」。又以古文經傳，群書文字之訓詁，扼要解說，不僅爲讀古文經之便，實亦爲古文經之注疏，因之《說文》之作，自古學家反擊今文言，爲極具威力之利器。沖上表曰「今五經之道，昭炳光明，而文字者其本所由生，自《周禮》漢律，皆當學六書，貫通其意，恐巧說衺辭，使學者疑，愼博問通人，考之於逵，作《說文解字》，六藝群書之詁，皆訓其義，而天地鬼神，山川草木、鳥獸蚰蟲，襍物奇怪，王制禮儀，世間人事，莫不畢載。」沖所云五經之道，實指古文經而言。許之所以撰述《說文解字》，主以文字爲經藝之本，其最終目的，爲宣揚古文，以正經文，昌明經義而已，《說文》可據以考許君之經學，亦可資以考今古文之經義，於學術之價值，難以言擬矣。

許氏之書，存三代之遺文，而歷代傳抄衍奪在所不免，以今鉉本核之，則正文多於九千三百五十三文者，七十有八，重文多於一千一百六十三文者，百一十八，而說解則少於十三萬三千四百四十一文者，凡萬七百四十二，是說解奪漏，而正文重文中皆有孱附矣。由知說解之有增入，而正文重文之有奪落，自意中之事，然各書或有存逸，非亡則俱亡，而前人之徵引，亦每有偶存所逸者，苟參互而詳考之，固可還許書之舊，則有望於今之賢智矣。

一、作者

許愼，字叔重，汝南召陵（在今河南郾城縣）人。性淳篤，少博學經籍，馬融常推敬之。時人爲之語曰：「五經無雙許叔重」；爲郡功曹（惠棟曰：汝南先賢傳云：愼爲功曹奉上以篤義，率下以恭寬），舉孝廉，再遷，除洨長，卒於家。初，愼已五經傳說，臧否不同，於是撰爲《五經異議》，又作《說文解字》十四篇，皆傳於世。

《漢書·儒林傳》第六十九下

許愼生卒年月有二說：姜亮夫《歷代人物年里碑傳綜表》據陶方琦、諸可寶二氏之考訂，謂愼生於東漢建武六年（公元三〇年），卒於延光三年（公元一二四年）年九十五，而嚴可均據《說文解字·敘》寫作時爲永元十二年（公元一〇〇年）年不減於三十，推斷生於明帝永平元年（公元五十八年），又據後《漢書·西南夷·夜郎傳》載：「桓帝時，郡人尹珍，自以生於荒裔，不知禮義，乃從汝南許愼、應奉受經書圖緯。」以爲許愼之卒，當在桓帝初年（桓帝建光三年公元一四七年）年在八十以上，嚴說較爲可信。

許君奉詔校書東觀時，曾以《說文解字》教小黃門孟生、李嘉等（見其子沖所上《書》），顧所傳不廣，且文字未定（亦見沖書）及病篤，始遣子沖上之。

許君著作《五經異義》，宋時已佚，清儒輯佚，僅存百餘條，此外尚有《淮南子注》，見《隋書·經籍志》、《宋史·藝文志》：許慎注《淮南子》二十一卷。

二、成書

許君之爲此書，一曰：世人詭更正文，鄉壁虛造不可知之書。一曰：諸生競說字解經誼，稱秦之隸書爲倉頡時書。一曰：延尉說律，至以字斷法，皆不合孔氏古文，謬於史籀，恐巧說邪辭，使學者疑。於是據宣王太史籀大篆十五篇，丞相李斯〈倉頡篇〉，中車府令趙高〈爰歷篇〉，太史令胡毋敬〈博學篇〉，黃門侍郎楊雄〈訓纂篇〉諸書，又雜采孔子、楚莊王、韓非、左氏、淮南子、司馬相如、董仲舒、京房、衛宏等數十家之說，以成此書。其子沖上表云：「臣父太尉南閣祭酒慎本從逵受古學。」又云：「慎博問通人，考之於逵，作《說文解字》。」《說文解字·敘》，撰於東漢永元十二年（公元一〇〇年）此時初稿已成，次年逵卒，永初四年（公元一一四年）慎曾與劉珍、劉騊、馬融等五十餘人，在東觀校理五經、史傳等籍，至建光元年（公元一二一年）家居養病，方命子沖進呈《說文解字》云。

三、評價

《說文》集經學、訓詁、文字、聲韻等諸方面研究之總成績，學術價值，極爲崇高。顧炎武〈日知錄〉：「自隸書以來，其能發明六書之指，使三代之文尚存於今日，而得以識古人制作之本者，許叔重《說文》之功爲大。」錢大昕跋大徐本說文》曰：「自古文不傳於後世，士大夫所賴以考見六書之原流者，獨有許叔重《說文解字》一書。」

首言經學。《說文》爲探溯經義重要之資料。《說文》引經典古籍至多，敘曰：「其稱《易》孟氏，《書》孔氏，《詩》毛氏，《禮．周官》，《春秋左氏》，《論語》，《孝經》，皆古文也。」又曰「文字者，經藝之本，王政之始，前人所以垂後，後人所以識古」是許君之書曰《說文》、曰《解字》，皆所以通經也。書中引經文之處，經義、字義，相互證發。以經證字，亦即因字存經。許君之經學、實即寓於此書。《後漢書．儒林傳》載：時人爲之語曰：「五經無雙許叔重。」又謂：「初愼以五經臧否不同，譔爲《五經異義》，又作《說文解字》十四篇，皆傳於世。」是《異義》先作，《說文》晚成，《異議》兼採古文家之經說，《說文》所引雖以古文爲主，而亦不廢今文，兩書自爲表裏，惜《異義》久佚，清儒雖有輯佚，弗能備也。獨《說文》引經，全書具在，可據以考許君之經學，更可資以考今古文之經義，此《說文》之最高價值也。《敍》所偁孟氏《易》、孔氏《書》、古文《論語》、古文《孝經》，並已亡佚，咸可自《說文》所偁引者，考見其面目。即《毛詩》、《周禮》、《左傳》三書，今雖具存，歷經傳寫刻印，遠非漢時之舊，亦賴說文所偁引者，考正其譌誤。《敍》中言偁引者多爲古文經，唯孟氏《易》爲今文。今考《說文》引《詩》，有同部兩引，與《毛詩》一同一異者。如水部引「江有汜」，一作「江有洍」；有兩引俱與《毛詩》異者，如「桃之夭夭」，一作「桃之扶扶」，一作「桃之娱娱」；引《禮》，不盡出於《周官》，如觶、奠、哲、髮、麗、緡、醮七字所引，則出於《儀禮》，乃今文矣。引《春秋》、雖偁左氏，然品部器字、見部覞字、女部娟字，則明言所引者爲《公羊傳》。是今文經亦可據《說文》所引者，而考正之。不僅此也。《說文》所引，尚有《老子》、《墨子》、《韓非子》、《司馬法》、《孟子》、《山海經》、《楚辭》、《爾雅》、甘氏《星經》及孔子、董仲舒、司馬相如、杜林、楊雄、賈逵……等諸家說解，咸可以供校勘、輯佚、考證之用，其益至大。

次言訓詁

《說文》爲古義之總滙。六經文字，多用假借，《說文》解字必明本義。借義通行，本義日以晦塞。且不明本義，亦無以知假借之理，相沿既久，譌謬滋多，乃必然之勢。所謂本義者，即造字時之古義也。《說文》「殫」字下段《注》：「字各有本義，許書但言本義。」許書亦有說其本義而兼晐今義者，如「俄」字《說文》云「頃也」。段《注》「玉篇曰：『俄頃，須臾也。』《廣韻》曰『俄，速也』此今義也。尋今義之所由，以俄、頃皆偏側之意，小有偏側，爲時幾何？故因謂倏忽爲俄頃，許說其本義，以晐今義。凡讀許書，當心知其意矣。」《說文》雖或晐今義，但仍以本義爲主。亦有本義已晦，借義通行，自有說文，而後孰爲本義，孰爲借義，始黑白分明。如《說文》「[illegible]，古文鳳，象形。鳳飛，群鳥從以萬數，故以爲朋黨字。」由此知「朋」之本義、古義爲鳳凰之「鳳」，而朋友之「朋」，則爲借義，今義也。又《說文》「㕛，同志爲友。」證之以《周禮．注》：「同師爲朋，同志曰友」因知「朋」、「友」二字古義原有別，有時亦不可互用。一字之本義明，以之說經，而經義無不明矣。

次言文字

《說文》保存初文，可以探文字之本原，知文字孳乳之迹。《說文》分部之部首中多爲獨體之文，亦有合體之字，往者文字學家名部首曰「偏旁」，文字之孳乳，咸可於偏旁中求得其演變之迹，文字學家，每稱之爲「字原」，由偏旁以求字原始於唐、宋，唐李騰有〈字原〉一卷，宋釋夢英有〈偏旁字原〉一卷，元周伯琦有〈說文字原〉一卷（今其書尚存），至清有蔣騏昌之《五經文字偏旁考》，蔣和之〈說文字原表〉……等，至餘杭章君作〈文始〉，而初文之學大明，〈文始〉敘例云：「古文大篆雖殘缺，倉頡初文悉在許書也。」又曰「夫比合音義，稽撰倉雅，耆秀之士，作者多矣。及夫籀繹初文，傅以今字，□切而不可易者，若楚金以主爲燭，若膺以く爲涓，蓋不過一二事也。道泉窮流，以一形演爲數十，則莫知其微。余以顓固，粗聞德音，閔前修之未宏，傷膚受之多妄，獨欲浚抒流別，相其陰陽，於是刺取《說文》獨體，命以「初文」。其諸渻變（按如[illegible]之渻木爲渻，倒[illegible]爲七爲變）及合體象形、指事（如果爲合體象形，[illegible]爲合體指事）與聲具而形殘（如[illegible]从九聲，正猶無其字），若同體重複者（如二三从一積，艸、芔、茻皆屮積），謂之「準初文」，都五百十字。」《說文》存初文之迹，章氏從而綜集之，字原之學大明。

又《說文》存古籀之字，令後世略知古經古義者資之。《敘》曰：「及宣王太史籀著〈大篆〉十五篇，與古文或異，至孔子書六經，左丘明述《春秋傳》，皆以古文……及亡新居攝，頗改定古文，時有六書：一曰古文，孔子壁中書也；二曰奇字，即古文而異者也……壁中書者，魯恭王壞孔子宅，而得《禮記》、《尚書》、《春秋》、《論語》、《孝經》；又北平侯張蒼獻《春秋・左氏傳》；郡國亦往往於山川得鼎彝，其銘即前代之古文，皆自相似。」審《敘》意知籀文以前之文字皆爲古文，秦隸既作，浸失舊觀；至漢，可考見者僅壁中書，張蒼所獻《左傳》而已。許君時，大篆十五篇尙存九篇，今則史籀全佚，東漢所見九篇亦不存，惟賴《說文》得以見其涯略，清錢大昕即據《說文》考得群經古文三百餘字，陳壽祺撰《說文經字考》，而後群經古文始爲世所知。《說文》之保存籀文及經書古文者如此，其功可謂大矣。

次言聲韻

《說文》保存古音之資料。《說文》雖爲形書，然其說解則兼及形音義三者，形以表音，音以表義，三者密切而不可分。故由《說文》所載篆文、古、籀之形，而古音、古義亦可知。《說文》九千三百五十三字中，形聲字七千六百九十七。此百分之八十以上形聲字，取譬相成之聲，皆造字時之古音也。前人求古音於三百篇，以三百篇爲韻文，實僅能得古音之韻。而求古音於《說文》，《說文》形聲字之聲符，則兼有聲（發音）、韻（收音）與調（音高低），可以得古音之全。昔戴震與段玉裁《書》云：「諧聲字，半主義，半主聲。《說文》九千餘字，以義相統。今作諧聲表，若盡取而列之，使以聲相統，條貫而下，如譜系，則亦必傳之作也。」段取其意作《古音十七部諧聲表》；更令其弟子江沅深入探究之，成〈說文解字音均表〉。餘如張惠言之〈說文諧聲譜〉，陳立之〈說文諧聲孳生述〉，江有誥之〈諧聲表〉，嚴可均之〈說文聲類〉，錢塘之〈說文聲系〉，咸用此法，以求古音之統系，於是古音大明。《說文》所載重文，皆一字之異體，其中多形聲字之兩作，以其音同而聲符不同，即可以求古代聲韻分合之迹。如鬃重文作祊，可知彭、方古同聲，無重、輕唇之別也。又如球，重文作璆，即知求、璆古同韻，不似切韻之分在尤、蕭二部也。昔顧炎武〈唐韻正〉已知用《說文》重文以證古音之法矣，後來古音學家更習用之。《說文》標音，每用「讀若」之法。所謂「讀若」者，以當時（漢）之音比擬其字之讀法也，而古音與漢時之異同可得。《說文》又多音訓。古人制字，義寄於聲，聲即寓義，聲義同源，故同音之字義多通。同義之字音亦多通。如日訓爲實，即有實音；月訓爲闕，即有闕音，由此求之，而造字時之古意亦可得。據「讀若」與「音訓」之法，則《說文》中雖無聲字（即象形、指事、會意字）亦可即以求古音。於是求古音者必資說文。《說文》乃益爲世所重矣。至於「語根」，爲語言形式之基礎，亦可由說文中形聲字之聲符，上推得聲之由，推至最後，而「語根」得矣。沈兼士《右文說》云：「語根者，最初表示概念之音，爲語言形式之基礎；換言之，語根係構成語詞之要素，語詞係由語根漸次分化而成者。」語根以音爲體，當於其分化語之字音歸納綜合而求之，如「祐」从「右」聲，「右」，又從「又」得聲，推至最後，則「又」爲「字根」，即爲「語根」，但有時「字根」未必即爲「語根」，乃別有一字與此「字根」同音者，爲其語根；亦有同一「語根」，有時用多數「音符」表之者。（詳見沈氏《右文說》，載於中研院蔡元培先生六十五歲慶祝論文集）

音訓之字，如「天，顛也」；「日，實也」；「月，闕也」……等，皆可以推尋「語根」，蓋在上謂之顚，即謂之天；日形圓實，即謂之日；月形常闕，即謂之月；水之長流，象貫穿之形，即謂之川，音義相合，爲最初表示概念之音，皆可視爲「語根」今之語源學，每用語根推尋之，其重要可知。

末言說文寓哲理，窮天人之幾。

說文一書，畢載萬有，研幾天人之理，其分部始於「一」於「一」字曰：「惟初太極，道立於一，造分天地，化成萬物。」「道」，爲宇宙形上之實體，太極、一，又其別名。《老子》曰：「道生一，一生二，二生三，三生萬物。」《易繫傳》曰：「《易》有太極，是生兩儀，兩儀生四象，四象生八卦，八卦定吉凶，吉凶生大業。」「道立於一，造分天地」，即《易》之「太極生兩儀」，《老子》之「一生二也。」「化成萬物」，即《易》之「生大業」，《老子》之「三生萬物」也。天地之大本具，萬物化生之理以明。故後《敘》曰「以究萬原。」又曰「知化窮冥」，《易．繫傳》曰：「窮神知化，德之盛也」《說文》十篇下「大」字下曰：「天大地大，人亦大焉，象人形」言人與天地同其大，人爲天地靈秀之所鐘，人之地位益高，人性之尊嚴益顯，《易》列「人」於三才之中，人與天地參，中華人本思想之文化，光耀於全世界，《說文》於「一」字、「大」字二名之下言之尤爲賅切，餘勿庸贅，《說文》寓天人之理，窮萬化之原，其功可云至矣！

他如推知上古漢語之詞彙。今日詞彙較之上古已有極大之發展，欲知其間之差距變化，《說文》提供極佳之資料。如江河，《說文》：「江，水出蜀湔氐，徼外岷山，入海，从水，工聲。」河字，「河，水出焞煌塞外昆侖山，發原注海，从水，可聲。」前者指長江，後者指黃河，而今詞意，泛指一般江河。又如鼠：「鼠，穴蟲之總稱。」今已縮小專指老鼠一名。「錢，銚也。」本農具，春秋後作爲貨幣，今已泛指財貨。此爲轉移。而顆字云「顆，小頭也。」今引申爲小而圓之物，此類記載，於詞彙史之研究，極有裨益。又研究古代社會之資料。近代閩人程樹德，據《說文》所記之資料，考索上古至兩漢之逸史、風俗、制度得一百五十條，成〈說文稽古篇〉二卷，《說文》中史料，固不止此，即程氏所收說解之文字，足見古人生活之一部，如車部有「軒，曲輈藩車也。」「輜輧，衣車也。」「輕，輕車也。」「輣，樓車也。」「輔，兵車也。」「轈，兵車也。高如巢，以望敵也。」知漢以前制車之技藝矣。羊部載羊出生月份、性別、顏色等字至多，知古人重視畜牧。酉部記酒類之字至夥，明殷人好酒之說不誣，餘不煩列舉。

又創立偏旁分部法，開編纂字書之先河，據六書分類，以形旁爲部首，統攝字群，以簡御繁，此爲許氏之一大發明，固空前之舉。誠如玉裁所稱，「若網在綱，如裘挈領」。較之以往〈史籀〉、〈倉頡〉之雜亂無章，高明多矣。

四、清代許學專著錄要

今人專考治許學者無慮二百餘家，清儒重考證，故紅豆惠氏初斠許書，段玉裁、嚴可均、鈕樹玉、朱文藻、王筠等皆能參稽異同，啓發隱滯。至於箋疏全書，段氏之《說文·注》，桂氏之〈義證〉，王

氏之〈句讀〉，朱氏之〈通訓定聲〉，皆體大思精，深得許氏之意恉其中首推段氏

段玉裁說文解字注三十卷

段就小徐本《說文》，博稽群書以發明許義，鍇書非許氏原本，其中有爲後人竄改者、漏落者，失其次者，皆一一考而復之，先成〈六書音韻表〉，立十七部，以綜核古音，注中每字皆識明古音所屬，而形聲、讀若，皆可以十七部之遠近分合求之，於許氏著書之例，所以作書之指，詳予指陳。許書之要，在明文字之本義，然文辭簡古，猝不易曉，而歷代傳鈔，又多譌奪，加以後人妄肆穿鑿，許義因之日晦，玉裁於周、秦、兩漢之書，靡不閱讀，諸家小學之作，無不備覽，而能抉擇是非，積數十年之精力，專注說文，故能卓然成一家之言，王念孫嘗謂「其於許氏之說正義借義，知其典要，觀其會通，而引經與今本異者，不以本字廢借字，不以借字易本字，揆諸經義，例以本書，若合符節，而訓詁之道大明，訓詁聲音明而小學明，小學明而經學明，蓋千七百年來無此作矣。」段注爲具權威之注本。段先寫長編，後簡括成書，歷三十三年而作，論者咸以博大精深許之。段先據原書訓釋與《玉篇．集韻》及宋以前古籍所引《說文》之字句以校訂二徐本之是非，後再據其餘古籍以申訴許說，字義廣泛及有引申變化者，亦爲之闡明，有人嘗以莫友芝所藏唐寫本相較，段所增刪改訂，多與冥合，可見其識力之高，惟段好言字之本義，又改易篆文九十字，增加篆文二十四字，刪削篆文二十一字，或有失於武斷，因之後來「匡段」、「訂段」、「補段」、「申段」、「箋段」之作迭出，但段注能創通條例，以許證許，以聲音通訓詁，實爲讀許書至重要之導師，後來注家，無不爭先踵效矣。

與段注並稱之巨著，其旨趣則異，不似段之勇於論斷，惟臚列古籍，旁徵博引，於每字之下，或數義，或數十義，同條共貫，按系排列，展轉孳乳，令讀者觸類旁通，領會許說之精華，多不下己意，於二徐之譌誤，亦有所訂正，重點是以群經之義與許說相疏證，故曰「義證」，此書卷帙浩繁，極有參考價值。

王筠說文句讀

此書最便初學，主要摘集段玉裁、桂馥、嚴可均三家中認爲可信之說，於群書中錄其所未備者，博觀約取，薈萃衆說，參以己見而成。要言不煩，明白洞達，不作模稜兩可之說，初學者易於遵循。訂段、正許之處不少，書末附錄蔣和之「〈說文部首表〉」，嚴可均之「〈許君愼事蹟考〉」及「〈說文校議通論〉、徐鍇之〈系述〉、徐鉉〈校定說文序〉」、徐鍇「〈校定說文序〉」、進「〈說文表〉」等，爲研究漢字極有用之資料。

王筠說文釋例

不以部首爲序次，而以問題爲中心之解釋六書條例之專著。以五十四例之闡述，綜合分析《說文》之有關問題，據許書而證以金文，求文字之源，明文字之用，並推及引經、引諺、讀若諸例，更推出《說文》傳本之奪衍處，爲一空前人倚傍、富有創見之作，曾讀《說文》及注本之人，再讀此書，必於許書有更深入之理解。

朱駿聲說文通訓定聲

朱以江沅「〈說文解字音韻表〉」、段玉裁「〈說文解字注〉為基，綜合揚州學派各家學說編纂而成此書，解散五百四十部部首之編排，以聲為綱，分為十八韻部、收字、除許書外，復將經史子所見均予收入，共計一萬七千二百四十字，軼出許書之數，以聲為經，於瞭解聲義相通之理有助，朱氏大量搜集經史子傳之注疏，貫穿字義，明假借轉注訓詁之原，於古籍之了解，至為容易，朱氏釋字義時分三部份：一、於許之釋（有時訂正）作為本義。二、是轉注即引申義。三、是假借，即與本義無關者只依聲託字而已。如此，經音義之關係，指文字之通假正別，於文字音韻訓詁之研究，均有卓越之貢獻。一九八二年丁福保為便於後人研究《說文》各家之說，收集二徐以下二百餘家各類著述，於每字之下，羅列衆說，名曰「《說文解字詁林》」後又作〈補遺〉，共千餘卷，又輯「〈說文目錄〉」，頗便檢索之用。

至於檢字之工具書，清人黎永椿之《說文通檢》，史恩綿之《說文》易檢，均切實用。

五、傳本

許君奉詔校書東觀時，曾以《說文解字》教小黃門孟生、李喜等，顧所傳不廣，文字亦未定。及病篤，始遣子沖上之，此是《說文解字》之定本，其本今則不得見矣。魏晉以來，撰字書者，多以《說文》為藍本，而略加增改，如晉呂忱之〈字林〉，分部亦五百四十，依《說文》，惟字數增為一萬二千八百二十四字。自漢至隋之字書，據《隋書．經籍志》所載，凡百零五部，多亡佚，尚存於今日者，除《說文》外，尚有梁顧野王之〈玉篇〉，惟今日所見之〈玉篇〉，已非顧野王之舊，惟日本所出之〈玉篇〉零卷，確爲顧氏原書，其中說解引《說文》者凡一千四十二字，顧氏所引，自是梁時所見之傳本，遠爲近古。唐初，《說文》已爲世人所重。陸德明撰《經典釋文》，虞世南撰《北堂書鈔》，歐陽詢撰《藝文類聚》，李善撰《文選注》，釋玄應撰《一切經音義》，皆引用《說文》，稍後，季賢撰《後漢書注》，司馬貞撰《史記索隱》，徐堅撰《初學記》，白居易撰《白氏六帖事類集》，釋慧琳撰《一切經音義》，無不引用《說文》。可見《說文》傳本之多。《說文》既經展轉鈔寫，不免於譌誤，於是李陽冰又刊定《說文》，隋以前說文原爲十五卷，陽冰改分爲三十卷，此唐時《說文》之新本也。南唐至宋又有二徐本說文。徐鍇撰《說文解字繫傳》四十卷，其中《通釋》三十卷，即依李陽冰所改定者，中《袪妄》一卷，斥李之失，惜及世早，未及入宋，兄鉉仕宋，奉詔校《說文》，世稱大徐本，而稱《繫傳》爲小徐本，二徐皆據李陽冰刊定之本，今傳二徐本，亦非其舊，即以小徐本言，元黃公紹《古今韻會》所引特多。可據以校補者甚衆，然《韻會》又經熊忠增益，有分韻兩收之字互見爲大小徐本者，有兩引鍇說而繁簡互異者，則據《韻會》以校小徐本，亦未必能復小徐之舊，更遑論復許君之舊乎，再以大徐本論，其訓解多引鍇說，而鍇自引經，鉉或誤爲許注；又諧聲、會意之字，與鍇亦多異同；今觀其本，凡九千四百三十一文，較許君所稱「九千三百五十三」文增出七十八文，重文凡千二百七十九，較許君所稱「重一千一百六十三」，增多百一十六文，說解凡十二萬二千六百九十九，較許「凡十三萬三千四百四十一字」，減少萬七百四十二字，篆文較原數爲多，說解較原數爲少，其書迭經後人增刪，遠非許書原貌。然論《說文》之刻本，固莫有早於二徐者。

明清之際，常熟毛晉及其子扆依宋刻始一終亥小字本，以大字雕版印行，許書原部次始復爲人所知，大徐本乃重見於世，此即汲古閣本也。至於小徐本《說文繫傳》，壽陽祁寯藻訪得顧廣圻家影印宋鈔本，重刊問世，今世所通行者，即此本也。《說文》最早之刊本出於宋，後世傳本皆自宋出，考《說文》之傳本，必以宋本爲先。

今存傳本，應以唐寫本，宋刻本爲最早，唐寫本有二：一爲「木部殘本」，存字一百八十八，約爲全書五十分之一，爲清人莫友芝所藏，爲中唐人寫本，收入《詁林》中；另一爲「口部殘簡」，僅存十二字，是唐宋間日人摹本，較近原本。

唐人類書多引《說文》可據以考訂《說文》原本。

唐人類書存於今者，有虞世南《北堂書鈔》，歐陽詢《藝文類聚》，徐堅《初學記》，白居易《白氏六帖事類集》四種。綜計《北堂書鈔》引《說文》者五十六字，《藝文類聚》引《說文》者百二十五字；《初學記》引《說文》者百九十五字；《白氏六帖事類集》引《說文》者二十六字，而《初學記》引載《說文敍》一則，尤足資校定之用。

今以北堂書鈔為例

卷一百五十五「膢」字下引《說文》云：「楚俗十二月祭飲食也，一曰，嘗新穀，食新曰貙膢。」小徐本作「楚俗以二月祭飲食也。一日，祈穀食新日膢。」大徐本作「楚俗以二月祭飲食也。一日，祈穀食新日離膢。」應劭《風俗通義》卷八「膢」字條云：「謹按：《韓子》書『山居谷汲者樓臘而買水。』楚俗常以十二月買水祭飲食也。又日『嘗新，始殺也。食新日貙膢。』」應書作「十二月」，與唐初《說文》傳本同，是二徐本之「以」，當爲「十」之誤！嘗新穀，當在秋收以後，「十二月」，正其時矣，若至二月，則爲時已久，「冬至後三戌臘祭百神」說文臘字解其時正在十二月，故舊稱十二月爲臘月，《韓非子》五蠹篇「山居谷汲者膢臘而買水。」膢臘者，言十二月以酒肉供百神之祭也。十二月天寒水枯，山居谷汲者乃不得不買水以應急需，此亦可以證《說文》「膢」字說解以作「十二月」爲是。至一說食新日「貙膢」。則以漢時立秋有貙膢之祭。漢〈武帝紀〉「樓日祠門戶比臘」《注》：蘇林日：「貙，虎屬，常以立秋日祭獸；王者亦以此日出獵，還以祭宗廟，故有貙膢之祭也」小徐不識「貙膢」之義，誤刪「貙」字，大徐習聞《孟子．離婁》之詞，增一「離」字則更誤矣，不得《北堂書鈔》引唐初《說文》傳本，何由正之？

藝文類聚

卷一百「螟」下引《說文》日：「螟，蟲食穀心。吏冥冥犯法，即生螟。」二徐本「螟」下云：「蟲食穀葉者。吏冥冥犯法，即生螟。」按《爾雅．釋蟲》云「食苗心，螟；食葉，蟘；食節，賊；食根，蟊。」可見《藝文類聚》所引者是也。二徐本以「心」爲「葉」，則以螟爲「蟘」矣。又如《藝文類聚》卷十九，「吟」下引說文云：「吟，歎也。」二徐本「吟」下云：「呻也。」按〈食頡篇〉云：

「吟，歎也。」此蓋爲許君之所本。《說文》欠部云：「歎，吟也。」古本《說文》蓋以「吟」「歎」互訓。二徐本以「呻吟」爲聯緜詞，以「呻」、「吟」互訓，當爲漢人所改，舉此二例，則《藝文類聚》所引《說文》之傳本，有裨於二徐本之訂正者可知矣。

初學記

卷十三，「祭祀」下引《說文》曰：「以類祭神爲禷。」二徐本《說文》，「禷」下云：「以事類祭天神。」《藝文類聚》卷三十八祭祀下引《說文》曰：「以事類祭神曰禷。」《初學記》成於玄宗時，較《藝文類聚》爲晚，所引《說文》頗有異同，《初學記》較《藝文類聚》「類」上脫「事」字，且改曰作「爲」，是二書所引之傳本有異也。二徐本言「事類」與《藝文類聚》所引者同，可見原書本有「事」字，惟「神」上增「天」字，與二書所引者不同，又下無「曰禷」，與「爲禷」亦不同。按《周禮》卷十九〈小宗伯〉：「凡天地之大裁，類社稷宗廟，則爲位。」此類即「禷」字社稷所祀者地神，宗廟所祀者人鬼，則禷祭並不限於天神矣，因以知二徐本增「天」字者，實不若《藝文類聚》，《初學記》二書所引說文傳本之善。至於「以事類祭天神」一句，語氣似未完足，原本當有「曰禷」二字，傳鈔者又或改作「爲禷」，此《藝文類聚》與《初學記》二書引《說文》之所以異也。又《藝文類聚》卷二，「雷」下引《說文》曰：「雷霆餘聲鈴鈴，所以挺出萬物也。」《初學記》卷一，「雷」下引說文曰：「霆，雷餘聲鈴鈴，所以挺出萬物。」二徐本「霆」下云：「雷餘聲也。銓鈴，所以挺出萬物。」按以《初學記》與《藝文類聚》相校，「雷」下脫「霆」字，以「鈴鈴」易「鈴鈴」，萬物下又脫「也」字，可見二徐所引《說文》傳本之不同。《漢書·天文志》：「地大動，鈴鈴然。」「鈴鈴」爲雷動聲，以之易「鈐鈐」是也。然《藝文類聚》所引「雷」下有「霆」字，「萬物」下有「也」字，語氣條暢，疑原本當如此。《初學記》所引本刪「也」字，已覺氣促；二徐本以「也」字置「餘聲」下，而以「鈴鈴」屬下讀，則更不成文理矣。今僅以《初學記》而言，其可以訂正二徐本者亦甚多。如《初學記》卷二十二「鞭」下云「鞭、策箠，皆馬楇之名，《說文》所謂『驅遲者也』」。二徐本「鞭」下云「驅也。」當脫「遲者」二字。《國語·晉語》「左執鞭弭」韋昭《注》云「鞭，所以擊馬。」即《初學記》所謂「馬楇」也，乃實物之名，馬行遲，則以鞭驅之，故曰「驅遲者也」。若訓「驅也」，則「鞭」爲動詞，而「驅」不足以盡「鞭」之義，故不若《初學記》所引《說文》傳本之善。又如《初學記》卷二十八「梨」下引《說文》曰：「梨，果也。」二徐本「梨」下云：「果名。」按《說文》通例，惟總名始言「名」，以下文「杏，果也」，「柰，果也」；「李，果也」；「桃，果也」例之，則「梨」下言「果名」者非也。當從《初學記》所引《說文》之傳本爲是。

白氏六帖事類集

卷二十八「象」下引《說文》云：「三歲一乳」，《初學記》卷二十九。「象」下引《說文》云「象，長鼻牙，南越之大獸，三歲一乳，象身四足而大。」然二徐本「象」下曰：「長鼻牙，南越大獸，三年一乳，象耳牙四足之形。」按《白氏六帖事類集》係節引《說文》作「三歲一乳」與《初學記》所引同，蓋本於《初學記》（《白氏六帖記》之編成，距《初學記》最近），或所據者爲同一本。《說文》通常用「歲」字，如閏下云「五歲再閏」，「蓍」下云「生千歲」，「秫」下云「二歲牛」，「 」下云「三歲牛」，「牲」下云「四歲牛」，「齔」下云「男八歲而齔」，「䍦」下云「羊未卒歲也」。……若此之類，皆作「歲」，不作「年」，不應於「象」下之說解獨用「年」，由知《初學記》及《白氏六帖事類集》所引者是也。

唐人音義書引《說文》者，今存以陸德明《經典釋文》、玄應《一切經音義》及慧琳《一切經音義》三書爲最早。陸德明，吳縣人，原名元朗，以字行，善名理，歷仕陳、隋、唐高祖時爲國子博士，年輩與虞世南、歐陽詢正同，皆唐初著名學者。釋玄應，太宗貞觀末年爲大慈恩與經法師，年輩後於陸德明，所著《一切經音義》，論者謂可與《經典釋文》抗行。釋慧琳，疏勒國人，姓裴氏通內外學，尤精訓詁，玄宗開元中住京師西明寺，所著《一切經音義》，較玄應爲詳博，其時較徐堅之初學記稍後，此三人所著音義書，引用《說文》之傳本，皆在初、盛唐時，自較二徐本爲早，可訂二徐本者至多。

〈經典釋文〉引《說文》者七四六條。如《周易．姤卦》初六「繫于金柅」，《釋文》於「柅」下云《說文》作檷，云『絡絲趺也，讀若昵。』」此言《說文》用《易》孟氏（《說文敘》），與王弼本異也。今二徐本「檷」下云：「絡絲檷，从木，爾聲，讀若柅。」按小徐本云：「臣鍇按：字書『絡絲柎也』；柎，足也。』」柎與趺同意通叚，則《釋文》所引爲近古也。又《詩．國風．召南．甘棠》「召伯所茇」，《釋文》於「茇」下云：「《說文》作废，云『草舍也』。」按此言《說文》引《詩》用毛氏，與今本《毛詩》異也。今二徐本「废」下云「舍也。《詩》曰『召伯所废。』」引《詩》正作「废」，不作「廢」、《說文》艸部亦有「茇」字，訓爲「艸根」，與「舍」字之義甚遠。鄭《箋》云「茇（疑原亦作「废」後人因「草舍」之訓而改從艸），草舍也。」與《釋文》所引《說文》之訓解正同。疑《說文》「舍」上原有「草」字，故鄭君訓與之同，後人見其引詩，作動詞「舍止」用，不作名詞「草舍」用，因刪去「草」字，其實「废」字从「广」，其本義自是「草舍」引詩則用其引申義。又《左》昭二十六年《傳》「秦人降妖」，《釋文》於「降妖」下云「《說文》云『衣服歌謠草木之怪謂之妖。』」《釋文》兩引《說文》皆有此語，當係其所見說文傳本確爲如此。二徐本於「祅」字下云：「地反物爲祅也」。而無「衣服歌謠草木之怪謂之祅」一語。按「地反物爲妖」，爲晉伯宗論伐酆舒之語，見《左》宣十五年傳。疑《說文》原本當作「衣服歌謠草木之怪謂之祅。《春秋傳》曰：『地反物爲祅。』」二徐本既脫上句，復以引《左傳》之語，逕以爲許君之說解，而又妄加「也」字，使非《釋文》明引《左傳》及《說文》，吾人又安知其說解之有缺脫耶？《釋文》之引說文可供吾人補正二徐本者，類多如此。

玄應一切經音義。共引說文二四六一條。

〈一切經音卷〉九〈大智度論〉第四十三卷「牝牡」注引《說文》云「畜母也，雌也。」又引《說文》云「畜父也，雄也。」按上引《說文》訓「牝」字，下引《說文》訓「牡」字，卷十六鼻奈耶律第四卷「牝牡」注引《說文》云「畜母也，雌也。」又引《說文》云「畜父也，雄也。」與大智度論注同。

屢引《說文》以釋「牝牡」，皆以雌、雄重申其義，慧琳《一切經音義》卷四十六大智度論第四十三卷「牝牡」注引《說文》與玄應書全同。此以雌雄重申牝牡之義，必非偶然爲之，蓋《說文》之古本如此。

慧琳《一切經音義》、引《說文》者一二二四〇條，群書引《說文》以此爲最富，卷九道行般若經第十卷「有桴」注云「案古文官書『枹』、『桴』二字同體，扶鳩反謂鼓椎也。《說文》『桴，擊鼓柄也。』」卷七十三《成實論》第四卷「鼓桴」注：「按詔定古文官書『枹』，『桴』二字同體，音扶鳩反，鼓椎也。《說文》『枹，擊鼓柄也』」古文官書東漢初年衛宏奉詔撰定，是「枹」與「桴」並行已久，許君撰《說文》，則用「枹」字，由慧琳書卷七十三所引可以爲證，至於卷九引《說文》作「桴」者，字從經文，而說解用許也。慧琳書引《說文》「枹」字凡六次，皆作「擊鼓柄也」與唐寫本木部殘本及《六選》王元長《曲水詩序》「稀鳴桴於砥路」李善《注》引《說文》並同。可知唐人所見《說文》傳本皆如此。二徐本於「枹」下並云「擊鼓杖也」。「杖」字自是「柄」字之誤。「杖」，手持以拄身，非用以擊鼓「杖」長而「柄」短，固自有別。

南朝顧王《玉篇》

野王，字希馮，吳人。七歲讀五經，九歲能屬文，長而博觀經史，精記默識，其著述之傳世者，以《玉篇》爲最著，立五百四十二部（多二部）所收之字較《說文》九三五三字，已增出七五六四字，其徵引《說文》者特多，今所見已非顧氏原本，幸東瀛尚藏有寫本《玉篇．零卷》，此卷所引《說文》

千四十三字，其中字體漫漶者四字，編卷斷爛者十一字，不能辨其與二徐本之異同，其餘千二十八字，猶可略見梁時《說文》傳本之面貌。如糸部「絛」字下二徐本訓「扁緒也」按「扁緒」二字不辭。〈急就篇〉三：「承塵戶帖絛繢總。」顏師古注：「絛，一名偏諸，織絲縷爲之。」《漢書・賈誼傳》：「今民賣僮者，爲之繡衣絲履偏諸緣。」服虔《注》：「偏諸，如牙絛以作履緣。」《說文通訓定聲》曰：「扁，假借爲偏。」蓋古作「扁諸」後人乃書爲「偏諸」耳。二徐本「扁緒」當是「扁諸」之誤。《玉篇零卷》糸部「絛」字下引《說文》云「扁諸也。」又「緁」字下引「漢書：『緁以扁諸。』晉灼曰：『以扁諸縫著衣也。』」並可爲證。此二徐本中字，因形近而譌，可據玉篇零卷以正之也。

又如言部「誣」字，二徐本訓爲「加也」。玄應《一切經音義》卷十五五分律第六卷「誣說」注，卷十一中阿含經第四十六卷「誣謗」注，引《說文》，並作「加言也」；慧琳《一切經音義》卷五十一掌球論上卷「誣罔」注，卷五十八五分律第六卷「誣說」注引《說文》亦並訓爲「加言」；是唐人所見《說文》傳本「加」下原有「言」字。《玉篇零卷》「誣」字下引《說文》，正作「加言也」。可見古本如此，二徐本誤奪「言」字也。

今探索《說文》原本之面目，必自二徐本始，今所傳《說文》皆二徐本也。小徐本完成於南唐，大徐本校刊於北宋，小徐本在前，大徐本在後；大徐本屢引鍇說，小徐本誤者，大徐本亦沿其誤，可知大徐實以小徐之書爲底本，而後參稽他本更下己說，故欲探《說文》原本之面目，小徐本實勝於大徐本，以其本校古也，二徐本中所列篆文有無譌脫，所存說解是否正確，是則非驗之唐人寫本及唐以前人引用《說文》者，不能得其眞象。由前述可知唐人及南北朝人所見《說文》傳本，其足以校正二徐本，恢復《說文》之原貌者至多。特古書之展轉傳寫，增湆譌脫，在所不免；音義注釋之書，重在明其文義，其所徵引，或不拘原文，或不限一本，甚難確定其字句；惟類書、字書所引、多採原文，而亦不能免於譌誤，故採用唐人寫本及唐以前人引用《說文》，以進窺《說文》之原貌者，去取之間，頗費斟酌，在人善自裁擇耳。

六、部　首

《說文解字》十四篇，偏旁凡五百四十部，以母統子，次第相生，八千八百一十三字，皆從此出，故偏旁者，一切文字之原也。六書之本，舍此無可求者。研究文字討論字之本義時，即以此爲依據，部首與字之本義關係密切，如唐之林罕，宋之夢瑛，元之周伯琦，清之蔣和、吳玉搢等教人治《說文》均主先掌握部首至爲正確，許君於漢字中發現若干形旁相同，乃類形旁相同之字爲一部，立一字以統屬其字群，歸納爲五百四十部，按次排比，特立部首，此爲開創全書十五篇，收字九千三百五十三，攝於五百四十部，若網在綱，有條不紊，部次循漢人陰陽五行之說，始一終亥，條例：據形系聯者多，如第一篇一、二、示、三、王是；亦有以義爲次者：如第八篇三十餘部多與身體有關，十四篇多爲干支字。其中亦有形、義不近，如第四篇鳥部之後爲華、冓、玄，鳥與華，冓與玄，形義皆不相涉，全書雖有一定系統，實難以貫徹，至同一部首之次，大致以類相從，如金部之銀、鐐、鋈，均以白銀爲釋，又鐲、鈴、鉦、鐃、鐸、鎛、鏞、鐘、鈁等，均爲考擊之樂器，如此排列，易識易檢，《敘》云「今敘篆文，合以古籀。」明謂說解者爲篆文，實則篆文與古文、籀文結構相合，則出篆文，而古、籀自在其內，固不能謂只以篆文爲主，如其不合，再另出古、籀之形，加以說明，亦有先列古籀，而附篆文於後，如「上」字然，有或體者，則附正文解說之下，後敘云：「其建首也，立一爲耑，方以類聚，物以群分，同條牽屬，共理相貫，襍而不越，據形系聯，引而申之，㠯究萬原，畢終於亥知化窮冥。」信然。

許君所立之部有當刪者如：谷部所屬僅「丙」字，谷訓口上阿，而「丙」，訓舌皃，音他念切，周伯琦、孔廣居、陳壽祺皆謂即餂字，乃象舌出之形，則爲舔之初文，不從谷省，谷無所屬，當隸口部，而谷部宜刪矣。又包部所屬僅胞匏二字，胞爲包之俗字，無竢說明，匏訓瓠也，當從瓠省，包聲，宜入瓠部，而包從巳，有以勹之，當入巳部是「包」部可刪也。又茍部所屬僅一敬字，敬訓肅者，憼字義也。敬爲儆之初文，從攴茍聲，敬音見紐與茍同音，則敬從茍得聲無疑，當迻攴部，茍從口、羊聲，篆作茍者，由甲文羊字作  而變，不從包省，羊音喻紐，茍得聲於羊，而音屬喻紐，由深喉轉爲淺喉耳。茍當入口部，而茍部可刪也。句部所屬僅拘笱鉤三字，拘訓止也，知義從手出，以句爲聲，當入手部，曲竹爲笱，曲金爲鉤，重在金竹，當入金竹之部，句訓曲也，義出於丩，故朱駿聲、謝彥華皆謂從丩口聲，宜入丩部，而句部可刪矣。有當增入之部，如：臼下曰古者掘地爲臼，象形，中象米也。是凵爲象掘地而陷之形。臽下曰小阱也，從人在臼上。甲文䕭字作 ，從牛在  中， 即

坑耳，象坑中有土，似臼而非臼，凶下曰象地穿，交陷其中也。凵象阬形。凶從凵，乂象凵中交裂穿陷之形。𠙴亦從凵從土，明凵中之土，所以爲墣，然則凵，即阬阱之初文，是宜增凵部，而臽𠙴諸文屬之。又舄之篆文作雔，自可先雔而後舄，入之隹部，與鳳入鳥部同。必以舄爲象形之初文，則字不從鳥。當如⿱吅豕燕之自爲部首。焉字亦然。且焉下曰凡字朋，羽蟲之屬，烏者，日中之禽，舄者，知太歲之所在，燕者，請子之候，作巢避戊己，所貴者，故皆象形，焉亦然也。此固許語邪？則當先乙而後鳳，又當如舄之雖有篆文作雔而不入隹部，說者謂烏舄焉形之半同，故合之，此不可通之說，疑許本各爲部，而後人妄合之，不然，則宜⿱敄方爲三部，當增舄焉二部矣，以上迻錄馬敍倫《說文解字研究法》。

三國志的史觀

一、前　言

歷史是我們祖先的生活實錄，仰賴他們的智慧及其生存經驗留給後代子孫，知道善用自己的能力以改善生活環境，增進幸福快樂，此是我中華民族一頁頁長達五千年人文發展的歷程。因為一切知識和學問都是起源於人類的求生存，知識、學問乃人類適應環境的一種自然工具。歷史便是紀錄人類生存生活的實錄。《尚書多士篇》說：「惟爾殷先人有冊有典，殷革夏命。」冊典是書籍，這明殷代已有歷史的紀載。從孔子刪書斷自唐虞，司馬遷作史記，首紀五帝，《尚書》為中國記言的史書，《春秋》是記事的史書，《尚書》和《春秋》，亦經亦史，而我國正史二十四部卻首起太史公的《史記》，史部的冠冕之作，古今威推四史，即《史記》、《漢書》、《後漢書》、《三國志》。勿論史事、史法，四史永遠是史部中傑出的作品。《三國志》向與史漢並稱，媲美班馬，為後代史部的表率，後世所一致肯定。《三國志》作者陳承祚先生，是蜀中先賢，鄉邦耆彥，據《晉書本傳》稱：「蜀平除著作郎，撰魏蜀吳三國志凡六十五篇，時人稱其善敘事有良史之才，梁州尚書范頵曰：「按《三國志》辭多勸戒，明乎得失，有益風化。」傳稱承祚有良史之才，范頵所按：「辭多勸戒，明乎得失，有益風化。」當爲史部最高的評價！唐劉知幾提出史家須具才、學、識三要件，章學誠更益以史德，此後史家無不以上四者奉爲金科玉律，而《三國志》則兼而有之。上繼《春秋》，下開萬葉以降。裴松之上《表》謂：「《三國志》事關漢晉，首尾所涉，出入百載。」足證《三國志》在承先啓後的歷史使命中實掌握了樞要的地位。今即一、史體制的認定。二、歷史意義和精神。三、歷史識鑒。四、作史目的。五、正統檢討等目以析論《三國志》的史觀，分次於下：

一、史體制的認定

我國史部以《尚書》、《春秋》爲最早《尚書》有典、謨、誓、誥之別，爲記言之史；《春秋》則爲編年的史書，以四時十二月統各國史事，太史公作《史記》，首創紀傳體。後世史部，大別不外編年、紀傳二大類，再後乃有紀事本末、雜史，地方志諸目，而編年和紀傳遂永爲後世公認的體制。《三國志》承史漢之後分魏蜀吳三志，餘皆以紀傳爲體，以人爲綱，舉其姓名而不題「傳」字，如卷二十一王粲、徐幹等合傳，則文苑之比；卷二十九（皆在魏志）華佗、管輅等則是方伎之比，國志惟有單傳、合傳二者，合傳則以類相從耳，此《三國志》對史體的認定。

三、歷史意義和精神

歷史的意義和精神，非常重要！一個人在生前不管他如何暴戾，如何跋扈，死後必難逃歷史的裁定，善惡是非，正義邪穢，史家自有公斷，這便是價值觀念，亦可謂道德層次。故作史者對於歷史人物如何鑑定，必具有公正的心術，章學誠先生在《文史通義內篇五．史德》中說：「才、學、識三者得一不易，而兼三尤難，千古多文人而少良史，職是故也。昔劉子玄蓋以是說謂足盡其理矣，雖然史所貴者義也，而所具者事也，所憑者文也。……能具史識者必知史德，德者何，謂著書者之心術也。」章氏謂史家於才、學、識之外，宜更具史德，然後對於某人某事能加以抉擇，從而賦予價值裁斷及歷史意義，此則屬於史德的範疇。在此範疇內方能表達出史家的學養識見與人格道德。孟子對孔子作《春秋》之目的及其作用，有極明確的說明，他說：「世衰道微，邪說暴行有作，臣弒其君者有之，子弒其父者有之，孔子懼作《春秋》，《春秋》天子之事也。是故孔子曰知我者其惟《春秋》乎。罪我者其惟《春秋》乎。孔子成《春秋》而亂臣賊子懼。」《孟子滕文公下》。按孟子所述孔子作《春秋》之目的與作用，實具有維護倫理道德、禮法文化，甚至社會秩序、國家安全的重要功能！此是歷史意義和精神在史學上是何等的重要可貴了！今觀《魏志荀彧傳》：「十七年董昭等謂太祖宜進爵國公，九錫備物，密以詔彧，或以爲太祖本興義兵以匡朝寧國，秉忠貞之誠，守退讓之實，君子愛人以德，不宜如此，太祖由是心不能平，會征孫權，表請彧勞軍於譙。因留彧，或疾、留壽春，以憂死，時年五十。」此一段暗示操實欲進爵爲公，而彧以大義止之，操心不平彧以憂死，是承祚作史因事以見意，饒有貶黜的書法。

四、歷史識鑑

太史公致任少卿書自謂作《史記》目的，只兩句話：「欲以究天人之際，通古今之變。」先說「通古今之變。」大致是說歷史上朝代的更替，其成敗得失，盛衰興亡，必有其所以然的原故，有史識者，明察秋毫，在如椽的史筆下，一切事和人，必難以遁形，對於人物的品藻：如《魏志袁紹傳》說：「紹外寬雅有局度，憂喜不形於色，而內多忌害。」袁劉傳末評語：「袁紹劉表皆外寬內忌，好謀無決，有才而不能用，聞善而不能納。」《蜀志》二、先主傳：陳登說：「公路驕豪，非治亂之主。」同傳：孔融謂先主「袁公路豈憂國亡家邪，冢中枯骨，何足介意。」又曹公從容謂先主曰：「今天下英雄惟使君與操耳，本初之徒，不足數也，先主方食，失七箸。」凡此評定時人的賢愚才智，如明鏡照人，妍媸立辨，足以厭服人心，俯首肯定。其論順逆大勢，尤有理據：如《魏志劉表傳》，劉琮欲以荊州拒太祖，東曹掾傅巽說：「逆順有大體，強弱有定勢，以人臣而拒人主，逆也，以新造之楚而禦國家，其勢弗當也，以劉備而敵曹公，又弗當也，三者皆短，欲以抗王兵之鋒，必亡之道也。」此時曹操挾天子以令諸侯，有漢室天子在，故史家特明逆順之勢以斷其興亡的道理。又《魏志荀彧傳》：「建安元年，太祖擊破黃巾，獻帝自河東還洛陽，彧勸太祖曰，今車駕旋軫，義士有存本之思，誠因此時奉主上以從民望，大順也，秉至公以服雄傑，大略也。扶弘毅以致英俊，大德也。天下雖有逆節，必不能爲累明矣。太祖遂至洛陽，奉迎都許。」按此時獻帝播越，正英雄有爲的時機，勤王、舉義兵，奉夫子還都，以此爲大順、逆節者不能爲累，仍以逆順爲興亡取決之準則。《魏志武帝紀》袁術等起兵傐董卓，遲疑不進，太祖謀曰：「示天下形勢，以順誅逆，可立定也。今兵以義動，持疑而不進，竊爲諸君恥之。」操仍強調順逆之理，以順誅逆，功可立定者，是以「義」爲順逆取決的唯一標準。其最高指導原理，則是「天命」。如《蜀志劉焉傳》評曰：「昔魏豹聞許負之言，則納薄姬（漢文帝生母），劉歆見圖讖之文，則名字改易（改名秀），終不免於其身，而慶鍾二主（指文帝和光武）。此則神明不可虛要，天命不可妄冀，必然之驗也。」天命決定了神器的授予，「天命」思想屢見於《尚書》，凡鼎革、征伐，一唯天命是從《尚書》中此例至多！又《蜀志武侯傳》後，承祚說：「亮之器能政理，抑亦管蕭之亞匹也。而時之名將無城父韓信，故使功業陵遲，大義不及邪？蓋天命有歸，不可以智力爭也。」謂武侯雖饒有智力，而天命難違（言漢祚已終）。承祚以逆順斷一國的興亡或成敗，一切歸之於天命。《論語季氏篇》孔子說：「君子有三畏：畏天命，畏大人，畏聖人之言。」而畏天命居首，此種思想備於《尚書》，由來已久，太史公所謂「天人之際」者在此。

五、作史目的

史家撰史，有其一定目的，孔子作《春秋》，以《春秋》爲「天子之事」。褒貶賞罰，代天子誅討，立百王不易的大法。太史公作《史記》自以上繼《春秋》，觀《史記》自序：太史公曰：「先人有言，自周公卒五百歲而有孔子，孔子卒後至於今五百歲，有能紹明世，正《易傳》、繼《春秋》，本詩書禮樂之際，意在斯乎，小子何敢讓焉。上大夫壺遂曰，昔孔子何為而作《春秋》哉？太史公曰：余聞之董生曰：周道衰廢，孔子爲魯司寇，知言之不用，道之不行也，是非二百四十二年之中，以爲天下儀表，故《春秋》者，禮義之大宗也。漢興以來至明天子。……主上明盛德不布聞，有司之過也。余所謂述故事，整齊其世傳，非所謂作也，而君（壺遂）比之於《春秋》謬矣！故述往事卒述陶唐以來至於麟止，自黃帝始。」漢武獲麟，遷以爲述事之端，下至麟止，猶《春秋》止於獲麟。《史記》上承孔子《春秋》之意，至爲明確。《漢書敍傳》說：「漢紹堯運，巳建帝業，至於六世，史臣乃追述功德，太初以後，闕而不錄，故探纂前紀，巳述《漢書》，起元高祖，終於孝平王莽之誅，十有二世，二百三十年綜其行事，旁貫五經，上下洽通，爲春秋考紀表志傳凡百篇。」王先謙補注引齊召南說：「言考覈時事以立言，如《春秋》之經。」史家作史，歷來莫不根本《春秋》的精神，清儒章學誠《文史通義內篇四答問篇》說：章子曰：「史之大原本乎《春秋》，《春秋》之義，昭乎筆削，筆削之義，不僅事具始末，文成規矩已也，以夫子義則竊取之旨觀之，固將綱紀天人，推明大道，所以通古今之變，而成一家之言者。」章氏所謂「綱紀天人，推明大道，通古今之變」三語，此後一部部正史有了明確的宗旨，而光耀萬古了！

六、正統說檢討

《論語》堯曰篇：「堯曰咨！爾舜，天之曆數在爾躬」「曆數」者，帝王相繼的次第，猶歲時節氣的先後。因此帝王嬗繼，向有正統的思想。觀《魏志明帝紀》，明帝詔文中兩出「正統」二字，明帝太和三年秋七月詔曰：「禮，皇后無嗣，擇建支子以繼太宗，則當纂正統而奉公義，何得復顧私親哉？後嗣萬一有由諸侯入奉大統，則當明爲人後之義，敢爲佞邪，妄建非正之號以干正統，誅之無赦。」正統亦稱大統，明帝說「凡干犯正統者殺之無赦」，其重視正統可知。正統以天命、道德、愛民爲主要內涵，觀《魏志賈詡傳》文帝問詡，吾欲伐不從命以一天下、吳蜀何先、對曰「攻取者先兵權，建本者尙德化，陛下應期受禪，撫臨率土，若綏之以文德，而俟其變，則平之不難矣。」詡謂「建本者尙德化，綏之以文德，平之不難。」《論語季氏篇》「故遠人不服則修文德以來之。」明正統以道德爲本。《魏志辛毗傳》文帝欲大興軍征吳，毗諫曰：「昔尉佗稱帝，子陽僭號，歷年未幾，或臣或誅，何則，違逆之道不久，而大德無所不服也。」亦言惟德可以服人。《論語爲政篇》，子曰「爲政以德譬如北辰居其所而衆星共（拱）之。」惟德可以服衆懷遠。此義至深至醇。又《蜀志先主傳》「比到當陽衆十餘萬，輜重數千兩，日行十餘里，或謂先主曰，宜速行保江陵，今雖擁大衆，被甲者少，若曹公兵至，何以拒之？先主曰：夫濟大事，必以人爲本，今人歸吾，吾何忍棄去！」先主愛民如此，卒能建帝業，名垂青史。細讀《三國志》，承祚隱以正統予蜀《魏志武帝紀》「太祖武皇帝」句下梁章鉅《三國志旁證》引李清植說：「此書於曹操始稱太祖及漢帝遷許，以操爲大將軍，則改稱公，蓋天子三公稱公也。既進爵爲王，則改稱王，即曹丕未篡之先，亦稱王而已，則其爲漢之王公也。爲漢王公而卒乃帝，則其爲篡也章矣！陳壽在晉，而晉繼魏，故微其詞以寓其旨，若孫權雖篡後，獨權之耳。惟蜀先主，始終皆稱先主。以此知陳壽意中隱以正統予蜀，如綱目之旨。故隋王通曰：使陳壽不美於春秋，遷固之罪。言其體雖襲史漢之舊，而書法則有合於《春秋》也。」李氏之言信然。北承祚之以微詞寓其主旨也。若以書法言之，《蜀志》「三年夏先主殂於永安宮。」黃恩彤說：「吳志於權書薨，魏志於丕書崩，史為晉諱，強以天王書崩予之耳。於蜀書「殂」，書崩則礙於帝魏之嫌，是二帝也，書薨則沒其帝蜀之義，是無帝也，故祖《尚書》帝乃殂落（按見堯典）之文以尊異之。」《三國志旁證》卷十九。至唐、杜子美號為詩聖，又稱詩史、試誦杜詩〈詠懷古跡〉五首之四曰：「蜀主窺吳幸三峽，崩年亦在永安宮。」杜詩《鏡銓》眉批說「曰幸、曰崩，尊照烈為正統也，是《春秋》書法。」幸，崩皆《春秋》書法，誠然。《蜀志》中「初先主忿孫權之襲關羽將東征，秋七月，遂帥師伐吳。」此用征、伐二字，亦是《春秋》書法。「禮樂征伐，自天子出」孔子語，見《論語季氏篇》。李黃二氏所論，陳承祚隱以正統予蜀，確有理據，可資信服，然其用心亦良苦矣。

七、結　語

孔子作《春秋》，後世所奉以為圭臬者，在《春秋》的精神和書法，其大義多發自孟子，司馬遷上承孟子董生的意旨，認定《春秋》乃「天下儀表（標準、模範）之書。」其價值在「上明三王之道，下辨人事之紀，別嫌疑，明是非，定猶豫，善善惡惡，賢賢賤不肖，存亡國，繼絕世，補敝起廢，王道之大者也。……《春秋》以道義，撥亂世反之正，莫近於《春秋》。」（史記自序）《春秋》的價值，即正史的價值，《三國志》因史漢班馬以遙承《春秋》，信爲史部不朽的名著，承祚之所以爲後世所欽仰，尊奉，其原因及理由，實具於此。

（本文所引用資料，已指明出處，故不用附注。）

大陸四川南充紀念陳壽一千六百年誕辰國際紀念大會論文

論語文例

前言

夫撢研文例者，由一例以推其餘，舉衆理而歸於例，比類合例，以見指撝，此固讀書之一法也。若舉一隅而不以三隅反，則不知例推之方也，若聞一以知二，聞一以知十，原始要終，一以貫之，則由例類推而知之。是回賜之知十知二，固非高遠而不可幾及之事也。故明乎文例而讀書，則事半而功必倍；明乎文例以求理，則綱舉而目悉張矣。夫論語一書，爲五經之鎖鑰，六藝之菁英，孔門言行之大要，而義理之所以會也。其趣幽旨深，讀之良非易也。然由文例觀之：全書每以類相從聚而成篇。如子張一篇，專記弟子之言；鄉黨一篇，專記孔子之容色辭氣；此篇例也。章以「子曰」、「子謂」冠首，以問對之辭成之，此章例之大者。至若句法之整齊駢儷，用字之簡約精審，句例之要也。又由稱謂以別尊卑疏戚，由助詞以究實字之情態，而三九之多爲實數，疊字每用以形容；義利之辨，由於君子小小之對舉；此則詞例之大略也。明乎全書文例，引而申之，觸類而長之，則數千年前孔門問難答述之辭，可以心領而神會。其爲讀書之一助，儻可知已。

一、篇例

(一)篇名

論語一書。漢初已有三家，即魯論語、齊論語、古論語是。崇文總目云：「魯人傳之，謂之魯論，齊人傳之，謂之齊論。出於孔壁，則曰古論。」三家篇第先後，皆有不同。若其文字，則張禹先以齊魯合參；鄭玄更以齊古較定。則今論語，夙已會合三家；而今行篇次即所謂魯論是也。至各篇之名，所以別事，（正義：「篇，徧也；言出情舖事，明而徧者也。」）但取易於辨認；猶今陳列物品，所標簽題而已。多因簡易，例取首二句內之字以定名，論其義每有不可通者，所重不在此也。

論語篇名，可類分為五目，實則二例而已。

1.以「子曰」下承二字名篇例：

(1)學而第一（子曰：「學而時習之」……）(2)為政第二（子曰：「為政以德……」）(3)里仁第四（子曰：「里仁為美」……）(4)雍也第六（子曰：「雍也可使南面」……）(5)述而第七（子曰：「述而不作」……）(6)泰伯第八（子曰：「泰伯其可謂至德也已矣。」）(7)先進第十一（子曰：「先進於禮樂」）凡七篇。

2.以發端二字名篇例：

(1)子罕第九（子罕言利與命與仁。）(2)顏淵第十二（顏淵問仁。）(3)子路第十三（子路問政。）

⑷憲問第十四（憲問恥。）⑸衛靈第十五（衛靈公問陳於孔子。）⑹季氏第十六（季氏將伐顓臾。）⑺陽貨第十七（陽貨欲見孔子。）⑻微子第十八（微子去之。）⑼子張第十九（子張曰：「士見危致命……」）⑽堯曰第二十（堯曰：「咨爾舜……」）凡十篇。

3. 以第二句首二字名篇者：

⑴八佾第二（孔子謂季氏，八佾舞於庭）僅一篇。

4. 除「子謂」以下承三字名篇者：

⑴鄉黨第十（孔子於鄉黨，恂恂如也。）僅一篇。

右⑶⑷⑸各條孤篇不爲例，八佾鄉黨上皆有「孔子」，不以名篇，蓋避重出之意。

㈡篇之結構

論語二十篇次第相承，皇氏義疏曾爲之說曰：「侃昔受師業，自『學而』至『堯曰』凡二十篇，首末相次，而以『學而』最先者，言降聖人以下皆須學而成，先學後乃可爲政化民，故以『爲政』次『學而』，政之所裁，裁於斯濫，故以『八佾』次『爲政』……去留當理，事迹無虧，則太平可睹，揖讓如堯，故以『堯曰』最後次『子張』也。」皇氏以二十篇之目，次第聯貫，其說多牽強無徵，不足信。郝氏詳解又欲以四百八十一章，一一貫串，如解學而首章云：「學是一書之綱」；次章云：「夫子言學無所指，此附以有子言仁，明學莫大乎爲仁」；三章「巧言令色鮮矣仁，見仁之所存主深」；四章云：「此因前章巧令類，記曾子忠信，爲近仁學習之本……」此等言論，至五章六章，已不能自理其說，以後更覺無聊！二氏之說，翟氏考異已力斥其非。論語衍說謂：「大氏記聖人之言者，多以其類；而卷帙之分，特以竹簡之編，既盡而止。」此說為允！按篇內各章先後相承之序，無例可尋。然每篇以類相從，大體皆然。有全篇章數，大半類聚者；有前數章類聚，其後又雜記各類者。良田事理萬端，不能強使從同，大氏可以三例別之。

1. 以義為類例：

⑴八佾（從集註二十六章）言禮樂者二十章。⑵子路（三十章）言政者十八章。⑶為政（二十四章）言政者七章。⑷里仁（二十六章）言仁者七章（皆在篇首各章相連）。

右四篇言禮樂政仁，均以義為類。有顯言者，如「林放問禮之本」、「子路問政」、「里仁為美」是；有隱寓其義者，如八佾篇「舞八佾」、「以雍徹」、「旅泰山」等章，皆僭禮之事；文義至明易見。

2. 品論人物例：

⑴公冶長（二十七章）論人者二十三章。⑵雍也（二十八章）論人者十二章。⑶先進（二十五章）論人者十七章。⑷憲問（四十七章）論人者十八章。

右⑴⑵兩條，論古今人物賢否得失，頗相類似，故正義於雍也篇目下云：「此篇亦論賢人君子及仁知中庸之德，大氏與前相類。」⑶條專論孔門弟子，亦品論人物也。⑷條篇名下正義云：「此論三王二伯之迹，諸侯大夫之行為……」檢篇內論人者十八章，皆實指其人而言，亦評論人物之例也，故次於此。

3.以事相次例：

(1)鄉黨篇，專記孔子容色言動。(2)微子（十一章）言隱逸者凡七章。右(1)條，正義云：「此篇唯記孔子在魯國鄉黨中言行。」按實即孔子在鄉黨所行之事。(2)條，皆逸民賢士去國肥遯之迹，爲隱逸之事，均屬事類，於諸篇中別爲一例。

4.以「孔子曰」發端例，及專記弟子之言例：

(1)季氏篇，內十章相連，皆以孔子曰發端。(2)子張篇專記弟子之言。（以子夏爲最多，子游子張曾子次之。）

右兩條，篇內各章爲例，無他篇可資比附，故附之後端。除上述十二篇外，餘八篇事義雜聚，其例不顯，故不列。

㈢前後十篇之比較

說論語者，向以前十篇爲上論，後十篇爲下論，相沿成習。（今集註本即有上論下論之名。）此或以卷帙稍多，一編不能容，故中分之，各得十篇。然其間亦有可分之迹，前十篇雅馴，後十篇駁雜；前十篇錯簡少，後十篇脫誤多（堯曰篇顛倒失次，東坡嘗言之矣）；前十篇文質實，後十篇稍有意於句法章法，與禮記檀弓等篇往往相類。鄉黨篇附記孔子動容，似終前九篇之語。堯曰一篇具載堯舜湯武之言與孟子終篇歷敘堯舜湯文周孔之緒相類，亦自爲終結。茲就篇例以比較之：

1.稱謂例：

⑴論語通例，凡孔子之言，皆稱「子曰」；惟記與君大夫問答乃稱「孔子曰」。前十篇僅述而泰伯兩稱「孔子曰」，（一答陳司敗，一自述。）而後十篇季氏篇章首稱「孔子曰」，微子篇亦間稱「孔子曰」，子張篇連稱「仲尼」者凡四章。（崔東壁以此爲非，然以爲孔子第子所記則非；以爲出七十子之後人，則無可疑。）⑵凡弟子面問孔子，皆呼曰「子」。前十篇悉面稱「子」；後十篇先進篇內子路曾晳……侍坐章，陽貨篇武城佛肸二章，皆面稱「夫子」，類戰國時人語，此稱謂之例有不同也。

2.問對例：

⑴前十篇對時君定公哀公之問，乃稱「孔子對曰」。（朱子以爲尊君。）後十篇先進及顏淵篇四答康子之問，亦稱「孔子對曰」。⑵前十篇記君大夫之問，但言「問」，不言「問於孔子」；後十篇顏淵篇內三記康子之問，齊景公之問，衛靈篇首靈公問政，並稱「問於孔子」。至門人問，更不煩稱「問於孔子」，而陽貨篇子張問仁、堯曰篇子張問政，皆稱「問於孔子」，此問對之例有不同也。

3.文字例：

⑴前十篇文字簡約，過百字者僅兩章，餘長不滿百字。後十篇文皆長，踰三百字者一章，一二百字者，有八九章之多。

4.篇名例：

⑴前十篇多以「子曰」、「子謂」下承二字爲篇名；後十篇惟先進用「子曰」下承二字，餘均以

發端二字爲篇名。

5.采輯例：

⑴前十篇非孔子及門弟子之言不錄，惟鄉黨一篇記孔子行事，其他未有雜記古人之言者。後十篇如「邦君之妻，」「太師摯適齊」、「周有八士」等章皆特起，非孔子及門弟子之言；又如「柳下惠爲士師」，「周公謂魯公曰」及「堯曰」等章，皆雜記古人之言，與前十篇體例不同。

二、章例

㈠章之結構

漢書張禹傳曰：「禹爲成帝師，以上好論語，爲論語章句獻之。」後漢書儒林傳曰：「包咸入授太子論語，又爲其章句。」是章句之學由來已久。正義曰：「積句以成章，章者明也，總義包體，所以明情者也。」按論語章法，簡易而質直，略無參伍錯綜有意立奇之處，其結構大別有六例，茲分述之：

1.對話例：

⑴孟武伯問孝。子曰：「父母唯其疾之憂。」⑵子貢問君子。子曰：「先行其言，而後從之。」⑶子貢問曰：「賜也何如？」子曰：「女器也。」曰：「何器也？」曰：「瑚璉也。」⑷季路問事鬼神。子曰：「未能事人，焉能事鬼。」「敢問死。」子曰：「未知生，焉知死。」⑸子貢問：「師與商也孰賢？」子曰：「師也過，商也不及。」曰：「然則師愈與？」子曰：「過猶不及。」

2.以句爲章例：

⑴子曰：「巧言令色鮮矣仁。」⑵子曰：「君子不器。」⑶子曰：「放於利而行多怨。」⑷子之所愼：齊、戰、疾。⑸子不語：怪、力、亂、神。⑹子曰：「剛毅木訥近仁。」⑺子曰：「當仁不讓於師。」⑻子曰：「君子貞而不諒。」⑼子曰：「有教無類。」⑽子曰：「辭達而已矣。」⑾子游曰：「喪致乎哀而止。」⑿子夏曰：「小人之過必也文。」

右例皆以句爲章，而辭無不達，意無不盡；文字之簡潔，已造乎其極。論語而外，惟老子一書，堪與之比。上論文字，多具有此種特色。

3.先總言後分敘例：

⑴曾子曰：「吾日三省吾身：爲人謀而不忠乎？與朋友交而不信乎？傳不習乎？」⑵季康子問：「使民敬忠以勸，如之何？」子曰：「臨之以莊則敬，孝慈則忠，舉善而教不能則勸。」⑶子謂：「子產有君子之道四焉：其行己也恭，其事上也敬，其養民也惠，其使民也義。」⑷子以四教：文、行、忠、信。

3.先列舉後作結例：

⑴子夏曰：「賢賢易色，事父母能竭其力，事君能致其身，與朋友交言而有信，雖曰未學，吾必謂之學矣。」⑵子曰：「君子食無求飽，居無求安，敏於事而愼於言，就有道而正焉，可謂好學也已。」⑶子曰：「默而識之，學而不厭，誨人不倦，何有於我哉？」⑷子夏曰：「博學而篤志，切問而近思，仁

在其中矣。」

5.兩事對比例：

⑴子曰：「道之以政，齊之以刑，民免而無恥；道之以德，齊之以禮，有恥且格。」⑵子曰：「學而不思則罔，思而不學則殆。」⑶子曰：「君子喻於義，小人喻於利。」⑷子曰：「事君數，斯辱矣；朋友數，斯疏矣。」

6.逐事列舉例：

⑴子曰：「吾十有五而志於學，三十而立，四十而不惑，五十而知天命，六十而耳順，七十而從心所欲不踰矩。」⑵子曰：「志於道，據於德，依於仁，游於藝。」⑶子曰：「興於詩，立於禮，成於樂。」⑷子曰：「知者不惑，仁者不憂，勇者不懼。」

㈡章之分合

章有當分者，分之則彼此獨立，各得其所，故文義不相聯屬者宜分之；言當合者，兩章所言，本屬一事一義，或其中衍「子曰」二字而前人別立一章者，合之則首尾全文義一貫矣。

1.裁出別爲一章例：

⑴學而篇：「子曰：『君子不重則不威，學則不固。主忠信，毋友不如己者，過則勿憚改。』」此章前兩句「君子不重則不威，學則不固，」自爲一章，文意已足，與下三句「主忠信，毋友不如己者，過則勿憚改」不相類，此所謂分之則雙美，合之則兩傷也。論語稽求篇：「君子不重十一字，自

爲一章；主忠信三句，自爲一章，此本子罕篇文，而複簡於此者。」按此說是。

(2)泰伯：「子曰：『恭而無禮則勞，愼而無禮則葸，勇而無禮則亂，直而無禮則絞。君子篤於親，則民興於仁；故舊不遺，則民不偷。』」

此章自「子曰恭而」至「則絞」四句二十六字爲一章，自「君子篤於親」下四句別爲一章，自「君子篤於親」下四句別爲一義，與上句文義無關，迥不相承，但與首篇愼終追遠之意相類，若裁出後四句，則上四句獨立而文從意洽矣。故朱註引吳氏曰：「君子以下當自爲一章，乃曾子之言也。」又按曰：「此一節與上文不相蒙，而與篇首愼終追遠之意相類，吳說近是。」

2.通兩章爲一章例：

(1)述而篇：「子曰：『聖人，吾不得而見之矣；得見君子者，斯可矣。』子曰：『善人，吾不得而見之矣；得見有恆者，斯可矣。亡而爲有，虛而爲盈，約而爲泰，難乎有恆矣。』」

此兩章「聖人」與「善人」並舉，句法全相類，帷次章易「有恆」二字，其句例全同。若合兩章而觀之，正與「先列舉後作結一例」相類，此兩章合之爲是。故論語答問曰：「善人吾不得而見之矣只是一章，不應重出『子曰』二字，疑衍文也。」

(2)先進篇：「柴也愚，參也魯，師也辟，由也喭，子曰：『回也其庶乎，屢空；賜不受命而貨殖焉，億則屢中。』」

此兩章準論語章例（逐事列舉例）而言，當合爲一章。「回也其庶乎」句，其句例與上章四句同，中衍「子曰」二字。「子曰」二字或當在「柴也愚」句之上。集解本「子曰回也其庶乎」二節連上爲章，是也。」

⑶憲問篇：「子曰：『賢者避世，其次避地，其次避色，其次避言。』子曰：『作者七人矣。』」此兩章之次章「子曰作者七人矣」，宜與上章合。「作者七人矣」爲總束語，若合兩章爲一，正與章例中之「先列舉後作結例」相同，集解本「子曰作者七人矣」連上「其次避言」爲一章。又論語辨惑曰：「作者七人，雖不見主名，其文勢似與上文爲一章，『子曰』字疑衍。」按作者即指避世避地……之人，從集解辨惑合作一章爲是。

⑷季氏篇：「孔子曰：『見善如不及，見不善如探湯，吾見其人矣，吾聞其語矣。隱居以求其志，行義以達其道，吾聞其語矣，未見其人也，齊景公有馬千駟，死之日，民無德而稱焉；伯夷叔齊餓於首陽之下，民到於今稱之；其斯之謂與！』」

「齊景公有馬千駟」以下舊別爲一章，以爲齊景公不與求志達道如夷齊之流者相次。而史記伯夷列傳以夷跖並言，而曰「各從其志」。況景公納晏子之諫，舍郊興發，不失爲中庸之主，惟德不及夷齊耳。「斯」句「斯」字指求志達道者而言，上下文義相承，故合之是也。

㈢章之錯簡

經文之有錯簡，爲必然之事。蓋以簡或脫編，或前後易置，先秦古籍，大率如此。後又歷經竄亂，傳鈔訛誤，迄今遂不易讀。前儒於論語疑爲錯簡者多矣，茲舉一二有徵可信者，餘從略。

1.泰伯篇：「子曰：『不在其位，不謀其政』」

此章在「篤信好學」章下，但憲問篇「蘧伯玉」章下亦有「子曰不在其位不謀其政」一章，下注重出。於此章之下即接「曾子曰君子思不出其位」一章，按「不在其位不謀其政」與「君子思不出其位」，事義一體，當爲一章，則泰伯內「不在其位」一章爲亂次矣。《論語・稽求篇》：「『不在其位』章，應在憲問篇內。憲問篇不宜注重出，以此章與曾子語類。」朱子於憲問篇「君子思不其位」章下注云：「記者因上章之語而類記之也。」是則章雖別而義仍相承，知上章「重出」二字疑衍；泰伯篇不在其位章，則爲錯簡矣。

2.鄉黨篇：「席不正不坐。」

按文例「席不正不坐」，應在本篇「割不正不食」之下。史記世家引此句在「割不正不食」下。墨子非儒篇：「孔某席不端弗坐，割不正弗食。」新序：「孔子席不正不坐，割不正不食。」說文同。韓詩外傳：「孟子母曰：『吾姙是子，席不正不坐，割不正不食。』」朱子或問曰：「烈女傳亦言之，蓋即孔子意。」翟氏考異：「『席不正不坐』上雖記飲食之節，而如『寢不言』即與『食不語』連類。據史記、墨子、新序、韓詩外傳、說文五書，俱與『割不正不食』相儷，今析爲兩句，致此句孤出，於上下莫得其類，疑錯簡也。」皆爲明證。

㈣發明他經之義

趙岐曰：「論語者，五經之錧鎋，六藝之喉衿也。」旨哉是言！六經之旨，散在論語，大義微言，往往可見。故欲通六經之義，舍論語而莫由。「誰能出不由戶」？欲讀群經，「何莫由斯道也」！本書於六經要義，有顯言者，詩禮樂是也；有隱寓其義者，不得其旨，則爲微言，得其旨者，兼通大義。陳澧曰：「『有恆，無大過』，易之精義也。『孝友施於有政』，書之精義也。『晉文公譎而不正，齊桓公正而不譎』；及『天下有道，則禮樂征伐，自天子出』，『祿之去公室五世矣』二章，春秋二百四十二年之事，尤提其要。經學之要，皆在論語之中。」孔子微言大義，傳諸七十子者，散在群經而總於論語。其次六經之旨要，勿論其爲顯言、爲隱言，其例均多，茲分述之。

1.鄉黨篇：「席不正不坐。」

(1)子曰：「詩三百，一言以蔽之曰：『思無邪。』」(2)子曰：「關雎樂而不淫，哀而不傷。」(3)子曰：「興於詩，立於禮，成於樂。」(4)子曰：「不學詩，無以言。」(5)子曰：「小子何莫學夫詩！詩，可以興，可以觀，可以群，可以怨；邇之事父，遠之事君；多識於鳥獸草木之名。」

有五條，(1)發乎情，止乎禮義，不邪也；此三百篇之提要。(2)不淫不傷，皆言其和，所謂不過而得乎性情之正也。(3)由詩而禮而樂，原始要終，循序而進，詩教之所由成也。(4)此即「誦詩三百，授之以政，不達，使於四方，不能專對」之意。(6)詩可以厚人倫，美教化，移風俗，事父事君，人倫之大者，是興群之義；詩兼美刺，政教得失，於是乎見，觀怨之義也。合興觀群怨而詩之大用備矣。

2.發明書義例：

(1)子曰：「爲政以德。譬如北辰，居其所而衆星共之。」(2)或謂孔子曰：「子奚不爲政？」子曰：「

書云孝乎，『唯孝友于兄弟』，施於有政。是亦為政，奚其為為政！」⑶子張問：「十世可知也？」子曰：「殷因於夏禮，所損益可知也；周因於殷禮，所損益可知也；其或繼周者，雖百世可知也。」⑷子曰：「大哉堯之為君，巍巍乎唯天為大，唯堯則之！蕩蕩乎民無能名焉！巍巍乎其有成功也！煥乎其有文章！」⑸堯曰：「咨！爾舜！天之曆數在爾躬，允執其中。四海困窮，天祿永終。」舜亦以命禹。曰：「予小子履，敢用玄牡，敢昭告于皇皇后帝。有罪不敢赦。帝臣不蔽，簡在帝心。朕躬有罪，無以萬方；萬方有罪，罪在朕躬。」周有大賚，善人是富。「雖有周親，不如仁人。百姓有過，在予一人。」謹權量，審法度，修廢官，四方之政行焉。興滅國，繼絕世，舉逸民，天下之民歸心焉。所重民食喪祭，寬則得衆，信則民任焉，敏則有功，公則說。

右五條，⑴此章書教要義。莊子：「書以道事。」事者二帝三王之政，為政以德，天下歸心，而王政成矣。⑵孝友，政之大本。孝弟之人不犯上，前章已言之矣。書堯典：「克明俊德，以親九族；九族既睦，平章百姓；百姓昭明，協和萬邦；黎民於變時雍。」即孝友為政之績效。⑶因革損益，質文代更，言政制者宗之，書之精義也。⑷集註：「文章，禮樂法度也。」堯能稽古法天，故文章煥然，永貽典則。⑸此章約堯舜湯武之言，皆修德責己之事，是為書教。故陳澧曰：「尚書百篇，此提其要矣。」

3. **明易道例**：

⑴子曰：「吾十有五而志於學……五十而知天命……七十而從心所欲不逾矩。」⑵子曰：「加我數年，五十以學易，可以無大過矣。」⑶子曰：「南人有言曰：『人而無恆，不可以作巫醫。』善夫！『

不恆其德，或承之羞。』」子曰：「不占而已矣。」⑷子曰：「予欲無言。」……子曰：「天何言哉？四時行焉，百物生焉，天何言哉？」

右四章，⑴孔子學易至五十窮理盡性，故知天命，七十從心所欲不踰矩，已臻窮神知化之境矣。⑵易繫辭稱：「危者使平，易者使傾，其道甚大，百物不廢，懼以終始，其要旡咎，此之謂易之道也。」夫能旡咎。則何大過之有？⑶無恆之人，易所不占，此不恆其德者之可羞也。⑷乾彖曰：「大哉乾元，萬物資始，雲行雨施，品物流形。」天地之道，昭昭在人耳目之間，聖人上律天時，天理自然浹洽，何待言邪？易以道陰陽，極變化之象，窮性命之理，凡此皆易之精義也。

4.言禮樂例：

⑴有子曰：「禮之用，和爲貴。先王之道斯爲美，小大由之。有所不行，知和而和，不以禮節之，亦不可行也。」⑵林放問禮之本。子曰：「大哉問！禮，與其奢也寧儉；喪，與其易也寧戚。」⑶子語魯太師樂曰：「樂其可知也；始作，翕如也；從之，純如也，皦如也，繹如也以成。」⑷子曰：「禮云禮云，玉帛云乎哉？樂云樂云，鐘鼓云乎哉？」

右四章，⑴禮主敬，而其用在和。和，樂之所由生也。⑵禮，內質外文，奢易徒文，其無本何！⑶言五音合和，有倫乃成。⑷禮主乎敬，樂主乎和，其本也；玉帛鐘鼓，禮樂所借以表達其敬與和者，則末也，捨本而逐末，又何禮樂之足云？此亦禮樂之精義也。

5.春秋經義例：

(1)孔子謂：「季氏八佾舞於庭，是可忍也，孰不可忍也？」又：三家者以雍徹。子曰：「『相維辟公，天子穆穆』，奚取於三家之堂！」(2)齊景公問政於孔子。孔子對曰：「君君，臣臣，父父，子子。」公曰：「善哉！信如君不君，臣不臣，父不父，子不子，雖有粟，吾得而食諸！」(3)子路曰：「衛君待子而爲政，子將奚先？」子曰：「必也正名乎！」子路曰：「有是哉！子之迂也！奚其正？」子曰：「野哉由也！君子於其所不知，蓋闕如也。名不正，則言不順；言不順，則事不成；事不成，則禮樂不興；禮樂不興，則刑罰不中；刑罰不中，則民無所措手足。故君子名之，必可言也；言之，必可行也。君子於其言，無所苟而已矣。」(4)子曰：「晉文公譎而不正，齊桓公正而不譎。」(5)顏淵問爲邦。子曰：「行夏之時，乘殷之輅，服周之冕，樂則韶舞；放鄭聲，遠佞人，鄭聲淫，佞人殆。」(6)孔子曰：「天下有道，則禮樂征伐自天子出；天下無道，則禮樂征伐自諸侯出。自諸侯出，蓋十世希不失矣。自大夫出，五世希不失矣。陪臣執國命，三世希不失矣。天下有道，則政不在大夫；天下無道，則庶人不議。」

右六章，(1)八佾雍徹，僭越之漸；撥亂防微，春秋之所由作也。(2)太史公曰：「夫不通禮義之旨，至於君不君，臣不臣，父不父，子不子。」又曰：「春秋者禮義之大宗也。」孔子所以告景公者，即正名分之旨。(3)春秋大義，首在正名。禮樂征伐，皆從此出。二百四十二年之中，所譏所貶，職此之由。(4)桓文之事，春秋所書。其立例垂訓，則孔子之意。故孟子曰：「其事則齊桓晉文，其義則丘竊取之矣。」次章「桓公九合諸侯，不以兵車」，又次言「微管仲吾其被髮左衽矣」，皆孔子尊諸夏、攘夷狄之義也。⑸三代之制，因時損益。孔子斟酌先王之禮，立萬世常行之法，春秋之作，蓋此意也。⑹此備言春秋之終始，王政陵夷至於陪臣執命之時，戎狄亦亂華矣。陵替之漸，夷夏之防，所以垂萬世之戒也。

三、句 例

正義云：「句者局也，聯字分疆，所以局言者也。」論語句法整齊，文辭雅潔，用字簡約，此本書最大特色。從文學發展史例言，勿論中外，大多先有韻文而散文次之。論語一書。蓋介乎韻文散文之間，而爲二者之橋梁；至孟子暨戰國諸子之言，已全具散文形式；其間蛻變之迹，猶可得言。全書以四字句最多，三百篇固然。降至漢代，其文亦多用四字句，讀之有典重矜嚴之感，蓋受論語之影響爲多。復以論孟比較觀之，則論語句法有一字、二字、三字者，四字句爲多，五字六字七字常見，八字以上漸少。十字者不過數句，如子罕：「子曰：『吾未見好德如好色者也。』」「子曰：『泰伯其可謂至德也已矣。』」最長之句僅十一字，如先進：「子曰：『孝哉閔子騫，人不間於其父母昆弟之言。』」衛靈公：「子曰：『賜也！女以予爲多學而識之者與？』」而孟子十一字爲句者則甚多，如：梁惠王：「此心之所以合於王者何也？」「非挾泰山以超北海之類也。」又「今王亦一怒而安天下之民。」凡三句。十二字句者如：「吾何修而可以比於先王觀也。」又「所以謂人皆有不忍人之心者」，又「非所以內交於孺子之父母也。」三句。最長者十四字，如萬章：「曾不知以食牛干秦穆公之爲汙也」句是。由句中用字之多寡，可見古人造句由簡而繁，其時代之先後，較然可知也。茲就句之形式、句之結構，分述其例於次：

㈠句之形式

從句之形式分之，可得三目：1.整齊例。2.駢儷例。3.用字簡約例。

1.整齊例：

⑴子曰：「視其所以，觀其所由，察其所安，人焉廋哉？人焉廋哉？」（五句皆四字。）⑵子曰：「君子懷德，小人懷土；君子懷刑，小人懷惠。」（四句皆四字。）⑶子路有聞，未之能行，唯恐有聞。⑷子之燕居，申申如也，夭夭如也。（三句皆四字。）⑸子曰：「志於道，據於德，依於仁，游於藝。」（四句皆三字。）⑹子曰：「興於詩，立於禮，成於樂。」（三句皆三字。）

右六條，不惟文字劃一，即句之結構方式亦多相同。後代散文，極少有此種形式。

2.駢儷例：

⑴入則孝，出則弟。⑵父在觀其志，父沒觀其行。⑶貧而無諂，富而無驕。⑷君子周而不比，小人比而不周。（凡君子小人對舉，例皆駢句。）⑸學而不思則罔，思而不學則殆。⑹禮與其奢也寧儉，喪與其易也寧戚。⑺邦有道則知，邦無道則愚。⑻愛之，能勿勞乎？忠焉，能勿誨乎？

3.用字簡約：

⑴一字句，如溫、良、恭、儉、讓、生、死、唯、簡、怪、力、亂、神、然、諾、噫……等。⑵二字句，如何如、不苟、色難、不能、子說、忠矣、請益、觚哉、小子、毋意、不拜、德行、鏗爾、

君君、知人、有政……等。⑶三字句，如思無邪、大哉問、志於道、柴也愚、奚其正、小人哉、何晏也、視思明、言必信、行必果……等。⑷四字句，如：不亦說乎、君子務本、有恥且格、君子不器、發憤忘食、樂以忘憂、瞻之在前、忽焉在後、君子居之、何陋之有……等。（例多不更舉）

㈡句之結構

從結構上分之，可得六目：1.直敘句。2.倒敘句。3.詰問句。4.歎句。5.韻句。6.以虛字綴成之句。

1.直敘句例：

⑴學而時習之。⑵其爲人也孝弟，而好犯上者，鮮矣。⑶吾日三省吾身。⑷行有餘力，則以學文。⑸與朋友交，言而有信。⑹吾十有五而志於學。

2.倒敘句例：

⑴泰伯：「唐虞之際，於斯爲盛。」⑵季氏：「孔子曰：『求！無乃爾是過與！』」

右⑴條，朱註言「周室人才之多，惟唐虞之際，乃盛於此。」「於斯」倒置「爲盛」之上。⑵言「無乃是爾之過與！」「爾」倒置「是」之上。倒敘句更置其字，意義自見。按論語文字質直而簡易，不似諸子之文，奇變多端，故倒敘之句特少耳。

3.詰問句例：

⑴傳不習乎？⑵人焉廋哉？⑶其何以行之哉？⑷人而不仁如禮何？⑸管仲儉乎？⑹君子去仁，惡

乎成名？

4.感歎句例：

⑴子曰：「嗚呼！曾謂泰山不如林放乎！」⑵子曰：「君子無所爭，必也射乎！」⑶子曰：「管仲之器小哉！」⑷子曰：「中庸之爲德也其至矣乎！民鮮久矣！」（此例多，不煩更舉。）

5.韻句例：

⑴子曰：「不仁者不可以久處約，不可以長處樂。」（約樂爲韻。）⑵子曰：「君子喻爲義，小人喻爲利。」（義利爲韻。）⑶子路從而後，遇丈人。……丈人曰：「四體不動，五穀不分，孰爲夫子！」植其杖而芸。（勤分芸爲韻。）

6.以虛字綴成之句例：

⑴以「而」字綴成之句，如學而時習之，人不知而不慍，本立而道生，爲人謀而不忠乎，敬事而信，節用而愛人，謹而信，汎愛衆而親仁，三十而立，關雎樂而不淫，久而敬之，己欲立而立人，默而識之，亡而爲有，子慍而厲，恭而安。⑵以「則」字連綴之句，如弟子入則孝，出則弟，君子不重則不威，邦有道則知，質勝文則野，用之則行，舍之則藏，奢則不遜，儉則固，天下有道則見，出則事公卿，名不正則言不順，恭則不侮，寬則得衆。

以虛字綴成之句，他書雖常見，然不如論語之多，故標此例以概其餘。

四、詞例

㈠詞彙

詞彙分四目：1.稱謂。2.三九。3.疊字。4.虛字。稱謂一目內，又分五小目：（甲）稱子例。（附夫子、孔子、孔氏、仲尼、弟子稱子五例。）（乙）子曰例。（附孔子曰，孔子對曰，子謂三例。）（丙）弟子例。（附門人，門弟子，二三子，小子四例。）（丁）言士例。（戊）君子例。稱謂一目，在論語中，最爲紛歧，然條分縷析，以例歸納之，則明晰可觀，又各有其詞意在，玆分述於次：

1.稱謂例：

漢書藝文志：「論語者，孔子應答弟子時人及弟子相與言而接聞於夫子之語也。」論語爲孔門師弟問答之語錄，故稱謂例，多以孔子及七十弟子爲主。因此書所記稱謂，後世沿用者多，遂令杏壇時雨之化，洙泗問學之風，迄今猶可想見其梗概，非盛事與！

（甲）稱子例（附夫子孔子孔氏仲尼弟子稱子例。）

本例又分（子）第三身稱子例，（丑）第二身稱子例。

（子）第三身稱子例：

⑴哀公問社於宰我，宰我對曰：「夏后氏以松，殷人以柏，周人以栗。」曰：「使民戰栗。」子聞之曰：「成事不說，遂事不諫，既往不咎。」⑵子語魯太師樂曰：「樂，其可知也：始作，翕如也；從

之，純如也，皦如也，繹如也；以成。」⑶季文子三思而後行。子聞之曰：「再，斯可矣。」⑷子在陳曰：「歸與！歸與！吾黨之小子狂簡，斐然成章，不知所以裁之。」⑸子所雅言：詩、書、執禮，皆雅言也。

（丑）第二身稱子例：

⑴顏淵季路侍……。子路曰：「願聞子之志……」⑵冉求曰：「非不說子之道，力不足也。」⑶子畏於匡，顏淵後。子曰：「吾以女爲死矣。」曰：「子在，回何敢死！」⑷子路曰：「衛君待子而爲政，子將奚先？」⑸子曰：「莫我知也夫！」子貢曰：「何爲其莫知子也？」

論語言「子」，通稱孔子。（惟兩處例外：一、先進載「季子然問：『仲由冉求，可謂大臣與？』子曰：『吾以子爲異之問。……』」二、先進又載「子路、曾晳、冉有、公西華侍坐」章中曾晳之對曰：「異乎三子者之撰。」又「三子者出。」）子本男子之通稱，又嘉美之稱。集解引馬曰：「子者男子之通稱，謂孔子也。」白虎通號篇：「子者丈夫之通稱。」門人稱師曰「子」，有尊崇之意。邢疏曰：「經傳凡敵者相謂，皆言吾子，或直言子，稱師亦曰子，是子者男子有德者之通稱也。」由是知孔門稱子，兼具尊之親之之意也。至孔子謂弟子曰「女」曰「爾」。如子謂顏淵曰：「吾以女爲死矣。」謂子路：「女奚不曰。」謂冉求曰：「今女畫。」又：「赤！爾何如？」「點！爾何如？」「求！爾何如？」則師稱弟子之詞，尊卑之分見矣。

（甲）附1.稱夫子例

本例又分（子）第三身稱孔子爲夫子例。（丑）第二身稱孔子爲夫子例。（寅）稱他人爲夫子例。

（子）第三身稱孔子爲夫子例：

⑴子禽問於子貢曰：「夫子至於是邦也，必聞其政。求之與？抑與之與？」子貢曰：「夫子溫良恭儉讓以得之。夫子之求之也，其諸異乎人之求之與？」⑵儀封人請見。曰：「君子之至於斯也，吾未嘗不得見也。」從者見之。出曰：「二三子何患於喪乎！天下之無道也久矣，天將以夫子爲木鐸。」⑶冉有曰：「夫子爲衛君乎？」子貢曰：「諾，吾將問之。」⑷太宰問於子貢曰：「夫子聖者與？何其多能也？」⑸顏淵喟然歎曰：「……夫子循循然善誘人……」

（丑）第二身稱孔子爲夫子例

⑴子路曾晳冉有公西華侍坐……（曾晳）曰：「夫子何哂由也？」⑵子之武城，聞弦歌之聲，莞爾而笑曰：「割雞焉用牛刀。」子游對曰：「昔者偃也，聞諸夫子曰：『君子學道則愛人，小人學道則易使也。』」⑶子路曰：「昔者由也聞諸夫子曰：『親於其身爲不善者，君子不入也。』」

（寅）稱他人爲夫子例

⑴棘子成曰：「君子質而已矣，何以文爲！」子貢曰：「惜乎夫子（皇疏夫子謂子成）之說君子也……。」⑵子問公叔文子於公明賈曰：「信乎夫子不言、不笑、不取乎？（夫子指文子）」⑶蘧伯玉使人於孔子，孔子與之坐而問焉。曰：「夫子何爲？（朱註夫子指伯玉）」⑷公伯寮愬子路於季孫，子服景伯以告曰：「夫子固有惑志於公伯寮，吾力猶能肆諸市朝。（朱註夫子指季孫）」

稱夫子例，在本書中以（子）例爲最多，（寅）例較少，（丑）例最少，惟三見。至戰國時代，夫子爲第二身稱謂之例尤多。如孟子載公都子曰：「外人皆稱夫子好辯，敢問何也？」齊宣王曰：「詩云：『他人有心，予忖度之。』夫子之謂也。」又「夫子言之於我心有戚戚焉。」又「願夫子輔吾志。」公孫丑曰：「夫子當路於齊。」又「夫子加齊之卿相。」又「若是則夫子過孟賁遠矣。」又「敢問夫子之不動心。」又「敢問夫子惡乎長？」僅舉此三人之語，而夫子例之多已如是，且諸言夫子皆同（丑）例（面稱夫子）。至陽貨篇武城佛肸二章面稱夫子，崔述以此爲疑；然弟子編輯論語時，固以第三身稱夫子爲多，而第二身亦稍稍有之。論語以前古籍如左傳中稱謂，多爲第三身稱夫子。論語在左傳孟子二書之間，爲過渡時期，至孟子時乃一轉爲普遍面稱夫子之風習。且自孟子而後，夫子漸成爲弟子對師之尊稱。（夫子爲尊稱，在春秋時已然，孔子雅敬伯玉，故對使者而稱夫子。棘子成衛大夫，故子貢稱之以夫子。冉有爲季氏家臣，故稱季氏爲夫子。）由稱夫子一例，可辨知某書時代之先後無疑也。

（甲）附2稱孔子例：

稱孔子僅第三身一例。按弟子於孔子，僅稱子足矣；然期與他師有別，故冠以氏。邢疏：「謂孔子者，嫌爲他師，故辨之。」下五條，皆有關他人之事，故冠以氏而稱孔子也。

⑴孔子謂季氏八佾舞於庭。⑵葉公問孔子於子路。⑶陳司敗問：「昭公知禮乎？」孔子曰：「知禮。」⑷達巷黨人曰：「大哉孔子！博學而無所成名。」⑸衛靈公問陳於孔子。

（甲）附3稱孔氏例：

⑴子路宿於石門。晨門曰：「奚自？」子路曰：「自孔氏。」曰：「是知其不可而爲之者與？」

⑵子擊磬於衛，有荷蕢而過孔氏之門者曰：「有心哉！擊磬乎！」

稱孔氏惟於此二章連見之。左傳言「氏」之例較多，或以示別而已，無他義也。

（甲）附4仲尼例：

⑴衛公孫朝問於子貢曰：「仲尼焉學？」⑵叔孫叔語大夫於朝曰：「子貢賢於仲尼。」⑶叔孫武叔毀仲尼。子貢曰：「仲尼不可毀也。」⑷陳子禽謂子貢曰：「子爲恭也，仲尼豈賢於子乎？」

稱仲尼者，全書惟子張篇有此四章（相連）。他經如孝經首章「仲尼居，曾子侍。」禮記中庸：「仲尼曰：『君子中庸，小人反中庸。……』」二書蓋皆七十子門人或尤晚之門人所記，故有仲尼之稱。此例亦足證論語非盡七十弟子所記，七十子之門人及再傳弟子亦曾有記之者。翟氏考異：「檀弓魯哀公誄孔子注云尼父，因其字以爲之謚，疏云尼則謚也，全書惟此四章稱仲尼，四章連次篇末，且有其死也哀之文，必俱孔子既卒後語，合中庸孝經之稱謂觀之，則尼誠孔子謚矣。」按翟說是。

（甲）附5弟子稱子例：

⑴曾子曰：「吾日三省吾身。」⑵曾子曰：「愼終追遠，民德歸厚矣。」⑶曾子曰：「以能問於不能，以多問於寡，有若無，實若虛，犯而不校，昔者吾友嘗從事於斯矣。」⑷曾子曰：「可以托六尺之孤，可以寄百里之命，臨大節而不可奪也。君子人與？君子人也！」⑸曾子曰：「堂堂乎張也，

難與並爲仁矣。」

（丑）有子例：

⑴有子曰：「其爲人也孝弟，而好犯上者，鮮矣。」⑵有子曰：「禮之用，和爲貴。」⑶有子曰：「信近於義，言可復也。」

弟子稱子，全書惟曾子凡九處，有子三處，冉子、閔子各一見。按稱子爲尊師之例，上述各條當爲曾子、有子、冉子、閔子之門人所記，此亦足證論語所記非出一二弟子之手也。柳州文集云：「成其書者，曾子弟子樂正子春子思之徒也，故是書之記諸弟子必以字，而曾子不然，蓋其弟子之號師云爾。」又程子經說：「論語，曾子有子弟子撰。所以知者，惟二子不名。」二氏言曾子有子而不及冉閔，其實皆一例也。

（乙）子曰例：

論語通例，凡孔子之言，皆稱（子曰）。邢疏：「曰者：說文云，『詞也，從口乙聲，亦象口出氣也。』然則曰者發語辭也。以此下是孔子之語，故以『子曰』冠之。」又云：「書傳直言『子曰』者，皆指孔子，以其聖德著聞，師範來世，不須言其氏，人盡知之故也。」歐陽修云：「昔孔子門人，追記其言作論語，書其首必以『子曰』者，所以別夫子與弟子之言。又其言非一事，事非一時，文連屬而難分次第，故每更一事，必以子曰起之。」其釋「子曰」備矣。「孔子曰」、「孔子對曰」、「子謂」三例亦附於此。本例又分（子）章首子曰，（丑）章內子曰二例。

（子）章首子曰例：

⑴子曰：「學而時習之，不亦說乎！」⑵子曰：「巧言令色鮮矣仁。」⑶子曰：「君子不器。」⑷子曰：「里仁爲美。」

此幾爲全書通例，或言事，或說理，或告語，泰半與七十字有關。茲例尤多，不必更舉。

（丑）章內子曰例：

本例又分三小目：即1.以弟子問起子曰例。2.以或問或謂或曰起子曰例。3.先列數語後起子曰例。

1.以弟子問起子曰例：

⑴子貢曰：「貧而無諂，富而無驕，何如？」子曰：「可也，未若貧而樂，富而好禮者也。」⑵孟懿子問孝。子曰：「無違……。」⑶子張問：「十世可知也？」子曰：「殷因於夏禮，所損益可知也。周因於殷禮，所損益可知也。其或繼周者，雖百世可知也。」⑷樊遲問仁。子曰：「愛人。」問知。子曰：「知人。」

2.以或問或謂或曰起子曰例：

⑴或問子產。子曰：「惠人也。」⑵或問禘之說。子曰：「不知也。」或謂孔子曰：「子奚不爲政？」子曰：「書云孝乎，『惟孝友于兄弟』，施於有政。是亦爲政，奚其爲爲政！」⑷或曰：「以德報怨何如？」子曰：「何以報德？」⑹或曰：「雍也仁不不佞。」子曰：「焉用佞？」

3.先例數語後稱子曰例：

⑴子華使於齊，冉子爲其母請粟。子曰：「與之釜。」⑵葉公問孔子於子路，子路不對。子曰：「女奚不曰：其爲人也，發憤忘食，樂以忘憂，不知老之將至云爾。」⑶互鄉難與言。童子見，門人惑。子曰：「與其進也，不與其退也。」⑷魯人爲長府。閔子騫曰：「仍舊貫，如之何？何必改作！」子曰：「夫人不言，言必有中。」

（乙）附1孔子曰例：

本例又分（子）章首孔子曰例（丑）與非弟子言稱孔子曰例（寅）與弟子言稱孔子曰例三者。

（子）章首孔子曰例：

⑴孔子曰：「天下有道，則禮樂征伐自天子出。」⑵孔子曰：「祿之去公室，五世矣。」⑶孔子曰：「益者三友，損者三友。」⑷孔子曰：「益者三樂，損者三樂。」

右例於季氏篇凡十章相連，皆於章首冠「孔子曰」三字。⑴條言禮樂征伐，自天子遞降於陪臣，王政陵夷之漸，兆始於此。⑵條言季氏專國之實事，尊王室，抑權臣，防微杜漸，皆春秋大旨，故書孔子，以見夫子立言之意，此蓋微言大義之所在，故論語詳解曰：「季氏一篇，所記多等級名法，故稱孔子以正之，篇首季氏伐國，繼以天子諸侯禮樂征伐，得失大數，言三九皆名法之類。」

（丑）與非弟子言稱孔子曰例：

⑴葉公語孔子曰：「吾黨有直躬者，其父攘羊，而子證之。」孔子曰：「吾黨之直者異於是。父爲子隱，子爲父隱，直在其中矣。」⑵子言衛靈公之無道也。康子曰：「夫如是，奚而不喪？」孔子

曰：「仲叔圉治賓客，祝鮀治宗廟，王孫賈治軍旅，夫如是，奚其喪？」⑶微生畝謂孔子曰：「丘何爲是栖栖者與？無乃爲佞乎？」孔子曰：「非敢爲佞也，疾固也。」

（寅）與弟子言稱孔子曰例：

⑴季氏將伐顓臾，冉有季路見於孔子曰：「季氏將有於顓臾。」孔子曰：「求！無乃爾是過與？……」冉有曰：「夫子欲之。吾二臣者，皆不欲也。」孔子曰：「求！周任有言曰：『陳力就列，不能者止。』危而不持，顚而不扶，則將焉用彼相矣。」今夫顓臾，固而近於費。今不取，後世必爲子孫憂」。孔子曰：「求！君子疾夫舍曰欲之，而必爲之辭。」

孔子與弟子言，無稱孔子曰例。惟與他人言稱孔子曰：「所以示外內也。此篇蓋以冉求黨於季氏，爲之聚歛，季氏將伐顓臾，又從而爲之辭，孔子蓋深責之，故稱孔子以示絕，即『非吾徒也』之意。平園文集云：「論語記夫子善言，褒貶勸戒，實同春秋，弟子總而述之，於稱謂尤有法。凡門人問答率稱子，若對諸國君臣，則姓以別之，如是者十八九。獨季氏篇皆切責冉有之言，每章必稱孔子；無他，絕之也。此與春秋夷杞何異。」按周氏云稱孔子所以絕冉有，此蓋門人推本孔子之意而記之如此也。

（乙）附2孔子對曰例：

⑴齊景公問政於孔子。孔子對曰：「君君，臣臣，父父，子子。」⑵定公問：「一言而可以興邦，有諸？」孔子對曰：「言不可以若是其幾也。」⑶哀公問曰：「何爲則民服？」孔子對曰：「舉直錯諸枉則民服。」⑷定公問：「君使臣，臣事君，如之何？」孔子對曰：「君使臣以禮，臣事君以忠。」

本書凡言「曰」與「對曰」不同，對爲下答上之辭，臣之對君，弟子對師，子對其父皆是。如子張問士章記「子張對曰」，侍坐章記曾皙答「點爾何如」之問，「對曰：『異乎三子者之撰。』」陳亢章記伯魚於孔子前，兩稱「對曰」。就孔子對曰一例，皆孔子答時君之詞。檢爲政篇季康子問使民敬忠以勸如之何，稱「子曰」以答；雍也篇季康子問仲由可使從政也與。亦稱「子曰」以答；皆無「對」字。故顏淵篇記季康子患盜問於孔子，季康子問政於孔子，乃連稱「孔子對曰」，於文例不合，此篇兩「對」字當誤。論語通例曰：「前有季康子兩間無對字，則知此對字疑誤矣。」

(乙)附3子謂例：

⑴子謂公冶長，可妻也。……⑵子謂南容，邦有道不廢。……⑶子謂顏淵曰：「用之則行，舍之則藏，唯我與爾有是夫。」⑷子謂仲弓曰：「犂牛之子騂且角，雖欲勿用，山川其舍諸。」

正義曰：「廣雅釋詁：『謂，說也。』言說季氏此事也。下篇『子謂公冶長』、『子謂南容』並同。」（八佾孔子謂季氏章下注）按子謂與子曰略同，惟子謂者專有所指，右四條子謂亦並有評論之意焉。

(丙)弟子例：

弟子一例，各篇每不齊一，或稱「門人」，或稱「小子」，或「門弟子」連稱，故附「門人」、「門弟子」、「二三子」、「小子」四例於此。

⑴子曰：「弟子入則孝，出則弟，謹而信，汎愛衆而親仁，行有餘力，則以學文。」⑵子曰：「

若聖與仁，則吾豈敢。抑爲之不厭，誨人不倦，則可謂云爾已矣。」公西華曰：「正唯弟子不能學也。」

⑶季康子問：「弟子孰爲好學？」

（丙）附1門人例：

⑴子曰：「參乎！吾道一以貫之。」曾子曰：「唯。」子出，門人問曰：「何謂也？」曾子曰：「夫子之道，忠恕而已矣。」⑵子疾病，子路使門人爲臣。⑶顏淵死，門人欲厚葬之。子曰：「不可。」門人厚葬之。⑷子曰：「由之瑟奚爲於丘之門？」門人不敬子路。

（丙）附2門弟子例：

⑴曾子有疾，召門弟子曰：「啓予足啓予手。」⑵達巷黨人曰：「大哉孔子，博學而無所成名。」子聞之，謂門弟子曰：「吾何執？執御乎？執射乎？吾執御矣。」

（丙）附3二三子例：

⑴儀封人請見。……出曰：「二三子何患於喪乎！天將以夫子爲木鐸。」⑵子之武城，聞弦歌之聲。夫子莞爾而笑曰：「割雞焉用牛刀？」子游對曰：「昔者偃也聞諸夫子曰：『君子學道則愛人，小人學道則易使也。』」子曰：「二三子，偃之言是也，前言戲之耳。」⑶子疾病，子路使門人爲臣。病間，曰：「久矣哉！由之行詐也。無臣而爲有臣，吾誰欺，欺天乎？且予與其死於臣之手也，無寧死於二三子之手乎！」

（丙）附4小子例：

⑴曾子有疾，召門弟子曰：「……而今而後，吾知免夫，小子！」⑵季氏富於周公，而求也爲之聚斂而附益之。子曰：「非吾徒也，小子鳴鼓而攻之，可也。」⑶子曰：「小子何莫學夫詩！」⑷子曰：「予欲無言。」子貢曰：「子如不言，則小子何述焉？」⑸子在陳曰：「歸與！歸與！吾黨之小子狂簡，斐然成章，不知所以裁之。」

按門人即弟子，（里仁篇參乎章，邢疏：「門人者，曾子弟子也。」劉氏正義云：「門人者，謂受學於夫子之門人也。下篇子路使門人爲臣，門人欲厚葬之，門人不敬子路，皆是夫子弟子。」）門弟子即門人，（劉氏正義於里仁篇又云：惟曾子謂門弟子，則曾子門人。）是「弟子」、「門人」、「門弟子」一也。門弟子者，門下弟子，即在門弟子，或曰及門弟子。門，門牆。「子曰：由之瑟奚爲於丘之門」，「子貢曰：夫子之牆數仞，不得其門而入」，故在學曰門弟子。門人與小子同。陽貨：「子曰：小子何莫學夫詩。」包注：「小子，門人也。」小子又與弟子同義。陽貨集註：「小子，弟子也。」子張篇：「子游曰：子夏之門人小子。」門人小子合稱，則其義同。門弟子亦同時稱小子。曾子有疾章，前曰「門弟子」，後又稱「小子」是也。小子即弟子。有疾章，集解引周曰：「小子，弟子也。」二三子亦即弟子。八佾儀封人章，包注：「從者，弟子隨從孔子行者。」「出曰二三子，」即對從者而言，從者爲弟子，二三子亦即弟子也。綜上言之，則弟子、門人、門弟子、二三子、小子，其義一也，其實皆弟子生徒之稱。至漢人稱「弟子」與稱「門人」略有別，意者，弟子謂升堂入室者，七十子之徒是。門人，得及門者，三千之衆是也。觀漢志：「論語者，孔子應答弟子時人及弟子相與言而接聞於夫子之語，當時弟子各有所記，夫子既卒，門人相與集而纂之，故謂之論語。」是謂再傳弟子爲門人也。至後世之稱門下、門生，則皆出於論語也。

（丁）言士例：

論語言士處少，而言君子處則多。所謂士君子，顯有階級意識。劉氏正義：「士居四民之首，其習於學，有德行道藝者始出仕，亦謂之士，故士爲學人進身之階。」士指在學生徒，亦指從仕之人。白虎通爵篇云：「士者事也，任事之稱也。」孔子謂推十合一曰士（見說文），段注：「學者由博返約，故云推十合一。」由博返約，蓋指成學之士，本書顏子曰：「夫子循循然善誘人，博我以文，約我以禮」，當非初學者可比。

⑴子曰：「士志於道，而恥惡衣惡食者，未足與議也。」⑵曾子曰：「士不可以不弘毅，任重而道遠。」⑶子曰：「士而懷居，不足以爲士矣。」⑷子張曰：「士見危致命，見得思議。」

（戊）君子例：

君子成德之名（見集註）。白虎通號篇：「或稱君子者，道德之稱也。」禮哀公問：「君子也者，人之成名也。」故論語言君子除與士之身分相同者外，（如丁例之⑴與（子）例之⑻，其義全同）餘多期望絕高，責成之者尤重，於所舉例內可見。本例可分三目：（子）子曰君子相承例。（丑）君子小人對舉例。（寅）句中君子例。

（子）子曰君子相承例：

⑴子曰：「君子不重則不威，學則不固。」⑵子曰：「君子食無求飽，居無求安。」⑶子曰：「君子不器。」⑷子曰：「君子無所爭，必也射乎。」⑸子曰：「君子之於天下也，無適也，無莫也，義之與比。」⑹子曰：「君子欲訥於言，而敏於行。」⑺子曰：「君子博學於文，約之以禮。」⑻子曰：「君子謀道不謀食，耕也餒在其中矣。學也祿在其中矣，君子憂道不憂貧。」

右八條，皆言君子之志行，有所不爲者，有所宜爲者。所不爲者如⑵⑶⑻是，所宜爲之者如⑴⑷⑹是，若⑴與⑺則君子之所養也，皆在志行之內。

（丑）君子小人對舉例：

⑴子曰：「君子周而不比，小人比而不周。」⑵子曰：「君子懷德，小人懷土，君子懷刑，小人懷惠。」⑶子曰：「君子和而不同，小人同而不和。」⑷子曰：「君子喻於義，小人喻於利。」⑸子曰：「君子上達，小人下達。」⑹子曰：「君子坦蕩蕩，小人長戚戚。」⑺子曰：「君子泰而不驕，小人驕而不泰。」⑻子曰：「君子求諸己，小人求諸人。」

由右所列舉，則君子小人，其好惡趨舍，舒卷行藏，劃然有別矣；而其大者，在乎義利之辨、公私之分，宋儒所謂天理人欲之不同，正謂此也。

（寅）句中君子例：

⑴子曰：「其爲人也孝悌，而好犯上者，鮮矣。君子務本，本立而道生。孝弟也者，其爲仁之本與！」⑵子曰：「富與貴是人之所欲也，不以其道得之，不處也。貧與賤是人之所惡也，不以其道得

之不去也。君子去仁，惡乎成名？君子無終食之間違仁。」⑶子曰：「文莫吾猶人也，躬行君子，則吾未之有得。」⑷子貢問君子。子曰：「先行其言而後從之。」⑸子曰：「聖人吾不得而見之矣，得見君子者斯可矣。」

由右例，知孔子所最重者爲躬行君子，即篤實踐履之人，故以先行其言警曉子貢。又⑵條言君子必有仁，⑸條以爲君子僅次於聖人，知孔門稱君子之深意矣。

2.三九例：

三九詞例在經傳中屢見不鮮，大多爲虛數，汪中氏論之詳矣。獨論語中之三九，大多爲實數。言三者少數爲虛，大多仍實數；言九者四，除九合外，則全爲實數。此論語三九例之較爲特殊也。茲分（甲）言三例（乙）言九例兩條述之。

（甲）言三例：

⑴三省吾身。⑵三年（親喪三年）。⑶詩三百。⑷三家。⑸三歸。⑹三隅。⑺三人行。⑻三子。⑼三代。⑽三友（益損）。⑾三樂。⑿三愆。⒀三戒。⒁三畏。⒂古民三疾。⒃殷三仁。⒄君子三變。（以上實數）⑴三仕、三已。⑵三思。⑶三軍。⑷三月。⑸三讓。⑹三嗅。⑺三復白圭。（以上虛數）

右言實數者十七條。虛數僅七，大半爲實數。

（乙）言九例：

⑴九人（集解引馬曰：「十人謂周公旦、召公奭、太公望、畢公、榮公、太顛、閎公、散宜生、

南宮适，其一文母。」）⑵九夷（集註：「東方之夷九種。」邢疏：「夷有九種，曰畎夷、子夷、方夷、黃夷、白夷、赤夷、玄夷、風夷、陽夷。」）⑶九思（視思明、聽思聰、色思溫、貌思恭、言思忠、事思敬、疑思問、忿思難、見得思義。）⑷九合（九合諸侯集註引左傳僖廿六年作糾，史記、管子、荀子、國策，皆作九，此爲虛數。）右四條，僅一爲虛數，餘三條皆實數。他處言四、五、六者：君子之道四，子以四教，絕四，四惡，五美，六言六蔽，皆爲實數，此論語數字例之特殊者也。

3.疊字例：

⑴天子穆穆。（釋詁：「穆穆美也。」）⑵子之燕居，申申如也，夭夭如也。（集解引馬曰：「申申夭夭，和舒之貌。」）⑶巍巍乎舜禹之有天下也。（集解：「巍巍高大之稱。」）⑷空空如也（皇疏：「空空，無識也」）⑸誾誾如也，侃侃如也，行行如也。（邢疏：「誾誾，中正貌。」鄭曰：「行行，剛強之貌。侃侃，剛直貌。」）⑹恂恂如也（集註：「信實之貌。」）便便言。（集註：「辯也。」）⑺硜硜然。（集解：「硜硜者，小人之貌也。」）

右例大半與「如也」相連，次或與「乎」字、「然」字相承。本書疊字多作形容詞用，三百篇已開先例，如關關、蕭蕭之狀鳥獸之聲，夭夭、灼灼之美花木，殷殷、忉忉之寫心情，凡此之類，不可勝舉。惟論語疊字，乃多以狀容色，不如毛詩所用之廣泛，由此亦足知論語一書介乎韻文散文之間，較可信也。

4.虛字例：

論語常見虛字有「而」、「之」、「不亦」、「乎」、「矣」、「者」、「也」、「也已」、「也已矣」、「哉」、「而已矣」、「無乃」、「夫」、「其」、「抑」、「諸」、「與」、「斯」、「乎哉」、「則」、「焉」、「豈」、「必也」廿三種，以名類較繁，另列之使用一節專論之。

㈡詞之使用

詞即虛字，馬眉叔文通云：「凡字有事理可解者曰實字，無解而惟以助實字之情態者曰虛字。」詞之訓釋，莫先於爾雅。至清王氏經傳釋詞，旁搜博引，立語精當，多不可更易。本節竊仿王氏之例，以釋論語之詞，有前修之矩矱在，不必強立新異以自矜創獲也。讀書固當先了解文字，朱子答楊元範云：「文字音韻雖淺事，然此等不理會，卻枉費了許多詞說牽補而卒不得其本意，亦甚害事。」誠哉斯言。若文字訓詁不明，何足以言義理，且一句之精神情態，每繫之於詞，往往因詞之誤解而淆亂文義，是則因詞以害志，吾未見其有所得也。

1. 而字例：

經傳釋詞：「而者承上之詞，或在句中，或在句首，其義一也。」本書而字多在句中。而，猶若也，乃也。經傳衍詞：「而猶且也。且訓又，故而亦同又義。而猶與也，然也。」凡二書有所引證，其文頗繁，今概從略。

⑴而猶又也：

①學而時習之。②謹而信。③敏而好學。④居敬而行簡。（而皆又義。）

(2)而猶且也：

①死而無悔者。②勞而不怨。③磨而不磷。④涅而不緇。

③而猶與也：

①食饐而餲，②魚餒而肉敗不食。

(4)而猶若也：

①管氏而知禮，孰不知禮？②學而不思則罔，思而不學則殆。③人而不仁如禮何！④恭而無禮則勞。

(5)而猶唯也：

①知和而和，不以禮節之，亦不可行也。②不患寡而患不均，不忠貧而患不安。

(6)而猶乃也：

①斯人也而有斯疾也。②貧而無諂，富而無驕，何如？

(7)而猶然也：

①君子不可小知，而可大受也；小人不可大受，而可小知也。②夫子焉不學而亦何常師之有。

2.之字例：

之，言之間也，是也，猶若也，其也，則也，乃也。

(1)之猶是也：

①學而時習之。②小大由之。③先行其言而後從之。④子路對曰：「有之。」

(2)之其也：

①可使爲之宰也。②赤也爲之小，孰能爲之大！③箕子爲之奴。④紂之不善，不如是之甚也。

(3)之猶若也：

①其言之不怍，則爲之也難。②天之將喪斯文也。③我之大賢與？④夫子之得邦家者。(5)動之不以禮未善也。

(4)之猶則也：

①知之爲知之。②居之無倦，行之以忠。③邇之事父，遠之事君。

(5)之猶乃也：

①不圖爲樂之至於斯也。②歲寒然後知松柏之後彫也。③又聞君子之遠其子也。

(6)之往也：

①違之，之一邦。②之三子告，不可。③何必公山氏之之也。

3.不亦例：

凡言不亦者，皆以亦爲語助，如「不亦說乎」即「不說乎也」之意。

(1)不亦說乎？不亦樂乎？(2)不亦重乎！(3)不亦宜乎！

4.乎字例：

說文：「乎，語之餘也。」廣雅釋詁：「乎，詞也。」有疑詞。歎詞。形容詞等。乎又有於義。

(1)乎作疑詞：

①不亦說乎？②傳不習乎？③不敬何以別乎？④曾是以爲孝乎？

(2)乎猶於也：

①其諸異乎人之求之與！②子張曰：「異乎吾所聞。」

(3)乎助詞：

①其如示諸斯乎。②君子何患乎無兄弟也。③必也正名乎。④於從政乎何有。

(4)形容詞：

①郁郁乎文哉！②巍巍乎舜禹之有天下也，蕩蕩乎民無能名焉。④煥乎其有文章。

(5)歎詞：

①君子無所爭，必也射乎！②子曰：「已矣乎！吾未見好德和好色者也。」③文王既沒，文不在茲乎！

5.矣字例：

說文：「矣，語已詞也。」矣，乎也。又起下之詞也。

(1)語已詞（語氣極爲確定）：

①雖曰未學，吾必謂之學矣。②其爲人也孝弟，而好犯上者，鮮矣。③愼終追遠，民德歸厚矣。

④如有復我者，則吾必在汶上矣。

(2)矣乎也：

①則將焉用彼相矣？②克伐怨欲不行焉，可以爲仁矣？③子張問士：「何如斯可謂之達矣？」④子貢問曰：「何如斯可謂之士矣？」

(3)矣爲起下詞：

①子謂：「韶盡美矣，又盡善也。」②子曰：「苟志於仁矣，無惡也。」

6.者字例：

說文：「者，別事詞也。或指人，或指事，或指物。又爲起事之詞。」

(1)指稱：

①無友不如己者。②我未見好仁者惡不仁者。③我非生而知之者。④告諸往而知來者。

(2)起事詞：

①孝弟也者，其爲仁之本與！②其或繼周者，雖百世可知也。③子曰：「士志於道，而恥惡衣惡食者，未足與議也，94政者，正也。」

7.也字例：

(1)也作問詞：

①子張問：「十世可知也？」②斯人也，而有斯疾也？③井有仁焉，其從之也？④曰：「何器也？」

曰：「瑚璉也。」

(2)也作助詞：

①女與回也孰愈？②賜也何敢望回。③必也使無訟乎！④雍也仁而不佞。

(3)起下之詞：

①亦之適齊也，乘肥馬，衣輕裘。吾聞之也，君子周急不繼富。

(4)也猶者也：

①今也則亡。②今也純。③古者民有三疾，今也或是之亡也。④君子之至於斯也，吾未嘗不得見也。

(5)結上文（即語已詞）：

①不以禮節之，亦不可行也。②信近於義，言可復也，……因不失其親，亦可宗也。③見義不爲，無勇也。

(6)也猶耳也：

①非敢後也△，馬不進也。②君子可逝也△，不可陷也。③是聞也△，非達也。

8.也已例：

也已一詞，也爲語已詞，已爲助詞，也已有肯定之語氣。

(1)子曰：「君子食無求飽，居無求安，敏於事而愼於言，就有道而正焉，可謂好學也已。」(2)子曰：「攻乎異端，斯害也已。」⑶夫仁者己欲立而立人，己欲達而達人，能近取譬，可謂仁之方也已。⑷子曰：「如有周公之才美，使驕且吝，其餘不足觀也已。」⑸雖欲從之，末由也已。

由右例。「也已」一詞，也爲語已詞，已爲助詞無義，按之文例則然。因之，子曰：「攻乎異端，斯害也已」章，紛紜之解說可立辨之。按此章向有三解：一集解訓攻爲治，言治異端爲有害。二、孫奕訓攻爲攻擊，意謂攻擊異端其害乃止。三、焦循以攻爲攻錯切磋，已亦訓止。今若以止訓已字，則推之⑴⑵⑶⑷⑸諸章，義皆不可通，如⑴「可謂好學也止」，好學乃止，義不可爲訓。又如雖欲從之，末由也已。直言無由得，若已訓止，則不爲義。故從「也已」之文例觀之，異端章之已字，不可訓止，當從集解「治異端之學，爲害必深」之訓爲允。

9.**也已矣例**：

「也已矣」有決定之語氣，惟言盡而意味無窮也。

⑴子曰：「泰伯其可謂至德也已矣！」⑵子曰：「不曰如之何……吾末如之何也已矣！」⑶子夏曰：「日知其所亡，月無亡其所能，可謂好學也已矣！」

10.**哉字例**：

說文：「哉，言之閒也。」有作歎詞者，均常見義。

⑴作問詞：

①人焉廋哉？②其何以行之哉？③吾何以觀之哉？④何有於我哉？

(2)作歎詞：

①郁郁乎文哉！②管仲之器小哉！③庶矣哉！④君子哉若人！

11.而已矣例：

而已矣，而則也，已止也，矣助詞，言如此則可矣，即此而足之意。

(1)君子於其言，無所苟而已矣。(2)夫何爲哉？恭己正南面而已矣。(3)辭達而已矣。(4)言中倫，行中慮，其斯而已矣。

12.無乃例：

無乃，猶得無也。見宣十二年公羊傳注，有疑而不可之意。

(1)居簡而行簡，無乃太簡乎！(2)無乃爲佞乎！

13.與其……無寧例：

與其，與如也，與其即如其。左傳：「無寧茲許公，復奉其社稷，」杜注：「無寧，寧也。按無寧有寧可，不如之意。單用寧字義同。」

(1)且予與其死於臣之手也，無寧死於二三子之手乎。(2)禮與其奢也寧儉，喪與其易也寧戚。(3)與其媚於奧寧媚於竈。

14.夫字例：

夫猶乎也，歎詞。孟子趙注：「夫，歎詞也，在句末。」夫，彼也，又此也，讀若扶。

⑴作助詞用：

①亦可以弗畔矣夫。②苗而不秀者有矣夫。③君子疾夫舍曰欲之，而必爲之辭。④子曰：內省不疚，夫何憂何懼。

⑵作歎詞用（有乎字義）：

①子曰：「亡之，命矣夫！」②子在川上曰：「逝者如斯夫！」③子謂顏淵曰：「用之則行，舍之則藏，惟我與爾有是夫！」④子曰：「莫我知也夫！」

⑶夫此也：

①子曰：「夫人不言，言必有中。」②非夫人之爲慟而誰爲！③子路使子羔爲費宰，子曰：「賊夫人之子。」

⑷夫彼也：

①子曰：「回也視予猶父也，予不得視猶子也。非我也夫二三子也。」②曾皙曰：「夫三子者之言何如？」③陳成子弑簡公。……公曰：「告夫三子。」④子曰：「無爲而治者……夫何爲哉？恭己正南面而已矣。」

15. 其字例：

⑴作指事詞用：

其，指事之詞，猶殆也，將也，若也，乃也，以也。

①孝弟也者，其爲仁之本與！②事父母能竭其力。③夫子至於是邦也，必聞其政。④父在觀其志。

(2)其殆也：

①知其說者之於天下也，其如示諸斯乎！②子語魯太師樂曰：「樂其可知也。」③子曰：「泰伯其可謂至德也已矣。」④「知我者其天乎！」

(3)其將也：

①井有仁焉，其從之也？②天之未喪斯文也，匡人其如予何！

(4)其若也：

①其或繼周者，雖百世可知也。②其在宗廟朝廷，便便言唯謹爾。

(5)其乃也：

①我之不賢與，人將拒我，如之何其拒人也？②二吾猶不足，如之何其徹也？

(6)其以也：

①子之迂也，奚其正？②夫如是？奚其喪？

16. **抑字例**：

抑詞之轉也，有非此或彼之意。朱註：「抑，反語詞。」反即轉也。

(1)子禽問於子貢曰：「夫子至於是邦也，必聞其政，求之與，抑與之與？」(2)子曰：「若聖與仁，則吾豈敢，抑爲之不厭，誨人不倦則可謂云爾已矣。」(3)子曰：「不逆詐，不億不信，抑亦先覺者是賢乎。」

17.**諸字例**：

諸，為助詞，又有「於」義，有「之乎」之義。

(1)作助詞用：

①告諸往而知來者。

(2)諸於也：

①子貢曰：「我不欲人之加諸我也，吾亦欲無加諸人。」②「其如示諸斯乎！」指其掌。③子曰：「君子求諸己，小人求諸人。」

(3)諸之乎也。

①子路請禱。子曰：「有諸？」②爾所不知，人其舍諸？③雖欲勿用，山川其舍諸？④子貢曰：「有美玉於斯，韞匵而藏諸？求善賈而沽諸？」⑤必也聖乎！堯舜其猶病諸！⑥子路問：「聞斯行諸？」

18.**與字例**：

禮記檀弓注：「與及也。」與，猶以也，又助詞，又許也。

(1)與以也：

①子曰：「鄙夫可與事君也與哉！」②子曰：「可與共學，未可與適道。」③子曰：「起子者商也始可與言詩已矣。」

(2)與許也：

①夫子喟然歎曰：「吾與點也。」②子曰：「與其進也，不與其退也。」

(3)與作間詞：

①求之與？②子貢曰：「詩云：『如切如磋，如琢如磨。』其斯之謂與？」③季氏旅於泰山，子謂冉有曰：「女弗能救與？」④曰：「然則師愈與？」

(4)與及也：

①子曰：「富與貴，是人之所欲也。」②子曰：「赤也，可使與賓客言也，不知其仁也。」③子謂子貢曰：「女與回也孰愈？」④子曰：「晏平仲善與人交，久而敬之。」

19.斯字例：

爾雅：「斯此也」。按論語無「此」字，凡當用「此」字處，皆用斯字代之。又斯猶即也。

(1)斯此也：

①先王之道，斯爲美。②其斯之謂與？③魯無君子者，斯焉取斯？④斯人也，而有斯疾也！(5)何莫由斯道也？(6)昔者吾友嘗從事於斯矣。

(2)斯猶即也：

①曰：「其言也訒，斯謂之仁矣乎？」②子聞之曰：「再斯可矣。」③冉有問：「聞斯行諸？」子曰：「聞斯行之。」

⑶斯猶則也：

①子曰：「仁遠乎哉？我欲仁，斯仁至矣。」②正顏色，斯近信矣。③夫子之得邦家者，所謂立之斯立，道之斯行。

按論語全書無「此」字，皆用斯字以代之。至孟子書中用此字例最多。如梁惠王：「賢者亦樂此乎？」對曰：「賢者而後樂此，不賢者雖有此不樂也。」又「此心之所以合於王者何也？」又「夫何使我至於此極也。」又「今王鼓樂於此」，「此無他」，「此夫匹夫之勇也」，「此文王之勇也」，「今有璞玉於此」，「人力不至於此」是二書「斯」「此」例之不同也。

20.**乎哉例**：

乎哉，為語尾助詞，實即與「乎」字同一用法，綴一哉字，則語味悠遠矣。

⑴子曰：「為仁由己，而由人乎哉？」⑵子曰：「吾有知乎哉？」⑶言不忠信……雖州里行乎哉？⑷子曰：「禮云禮云，玉帛云乎哉！」

21.**則字例**：

則承上起下之詞。廣雅曰：「則，即也。」則，猶乃也，故也，惟也，將也，於也，其也。

⑴則即也：

①弟子入則孝，出則弟。②君子不重則不威。③過則勿憚改。④如得其情，則哀矜而無喜。

⑵則猶乃也：

①行有餘力，則以學文。②棄而違之，自於他邦，則曰：「猶吾大夫崔子也。」③子曰：「忠告而善道之，不可則止，毋自辱焉。」

(3)則且也：

①君子不重則不威，學則不固。②子曰：「父母之年不可不知也，一則以喜一則以懼。」

(4)則故也：

①學而不思則罔，思而不學則殆。

(5)則唯也：

①子曰：「回也，其心三月不違仁，其餘則日月至焉而已矣。」②君子所貴乎道者三……籩豆之事，則有司存。

(6)則將也：

①舉一隅不以三隅反，則不復也。②子路曰：「子行軍則誰與？」③信而後諫，未信則以爲謗己也。

(7)則於也：

①子曰：「文莫吾猶人也，躬行君子，則吾未之有得。」②子曰：「若聖與仁，則吾豈敢。」

(8)則其也：

①上好禮，則民莫敢不敬。②上好信，則民莫敢不用情。

22.**焉字例**：

⑴焉語已詞：

①子曰：「自行束脩以上，吾未嘗無誨焉。」②三以天下讓，民無得而稱焉。③子曰：「巍巍乎舜禹之有天下也，而不與焉。」④我叩其兩端而竭焉。

⑵焉何也：

①人焉廋哉？②或曰：「雍也，仁而不佞。」子曰：「焉用佞？」③曰：「未知，焉得仁？④焉知賢才而舉之？」⑸夫子莞爾而笑曰：「割雞焉用牛刀？」

⑶焉猶乎也：

①既庶矣，又何加焉？②子曰：「予欲無言」，子貢曰：「子如不言，則小子何述焉？」

23.**豈字例**：

廣韻：「豈，詞之安也。」豈，焉也。按豈皆有疑之意。

⑴其然，豈其然乎？⑵豈若匹夫婦之爲諒也，自經於溝瀆而莫之知也！⑶陳子禽謂子貢曰：「子爲恭也，仲尼豈賢於子乎？」

24.**必也例**：

「必也」一詞，有期待而堅定之意。聽訟章正義云：「此乃教化之所致，正如王者必世而後仁，皆須以歲年，非可一朝能者，故衹言必也以期之。」

(1)子曰：「聽訟吾猶人也，必也使無訟乎！」(2)子路曰：「衛君待子而爲政，子將奚允？」子曰：「必也正名乎！」(3)子曰：「不得中行而與之，必也狂狷乎！」(4)曾子曰：「人未有自致者也，必也親喪乎。」

近代中國經學的發展

一、前言

經學，數千年來一直支配著學術思想界，並主導中華文化之發展，此爲不爭的事實，時至今日無論人們對經學持何種態度去看待，它的確已深入中華民族的生活與腦際之中，前人所謂「內化」者是。在近代，經學的盛衰消長，隨時代而起伏。但其波動之幅度，仍可一窺其外貌，所謂近代，當是自一八四〇年鴉片戰爭以後，中國歷史進入近代，正是清朝統治時期，清朝自順康雍乾，爲其極盛時代，但乾隆中葉以後，漸萌衰弱之象，危機已隱隱潛伏，綜清室一代學術成果，可謂之考證學。大體包括經學、史學、文字、音韻、天算、地理、校勘、目錄、金石、律呂……等而其核心仍在於治經，戴震云：「六經者，道義之宗，而神明之府也。」①錢大昕云：「夫六經定於至聖，舍經，則無以爲學，學道要於好古，蔑古則無以見道。」②清儒標榜的漢學，即是對蘊含儒家思想的經典加以訓詁考訂。足見考據學派，仍然是爲經學服務的。一種學術思想，必與其時代思潮相結合，易言之，即必受政治勢力之影響，清儒治學，每侷限於考據範圍之內，有其內在原因，自是清室統治的手段，一面高壓政策，大興文字獄，在乾隆一朝，共有文字獄七十一件之多；又用懷柔羈縻政策，開博學鴻詞科，編修四庫全書，即其顯明之例。此整個政治環境影響學術之顯例。

二、歷史劇變

一九一一年黃興起義於廣州，八月二十九日武昌革命爆發，三日內而三鎮光復，終於將滿清二百六十八年之統治推翻，建立了中華民國（一九一二年）二月十二日。清帝退位，數千年君主專制政體宣告廢除，此爲歷史上之劇變，政治、社會、學術均爲之改觀。回頭上溯一八九四年中日甲午戰役之後，外交上接連挫敗，令人不敢回首，此役簽訂馬關條約，許朝鮮獨立。割台灣、賠款二萬兩。一八九七俄租旅順大連，法佔廣州灣，英佔威海衛，中國被瓜分豆剖，不可終日，此是當年的外患。帝國主義侵略壓迫，社會方面：自道光三十年（一八五〇）太平天國洪秀全金田起兵，歷時十五載，蹂躪十六省，清朝幾至滅亡，對當時國家社會影響之大可知。國內經戊戌政變六君子爲國殉難，一八九〇年義和團之亂，八國聯軍入北京這些鉅大的變亂整個社會爲之瓦解糜爛、刺激人心特甚，學界自然受到極大的衝激。

三、時代思潮

隨著歷史劇變，外交挫敗，中西文化之激盪，尤其新舊思想的衝突，與日劇增，試觀林紓與蔡孑民先生信：

大學爲全國師表，五常之所係屬。……晚清末造，慨世者恆曰：去科舉、廢八股、復天足、逐滿人、撲專制、整軍備，則中國必強。今百凡皆遂矣，強又安在？於是更造一解，必覆孔孟，剷倫常爲快，外國不知孔孟，然崇仁、仗義、矢信、守禮、五常之道、未嘗悖也。今必曰：天下之弱，弱於孔子。……人頭畜鳴，辯不屑辯，置之可也。

此信引述新舊思想之衝突如繪，陳獨秀於民國四年九月創《新青年雜誌》，介紹西洋思想，攻擊中國舊思想，尤其對於孔子及舊禮教的攻擊尤爲激烈，民國五年北大聘陳獨秀爲文科學長，提倡新文學、鼓吹新文化，於是北大成爲中國新思想之發源地，陳獨秀於一九二一年即組織共產黨，加入第三國際，此於思想界影響至大，其尤重要者有：

㈠**士大夫不滿現狀**。

其較早者康有爲於一八八九年（光緒十五年）以一諸生伏闕上書，倡言變法自強，時人目爲瘋狂，事不成歸故里於長興里築萬木草堂講學，弟子有梁啓超、林旭等。至中日甲午之役戰後中國一敗塗地，於是又聯合公車千餘人二次上書，計四年間上書七次，光緒二十四年四月二十八日，德宗召見於仁壽殿，詢天下大計及變法良策，惜其謀爲袁世凱所洩，爲西太后所知，全歸失敗，卒釀成戊戌政變。梁啓超於一九〇二年在日本發刊《新民叢報》，介紹頡德、孟德斯鳩、達爾文等學說，其中以達爾文學說影響至大。

㈡反古疑古風氣高張

民國八年（一九一七）五四運動後，過於趨新者以爲中國積弱不振，岌岌可危，一切當歸咎於傳統文化，激進分子有主全盤西化者。於是疑古反古之風掀起，波濤洶湧，震撼學界，疑古派以錢玄同、顧頡剛二人爲代表。錢氏疑古之作有《今古文經學及辨僞叢書》、《論語編纂經部辨僞文字書》等，且於民國十四年將錢姓改爲疑古。錢氏說：

我以爲不把六經與孔丘分家，孔教總不容易打倒的。③

又說：

《詩經》這書的編纂和孔老頭兒，也全不相干。④

胡適說：

反對孔子思想最有力的人要算吳虞。⑤

吳稚暉更謂：

孔孟老墨是春秋戰國亂世的產物，非再把他丟在毛廁裡三十年（不可）。⑥

由右知此時反古疑古之風潮，直有排山倒海、天崩地裂之勢。

㈢斬斷六經與孔子之關係。

錢玄同說：

孔子無刪《詩》或制作六經之事；《詩》、《書》、《禮》、《易》、《春秋》，本是各不相干的五部書；六經的配成，當在戰國之末。⑦

錢氏又說：

《詩》是一部最古的總集，《書》是三代時「文件類編」或「檔案彙存」，《儀禮》是戰國時僞書，《周禮》是劉歆僞造的（本之康有爲說）。《易》我以爲原始易卦是生殖器崇拜時代的東西。《春秋》王安石說它是「斷爛朝報」，是極當的評論。⑧

顧頡剛看六經，顧說：

我以爲孔子只與《詩經》有關係，他只勸人學詩，並未刪詩。至於《易》、《書》、《禮》、《春秋》可以說與他沒關係，即使有關係，也在「用」上，不在「作」上。

錢顧二人直謂六經與孔子全無關聯，斬斷六經與孔子之關係，以遂其棄經批孔之目的。

四、民國成立後讀經、治經風氣之重建。

㈠清末民初學者看經書。

梁任公說：

那時候新思想的急先鋒是我親受業的先生康南海（有爲）他是常州派經學出身……康南海正在用「變法維新」旗號，得光緒帝信用，舊派把西太后擁出來，演成「戊戌政變」悲劇。表面上新學家失敗了，反動日演日劇，仇恨新學之不已，遷怒到外國人鬧出「義和團」事件，八股科舉到底在那時廢了。⑨

常州學派治今文經學，康氏專治公羊春秋，借孔子託古改制，以達政治革命之目的。

乾嘉學派治學範圍極廣，包括經學、史學、文字、音韻、目錄校讎等，而其中心則是經學，當時著名學者戴錢等一再申明他們治學之根本目的，在於治經，由王國維起，王氏發表《殷周制度論》和「周氏所以王」的卅點，純由《尙書》三禮等經書考索而知，以周歷祚八百年，周公制禮作樂皆與六經有關。又梁啓超於一九二三年發起「戴東原生日兩百年紀念會」⑩號召青年學生做「窄而深的研究，拚著一二十年工夫下去。」⑪其次是胡適推崇乾嘉學派聲望及其學術成果，於一九一九年八月發表《論國故學》一文，強調「發明一個字的古義與發現一顆恆星，都是一大功績。」⑫同月他又發表了《清代學者的治學方法》其第一至第八章宣揚中國的舊有學術「只有清代的『樸學』，確有科學的精神。」⑬

(二)五四後乾嘉學風復起。

(三)尊孔崇經學者。

自康有爲「變法維新」以救清室之危亡，同時對於相沿風俗、倫理，仍一致擁護而尊孔讀經，梁啓超承康氏之風他尊孔讀經，維護數千里之禮教倫理思想，習考證學從康有爲於萬木草堂究公羊大義、周秦諸子、佛典、西洋經世之學，一九一七任財政總長，一九二三任清華教授，著有《清代學術概論》、《中國近三百年學術史》……等，綜梁氏介紹西方哲學，亦爲中國數千年禮教、倫理之維護者，康氏尊孔、梁氏重中國文化，其主要觀點在立教改制，倡大同說，實則發揮孔子精神，崇尙孔子學說。次嚴復（一八五三－一九二一，民國十年）仍承中國傳統思想，嚴氏說：

中國目前危難，全由人心之非，而異日一線命根，仍是數千年來先王教化之澤，讀經之在學校，當時立一科四子五經亦然，皆中國數千年來人倫道德之基，老夫行年將近古稀，以爲耐久無敝，尚是孔子之書、四子、五經固是最富礦藏，惟須改用新式機器發掘淘鍊而已。⑭

其次爲章炳麟，治《左氏春秋》，排斥今文《公羊傳》著《國古論衡》《春秋左氏傳讀敘錄》等，氏爲集清代考證學之大成者。考證經學、史學以及諸子，太炎先生嘗以學術自任。他說：

上天以國粹付余，自炳麟之初生以迄於今，三十有六歲，鳳鳥不至，河不出圖（二語見《論語・子罕篇》孔子云：太炎自儗孔子）惟余亦不任宅其位繄素臣之迹（以丘明自況）是踐，豈直抱殘守缺而已，又將官其財物（整理國粹），恢明而光大之，至於支那閎碩壯美之學而遂新其統緒，國故民紀絕於余手，是則余之罪也。⑮

次爲王國維（一八七七－一九二七，民國十六年二月十六日沈昆明湖）他說：

數年以來，歐洲諸大學，議設東方學講座以數十計，德人之奉孔子老子說者，各成一團體，蓋與民休息之術，實尚於黃老，而長治久安之道，莫備於周孔，在我國爲經驗之良方；在彼土爲對症之新藥。⑯

次爲梁漱溟於民國十一年出版《東西文化及其哲學》反對西洋文化尊崇固有文化，教人「向東走」自然要尊孔。他說：

孔子獨以老生常談，淺近平庸的東西，擺在你眼前，他卻不怕你不要，自非有極高的眼光，極深的見解，將人類是怎樣的一個東西，完全了然於胸，其何能如此，嗚呼聖矣。這眞可以俯視一切。⑰

次張東蓀有人說他是近代中國哲學的系統建立人，張氏認爲道德是文化之一。他說：

第一，吾名之曰「誠」。第二，吾名之曰「仁」。實即孔子所謂忠恕也。對己必誠必忠；對人必仁必恕，此實爲道德之基本，其他一切道德，皆由此以出。⑱

自康、梁、嚴、章王梁張諸先生之說觀之，康梁發揮公羊學之大義，嚴幾道謂四子、五經爲數千年人倫道德之基。經世耐久而無敝，只有孔子之書，四子五經爲最富之礦藏（取之不盡，用之不竭）。章太炎氏以國粹自任，願爲孔子之素臣（孔子爲素王）光大國粹，以此爲民人之綱紀。王靜菴以長治久安之道莫備於周孔，在我國爲經驗（治平）之良方；梁漱溟氏以孔子之聖俯視萬代，五經之教，人人必需；張東蓀氏提出誠、仁、忠恕之德目，以之爲一切德行之基本，而誠、仁、忠恕即孔子思想之中樞，《中庸》言誠，《論語》言仁與忠恕，即經文可以按驗之者，諸先生之尊孔崇經，可云至矣。

五、結語

近代中國經學自乾嘉漢學極盛時代，其特色雖爲考證，而考證之目的，則爲治經。嘉道以後，調和漢宋，民國成立於漢宋，今古文經之畛域，已無涇渭軒輊之見。其習用仍沿乾嘉之風尙，而益以中西治學之方法，各大學開設經書科目，各研究所廣開經學科目，群經皆具、博士論文每有以經學爲主題者，群經中又以《周易》爲多，社會上亦以易爲最熱門之科。在台灣於一九八七年召開「國際孔學大會」所謂孔學，固不離六經，實際舍六經而外，則無孔學矣，大陸上已先有此類會議，六經中《周易》一門最爲凸顯，在台灣、國際易學大會，已歷十餘屆，在大陸上海有所謂《易經》熱，單是在河南安陽已召開三次以上《易》學國際會議。猶記一九九〇年（民國七十八年）一月一次大會主題爲：「《周易》與現代自然科學的關係」。參與中外學者一二八名發表論文七十八篇，均與易學有關。至於《周易》在西方。法國有「《周易》心」之設立，其主席爲夏漢生（Cyerlle Javary）著名漢學家，他主編「卦」雜誌。近十年來，完全改變了《易》學在西方的新形象，他強調「返本尋源」，即回到《易經》文本，擺脫傳統以傳解經習慣，該中心也密切注意到中國大陸易學家的新發現。《易經》在美國，華府幾家書店中，有十一種不同之版本，西方人翻譯最完整的一部《易經》。是德國人衛禮賢（R. Wilhelm）的版本，後由美國教授柏仁斯英譯於一九四九年出版，到一九九〇年，此英譯本已再版了二十四版，可見《易經》在美國受歡迎之程度，足見《周易》在西方今日，已成爲顯學無疑。籠罩中國二千多年的思想學說，以孔子爲代表，一般文學作品，多引群經爲證，太史公云「夫學者載籍極博，猶考信於六藝（六經）」⑲至今何獨非然。至於近代有關經學研究的方法，大體上仍沿乾嘉學風，而戴東原（皖派）一派至今仍影響學界，今古文之爭，至民國以來已漸趨緩和，近代經今文學大家以廖平爲第一，他本習《穀梁·春秋》於一八八五年撰成《今古學考》二卷，上卷列表，從禮制區別今古文學之不同。下卷爲說明文，他認爲《王制》爲今文經學之根本。《周禮》爲古文經學的宗主，古文經學的禮制皆本之《周禮》，從此今古學涇渭分明，是廖平在經學史上一大貢獻，俞樾贊廖平《今古學考》爲「不刊之作」。康有爲本之作《新學僞經考》（一八九一年）及《孔子改制考》（一八九六年成書）由是今文經學之所宗所持，已略成定論。

至於批評乾嘉學派者有章學誠、姚鼐等人今略舉其要如後：

㈠**章學誠**，他評當時學風之弊云：

> 世儒之患，起於學而不思，學博者，長於考索，終身疲精勞神以徇之，不思博之何所取也？⑳

章氏謂清儒專務考索知博而不知守約，已失孔孟由博反約之旨。

㈡**魏源**主治經從經文本身探討其微言大義，不必從傳注訓詁入手。他說：

> 經有奧義，有大義，研奧者必從傳注分究，而治精玩大者，止以經文彙觀而自足。㉑

㈢**姚鼐**云：

> 專求古人名物制度書數，以博爲量，以窺隙攻難爲功，甚者欲盡舍程朱而宗漢，枝之獵而去其根，細之搜而遺其巨，夫寧非蔽歟？㉒

姚氏謂清儒專力名物制度書數以尋求瑕疵爲上，蔑棄程朱躬行之實，舍根本而求枝葉而已，此背孔孟先行後文之宗旨。

㈣**方東樹**云：

漢學家自以爲所治皆爲實事求是之學，衍爲篤論。萬口一舌，牢不可破。……只向紙上與古人爭訓詁形聲傳注，駁雜援據群籍，證佐數千百條。反之身己心行，推之民人家國，了無益處，往往使人狂惑失守，不得所用，然則雖實事求是，而乃虛之至也。㉓

方氏指清儒只於紙上鑽求傳注訓詁，援引雖博，終無益於家國天下以及「爲己之學，乃虛而不實之學也。」

㈤曾國藩云：

嘉道之際，學者承乾隆季年之流風，襲爲一種破碎之學，辨物析名，梳文櫛字，刺經典一二字，解說或至數千萬言，繁稱博引，游衍而不得所歸，張己伐物，專抵古人之隙。㉔

曾氏已洞見嘉道間爲漢學者破碎繁蕪支離之病，刺經文一二字，說解數千萬言，而不知其旨歸何在。

由右諸先生指摘清季漢學家之弊，皆深中肯綮。然漢學家長於考據，對材料的鑑定事實的考究，古代典章制度的因革損益，過去、今日仍亟需要，方今當力求革新，眼光務取遠大，令經學在今日有其時代意義與經世實用之價値，不墨守故習，擇善而從，實際作到「實事求是」，庶乎可矣。

【附註】

①《戴東原集．古經解鉤沈序》。

②《經籍纂詁序》。

③《論說與群經辨僞書》。
④《論詩經眞相書·古史辨第一冊》。
⑤《胡適吳虞文錄序》。
⑥《吳稚暉學術論者·箴洋八股化之理學》。
⑦《古史辨》六九—七〇頁。
⑧《古史辨》七六—七八頁。
⑨《古史辨》五六頁。
⑩《飲冰室全集》。
⑪同上。
⑫《胡適文存論國故學》。
⑬《胡適文存清代學者的治學方法》。
⑭郭澄波著《五十年來中國思想之改變上》。
⑮《癸卯獄中自記》。
⑯《近三十年中國思想史》。
⑰《中國民族自救運動之最後覺悟》七頁。
⑱張東蓀著《道德經學》。

⑲《史記伯夷例傳》。

⑳《文史通義內篇二·博約中》。

㉑魏源《論語孟子類編序》。

㉒《惜抱軒文集·贈錢獻之序》。

㉓《漢學商兌》卷中之上。

㉔《曾文正公文集·朱愼甫遺書序》。

貳、文化

論中西文化

前言

人類目前面臨的問題：一是人類行為受環境支配和習慣影響。必須建立正確的人生觀，才能克服環境，改變習慣。二物質生活與社會生活不調適，社會生活不能隨物質生活的優越而提升，則人類不能役使外物，反為外物所奴役，科學技術不能為人類服務，反而支配人生，戕賊人性。三理性與物欲之爭。人類雖有理性，但仍有與他動物一樣的物欲，理性、物欲常在內心交戰，必須理性戰勝物欲，才能盡到作人的責任。此為人類進化階段中必然遭遇到的問題。這是西方文化所導致的，也是西方人自己首先感覺到的難題。中國文化在發揚人類理性，增進人類生活，喚起民胞物與的感情，保持道德與知識的均衡與統一等方面，有絕對的把握和極大的貢獻，足以解決上述的問題。中西文化自明清兩代開始接觸以後，兩種不同類型的文化正面發生了襲擊、衝突、吸收、排斥等，二十世紀是科學世紀，由於科學的飛速進步，給人類帶來了繁榮、富庶、豪華享受，但同時也帶來了科學家無法處理的種種社會問題。

就學術範圍言，自然科學、社會科學、人文科學三大範疇，其中人文學發展最早，歷史最久，但到了今日，它的地位，一落千丈，勿論中外文學藝術哲學的研究，有關文化方面的可說是到了極不受重視的地步，主要原因，由於十九世紀以來「科學主義」和「實用主義」的泛濫，我們知道人文主義重價值，重直覺而以人性個性的發揚爲目標，它追求的是生命和生活的意義與價值；而科學主義重分析、重實證，所追求的是知識的發展和科學的應用，除了應用知識之外，科學家輕視、屏斥一切倫理價值、道德規範，它追求的是眞，而人文學是善與美，科學主義最初之目的在於對自然的控制，可是現在，它不但控制了自然。同時也控制了人類本身以及人類所生活的社會，科學家增加了對自然界的控制能力，但卻失去了對科學本身的控制，人類專一依賴技術文明的結果，是個性的喪失，自我的迷惘，這是非常危險的事體。目前人類有許多災難在面前，此即人類之危機，是以西方文化爲背景的西方世界所造成的，西方以往最大的安定力量，是宗教，現在宗教力量微弱，連道德觀念與一切價值觀念，也成了問題，科學的高度進步，一方面在方法理論上使價值觀念動搖，另一方面由於運用之不當，造成足以毀滅人類的武器，其主要禍根，是一種學術上的風氣，近日西方哲學上、社會學上、心理學上，提出了疏離觀念（alienation），人與世界分離，人與自己分離。現代青年人認爲一切環境均是錯誤，由家庭、社會、政府、國家、世界均有錯，只是自己沒有錯，此是何等可怕的一回事，實際上說，西方文化，除了自然科學畸形發展以外，實在已到了山窮水盡的地步，他們先進的學人，好像已有一種覺悟，認為支離破碎的知識，決不能解決整個人生問題，所以他們漸漸掉頭向東方的文化大系中來找尋足以領導人類思想的智慧，可是東方的青年們，大多還是醉心於西方科學文明，而鄙視自己家內的寶藏。民國五十七年五月二十八日，先總統蔣公於文藝會談話：「我常認為文化為文藝的根榦；文藝乃文化之花果，當前所需要的文藝，必需植根於民族文化的土壤之中，才可以一面吸取歷史文化的滋養，一面才能夠經得起舶來文化風雨的吹襲與考驗，如果喪失了中華文化固有的根本，則其無國籍亦無民族性的文藝，自亦毫無生命與價值之可言。」可謂語重心長，發人深省。

二、文化釋義

文、文采、光輝（有美的意思，有藝術的條件），化是感化、變化、同化，是人與人、人與物相互接觸而引起的一種變化，首宜強調「化」字的功用，當任一個文化在它演進或傳播時，自然會有一種精誠的感召與情愫的交流（也可以說是一種活力的衝動和鼓舞），這是一種潛在的無形力量，確能潛移默化，無為而自化（《論語季氏》「故遠人不服，則修文德以來之。」《書大禹謨》「帝乃誕敷文德，舞干羽于兩階，七旬有苗格。」）《周易咸彖傳》「天地感而萬物化生；聖人感人心而天下和平。」《禮記經解》「入其國其教可知也，其為人也，溫柔敦厚詩教也……」《孟子滕文公上》「……學則三代共之，皆所以明人倫也，人倫明於上，小民親於下」，「化」之宏效如此。人類為了生存，必須活動，活動時，彼此觀摩，相互影響而成為具有內容，有意義的活動，便產生了文化。質言之文化是人類生活方式，規範行爲的具體表現。

文化一詞，源出《易賁卦象傳》「觀乎天文以察時變；觀乎人文以化成天下。」《疏》言「聖人觀人文，則詩書禮樂之謂，當法此教而化成天下也。」據此文知文化即文治、教化之義，詩書禮樂，包括一切學術典制，故凡有關文教、有資治道者，皆在文化範圍之內。要之，所謂文化者人文之足以化成天下者也，易言之，文，是一切學術思想的總和、總紀錄；化，是化民成俗，是文治施行後所得的成績。英國人類學家泰勒（E. B. Taylar）於一八七一年對文化一詞下一定義「文化包含知識、信仰、藝術、道德、風俗以及人在社會中所獲致的其他一切能力與習慣的總和。」狹義言，文化指特定人群生活方式的總和。

二、中西文化之特質

中國文化以農業爲背景，西方文化以工業爲基礎，中國文化以家族爲主動的力量，西方則以個人爲主，中國以和平安定爲目的，西方以自由平等爲宗旨，中國文化傾向於靜，西方文化表現於動態方面。中國文化特徵中國人以家庭爲社會的基本單位，其重視長幼卑尊、男女親疏之倫常關係，爲中國文化之主要特徵。

倫理，是人類文明演進的程序中自然而來的產物，《周易．序卦傳》「有天地然後有萬物，有萬物然後有男女，有男女然後有夫婦，有夫婦然後有父子，有父子然後有君臣，有君臣然後有上下，有上下然後禮義有所措。」由男女而夫婦、父子、君臣而長幼上下，而昆弟朋友，五倫具備，然後禮義有所措（對於人倫的行爲規範，作事準則，有了明確的規定）此便是文化了，至於男女夫婦父子昆弟朋友，這些都是天然的結合，故曰天倫。由於天然結合，彼此自然能出入相友，守望相助以至於相親相愛互助合作，勿論在政治上的分工合作以達成民權的伸張，在經濟上的生產互助以促進民生之繁榮富庶，均以倫理爲其原動力，所以倫理是中華文化之核心，亦即中華民族的基本精神。而中華文化的吸引力與適應性特別強韌，中華文化之所以歷劫不變，萬古常新，就是它富於吸收力與適應性的，因此先　總統在《中國之命運》一書中說：「中華民族對於外來的文化和學術，仍能盡量的吸收和接受以求進益，唯其能夠如此融會各種文化，所以它的文化愈能博大，唯其能如此吸收各種的學術，所以它的學術，乃能日新。」中華文化是具有自新的原動力的，中西文化在思想上之不同處，中國重體會之道，西方重演繹之理。要之中國重實踐，西方重推理，中國重近情，西人重邏輯，中國哲學重安身立命，西人重客觀的了解與剖析，中國重直感，西人重分析，此其大齊也。

三、中西文化之傳統

中國主人倫道德，西方主物質科學，中國主靜，西人主動，中國爲內陸性之農業文化，西方爲海洋性之工業文化，中國長於實踐，西土工於思辨，中國重篤行，西人尙眞理，中國文化特重理想之人格，常見聖賢之偉大，使人樂於親近，既不失其尊嚴，而內心又有所依歸，西方文化皆有人我之分，不能表達唯我之至高境界。

西方文化之傳統

西方文化帶有希臘羅馬希伯來傳統（希臘文化之精神以文學哲學爲主）及基督猶太之教義（歐洲中世紀以宗教爲主）人類文化分物質的與非物質的兩種，就物質面言，中國學者對於發展科學技術之需要，均視爲當務之急，因爲人類文化必與利用工具（《易傳》備物致用，立成器以爲天下利）征服自然有關，非物質方面，特別指規範人群行爲及其相互關係之各種制度而言，中國傳統文化的理論基礎，是建立在儒家思想的倫理之上的。

中國文化的人文傳統

六年前美國人文學術委員會向全美三大學術團體提出的報告書中說：「中國文化的連綿持久，基本原因端在中國之精神的人文傳統。」認爲這人文傳統的復興，是中國學術界的當務之急。中國數千年的思想特徵，是人文主義、人文主義以人爲本，人爲天地萬物之靈，人是宇宙自然的中心（《禮記·禮運》「故人者，其天地之德，陰陽之交，鬼神之會，五行之秀氣也。」又曰：「故人者，天地之心也，五行之端也。食味別聲被色而生者也」）中國古聖先哲所致力的，不外乎調節人性，修明人倫，培養人格，健全人治，中國的人文思想，一切以人爲本、爲主，並且站在人生的角度上來衡量一切學術知識的功用。

世界三大部哲學，中國比較接近「人生哲學」（餘二部宇宙論認識論）由於中國歷史悠久、人文思想之發達，所以中國對於人生哲學之素養與發揚，在世界學術思想上，站有極重要的地位。先總統說：「我們的文化傳統，認爲人性本善，人性根於自然之良知眞理與美德，故其所表現於我民族文化者，厥爲至眞至善至美，大智大仁大勇，其所見之於行爲者，則爲父慈子孝，兄愛弟敬，尊老育幼，講信修睦，選賢與能，內而誠正修齊，外而協和萬邦，萬物並育而不相害，道並行而不相悖，亦即是國父所說的忠孝仁愛信義和平的八德，而此乃我中華民族所賴以生生不息，優良文化的基礎。」

四、中西文化之交流

(一)中化外播（輸出）

中國典籍譯成西文，利瑪竇爲第一人（一五五二年生於義國中部斐冷翠）他於明萬曆二十一年（一五九三）完成四書拉丁譯本，此爲中國學說傳入西方之先驅，此譯本引起西方研究中國文化之興趣。金尼閣譯五經爲拉丁文（傳教士攻讀漢文，研究中國學術思想，爲當時之風氣）法王路易十四派三位有學問之傳教士來華研究，有改造世界之幻想，聯合清聖祖及俄皇大彼得之力，促成東西文化之溝通，此後中國學說在西方更爲發展。奧國教士白乃心在他探覓歐亞陸路交通後於康熙初年出版義文之《中國雜誌》並附有「孔子傳」及《中庸》譯本。比國教士衛方濟於一七一一年刊行其拉丁文《四書》、《孝經》及《幼學》之譯本，他是第一個採用逐字翻譯的，如《大學》譯爲成年人之學，《中庸》譯爲不變之中道。法國教士白進用拉丁文著有《易經大意》但未印行，他自北平常與德國大哲萊布尼茲通信，其中主要參考材料都是《易經》。法人波的亞用法文編有《東方聖經》推崇孔子爲人類最偉大的聖人。教士錢德明研究中國古樂及石鼓文著有《孔子傳》及顏曾思孟的傳略，明清之際西學輸入的介紹人爲利瑪竇、湯若望、南懷仁、艾儒略我國學者從之者有徐光啓、李之藻等。

輸入

輸入之西學有天文、曆算、地輿、槍砲、水利、及格物致知之學，利瑪竇日記分五部，其中第一部專介紹中國文化，對於中國的風俗習慣、藝術、科學知識、政治制度、宗教思想、倫理觀念，乃至民間禮俗均有詳細的描寫最重要的指出三點：即中國君主並不專制，人民愛好和平從不打算侵略鄰邦，帝王和人民從不想侵略別人，此與歐洲人民大不相同，歐洲人民對本國政府常抱不滿之心，並忌妒他人之所有。次，中國有統一之文字，特別強調中國人的尊師重道爲他國所罕有。第三，中國人的倫理道德，以作人爲本，中國人的四書五經乃至孔孟的性善之說，墨子博愛和基督精神是融貫的，他特別對於祭祖上墳，認爲是出於慎終追遠，非一般迷信可比，他說「孔廟，是中國上等知識階級的集會之所，他們對孔子既不祈禱亦不乞求神助，尊敬孔子和祖先一樣。」他認爲孔子是最偉大的聖人，孔子敬天法祖，但不談鬼神，不論生死，他建立了一套修身齊家治國平天下的大道理，是中國一位偉大的哲學家，應爲歐洲人所取法。到了一七六〇年，法國伏爾德著《世界各國人民風俗論》歐洲學術界，傾慕中國文化已到了頂峯。綜上利氏成功的從西方把歐幾里得介紹給中國，又從中國把孔子介紹給西方。

附中日文化交流

有人說中十文化交流，近代是單流譬如在軍事、經濟法律等方面的書籍與學術，來自日本的很多，尤其近幾年電影文藝、美術等亦從日本來的多，甚至從前在中國盛行的茶道、書道、花道、棋道、空手道等本是中國的文化傳到日本以後，發達滋長起來又漸漸的傳到中國來，也有人說中國古代的中日文化關係，也是單流，此時單流是從中國傳到日本去的多，日本文化以明治維新為一轉捩點，以前所有日本文化，幾乎全部取自中國，譬如佛教、儒學，不必說，例如聖德太子十七條律令、法律、美術、建築差不多全是中國的。淺近的例子，日本吃的醃黃蘿蔔，他們叫做澤庵是澤庵和尚帶到日本去的，還有隱元豆，即豌豆，是隱元禪師帶去的。

五、中西文化之影響

中國文化西傳之影響

傳教士在西方宣傳中國文化，當時整個歐洲，尤其法國，幾為中國文化所籠罩，歐洲十八世紀為中國世紀，這不但超過他們原來的希望，反而造成對他們不利的結果（傳教士對他們當時研究中國文化之原由，是他們遇著一個數千年連綿不絕之傳統而完美的文化，而社會又非常安定，與歐洲當時之分裂、混亂迥然不同，所以盡量宣揚中國文化，目的在鼓勵傳教士東來，並使社會注意，肯為中國教會捐款，此為最初之動機，亦主要之作用，殊不知反而引起了歐洲的反教運動）。歐洲哲學家採取儒家經籍中的理論，作為反對教會之資料，西方反對教會之人士見宋儒以「理」為最高法則，又附於物質，認爲中國哲學爲無神論、唯物論、自然主義，此三個出發點，爲法國大革命之哲學基礎，孟德斯鳩在其所著《法意》中，根據中國理論，稱法律爲自然之理。盧梭稱美中國爲文明最高古國。荷爾巴旭以爲政治之根本法當與道德結合，而世界唯一的實行此一理論之國家就是中國的德禮政治。實踐哲學來勃力茲用拉丁文著有《中國近事》一書，其結論是實踐哲學方面，歐洲人遠不如中國。仁道主義，服洛德爾與中國文化接觸至早，在其一個小堂中掛有孔子像，每日早晚參拜，嘗說：「歐洲人對中國應該贊美、慚愧，中國人爲世界上最公正最仁愛之民族。」他發現孔子所說僅係純粹之道德，不談奇跡，不涉玄虛。右所引爲學術界所取資於中國文化之實例。

日本師友會長安岡正篤在東京工業俱樂部舉行的師友會成立二十周年慶祝大會上提出「二十一世紀，可能是個光明和勝利的世紀；也可能是個混亂和帶給人類恐怖的世紀。」這位權威的學（終身服膺儒學）者，緊接著說：「唯一解救之途，只有以蔣總統戰前在中國倡導的新生活運動的原則和精神，實行新的人生價值標準和道德規範。」中國文化在思想上，可以概括整個東方或亞洲，今日東方或亞洲，除日、韓兩國，原是中國文化的嫡系，泰、越、新、馬原是中華文化的旁支以外只剩印度一國，但印度文化是佛教文化，以釋迦牟尼爲主流的佛教，在印度以及其他各國早已失傳或失勢，眞正繼承佛陀衣缽的，不是南傳的小乘，而是北傳的大乘，公認爲是佛學根本的禪宗，百分之九十是中國思想的產物，只有淺薄的西方人，狹隘的中國學者，才否認此一事實。

六、中西文化之融會

西洋文化離開了人生，在西洋，勿論神學或科學，自希臘三大哲人始（蘇格拉底、柏拉圖、亞里士多德）在思想方法上與目的上把倫理道德中立化，使之與人生隔離，當代哲學家桑他耶納（Ssn-tayana）曾指斥西方研究學術的人，只問自己，應該做什麼事，不問自己應該做怎樣的人，同時近代科學與機械文明崛起，也產生了如英國學者黎維（H.levy）所指斥的為科學而科學的「孤立方法」。釀成科學與人生絕緣（與政治、人生沒有關係）。

中國的人文思想與西洋完全相反，在中國非但以人為本、為主，並且站在人生的角度上來衡量一切學術知識的功用。中國的人文思想，自古便認為天人合一，心物一元。所以神天之於人，自然之於我，物質之於心，一體和諧，所有宗教，均隸屬於人生範圍之內，而中國人文思想中，儒家特別指出「人人可以為堯舜」，中國人文學說，旨在教人作堯舜，這即是與人為善，善與人同之懷抱，而中國文學不重視個人所說所寫，而注重一個人的品行，是否與他所鼓吹的相符合（此是重篤行）。古聖先哲一直把道德範圍內之內修工夫，叫做性命之學，把知識範圍內的外修工夫，叫做經世之學，兩者的均衡和統一，即合內外之道，為學問的最高境界（標準），亦即人類理性發展的最高理想，西方物質文明分工精細，但也因此人們感到苦悶，覺得人生沒有意義，所以西方有遠大眼光的教育家都了解吸收東方文化的重要性，迄今國際東方學者會議已到二十七屆，美國亞洲研究學會會議已抵三十屆，國際漢學會議已到十九屆，前年美國聯邦教育署發表一驚人數字，希望在七年內培植中國文學博士三千人，文學碩士五千人（美國人）可見一斑。

七、世界新文化之產生

共產主義是危害人類的禍根，中國共產黨是中西文化衝突中的變態產物，也可以說是中西文化的影響下所產生的怪物（因爲馬列主義是西方的東西，而又是反西方的）孫哲生先生在民國五十七年八月華學會議發表論文：「以三民主義對抗共產主義」他說：「只有三民主義，才能對抗共產主義，解決世界問題。」世界有問題嗎？五十八年元月二十日，美前總統尼克森就職宣言（我們不以人廢言。）「歷史召喚美國，協助領導世界走出動亂的苦境。」又說：「美國在物質方面很豐富，但在精神方面很貧乏，美國在國內面臨著一項精神的危機，這須要由精神來解決。」又說：「我們能非常精確地往返月球，卻無法解決地球上的不和。」又說：「解決這項危機的方法，將是一些單純的德行，諸如善良、莊重、情愛、仁慈。」以上四項，明白地指出：㈠世界方處於動亂的苦境。㈡一項精神危機，須由精神（文化）來解決。㈢美國無法解決地球上的不和。㈣解決世界危機的方法，只有靠單純的德行和善良、仁慈等美德。（中國文化所獨具的美德）

解決世界危機，有賴於文化（精神力量）民國十三年十一月二十八日孫先生在日本神戶商業會議所等五個團體講演時指出：「東方的文化是王道；西方的文化是伯道，講王道的是主張仁義道德；講伯道的是主張功利強權，講仁義道德的是用正義公理來感化人；講功利強權的是用洋槍大砲來壓迫人。」國父在結論時說：「日本民族既得歐美的伯道文化，又有亞洲的王道文化的本質，從今以後，對於世界文化的前途，究竟是做西方伯道文化的鷹犬，或是做東方王道文化的干城，就在你們日本民族去詳審愼擇了。」新世紀即臨我們，對於世界新文化東西睿智的學者已有明銳的抉擇，純由文化立場言，八十一年十二月二十九日牟宗三先生於第二屆新儒學國際學術研討會中提出：「中國文化發展中的大綜合與中西傳統的融會」其大旨有四項：㈠儒家哲學是實踐的智慧學，它是個人生活、社會實踐的指導原則。㈡把握住中華民族文化生命的命脈了解孔孟之智慧，如何開出一個大綜合。㈢以中國文化爲本吸收西方的科學傳統自由民主傳統，台灣、大陸、香港均包括在內。㈣中國歷史的運會於此正是一個大綜合時期。時哉弗可失，世界新文化之建立天下一家，中國一人之旨，我中國雖不舍己以從人，但樂取於人以爲善，含弘廣大，兼容並蓄，世界新文化，要爲整個人類的前途福祉而取向的。

中國文學與中國文化

前言

在天壤間，品物流布，萬象環新，而所恆見者，不外人與物二端而已。物有動有靜，其動態靜態，謂之自然現象，人之靜態動態，諸如人之與人，人之與物，其參伍錯綜之跡，則謂之事。事有變化，有軌度，往復不已，斐然成章，則所謂「人文」是也。《後漢書．公孫瓚傳》：「舍諸天運，徵乎人文。」注：「人文猶人事也」。人文即人事，爲吾人類活動之形跡，亦所以反映吾人之現實生活也。故通常所稱文學、文化，即人文表現之一面，且爲二者對人文之綜合表現也。吾中華位東亞之樞要，有五千年之歷史文化，一切人文活動，皆自具顯明之個性，幾爲不可否認之事實。故言中國文學，則有其特殊之風格。論中國文化，復有其獨立之造型。二者似離而實相即；可分而不可分也。蓋中國文學，爲「民族文學」；中國文化，爲「王道文化」，其定型已久，故舍「民族文學」，不足以言中國之文學；舍「王道文化」，尤不足以語中國之文化也。進而言之，中國文學，乃描寫中華民族之國民性，而爲一純粹以民族爲本位之文學。中國文化，乃吾民族有史以來一切活動之總紀錄，而爲一承襲王道傳統風教之文化也。二者大氐以儒家之學術思想爲其骨幹，數千年來，雖時有消長起伏，而其脈絡、源流，固可得而尋繹之。研究中國文學與文化，旨在尋出二者相互之關係與其共通性，以及二者融合後對人文之貢獻。而中國之文學、文化，尤爲章明較著。爲研究此二問題所宜先知者也，謹分目述之於後：

一、文學、文化之釋名

文學一詞，首見于論語先進：「文學：子游子夏」皇侃云：「文學指博學古文」，邢疏：「文學謂文章博學」，據此則指古來一切學術。論語內言文、文學、文章，大略相同。概指詩書禮樂刑政制度。學而：「行有餘力，則以學文」馬融：「文者古之遺文。」述而：「子以四教：文行忠信」邢疏：「文謂先生之遺文」，雍也：「君子博學于文。」邢疏：「博學于先生之遺文」，公冶長：「夫子之文章，可得而聞也。」劉氏正義：「文章，謂詩書禮樂」，由是知論語言文、文學、文章，其意義大致相近。先秦諸子言文學，其義亦近論語。包括政刑禮制一切學術而言。實則當時言文學，猶今之文化。儒墨均重文學，荀子大略：「人之于文學也，猶玉之于琢磨也，詩曰：『如切如磋，如琢如磨』，謂學問也。」墨子非命：「墨子曰，今夫天下之爲文學出言談也，非將勤勞其喉舌而利其脣吻也，中實欲爲其國家邑里萬民刑政也。」荀墨所言文學，指學問政刑之類。即今之文化也。近人章太炎先生《文學論略》內云：「何以謂文學？以有文字、著于竹帛，故謂之文；論其法式，謂之文學。」氏所謂文，即今之文學，其言文學，則今之文學論，其言審約。其餘各家，多迻譯西人談文學之義，茲不煩舉。要之，文學者，藉有組織之文字以表達其思想與情感之作品也。至文化一詞，見易賁卦、彖傳曰：「觀乎天文，以察時變，觀乎人文，以化成天下」，注：「觀天之文，則時變可知也；觀人之文，則化成可知也。」疏：「觀乎人文以化成天下者：言聖人觀察人文，則詩書禮樂之謂，當法此教而化成天下也。」據此知文化者，即文治教化之義。以詩書禮樂之文以化成天下。詩書禮樂，包括一切學術典制。故凡有益教育，有資治道者，皆在文化範圍之內。各文化部門，如：宗教、文學、藝術、科學、哲學、政治、經濟等，類別至爲分明。要之中國所謂文化者，人文之化成于天下也。文必麗乎質，質必顯乎文，日常生活、質也。精神文化生活、文也。文質相麗而不相離，則中國文化之體段具矣。

二、中國文學、文化之背景

一國文學之產生，文化之流行，必有其自然之背景，如種族、時代、環境是也。法國文學家泰勒即主此說。以爲文學背景之主要者爲㈠種族、㈡時代、㈢環境。多數文學作品，必受作者之個性、種族、時代、環境等背景之影響無疑。中國四億五千萬國民中，百分之九十五以上爲漢人。據近人研究，主要成分有五：㈠黃帝子孫。㈡通古斯。㈢藏緬語群。㈣猛吉語群。㈤撣語群而以漢族爲首。每一開化之民族、國家，大率有其特具之民族性及國民性，勿論任何作者或作品，必受所屬民族或國家之影響，多數作品能將其民族與地理環境之特點反映于筆墨之間，國民性以及地理環境成爲文學、文化之重要背景。溫釆斯德云：「文學的性格，由產生它的人種所決定，而且同一個歷史上的大運動。對於不同的人種，會發生極不相同的結果」。因文學、文化有一定之背景，故能徹底了解一國之文學、文化，多以其國之國民爲限。本國人較之異國人所能瞭解者尤多，隨二者背景之不同，而其內含與外貌亦因之迥異，對二者之背景不瞭解，固不能玩味與深究也至明。

其次爲環境，人文受地理之影響，亦勢所必然。亞里斯多德以風土解釋民族個性。孟德斯鳩亦云：「在寒帶之民族重道德，而溫帶之人則縱情欲」，吾先民亦夙有此種肯定。北史文苑傳：「江左文學，宮商發越，貴于清綺，北方文學，辭義貞剛，重乎氣質。」近人劉申叔先生南北文學不同論：「善乎呂覽之溯聲音也，謂塗山歌于候人，始爲南音，有娀淫于飛燕，始爲北聲，則南聲之始起于淮漢之間，北聲之始，起于河渭之間，故神州語言，雖隨境而區，而考厥指歸，則析分南北爲二種」，陸德明亦言：「吳楚之音，時傷清淺，燕趙之音，多傷重濁。」此則音分南北之確證。聲音既殊，故南方之文，亦與北方迥別，大氐北方土厚水深，民生其間，多尙實際。南方之地，水勢浩瀚。民生其間，多尙虛無。民崇實際，所著之文，不外記事、析理二端。民尙虛無，所作之文，乃多言志、抒情之體。此地理因素使文學有分殊之跡，其文化亦隨之而顯呈不同之差異。然而中華民族渾厚純眞之德性，初未因此而衰減、改易也。中國文化，原于黃河流域，氣候溫和，物產殷富，故能孕育和平敦厚之文學，與寬大中正之文化，亦自然環境之所賜，爲人類前途計，更須有中國文學、文化之精神也。

又次爲時代背景，文心時序篇：「文變染乎世情，廢興繫于時序。」日知錄云：「三百篇之不能不降爲楚辭，楚辭之不能不降而爲漢魏，漢魏之不能不降而爲六朝，六朝之不能不降而爲唐、勢也。」焦循亦云：「一代有一代之所勝，舍其所勝以就其所不勝，皆寄人籬下者耳。余嘗欲自楚以下至明八股，撰爲一集，漢則專取其賦，魏晉六朝至隋，則專錄其五言詩，唐則專錄其律詩，宋則專錄其詞，元則專錄其曲，明則專錄其八股，一代還其一代之所勝，然而未暇也。」一時代之社會、政治、經濟、等文化活動，亦皆明見其時代之意識，由此形成文章、文化之演變過程。其在西方，如希臘之文化精神，固以文藝、哲學爲主。中世紀以宗教爲主，近代之文化精神，又以科學技術爲主，皆至爲明白！時代精神，對於文學，息息相因。任可文學，決不能離開時代而產生，波新奈脫云：「文學依存于當代的生活及思想的。」所謂時代與時代精神，即人類文化在時間上所表現之總和。與前所述種族、環境所造成之種種表現，即民族精神、地域精神等，結合一致之謂。尤其文學，如無時代精神，其內容必有貧乏空虛之虞！至于文化，亦因受時代之影響，而各文化部門，如文學、藝術、繪畫等，乃富有濃厚之色彩，而呈現高度之價值也。

三、中國文學、文化之特質

中國文學，乃以民族爲本位之民族文學，四五千年來，我以華夏、秦人、漢人、唐人爲中心，四方民族向化，融合而成今日之中華民族。論者咸以各族之向心同化，混凝融合，歸功于華夏漢唐之文化之優越，文字之統一，及民族性之和平與中庸。在易乾卦所謂：「同聲相應，同氣相求」，禮記中庸所稱：「書同文，行同倫」之大原則下，思想心情意志之集中，于是形成自然之民族意識。而和平、中庸之德性，實爲融合之主因。故可代表中華民族之精神。舉凡文學、文化。無一不在此一精神孕育、孳長之下，中國以農立邦。農業生活，使人向內，安土重遷，對環境中之人物。有悠久之情誼，此自來吾民質樸渾厚之德性所由出。章實齋文史通義，謂古代之學術爲「言公」，先有公言然後有私言，即謂中國乃先有民族之學術文化，而後有個人之學術文化。且一民族之形成，均由于物質基礎與精神之結合。前者爲種族、領土、人口，後者則爲民族之文化。美國人類學者韋斯勒氏，以中國文化，爲東方文化之中心。英國史學家陶思培氏分世界文化爲十九個社會。古代中國社會居其一，近代中國，則爲遠東社會之代表，而以高麗、日本爲其分支。此足以明中國文化在遠東以及舉世所佔之重要地位，蓋以王道文化所發生之影響力量也。史記太史公自序：「夫春秋上明三王之道，下辨人事之紀，別嫌疑、明是非，定猶豫，善善惡惡，賢賢，賤不肖，存亡國，繼絕世，補敝起廢、王道之大者也。」此言王道，至爲詳盡。禮記中庸：「凡爲天下國家有九經：曰修身也，尊賢也，親親也，敬大臣也，體群也，子庶民也，來百工也，柔遠人也，懷諸侯也。」又曰：「柔遠人則四方歸之，懷諸侯則天下畏之。」書堯典：「百姓昭明，協和萬邦。」論語季氏：「遠人不服，則修文德以來之；既來之，則安之。」大禹謨：「苗民逆命，益贊于禹曰：惟德動天，無遠弗屆……帝乃誕敷文德。舞干羽于兩階，七旬、有苗格。」以上足證我民族性，止戈爲武，崇尚和平，實原于文化主義。古人以文化治天下，皆指王道文化而言。歷史上，如秦漢之統一中華，以後各代，惟恃王道文化之力量以致太平。遂開五千年歷史文化之鴻基，良有以也。

四、中國文學、文化之目的

中國文學、文化，大氐均以「經世致用」爲目的。其在文化方面，（尤以政治、社會……等文化爲最顯著）固勿庸議。即以文學言，若干文學家，仍主「經世致用」，而以感人娛人之美文爲次要。其淵源蓋始于儒家之「德化」。論語爲政：「子曰詩三百，一言以蔽之曰思無邪。」陽貨：子曰：「小子何莫學乎詩：詩可以興，可以觀，可以群，可以怨。邇之事父，遠之事君，多識于鳥獸草木之名。」中國文學理論，至孟子仍承德化之旨。萬章：「誦其詩，讀其書，不知其人可乎？是以論其世也，是尙友也。」尙友古之人，即仰企前人德化之意。由此而後乃產生「明道救世」、「經世致用」之說。至清仍未稍變，足見德化之理論，影響後世文化至鉅，至魏文帝始，純文學之理論乃告建立，承認文學本身之價值。然以道統自居之學人，仍主「德化」「經世」之說，由「德化」漸衍而爲「經世致用」，遂成文學、文化之主要目的。歷代所倡之：文以「載道」、「貫德」、「明道」、「明理」皆是。典論論文：「文章經國之大業。」摯虞云：「文章者，所以宣上下之象，明人倫之敘，窮理盡性，以究萬物之宜者也。」柳冕云：「文學之道，不根教化，則是一技耳。」清錢大昕云：「文有四用：明道、經世、闡幽、正俗。」以上多主「經世」「教化」，「經世教化」之內容。爲道德倫理，眞理、信仰。中國所謂「道」，除形上之含義外，基本者，爲完善之思想。韓柳釋「道」字至詳，不外「明道之文」，即「聖賢之文」。其後以「道」字涉乎玄虛，乃以「理」字易之，張耒答李推官書：「文者寓理之具。」

章實齋云：「文固所以載事理。」曰「理」曰「道」，純爲「德化主義」，顧亭林云：「君子之爲學，以明道也，以救世也。徒以詩文而已，所謂雕蟲篆刻，亦何益哉？」曾國藩云：「蓋人不讀書則已，亦既自名爲讀書人，則必從事于大學，大學綱領有三：明德、親民、止于至善，皆我分內事也。若讀書不能體貼至身上去，謂此三項與我不相涉，則讀書何用？雖使能文能詩，博雅自詡，亦只算得識字之牧豬奴耳，豈得謂之明理有用之人乎？」以上顧之「明道」、「救世」、曾之「明理有用」、皆經世致用之確證。諸家所論文、學，于實際文學外，太半兼及于文化領域。故可謂中國文學、文化，皆以「經世致用」爲目的也。

五、中國文學、文化之交互影響

文學有紀實揄揚之功；文化有啓迪輔導之用，民族之不兢，胥由文化學術之不章，反之，一國之勃興，其文學、文化亦隨之而蔚起。人文之興替，繫乎國家民族之盛衰，此人文本身之重要性。而文學、文化二者之間，亦有交互影響之理。蓋文學爲文化之一種表現。今若以既成之文學作品爲根據，逆推產生此一作品之時代文化，猶按圖而索驥也。如詩經，一偉大之文學作品也。亦爲研究周代文化之最佳資料。就風、雅、頌言，風則里巷歌謠，足觀十五國民間之風氣。小雅紀賓客燕樂、或勤勞王事，多周室大臣之生活。大雅詠其祖先創業、化成之事跡，頌則游揚德業，褒大成功，亦可見祭祀宗廟之儀式與制度也。史記謂詩：「上采后稷，中述殷周之盛，至幽厲之缺。」範圍之廣，年代之久遠可見，此文學有助于文化之探討也。又如吾人今讀紅樓夢，可知清初貴族社會之家庭制度、倫理觀念。讀儒林外史，可知科舉時代，士人醉心利祿之實際情景。以文學作品可反映一般文化之眞相，一部優秀作品，能反映作者及其所屬民族之優秀生活與其時代之優秀文化。反之，一時代之文化，亦足影響當時之作品，如漢代聲威之遠被，國土之開拓，故其代表當代之辭賦，多堂皇富麗、瑰瑋奇肆之鉅製。魏晉清談玄風之風熾，則其詩文多超逸遁世之思想，有清俊自然之風致，此皆必然之現象也。

六、儒家學說在文學、文化方面之建樹

國于大地，必有與立，儒家學說，固我億萬葉立國之本。開我數千年文化之基，其肇端爲孔子。固夫人而知之。孔子集列聖之大成，對中國文化歷史，貢獻至大！孔子作春秋，以天子之事自任，而以「仁」教弟子，無異于以王者之德，天子之知教弟子，教之以「仁」，使其法天四時行百物生之德，有同于王者、同于天地之德。此孔子繼往開來之所在，允爲生民以來所未有！中國文化之眞精神，自此始矣。故孔子出而後中國之人道立，孔子知「天道」即此「仁」字，人文與天道同歸此「仁」，立人道以承天道。此孔子所以通古今天人之理，而建立五千年文化之中心也。孔子以六藝設教，包含全部人文之品類于其中，六藝之教，散于民間。諸子百家，分其緒餘，各承孔子所啓傳統文化之一偏，孔子所學，爲歷代相傳人文之全體。就文學觀念言，先秦時代，孔子思想實支配整個之中國歷史，儒家學說影響後世之文學亦絕大！如禮記經解：「溫柔敦厚、詩教也。」後世作品，多承溫柔敦厚之教而

爲之，一般教人，亦以四字爲主，則又及于文化範圍矣。孔子之學，約而言之，「仁與禮」而已，「忠與恕而已矣。仁以自任，禮以立閑。在己修己以仁；在人治人以禮。儒學自孔子而大啓，曾思繼述，孟荀分承，董揚遙望，韓愈起衰，遂開宋儒性理，明儒知行，清儒實用之先河，德術具在，源流粲然！要之孔孟之功，在于見天命于人性，繼天體仁，立天道于人道。公其自心之聖，以信歷代之有群聖，使聖德洋溢于天壤間，此正孔孟不世之功，其在文學、文化之建樹，可概見矣。」

七、傳統民族精神對文學、文化之影響

傳統民族精神，爲造成民族文學與民族文化之骨幹，蓋任何民族之文學，通例用其國民常用之語言以表達之。而每一民族生活，有極密切而繁複之關係，多數作品，極端反映其民族精神，反之若干作品，對于民族生活形成之過程，亦發生極大之作用，顯現強烈而確定之影響。因文學爲形成民族各種因素之一環，故民族性與文學二者之間，其關係至爲緊合也。而中國文化始于業農安土，而古代文化，皆中國民族自行創造而出，非由與異族文化接觸而後產生！至其所長，則在社會、政治、經濟之實用文化，以倫理道德、政教綱紀爲主。故中國文學，常于作品中，自然流露其全面人格，而以文學本身之表現爲次要。如屈原之著離騷，爲眷懷君國，不能自已！其志非僅作一文人也。陶靖節作五柳先生傳：自云「常著文章自娛」，蓋志不在乎文學，乃于「不戚戚于貧賤」、「不汲汲于富貴」二語，見其安貧樂道之襟度。李白、唐之詩仙，而曰：「我志在刪述，垂輝映千春。希望如有立，絕筆于獲麟。」

則以希聖、傳經自勉。杜甫、詩聖也。而曰：「致君堯舜上，再使風俗淳。」其心之所繫念，惟在人倫政教之間。此皆傳統民族精神所影響之結果也。

八、中西文化之匯合

中西文化之差異，一般以為中國主人倫道德；西洋主物質科學。中國主靜；西洋主動。中國為內陸性之農業文化；西洋則為海洋性之工業文化。中國長于實踐；西洋工于思辨。中國重篤行；西方尙眞理，自表面觀之，固如是也。夷考其底蘊，則西方文學有其高卓之精神，蓋受宗教思想之激盪，以為一切由上帝創造。故易致超越之思想，由文學中表現強毅之力量，如意大利但丁之神曲、本仁之天路歷程，使人感味神控制人類之力量，故西人易屈服于上帝及他人之下。佛家亦以人類多苦，必須向佛獲求解脫。此種文化精神，否定人性之尊嚴，與吾華發揚人性人格之精神，迥乎不同。中土文化常見聖賢之偉大，使人樂于親近。既不失其尊嚴而內心又有所歸。中國文化，隱寓聖賢式之精神，西方文化之表現，皆有人我之分，不能表達唯我之至上境界。中國文學，每令讀者與作品合而為一。如陶詩：「采菊東籬下，悠然見南山，山氣日夕佳，飛鳥相與遠。」此物我忘迹之境也。西方文學則無之。中國文學、文化之精神，皆遠在西人之上，因宇宙、人生觀念之不同；地理環境之影響，故文學、文化之精神、表現，均大異其趣。中國近百年來，對于西方文化價值之肯定，其觀點偏重於功利，而學取西方文化，一似仰羡之態度，終不能曲盡其誠。在衡量中西文化之長短時，吾人不能離開根本之信念，即須認清人確有異乎禽獸之心性，吾人一切文化道德之活動，皆所以盡其心性，而完成個人之人格。據此以抉擇外來文化，則中西文化之匯合，將能立己而立人，又何衝突抵拒之足言邪？

九、中國文學在建立新文化之使命

文學最大之作用，在美化人生，潤色吾人之日常生活，以陶冶性靈，調和情趣。在今日，受西方思想之影響，文學藝術，亦成爲獨立之領域，但當前世界，與人生有關之文明、文化，其中潛伏物質、精神兩方面之矛盾與衝突。自文學立場言，文學與文化，亦不能合而爲一，以及文學與人生。更不能融合爲一。因之在建立新文化時，吾人應促使文學，益接近人生；人生日接近文學。以混凝文學、文化而爲一體，創造美滿之人生文學。在未來文化發展中，於一般人所重之科學精神、工業文明、民主自由等精神外，復特重社會文化多方面分途之發展。中國文人，固宜保持以往人文之陶養，輔之以高明敦厚之德慧，不應再視文藝爲小道，而畢生盡瘁于文學。務求表現其精神于作品之中以昭宇宙之神奇，人生之苦樂，使中國之文學，皆爲性與天道之流露，洞見宇宙人生之大觀。使今後之人生，含蘊物質、精神生活之人生，與包括民族精神、歷史文化、眞實而藝術之人生。充實此人格精神之生命，此即理想之中國文化之前途也。

十、中國新文化之遠景

研究中國文化，重在認識其固有面貌，進而創造新生之文化。近百年來，時局蜩螗，內憂外患，紛至沓來，一般憂時之士，逐漸懷疑固有之文化。於是乃有新文化思潮之產生，有所謂：「鄉村建設」、「本位文化」、「全部西化」等運動之號召，其激切者，逕以爲正面接受西方文化之科學，民主自由等精神，必須先否定傳統文化，然此種過激之主張，終因受傳統文化之影響，而無法另闢蹊徑。吾人以爲攝受外來文化，乃中國固有文化之常度。毋庸置疑。唯此後接受西方文化，必須一洗往者羨慕卑屈之態度，於自己文化之本原上，先建穩根基，即對中國文化、人生意趣、文藝境界、人格精神、宗教智慧之融滙；以見天心、自然、人性、人格、人倫、人文之一貫性是也。今日接受西方文化之長，固不限于科學民主與自由，亦非截長補短以爲綜合而已。必也完成中國文化前所未有之新階段，進而超越現在之西方文化。曠觀世界。唯中國文化有五千年悠久之歷史，復有一貫之統緒。就文化自身之長久存在，究其所以能適應吾民族長期之精神要求，要在儒家：「仁者人也」、「人者天地之心也」之認識，以通天地、成人格、正人倫、顯人文，而建立中國文化之系統。此種「人性即仁」之思想，發于孔子「欲仁仁至」、「仁不外求」之思想。儒家思想，原爲「天人合一」，以孔孟之思想爲樞紐。由是中國文化，乃有擴大之胸襟；與寬宏之氣度。而中國重情趣之文學作風；與愛好和平之文化精神，亦終必能消弭當今乖戾之氛祲；泯滅敵對之形勢，使人人自適其情，各得其所。本天地大德之生，正德利用之和，而無不持載，無不覆幬。使萬物並育而不相害，道並行而不相悖。以重建太和，大順之王道文化。則大同世界之遠景，人類永久和平之期望，必可實現無疑矣。

中國國學月刊第十一期，民國七十二年九月

國際舜裔宗親會之成立

我舜裔宗族，源遠流長，本支萬世，其始自太祖舜帝名重華，上推七世爲帝顓頊高陽，實黃帝之孫，而昌意之子也，帝本冀州人，初耕歷山，漁雷澤，陶於河濱，年二十以孝聞，三十而帝堯微庸，年五十攝行天子事，五十八堯崩，六十一代堯踐帝位，載天子旗，朝父瞽叟和敬如子道，封弟象爲諸侯，孝弟之風，德流千載，考其德業，然後知「聖人百世之師也《孟子．盡心》」「聖人人倫之至也《孟子．離婁》」洵然，分述於下：

一、大孝

《中庸》．第十七章子曰：「舜其大孝與，德爲聖人，尊爲天子，富有四海之內，宗廟饗之，子孫保之，故大德必得其位，必得其名，必得其壽……故大德者必受命。」言太祖以大德而得位，得名、得壽、信非偶然。《離婁下》孟子曰：「天下大悅而將歸己，視天下悅而歸己，猶草芥也，惟舜爲然。不得乎親，不可以爲人，不順乎親，不可以爲子，舜盡事親之道，而瞽瞍底豫，瞽瞍底豫而天下化，瞽瞍底豫而天下之爲父子者定，此之謂大孝。」按子孝父慈，各安其所，烝民熙熙，此之謂定，父子定而天下定，非止一身一家之孝，爲法於天下，可傳於後世此其所以爲大孝也。《萬章上》萬章問曰：「舜往于田號泣于旻天，何爲其號泣也？孟子曰怨慕也……帝使其子九男二女，百官牛羊倉廩備，以事舜於畎畝之中，天下之士多就之者，帝（堯）將胥（相視）天下而遷之焉，爲不順於父母，如窮人無所歸。天下之士悅之（得人）人之所欲也，而不足以解憂；好色，人之所欲，妻帝（堯）之二女而不足以解憂，富人之所欲，富有天下而不足以解憂；貴人之所欲，貴爲天子而不足以解憂。人悅之，好色、富、貴無足以解憂者，惟順於父母可以解憂。人少則慕父母，知好色則慕少艾，有妻子則慕妻子，仕則慕君，不得於君則熱中，大孝終身慕父母，五十而慕者，予於大舜見之矣。」孟子言太祖躬耕歷山，爲思慕父母而號泣，此後代攝天子，得人心，擁富貴，有美色，均不足以解憂，惟得父母之歡心，乃足以解憂，是大孝終其生，惟父母是慕也。《萬章上》「孝子之至，莫大乎尊親，尊親之至，莫大乎以天下養，爲天子父，尊之至也，以天上養，養之至也。詩曰：永言孝思，孝思惟則，此之謂也。」孟子言太祖尊親之至，以父爲天子之父，以天下之大養其父推尊之，養之之極致，而後使孝思之不匱，豈不永錫爾類也哉？孝德之大，匪言可喻《禮記．祭義》「衆之本教曰孝。……仁者，仁此者也，禮者履此者也，義者宜此者也，信者信此者也，強者強此者也，樂自順此生，刑自反此作。曾子曰：夫孝，置之而塞乎天地，溥之而橫乎四海，施諸後世而無朝夕（匪間朝夕），推而放諸東海而準，推而放諸西海而準，推而放諸南海而準，推而放諸北海而準。詩云自西自東、自南自北，無思（助字）不服，此之謂也。」仁者仁此以下，凡七「此」字皆指言孝、仁、義、信、強、樂，由孝德而產生，刑典由反孝德而制作，孝道充塞宇宙，無微不入，無遠弗屆，至矣，盡矣，無以復加矣。

二、大智

《莊子》嘗謂「吾生有涯而知無涯」。人之知見既有限，當博學好問，日益增益，其所未知、未能，孟子曰：「堯舜之知而不偏物，急先務也《盡心》」《中庸》第六章「舜其大知也與，舜好問而好察邇言，隱惡而揚善，執其兩端用其中於民，其斯以爲舜與。」芻蕘之言（邇言）聖人擇焉，泰山不讓土壤，故能成其大，河海不辭細流故能就其深。此太祖之所以爲大智與。《離婁下》「舜明於庶物，察於人倫。」此爲體察物理人情，博取之一方也。《盡心上》孟子曰：「舜之居深山之中，與木石居，與鹿豕遊，其所以異於深山之野人者幾希？及其聞一善言，見一善行，若決江河，沛然莫之能禦也。」言太祖之能接納雅言，從善如流，如江海之容納百川，其爲大智也，不亦宜乎。

三、無為無欲

《論語．衛靈篇》子曰：「無爲而治者，其舜也與！夫何爲哉，恭己正南面而已矣。」《朱註》「聖人德盛而民化，不待其有所作爲也，紹堯之後，而又得人以任衆職，不見其有爲之迹也」。按太祖其身既正，故不令而行，委任責成，尊賢使能，俊傑在位，夫何爲哉？《滕文公上》「君哉舜也，巍巍乎有天下而不與焉。」《朱註》「不與猶言不相關，言其不以天下爲樂也。」按此乃太祖不以君位爲貴，此孔子所謂「富貴於我若浮雲」者，故孟子謂：「舜視棄天下猶棄敝屣也（盡心）」後世帝王以帝位爲神器而把持攘奪，不遺餘力，其下我太祖尤遠矣。

四、秉中道

中道爲我傳統文化之重心，道德價値之取向。《論語·堯曰篇》「堯曰咨爾舜天之曆數（帝王相承之次第）在爾躬，允執其中，四海困窮，天祿永終，舜亦以命禹。」《中庸·第六章》「執其兩端，用其中於民，其斯以爲舜乎！」允執厥中，宋儒所謂十六字心傳「人心惟危，道心惟微，惟精惟一，允執厥中（按此實襲用《論語》暨《荀子》引道經之語）」。然執兩用中，允執其中，中道之至要明矣。而創發中道，亦肇自太祖也。

五、治統與治跡

《孟子·滕文公上》「當堯之時，天下猶未平，洪水橫流，氾濫於天下，草木暢茂，禽獸繁殖，五穀不登，禽獸偪人，獸蹄鳥跡之道，交於中國，堯獨憂之，舉舜而敷治焉，舜使益掌火，益烈山澤而焚之，禽獸逃匿。禹疏九河，瀹濟漯而注諸海，決汝漢排淮泗而注之江，然後中國可得而食也。后稷教民稼穡，樹藝五穀，五穀熟而民人育！」按洪水氾濫，民人不得安居，堯命太祖敷治，使中土平定，民人樂生，其治迹自非太祖莫屬，堯天舜日，郅治之隆，三代以下以孝弟治天下，永垂統緒，亦肇基於虞氏也。

六、倡倫理

中華文化之本質爲倫理、民主、科學（先總統蔣公語）《孟子・滕文公》「人之有道也（有，猶爲，句言人之爲人）飽食煖衣，逸居而無教，則近於禽獸。聖人（太祖）有（又）憂之，使契爲司徒，教以人倫，父子有親，君臣有義，夫婦有別，長幼有序，朋友有信。……」按太祖使契爲司徒，司徒掌邦教，契、太祖之臣（堯典）是倫理固倡自太祖矣。

右所陳述，悉於經傳有徵，自太祖以下，凡我族列祖列宗，昭垂青史之功烈與德惠，其所以貽厥後嗣子孫者，既已博厚廣大矣，凡我舜裔子孫（今陳、胡、田、姚、王……等姓）當復如之何哉？夫孝者，善繼祖宗之志，善述先人之事者也，報本反始，承先啓後，能無念念乎！《禮運》「萬物本乎天，人本乎祖」《荀子》「禮有三本天地者，生之本也；先祖者，類之本也；無天地惡（烏同何也），無先祖惡出？（禮論）」。太史公曰：「天地者人之本也；父母者人之始也。」（《史記・屈原列傳》）三代制禮，首重本始「禮也者，反本修古，不忘其初者也（禮器篇）。」又曰：「禮也者，反其所自生。」由本始而知敬宗，故曰：「唯聖人爲能饗帝，孝子爲能饗親，饗者鄉之（此方向之本字，音向）鄉之然後能饗」注「中心鄉之乃能使其祭見饗也」謂祖先不饗不敬，子孫中心鄉往，念念不忘其本，祖先乃歆享之也。「致反始以厚其本（祭義）」以爲教於後世，俾知愼終追遠，民德歸厚（《論語・學而》）

之要訓，故又曰：「聖人以是爲未足也，築爲宮室，設爲宗祧以別親疏遠近，教民反古復始，不忘其所由生也。衆之服自此，故聽且速也（祭義）」。按此言萬衆服於聖人之教，如此其神速。爲子孫者「是以致其敬，發其情竭力從事以報其親，不敢弗盡也（祭義）」。《祭統》又曰：「崇祀宗廟社稷，則子孫順孝盡其道，端其義而教生焉。」尊祖教孝，固倫常之大端也。然則子孫所當竭力從事者何？余謂「詠世德之駿烈，誦先人之清芬（文選文賦）」云爾，故曰：「夫鼎有銘，銘者自名也，自名以稱揚其先祖之美，而明著之後世者也。……銘之義稱美不稱惡，此孝子孝孫之心也。銘者論譔其先祖之有德善、功烈、勳勞、慶賞聲名列於天下而酌之祭器，自成其名焉以祀其先祖者也。顯揚先祖，所以崇孝也，身比焉，順也，明示後世，教也，所以教後世也。」記謂子孫銘旌祖先之德美，附名於其下，使世人皆曰：「某氏有子」。所以垂法立教，其義至大。故曰：「古之君子以比其身，以重其國家如此，子孫之守宗廟社稷者，其先祖無美而稱之，是誣也；有美而弗知，不明也，知而弗傳，不仁也。此三者，君子之所恥也（祭統）」我舜裔子孫，苟欲避免「不仁」之詬恥，有不探本溯源，稱揚祖德者乎？此本文之所以作也。尤有進者，我自由中國，職在中興大業，復興文化，光復神州，尊祖敬宗，由宗族而民族，由民族而國家，向爲中華文化之體系，本會爲尋根推源，敦睦同宗之情誼，纘承列祖列宗之宏緒，加強互助合作，俾我同宗如兄如弟，如手如足，切磋淬勉，團結奮起，由家族之結合，進而發揚民族團結一體之精神，願我宗親相與黽勉，樹之風聲，則億萬葉之子孫，實利賴之。

中國國學月刊第十一期，民國七十二年九月

叁、詩賦

四言

題名錄　因其名而爲辭以誥勉之

四十六年三月內連日爲高二義班學生題紀念冊，每就該生名字衍義以資誥勉，其中間有可取者，茲並記之。如林美惠，則題曰：美玉無瑕，惠順溫瑩。修玉之德，永貽典型。曹麗華，自然之麗，天寶物華。人備三才，文理密察。陳金花，如金在鎔，如花待放。生機勃鬱，成器在望。王素蓉，帛有紈素，花有芙蓉。一質一文，期乎玄同。江瑞汶，瑞應在人，汶出於魯。源遠流長，積厚是主。魏舜英，舜爲木槿，英其華稱。詩詠美都，不忘德音。程俊德，克明俊德，以親九族。擴而充之，民用和睦。黃照美，照並日月，美在普及。觀人體物，研幾於微。莊文玉，文爲身華，玉作德操。綜核名實，以昭人昭。譚秀涵，秀外慧中，涵濡藝文。以文會友，以友輔仁。邱淑貞，淑慎其身，貞固幹事。準此而行，無往匪利。魏貽申，貽訓稽古，申引在人。取精用宏，克底於成。盧瑞琴，景星瑞雲，劍膽琴心。積內發外，文質彬彬。張蓉勤，直而不曲，言而能行。其生於蓉，其成也勤。毛桐林，泛覽博蓄，眞積力勤。鳳棲梧桐，翰藻若林。吳麗美，麗質自天，美範靡倫。溫恭且惠，可謂恂恂。許淑媛，淑女之質，媛姝之度。益以乾健，綽有餘裕。胡明明，明其明德，明其耳目。視聽不惑，自立有餘。潘美月，美志美業，月中丹桂。雖高可攀，勤勉勿匱。胡賽蘭，相賽夸先，芝蘭玉樹，英姿峻拔，導來先路，又注云：古稱佳子弟爲芝蘭玉樹，要能爭妍競秀各逞英姿，以爲吾宗後來，導夫先路也。爲熊名昭題，有熊之裔，著名族姓。嗣昭德音，克衍餘慶，注云：黃帝爲有熊之後，漢唐子孫，本支萬世而熊姓爲其宗。遙承炎黃之烈乃紹家之子也，爲方庭諧題，家傳詩禮，聞方承教，趨庭陪對，克諧以孝。注云：昔伯魚過庭孔子告以詩禮，蓋人所以言，立者在此，他日有志於文學，詩禮則其根柢矣。爲李蕙嬌題，君子之道闇然日章，蕙質嬌姿，孔修且臧。注云：有諸內必形諸外，但務篤實而後有輝光，所謂蕙質嬌姿也。爲王健娣題，健象天行，娣謂女弟。惟士所資，依仁游藝。注云：君子自彊法天之行健也，又仁以存心，藝以游行，亦惟不息之功，可以致之耳。爲王啓中題，人心道心，何由感通，既沃且啓，允執其中。爲劉蕙倫題，嘉言懿德，歷久彌新，芳谷蘭蕙，修明人倫。爲黃美齡題，人生最美莫過髫齡。及時戮力，克底於成。爲周泰佳題，周而不比，泰亦非驕。寬和因性，其樂陶陶。爲張冬梅題，冬者歲餘，梅乃國花。傲寒先開，嶺上奇葩。爲李家訓題，家風世德，訓迪有自。承歡庭闈，蔚爲國器。爲王治同題，治平之道，同文同倫，政教並施，功化如神。爲陳靈君題，靈爲自然之白，君在人身曰心。明鏡常拂，皎潔永存，縱心浩然，何慮何營。爲施玉華題，王之文章，華實一貫。積學內足，才美爛漫。爲王穎題，士之處世，如錐在囊。其鋒終必脫穎而出，頭角畢露也。爲姚期眞題，美玉不琢，至性固純。畢生所期，不忘本真。爲潘霞霖題，翰藻外見，仁厚在心。綺如朝霞，潤若甘霖。爲張淑光題，人生斯世，貴在立名。淑問廣譽，光照汗青。爲徐美惠題，才美爲慧，德美爲惠。才美匡時，德美淑世。爲吳久美題，見善則遷，聞義則徙。德厚流芳，能久而美。爲林玉貞題，在污不染，遇濁而清。磨而不磷，乃見玉貞。爲黃桂芬題，郁郁何烈，蘭桂芬芳。士有勳業，名自遠揚。爲陳美題，女有四行，德言工容。先後輕重，美在其中。爲連璋題，令問令望，如圭如璋。先實後名，源遠流長。爲江春美題，大地更新，造化功偉。萬紫千紅，總是春美。爲畢承熙題，含哺鼓腹，畢生所珍。承平之世，熙熙如春。爲楊振題，振網提綱，振衣挈領。事得體要，功業彪炳。爲張知惠題，惠人不念，受惠勿忘。念念在茲，知惠之方。爲林彩信題，彩爲美飾，信爲至德。文質兼備，有典有則。爲戰畫狄題，畫荻爲書，今昔所美。上法歐母，下學其子。爲陳美枝題，美枝綠葉，麗於本榦。學固根柢，花實燦爛。爲湯新安題，湯盤之銘，新而日新。安安能遷，卓爾不群。爲金素娟題，金天高碧，素月始升，娟娟萬里，洗盡塵氛。爲林珊珍題，珊珍玉樹，皎皎臨風。君子令儀，要無不同。爲林恭美題，恭儉莊敬，美在修己。小人所視，君子所履。爲林美慈題，女有美題，溫惠慈祥。燕居若愚，出言有章。爲蔡光裕題，虛懷好問，不囿故步。謙尊而光，綽有餘裕。爲翁敏題，訥言敏行，好古敏求。人若不敏，其何以休。爲潘寧題，周旋中規，折旋中矩。樂笑時言，寧馨兒女。爲蔣汝遵題，道即大路，不煩指迷。汝欲何之？遵大路兮（詩鄭風）。爲林壽寶題，居仁由義，立德貴早。延年益壽，惟善爲寶。爲褚美霞題，美如朝日，霞彩洋溢。平旦之氣，使我心悅，爲袁明秋題，明月皎皎，秋中尤然。中秋明月，清輝年年。爲韋家詠題，宜室宜家，詩人所詠。女德在此，必戒必敬。爲陳雅文題，女有丰儀，爾雅溫文。在鄉必達，在邦必聞。爲王昭題，清明在躬，氣志如神。以己之昭，使人昭昭。爲吳明珠題，明珠在握，煥我容光。辟若令德，永貽芬芳。爲周彩雲題，瑞應在天，是曰彩雲。如有報施，其在善人。爲魏翠玉題，翠言其色，玉舉其質，玉質翠章，文理察密。爲林玉英題，玉有德徵，英爲花名。內溫外華，芳姿亭亭。餘多茲略。

祝壽

高師仲華五十生辰賀詞一首

四十七年二月十七日

天右斯文，寔生睿智。董尹本所，多士鱗次。首創規章，白鹿宏制。凡我同輩，是則是厲。唯此叔世，道喪文敝。異說紛錯，正言陵隊。競為游詞，不根道藝。家國播越，職此之弊。先生鑑之，務崇樸至。牆高基固，求是實事。先哲既遠，微旨將替。誰其振之，先生之志。每告我輩，密勿不貳。修己立人，其來有自。紀綱頹風，力救俗敝。先生教人，不嗇神思。優游饜飫，獎訓誘慰。為國育才，裁成周備。欣值先生，五秩艾歲。濟濟多士，端委盈第。奉觴稱頌，壽考康惠。白日耀光，景雲屬氣。歡笑一堂，愷悌和易。壽先生者，斯文獲濟。後來孔多，仰高希驥。誕敷文華，炳炳蔚蔚。俾我師大，風問遠被。

林師景伊五十壽辰祝詞

時五十八年十一月二十三日

領導士林，端在人師。孰克當之，我師景伊。天方薦憂，斯文式微。振衰起廢，舍師其誰。溯厥初度，其生也時。次鐸二公，督課庭闈。蘄春黃公，外爲業師。家傳師授，夙植鴻基。迨遊京燕，名高帝畿。弱冠教授，卓爾英姿。先生之學，初研文字。訓詁聲韻，尤所獨至！上下許段，時發新意。經史既貫，百氏弗替。老莊釋佛，洞見德慧。究幾天人，靡遺鉅細。先生之行，屹然宏毅。抗日軍興，時膺重寄。受命深入，託身危地。敵騎亂野，周旋交臂。重攖逆鱗，爲敵逮繫。脅誘百端，有死不二，獄中賦詩，文山之志。心同日月，慷慨正氣。大節凜凜，今尤足貴。三十八年，寇患日蹙。挈家來臺，徐圖興復。宣導民情，翊贊大局。杯酒一書，物我畢足。不苟仕進，英才樂育。研究院所，祁祁生徒。凡所開悟，入智出愚。緊我在門，學殖荒蕪。年逾不惑，而惑孔訏。時過懷慚，每自嗟吁，賴師獎掖，止我踟躕。蹶然而起，速我步趨。今之學者，溺於所聞。小辯破言，用亂道眞。師論學術，探究本原，解疑析結，由偏見全。一語破的，眞僞較然。常語同門，勤求精研。務本爲己，積水成淵。篤實之風，於焉造端。惟師教人，時雨谷風。凡我同門，莫不欽崇。恭逢華誕，期頤之中。奉觴齊祝，景雲童童。巍巍華嶽，青青喬松。所以壽者，斯道日隆。本所學風，永貽聲容。一代之光，百世之宗。

祝監察委員陳翰珍七秩壽辰

四川省籍

巍巍岷峨，青青松柏。江碧山翠，寔生英特。固以靈秀，公則岐嶷。論公行誼，洋溢黨國。識其大者，不可殫憶。職司監察，分宜彈劾。不畏彊力，古之亢直。勤求民隱，務在必得。人飢己溺，每貽伊戚。爲國宣慰，人心是獲。其清水也，其介則石。風節儼然，光我竹帛。七十高齡，神采奕赫。今爲公壽，實以壽國。樹之風聲，永貽典則。

祝楊俊友先生七十壽辰

五十七年

唯老成人，國之典型。萬方多難，應運而生。積學有自，九峯之釁。爰以先覺，後覺斯民。民智民生，悉心經營。農田水利，桑梓富榮。唯公雅懷，樂道安貧。功成弗居，默焉莫聞。庭前花下，頤樂性眞。窗外草綠，生意盈盈。茂叔之樂，先生是承。大德壽考，天道崢嶸。九疇五福，於焉有徵。封人之成，聊見微情。

代院長勉首居畢業生

六十年六月五日於高雄師院

師院建校，四載於茲。披荊誅茅，漸具宏規。創業艱辛，我心自知。堪慰藉者，詎謂無詞。濟濟多士，攻苦下帷。誘于循循，時雨化移。四年有成，結業爾時。勞燕分飛，東西分馳。顧念師院，悠悠不遺。友于手足，相將相持。黽勉學業，同本異枝。咸體時艱，勿怠勿疑。良師興國，當互勉之！

附師院校歌 今高雄師大仍沿用之

巍巍黌宮，位正高雄。壽山峨峨，貝湖溶溶。人文蔚起，靈秀所鍾。師資孕育，師道尊崇。進德修業，學貫西中。弦歌講誦，穆穆雍雍。宏我校聲，洙泗流風。

賀山東大學周易研究中心十周年 八十七年內

周易中心，已屆十年。宏揚易學，一往直前。探索經義，提要鉤玄。以正性命，以叶人天。傳爲羽翼，唯經領先。經傳相資，一體系牽。粵稽儒學，易爲中堅。九流百氏，會之有元。世運叔季，道義沈湮。士氣陵夷，人心昏眩。何以丕振，學術是傳。中心同仁，譽髦時賢。辛勤耕耘，未息仔肩。斯文在茲，萬古千年。

賀國研所丙四同學業成並賦別 癸酉季夏於台北師大國研所

歲月易得，行復兩年。相從問學，攻錯言歡。我祗兩載，君等匪然。四罹溽暑，備嘗辛艱。筆不停綴，手苦點圈。先難後獲，先聖遺言。欣見業成，苦而後甘。恕我不學，無助幾研。時逢季世，道微絲縣。人心陷溺，是非倒顛。凡我士人，難卸仔肩。休戚一體，在抱恫瘝。期以道誼，共濟時艱。移風易俗，撥亂補偏。五經伴我，其樂陶然。兩載相與，艮云有緣，五倫長卷，友生一篇。此情斯誼，質諸雲天。

哀祭

祭本所王君志達文

四言

吁嗟志達，何遽云亡？其信然耶，悠悠彼蒼。其非然耶？而柩在堂。伯夷餓死，顏回夭殤。所謂天道，何其有常。月之十二，君猶康疆。不圖翌晨，僵臥在牀。一眠不起，痛喪元良。因何罹此，不可推詳。魂歸何處，白雲帝鄉。凡我同門，一體痛傷。天涯淪落，何堪悼亡？君在本所，籍隸二期。三載過二，竟業有時。何期中道，遽賦永離。良友云亡，痛何如之。弔君生平，克岐克嶷。童年從戎，萬里奔馳。間關來臺，始解征衣。易武而文，學植洪基。弔君自處，清約薄菲。白衣疏食，甘之若飴。弔君之度，春日遲遲。翩翩風發，颯爽其姿。弔居所志，藝苑是栖。學無適莫，南北兼資。匠心獨運，筆至神飛。山水人物，各逞奇姿。弔君爲人，得時之宜。內方外圓，不亢不卑。行過其言，不務人知。弔君爲學，有所與歸。依仁游藝，不蔓不支。口欲訥言，心有是非。弔君友道，雍雍熙熙。同門相與，二載於茲。取善輔仁，終始不移。緬懷吾子，生非其時。萬方多難，邦國阽危。懷才未申，賫志以萎。布奠傾觴，師友同悲。風雲易色，草木淒其。人生至此，天道寧施。及此清酌，哭弔靈幃，嗚呼哀哉，魂兮來歸。

祭次公先生文

先生曾任北大教授，現任師大教授，向與黃季剛先生過從甚密，景伊師之生父也。

嗚呼林公，溘然長逝。大雅云亡，邦國殄瘁。如何昊天，降此大戾。奪我林公，使我心悸。惟公之生，寔天授賜。河嶽降靈，其來有自，天啓文運，開佑季世。吁嗟我公，身當其位，溯自清末，民國建置。天綱易矣，人紀未備。凡百君子，各逞其志。大放厥詞，不衷道義。公與黃公，相爲肱臂。爲甦斯文，不辭勞瘁。公弟振鐸，相磨相次。師友昆玉，咸爲國器。公之術學，淵源洙泗。泛濫博蓄，優游閎肆。有守有權，不偏不蔽。出言成章，威儀可畏。丕振士習，祛疑破僞。北大學風，爲之易勢。作育英才，於斯爲最。尤可貴者，公有哲嗣。景伊先生，克紹厥志。遭時艱難，同來此地。海隅棲遲，未忘國事。講授之餘，宣導民意。讜言宏說，爲民前衛。雅在本所，培育後輩。秉公之志，循循誘誨。感公哲嗣，諒公之賜。惟公志行，優倫出類。桃李滿園，化雨周被。師大門生，誼洽肝肺。壽考期頤，理所必至。不圖耄期，風濕爲厲。浸淫關節，由外而內。一病淹留，藥石罔濟。月之七日，天星見隊。本所師友，莫不震悸。哲人萎謝，痛心酸鼻。公今已矣，風教永寄。死則天祥，生爲人瑞。弔祭之日，隆冬莫歲。河山易色，風雲淒厲。吁嗟我公，暫留鶴騎。且使我輩，布奠靈次。清酒一杯，揮涕告祭。靈兮在邇，來享來詣。嗚呼哀哉，伏惟尚饗。

祭某君文

五十九年九月一日

嗚呼先生，何遽云亡。生死異途，云胡不傷。追維生平，歷歷可詳。淳厚樸實，德履貞常。敬事而信，何用不臧。與物無迕，遑計短長。先生教人，殷殷不忘。優游饜飫，獎引揄揚。師道之立，於校有光。先生之學，自樹宮牆。融契文史，探賾典藏。名物既辨，大義發皇。元元本本，沛乎汪洋。爲學爲人，後世紀綱。如何昊天，奪我元良。遘此頑疾，一病稽牀。良醫卻步，回生無方。月之八日，魂歸帝鄉。悠悠斯世，觸目淒涼。親老孤弱，誰扶誰將。視彼敗類，年命方長。福善禍淫，天道何常？時維九月，氣接秋霜。風雲慘惻，葉枯草黃。爲公設奠，薄魯黃粱。悲從中來，慟哭一堂。魂兮匪遙，來格來嘗。

祭某先生文

五十一年九月代作

嗚呼先生，何遽云亡。死生路絕，寧有不傷。追仰平生，高風難忘。有學有守，道德文章。和惠爽直，仁骨俠腸。仕優而教，惠我上庠。作育師資，如圭如璋。濟濟多士，環羅門牆。克肩克荷，於校有光。仁者宜壽，天道之常。今胡非然，奪我元良。遘罹惡疾，數載臥牀。身不自主，痿痹以僵。

悠彼蒼。情胡可已，布奠傾觴。薄酒時羞，來格來嘗。

藥石無緣，良醫彷徨。淹留迄今，痛楚備嘗。魂兮歸矣，白雲帝鄉。感念友道，山高水長。無語問天，悠

代本校林縣教授撰祭母文

六十七年四月二十五日於中央大學

哀哀我母，何遽云亡。憶母生平，倍覺心傷。廿五來歸，林家之光。敬父若賓，教子有方。猶念外祖，令問令望。毀家革命，百世流芳。母承庭訓，節厲秋霜。持家儉樸，嚴立紀綱。憶昔抗戰，日寇猖狂。萬方多難，國事蜩螗。室家離散，生計益荒。母氏劬勞，艱辛備嘗。播遷來臺，事出倉皇。從新創業，再樹門牆。慘淡經營，日不暇遑。家業復興，朝氣騰驤。撫今思昔，慈恩難忘。兒輩成立，多在上庠。願我老母，而壽而康。何期晚年，病魔爲殃。天奪慈親，一朝云亡。母今何往？白雲帝鄉。兒思老母，縈彼夢鄉。自今以往，永懷高堂，德音遺訓，何日敢忘。生死異路，徒增痛傷。清酒庶羞，敬獻靈堂。老母愛兒，來格來嘗。

祭鄧岳宗弟文

六十九年元月二十七日於中央大學

嗚呼岳宗，忽而云亡，天奪老友，斲喪元良。相識既久，相助日長。一朝永訣，寧不慟傷。我事

教育，君則從商。殊途同歸，要各自強。君富才華，聰穎異常。與世無爭，待人熱腸。尤擅辭令，出言成章。君在公司，處事有方。上下和輯，人咸稱揚。每有擘畫，必多濟匡。不忮不求，何用不臧？二十三日，獨來中央。老友相聚，旨酒共嘗。不期此聚，最後一場。一夜之間，陰陽殊方。生死異路，白雲帝鄉。清酒一杯，奠茲靈堂。君其不棄，來格來嘗。

代岳宗妻張祉媛撰祭夫文

嗚呼岳宗，一朝永訣。夫妻恩情，銘心刻骨。在地江河，在天日月。陵谷雖遷，日月不沒。結髮以來，甘苦共涉。君當外務，我習內則。雖歷艱苦，衣食無缺。自入功祥，掬誠丹赤。竭心盡力，匪間朝夕。不卑不亢，其介如石。排難解紛，善出籌策。務令公司，上下和協。和則生財，金科玉牒。鞠躬盡瘁，疾因勞積。危機潛伏，視若無跡。二十三日，友家作客。杯酒酬酢，互道珍惜。自中壢歸，夜色鬱勃。子夜入浴，猶未安歇。萬難想像，變起突兀。二十四日，侵晨遽歿。九時稍過，我臨牀席。撫君肌骨，冰冷如鐵。呼兒喚女，與君永別。悲不可遏，肝膽摧裂。同林之鳥，大限永別。今率兒女，靈前泣血。清酒一奠，長此契闊。生前徽音，遽爾淪滅。而今而後，惟期同穴。

戴故院長志念

中大復校 理學院長

大哉我公，儒林之宗。碩學令德，永垂高風。精探物理，研幾玄通。作育英才，濟濟景從。孟勉其行，牖啓其衷。桃李芬芳，伊誰之功。中大復校，駿業維宏。首創規模，巍巍黌宮。拓開通衢，花木蒙葺。欣見中大，學府之雄，追懷我公，仰企無窮。

詠史

讀史偶題九首

余讀漢書每嘆班氏洵有良史之才，其詞美，其法嚴，誦之有一唱三嘆之致，既愛其文，復感其事，有所觸及，輒綴數語以見己意焉。

臨壇之對，擘勢理局。摧撓強項，高視遠矚，宇內既奠，作逆取辱，長樂授首，主哀莫贖。韓信

匪惟臣直，君亦聽聰。虛壑沉淵，納受惟洪。弗冠弗見，嚴敕其躬。殊敬隆禮，惟在乃公。汲黯

行行仲孺，奮厲鷙鷹，馳騁吳師。士馬沸騰，剛而使酒，貴勢爲陵。雖徇魏其，自亦堪矜。灌夫

固運與命，莫之能期。如廣恂恂，才不可羈。世媢馳射，履難若夷。及老不封，永爲世悲。李廣

大器難成，成亦多晚。弘年四十，沉潛藝苑，六十對策，名位偃蹇，東閣延士，情眞韻遠。公孫弘

營營青蠅，其讒構乎。浸潤之譖，銷金鑠軀，據也何尤，咎啓胡巫，藐爾江充，固宜顯誅。戾太子據

將善匡惡，友生則希。君師烝黎，股肱焉依，昌邑見斥，殄儀絕威，姦罔在側，亦安所歸。昌邑王賀

曼倩駿美，天誘其衷，珪璋特秀，滑稽之雄。譎諫世主，笑傲王公，涅而不緇，綽有流風。東方朔

去病起微，仲卿廝役，婣媾之義，因緣滋育，斬將搴旗，屢討不服。因時建勳，匪積田夙。衛霍

題唐公主遠嫁

有唐肅宗，言遭閔凶。安史倡亂，嫖怒激風，蒼黎塗炭，奔馳西東。弔民水火，責在朕躬，假兵回紇，有齊季女，揮涕遣嫁，聖心慘沮。壯哉公主，慷慨而語，國家事重，雖死無苦，彼弱女子，以身遠嫁。身歿荒夷，名昭華夏。視彼鬚眉，自有仲亞。爲語肅皇，胡爲乎涕下。

頌詞

幼四期學生畢業頌辭　並序

三十九年于台省東港

丁茲中夏板蕩國步維艱之秋，狐豕奔突，豺狼在野。慘目摧懷，孰逾于斯，是以憂時之士，無不怵心攘臂，奮發激勵，行見猥鄙無知之徒，望風希指，偃仰委蛇者有之矣。而枕戈薦薪之士，風薄電激，足以振頑立懦者尤方興未艾。雖季世俶擾，而薰蕕芳臭較然易見，斯誠時哉弗可失之佳會，而諸君適自蜀來集于斯。逢甫承乏本科，欣逢畢業大典，曷欣如之，敢誌數語，期相與嘉勖云。

莘莘多士，邦國菁英。萬方興難，學慶初成。其成匪易，念茲心驚。留蜀六稔，膏火雞鳴。江流錦水，山擁青城。鍾毓靈秀，莫之與京。既而去蜀，遠集滄瀛。雖云結業，尚期雲程。其于物也，辟若雛鷹。如煙乍起，如日初升。既健其翮，上干日星。一埽天宇，廓然太清。

神鷹頌 並序

黃唐肇基，奕葉丕光，莫不仁義立政，禮讓爲國，內而利用厚生，哀恤煢獨，外而懷遠修鄰，興滅繼絕，其埻臬至高卓而規模至宏遠也。雖漢唐之征伐四出，遠拓疆土，然不過宣明教化，牖啓闇昧，內撫諸夏，外綏百蠻而已。要未見割人自肥，殘民以逞，專擅威虐以快一己之私者，中夏聖哲相承之風，自昔然也。近世泰西諸族崛起，草昧不修德讓，專務暴戾，恃科學之精進，兵械之新奇，殺人越貨，肆無忌憚，暴日蹶起，彌事貪殘，整兵興戎，敢爲侵暴，憑陵上國，恣睢罔極，遂乃屠戮我人民，焚燬我城邑，老弱則慘罹無辜。暴白骨于原野，室家則橫被劫掠，龕荒煙于村墟，其爲慘毒，曠世所未有也。嗟呼，吾人臨茲巨變，當茲凶狡而欲以和平相責勸，禮讓相感服，如說仁義于跖蹻之右，喻孝慈于商臣冒頓之前，寧能稍有懲艾進之理道耶？是則禁暴靖難，當別有其術矣。邇來中美空軍以盛大之威力，襲擊敵寇前方，敵營之相繼摧毀，琉球台灣之大被轟炸，數日之間，使敵人膽寒聽聳，心裂骨驚，東京震撼，舉國惶惑，皆罪軍閥之凶殘，坐致滅亡之慘禍，夫以英美同盟之規箴。中國道義之感召，而不能使敵寇稍回其慮，乃數日之轟炸，遂舉國震恐，幡然知其違失，用知殺以止殺，斯仁者所以無敵也。非神鷹之功其孰能至於斯乎，行見大軍東指，殘敵爲齏，張義麾于海甸，殲元凶于島隅，申中夏之國威，奠和平之基石，事有徵矣，曾何難哉，于是慨然感而作頌焉。

惟古之戰，軍陣匪遠。徒假兵刃，以相屠剪。雖勞師衆，斬馘蓋尠。今也不然，槍精砲利。發若訇雷，殺不可計。矧逮叔世，大義莫伸，窮兵夸武。荼毒生民。呈其利器，以相侵陵，勢焰狓猖，莫之敢攖。獨有怪物，應運而生。體瑋力遒，睥睨群倫。攻堅挫銳，一若游塵。飛舉自如，屢建奇勳。爰錫嘉名，是曰神鷹。振翮飄忽，信若有神。朝發南海，莫旋北溟。捷若遺風，急踰驚霆。一縱一橫，星流電行。聲彌八極，威冠三軍。戛雲拂日，翻其高舉。直將摩天，嶄巖何阻。喜馬之峯，積雪終古。爰載軍資，從容來去。當其臨陣，尤逞奇姿。上下頡頏，東西奔馳。下臨敵陣，俯瞰雄師。聞者膽慄，殷殷虺虺。壯士哀號，鐵騎悲嘶。發彈投火，雷動霆擊。勢撼山岳，天地震鬩。千騎爲齏，萬壘以夷。強敵披靡，暴骨橫尸。殘寇惶竄，雖悔可追。回翔徐反，無或騫虧。和平聲張，暴類遠移。嘉哉神鷹，長爲世資。

五言

初春

昨夜東風起。乾坤倦眼開。層冰池畔解。積雪嶺頭堆。老幹新芽柳。繁花玉樹梅。行看春水漲。應似葡萄醅。

病後追題

馬班良史才。書並六典傳。宏贍服孟堅。中懷獨惓惓。炎天七八月。兀坐西窗前。赤日昃照戶。烈火相焚煎。辛勤四十日。固著爲終篇。燠暑灼肌膚。毒熱鬱未宣。卒蒙風雨急。病發不可蠲。藥更數十齊。遷延月餘間。跬步必以杖。命危一絲懸。氣逆神眩亂。口噤不能言。將余入病院。醫者但長歎。願爲竭精誠。鍼石恐徒然。不謀一齊後。疾勢頓斡旋。家人獲音書。相對盡欷歔。老母遣弟至。三日抵成都。乍見疑夢寐。淚落盈衣袪。驚問來何速。迢遞千里途。云渠未遑息。晝夜兼程趨。雖切骨肉意。感激過勞劬。況當行道中。荊榛蔽通衢。豺狸方構患。征夫憚奔徂。涕泣語吾弟。再生餘此軀。

扶持賴諸友。情愫曠世無。急難見交態。終始永不渝。深愧今之人。友道何其疏。始則似膠漆。久負此心初。念茲益感傷。孝標論豈虛。

題曹君紀念小冊

三十六年于川大

此地相知後，三添錦水春，輕肥時與共，道義日彌醇。魯鈍惟休拙，天機見子眞。神交奚足貴，但話白頭新。

日本投降喜訊夜至

島夷屈強安在哉。錦城夜傳降書來。萬姓未知有此日。夾道歡聲動若雷。試看燕趙遠客子。猶揮涕泗相疑猜。詰朝捷報處處聞。白日曙色天地開。敢遺沙場戰士苦。八載酣鬥強摧敵。黃帝子孫奄八極。秦漢功威被九垓。懷遠服徠在華夏。但置興亡若轂推。

赤寇竄通巴南三縣並陷儀城

民國二十一載秋。歲逢關囚神鬼愁。中原網疏走豺虎。被驅紛紛投四陬。始向秦隴後西移。奔突鋌疾入蜀陲。惡聞漢代遭黃巾。寧知爾時來赤眉。通巴三邑相率陷。彊徵丁壯掠粟貲。揭櫫張幟誘衆人。謂均土田無所私。概一貴賤齊貧富。可憐群黎爭趨之。蜀川自昔分西東。多士割土自爲雄。通巴諸邑有所屬。焉容狐鼠竄迹蹤。遣師逐捕嚴營陣。將軍指日奏膚功。無何錦城烽烟起。齊收精騎戰錦里。誓與他軍判雄雌。縱使寇深我何恥。誰藉雷雨吼池鯨。歲底直下逼儀城。初道傳聞未足驚。境內防堵有重兵。寇騎即日蓋地來。山谷色改掩赤旌。驟逾江海漲洪濤。勢倒山岳震急霆。室家相棄頓離散。

耶娘喚子弟呼兄。悲風蕭瑟起天末。四野但聞號泣聲。縣吏豪長潛夜去。可憐陷賊皆齊氓。人命微薄輕草芥。寇兵暴戾猛摯鷹。賊酋喜怒無常態。賊兒多詐慣揣情。殺戮爲戲爲能事。積尸盈野碧血凝。輕烟嫋嫋繞荒村。九逵長衢無人行。軍寇更取三易春。至今草木猶風生。嗟哉此邑於昔著。方州古治文物具。金城虎踞儀山巍。中有賈島讀書處。千載古城一炬墮。斷瓦殘垣塞道路。焉得一傾東海水。洗淨塵氛返太素。

讀軍人魂　二首

昨讀總統軍人魂。無魂何以爲軍人。在詩桓桓美武士。於易蹇蹇懷王臣。所貴推轂寄閫外。專取爲國掃烟塵。無何泰清關囚來。昫昫中土驚妖氛。狼奔豕突勢莫當。國土日蹙走我軍。地折城墮未足惜，痛在殺身有幾人。男兒自古誰無死。輕者鴻毛重千鈞。況今欲歸途已窮。惟有失志效此身。若待崑岡火炎熾。遑論玉石一體焚。宏毅堅節不可奪。浩然之氣彌兩垠。一旅何遽難興夏。三戶未必不忘秦。將軍百戰死猶生。肯教胡馬越海濱。延平昔日守孤島。恢復終須建殊勳。湔恥復仇更何待。光烈留與日月新。

總統昭揭軍人魂。讀之令人心骨驚。回首幾許傷心事。何人對此能忘情。神州陸沉咎伊誰。緣何盈野皆羶腥。長敵資寇我自取。往事歷歷照眼明。迄今扼守孤島間。豈能徒作悔恨聲。非我亡敵敵亡我。

首鼠將母兩端行。丈夫死國而已矣。志決一念在堅貞。貔虎百萬勇有餘。衆志堅城山可傾。寄語醜虜莫憨笑。滄島猶有不敗兵。

野望得煙字

三十五年於川大

益州二月草芊芊，碧滿郊原望彌天。丈嶽千年承美號，大江萬里送歸船。野花盛放經疏雨，溪柳纔垂籠澹烟。此際春光堪極目，物華未肯等閒捐。

懷陶故旅長

爲金院長延生代作，民國五十七年於高雄師範學院。

將軍好武亦修文，文事武備在一身。英雄丰采原有自，早年講武留東瀛。風雲志憤同盟會，革命大業指掌陳。辛亥之冬義師起，首翊趙公麾三軍。民國肇開基未奠，更討逆袁大義申。一身轉戰數千里，蕩埽宇內清烟塵。勳業既遂解甲日，力謀桑梓冀維新。概捐良田七百畝，爲興中學惠鄉民。晚歲悠然田園裡，輕擲身華於浮雲。日軍脅從堅拒之，大節無愧於黨人。無何陽九關囚來，中原鼎沸彌狼烟。百戰將軍同淪胥，崑岡玉石相與焚。人與草木同朽化，唯公雖死猶挺生。典型付與未來者，風簷展卷倍酸辛。

哀羅炳焯先生

鄉人羅炳焯先生。耿介。甘貧淡。疾惡。見視若仇。留日返。頗欲建白時局。不合。退而講學蜀庠。仍多齟齬。遂歸故里。未幾寇陷儀城。被獲。不屈死。余竊悲其志。又傷其慘毒以死。故賦短歌一章。以悼之焉。

又

羅生懷才夙知名。周覽博蓄過東瀛。異國棲遲幾經秋。志意峥嶸學彌精。歸來偏說權要者。藉籌國是指掌陳。本欲匡濟輸丹悃。竟作于謁搖舌脣。明月在道人按劍。乃於蜀庠育鳳麟。祇緣方鯁謹廉隅。疾惡面誅人所嗔。便教禮樂衣冠府。未許斯人暫託身。先生倦游恬然去。故園結廬親四鄰。壬申之秋寇群至。焚燒城邑屠人民。豪富舉家避寇侵。貧者欲走苦無金。傷哉羅生逃不得。隻身陷境爲賊擒。堂上逼寫投誠狀。不惟獲生且重任。慷慨向賊索紙筆。大書逆黨滅此日。氣淩赤霄雷雨驚。勢走陰壑龍蛇出。字成擲筆張目叱。滿堂失色皆戰慄。徑尺逆鱗安足批。盈千豺狼莫能必。賊首眥裂髮上指。須臾書生杖下死。血濺庭階衣履委。義感風雲泣神鬼。誰知草野有志士。高節凜凜何可擬。

初誦杜詩終篇後擬

少陵詩篇天下宗。余亦衷心愛此翁。此翁命蹇若由數。畢生潦倒窮愁中。文章非必憎命達。要唯窮者而後工。聖賢發憤三百出。工部攄懷吐奇雄。雲興龍襄含變化。層峯群巒盡嶽崧。歲餘開帙始瀏誦。兼旬之後訖一通。僅析故訓辨名物。未解神理見高風。樗材汲汲徒爲爾。煦育平粹豁煩胸。

花朝遊歸有感

錦官城西錦水前。除地町町古廟堧。內闢花畦置列肆。百花爛漫照眼鮮。蜀都士女樂游衍。二月花朝出市廛。道上淖約多處子。吳娥越妃失其妍。被服明粲閃襞績。玉顏冶逸雲髮鬈。輕騎年少縱轡來。五陵俠豪若聯翩。王孫飛鞚恣談笑。佳人顧影更自憐。塵埃冥冥白日昏。車馬闐闐人摩肩。其中環羅皆珍奇。每驚一物直萬錢。品雜數鉅莫能識。異方殊類窮陸淵。此日遊人爭趨赴。近傾閭閻遠幽燕。爲是佳興苦逗人。不禁春色來無邊。比聞官府有教令。各奉土物競誰賢，但欲勉農力本業。未惜虛糜累億千。

雨中遣懷

三十六年九月

余來南薰中學。已越旬日。住西偏一茅屋內。陰雨連綿。室中不蔽風雨。坐處日數十移。因感而賦此。

秋雨霢霂天不開。斗室無人自徘徊。屋漏非但無乾處。地幽何嘗有客來。詩書誤人由來久。頭童於我何有哉。拌將傾篋付高閣。不事樂聖且銜杯。

除夕思親

三十九年于台灣省東港

余自三十三年蒲節反家省親。未二月，遄返川大。臨行瞻望茲顏。淚落不止。及卒業川大。來空軍幼年學校任教。本年夏隨校遷台。離家已五載餘。而匪亂方殷。國步日艱。海闊路遠。日念高堂。夢中每依依膝下。今又除夕。若尚在家。其樂何如。遊子之心。至此當可知也。

猶憶炎夏辭錦里。滄島作客送歲歸。回首狐兔竄四野。中原漠漠風雲悲。閭鄰亂離皆星散。雲關重阻音問稀。斑衣娛侍今何處。夢魂萬里依庭闈。自昔安危豈天意。弭難歡聚會有期。

元旦書懷

四十年

海隅不聞兵戈聲。幾處爆竹歲序新。腥風一片天上來。始覺中原有胡塵。

賦

閱人成世賦

劉孝標廣絕交論曰，世路險巇，一至於此，大行孟門，豈云嶄絕，余每讀文至此，未嘗不慨然廢書而嘆曰，孝標特言友道耳，誠擴而充之，舉世一切亦何獨非然，唐虞之際，垂裳而治，民遂其生曰帝力何有於我，是胡獨盛於斯時也？自茲而降，如漢之文景，唐之貞觀，雖有治理之迹，然民咸樂其業而禮讓孝友之風猶存，陵夷至於叔世，小人道長，君子道消，上下相蒙，傾軋弗已，雖爾雅之士容有不免，況其下焉者乎，古吳郡陸士衡者，有命士之才，沈潛儒術，文章高世，吳滅與弟雲入洛，廣武侯張華遽謂伐吳之役，獲二俊，其嘆賞之深，知遇之切爲何如哉？及衡賦嘆逝，憂愁悽苦，悲不自勝，年四十有三，遂遘害而死，余每讀此賦亦未嘗不掩卷嗟吁而不獲已也。乃取篇中文擬閱人成世賦一首，以懷古抒情焉。

粤邃古之窈冥兮，庸詎知品物之流形，大極渾其不辦兮，元氣混而浹凝，遘乾元之灝灝兮，萬物資以始生，慨大鈞之播物兮。人實河嶽之靈，初造端於夫婦兮，又申之以父兄，其人倫之大端兮，世緜緜而相承，寖人事之紛紜兮，七情以而滋萌。異趨舍與從違兮，孰能息乎紛爭，天作之以君師兮，乃董之以政刑，惟明哲之代作兮，文教敷而恢宏。嗟乾紘之斡運兮，痛治亂之相乘。世滑涽其無常兮，何變化之頻仍，伊人生之眇末兮，若粒粟之在溟，亦待陶之泥土兮，從輪鈞而異形，將沉浮以終世兮，豈特立之豪英，惟哲人之拔萃兮，曠獨絕乎編氓，脫大塊之罾繳兮，何造化之足驚，挈世綱以振頓兮，闢康衢以便民，士尙志於伊始兮，何勳猷之弗成。若在童稚，則學對趨庭，取賢父兄以爲典型，佔畢墳籍，子史之菁，愛親敬長，灑掃應令，肆成人有德。小子有成，洎乎弱冠，志意漫汗，式慕緗帙，薄乎綺紈，鉤抉經訓，服膺雅言，四始五例，十翼七觀，綱紀人倫，參象地天，氾覽博蓄，探賾索元，宏性靈之奧區，極文章之鳳鸞，容與藝文之域，漸漬道義之淵，其德既成兮，其志彌堅，學優而仕兮，尤多壯年，振張世紘兮，庶政以宣，去讒遠佞兮，立德尙賢。撫輯元元兮，庶類碩蕃，功成而肥遯兮以道自全，築室種樹兮，穿沼引泉，耕易東皋兮，鋤蔬灌園，游心象外兮，無生爲先，遣有涉無兮，色空泯蠲，蕭然物外兮，優游自酣，信守常以制變兮，通乎性天，終吾身以倘徉兮，世豈我難，若愚士之繫俗兮，窘若囚牽，役役貨利兮，僕僕豪權，竭心騁志兮，終亦迍邅，忽忽若夢兮，大命以捐，故人弗馭世兮，反受制焉，世御於人兮，人秉其權，天道微昧兮，亦足控摶，浩志不渝兮，物其我遷。

蜀問

有客居河洛之涘，心志侈張，雅好交遊，將欲周歷海內名山大川，東至于扶桑，西迄于濛汜，左窮番畀，觀雲夢潁湛之藪浸，右跨漁陽，溯虖沲嘔夷之源流，將至蜀，薄靈關之麓，睎岡陵之糺紛，睹森木之菴藹，欲前而不得其道，懣然卻走曰，嗟乎昔太沖賦蜀，徒瑋其區域，美其林藪，矜巴漢之阻，夸沃野之富，以吾觀之。無乃蠻夷之故墟，喪亂之荒坵乎。吾將返轡回輿以他適也，蜀之爲地，直若是耳，西蜀之主人逌爾顧笑曰，子且周覽九有，足歷八鄙，而不一入西蜀，是猶觀濤於潢池溝瀆之上，而見昧乎廣陵之曲江，求遊俠豪舉於鄉曲委巷之中，而見遺乎五都之市，吾未見其明也。客不欲問西蜀之事歟？請爲吾子陳之，客曰唯唯，主人曰，夫蜀梁州故郡，開國洪荒，世葉綿邈，人物殷盛，其地西接崤函，南連荊吳，扼關河之勝，則爲右府之固，合吳蜀之長，則據上流之重，險要雖控制於一隅，而形勝實關于天下，矧復江水之流衍，玉壘峨眉之巍峙，前擁靈關，後倚華容，左屬崑崙，右挾岷山，緣劍閣之雄踞，有石門之重阻，其中田疇鱗錯，疆埸綺分，桑麻敷野，黍稷盈疇，芳草奇木，竹皇果圃，彌望乎其域，沃野千里，天府之隩區也。至彭門之闕，九折之坂，三峽之峻立，五屼之參差，苟扼其要害，雖百萬之師可立挫也，故自三代以來，秦得蜀以并諸侯，漢由蜀以定三秦，諸葛相昭烈，三分天下僅有其一，而卒申大義于季漢，此李雄所謂用天因地成功之資，客不欲觀其形勝，相其隰原，覽其豐饒乎？客曰若子之言，蜀但恃山川之險阻，邑居原野之富衍而已。若夫文物典章，吾未之前聞也，主人曰不然，夫蜀自文翁遣張叔文詣博士東受七經還以教授，于是蜀學比于齊魯，巴漢化之，其後李仲元處于陋巷，厲金石之節，威儀容止，邦家師之，里人化之，斑白不負擔，男女不錯行，揚雄好學博覽，不汲汲于富貴，不戚戚于貧賤，清靜無爲，澹泊自持，摹易以作太玄，擬傳而爲法言，敷贊聖言，鎔鑄典籍，此蜀學之直承于洙泗也。譙天授嚴棲讀易，上承伊川之傳，蜀人禮之曰夫子，范季才學本誠一，論不籧篨，浩氣養心，求道之胦，滄江虞剛簡之持己也，體乾之九二，庸言之信，庸行之謹。法坤之六二，敬以直內，義以方外，以中庸誠敬乃天地自然之則，古今至實之理，以茲明德新民，繼往開來，此蜀學之直宗于伊洛也。他若相如之宏贍，君平之精賾，王褒之秀發，三蘇之駿逸，覃思深淵海，摛藻茂春華，並爲詞賦之宗，文章之祖。其餘儒雅彬彬之徒，淹洽宿學之流，功顯名赫者不一而足，皆爲游談者之所資取，制作者之所程式，不亦瑋哉。客不欲賞其巨製，親其遺風乎，客聞主人之言憮然有間曰，吾乃今知宇內之大，無所不蘊，而後不敢復有所外矣。不然既失于蜀，將並河伯之湫陋而見笑于大方之家也。

肆、序跋

擬某君祖母八十壽序

某縣某翁之母姓某氏，歲之某月爲其母八十壽辰，其子某語於余曰，吾祖母生長望族，年二十始來歸，布衣蔬食，雍穆唱和，有舉案鹿車之風焉。閱六七載，諸叔祖父皆已娶婦，爭欲析爨，吾祖某某公獨奉曾祖父母徙居石倉舖，佃田躬耕，祖母蠶績，怡然相樂也。居頃之天旱不雨，苗皆槁死，家素空乏，治生維艱，會祖父母年老不甘糲藿，吾祖百計養親，甘旨不缺，翌年旱災尤劇，祖父謀生於外，祖母獨力經紀，雖貧窶猶以粟菽奉親，時吾父方丱角，諸叔亦在孩提襁褓間，兒女滿前聒噪乞食不休。祖母乃歸外家告貸，且訴且泣，外曾祖母良慰藉之曰，兒歸矣，多嘗苦辛，乃能大其家也。祖母于是茹苦忍辛，操作益勤，日就遠地取水沃蔬菜豆苗，更尋薺菜草根以爲食，故當此奇荒，吾家老弱得無捐溝壑，祖母之力也。後年禾稼大熟，祖母仍節縮衣食，寸絲半粒不虛棄，曰有餘當思不足也。治家嚴內外，計出入，躬節儉，布衣必整，蔬食必潔，故子女無藍褸頹靡之狀，積五六年稍益富，有置良田數十畝，所遺子孫者厚矣，民國二十五年祖父以天年終，祖母今年雖八十益矍鑠康彊，善進飲食，此兒孫所慶幸者也。方吾家在顛沛困厄之際，如舟行湍瀨風浪翻騰，波惡渦峻，危殆萬狀，今則不然，向之丱角者今已娶婦生子，在襁褓中者亦頎然成立，且子孫盈庭，衣鮮飫肥而吾亦體泰心舒從容來學于斯，果誰之賜也。使後世子孫探源思本，嚮風慕節，追先人之芳烈，嘉前世之流光，能不有動於中耶。故聊舉其大略，而請惠我以一言。噫嘻，君之言如此，君祖母之志德可謂美矣。余敢不竊爲之詞，以贊其徽烈，俾歌以侑觴焉。詞曰惟君祖母，貞淑溫淳，雖處窮困，厚養其親。煢煢在疚，夙夜勞辛，卒賴其力，拔家于貧。其事親也，溫恭誠寅。其撫下也，嘉惠和仁，閫內嚴肅，美德誾誾，動爲準則，儀度可遵，壽考康樂，甯日無因。

聶君楙戡詩集序

余與楙戡兄相與歷四十餘年，雖云莫逆而平淡如水，來臺從事中等教育與余同好，平時喜寫作，各機關因舉大事徵文，君必欣然投稿，不計得失而常膺銓敘，名在前列，又不喜自往領獎，每倩其夫人代領，蓋不以爲意也。尤長於詩詞，其所作樸質自然信口道來隨手直抒，不假修飾，咸得性情之眞陶靖節詩「義農去我久，舉世少復眞」知「眞」之一字，爲不可多得也。吾於詩，向非所擅，在上庠時偶有數首，亦不自珍，塵封已久，稽延益不敢搦管矣。然以爲詩乃直抒性靈之事，能發眞性情者即爲佳製，杜詩「讀書破萬卷，下筆如有神」。淵明謂「詩書敦夙好，林園無世情」，則非不讀書而作詩也。觀工部不僅文選爛，即文選之註，亦熟留胸中，故其詩常用選注，往往可見，後人有九經百氏所以膏潤其筆端之語，杜詩寔然。孟子所謂資之深，則取之左右逢其源者是也，君若益加淬厲，沈潛經史百氏，優游浸漬，眞積力久，必能底於大成，豈止與時賢論高下哉，今誦所存詩稿，多旅遊乘興之作，名山勝水憑弔懷古之什爲多，於亭園臺榭，古寺蘭若，京邑帝都，必登臨極目，以發思古之幽，老蘇嘗云太史公周覽四海名山大川，故其文疏宕有奇氣，君遊覽諸作之所以能窮奇抉幽，無微不燭者，亦得力於冥搜曠觀，胸有成竹，故躍然紙上，令讀之者如在畫圖中矣，余不能詩，何敢論人之詩，聊以所感書之以寄歆羨之忱耳。

師院吟社初集序

中夏論詩，向主風教，《禮記經解》所謂溫柔敦厚是也。近人每喜新奇，於是頗有異議，以此不過藝林文士遺興之餘耳，然詩究爲直抒情性之作，要以眞性情之流露駿發爲主，初民含哺鼓腹之作，不知帝力之嘗有，尺布斗粟之謠，何嘗出諸文士之手？信口道出俱爲千古絕唱，非以其出於至誠、眞切感物，使人低回心折而不能自已耶？三百篇屈宋之後，惟有唐一代號爲特盛，大家李杜，百世之下，莫不奉爲圭臬，後之學者，徒慕其名高聲華，驚其藻繪意遠，不知李杜均來自苦學，李白詩「解道澄江靜如練，令人長憶謝玄暉」，知其於前人名句記誦之熟，而把酒問月一首中「今人不見古時月，今月曾經照古人，古人今人若流水，共看明月皆如此。」直從初唐張若虛「春江花月夜」「江畔何人初見月，江月何年初照人？人生代代無窮已，江月年年照相似。不知江月照何人，但見長江送流水。」數句中化出，詩人自苦學中來，尤莫逾於子美。元好問謂「九經百氏，所以膏潤其（子美）筆端」。信非虛語。足見少陵讀書之多，用力之勤，資蓄之深，自謂下筆如有神，詎欺我哉？本系諸同學入二年級，深荷粵中江先生之牖啓，於詩由荊榛茅塞，浸入佳境，一年之內彼此唱和，蔚然盈帙，此皆江先生辛勤培植之碩果，其誰曰不然，逢自承乏本系，於諸同學期望尤殷，惟雅不諳吟詠，故不敢作詩，竊羨江先生英年雋才，下筆珠璣，平時所以誘啓之者，可云金針度盡，余曷敢妄贊一詞，於諸同學唱和所得付梓之先，略綴片言，欣見此為初集，千尋高樓拔地而起，自茲以往，宏篇麗什，益增彌佳。為詩界創拓新境，嗣騷雅之後，開風氣之先，余當拭目以待之也。

毛詩傳例序 代作

詩三百大率先民言情之作，人性之自然，渾厚眞誠，先得我心之同然，孟子謂理義之說我心，猶芻豢之說我口，惟詩為然。雖六藝皆不刊之鴻教，而發人深省，怡養性天，則以詩為最，蓋經孔子刪定，合於韶武雅頌之音協於樂律，無論弦歌諷誦皆於人生修養，關涉至鉅，故經解曰溫柔敦厚詩教也。又曰：其為人也溫柔敦厚而不愚，則深於詩者也，即變風變雅雖有怨刺之微，而忠厚惻怛之心，陳善閉邪之志莫不溢於言表，故於興觀群怨之用，事父事長之道，三百篇中往往而有，故觀哀哀父母，生我劬勞，脊令在原，兄弟急難則興孝友之感；誦王事靡盬，不遑將父，靡室靡家，玁狁之故，則思因國而忘家，誠忠孝之準式，人倫之師表，先王之所以美教化移風俗，篤人倫者胥賴於是，杜子美謂陶冶性靈存底物，洵不誣矣。詩三百去今邈遠，文字習尚，今昔異趣，讀詩者若能不以文害辭，以辭害志，則傳箋尚矣，傳爲毛公所作，然毛公之名，說者紛紜，鄭玄詩譜曰：魯人大毛公爲訓詁傳於其家，河間獻王得而獻之。陸璣毛詩草木蟲魚疏曰：孔子刪詩授卜商，商爲之序，以授魯人曾申，申授魏人李克，克授魯人孟仲子，仲子授根牟子，根牟子授趙人荀卿，荀卿授魯國毛亨，毛亨作訓詁傳以授趙國毛萇，孔穎達正義亦云大毛公爲其傳，鄭玄漢季大儒，徧注群經，陸則一代俊髦，聲華江左，斯二賢去古未遠，師傳可徵，據是則爲大毛公亨所作較爲可信。前人質樸，不事藻繪，考信六藝，不假煩文，其辭約，其旨遠，故傳之深趣，非猝遽所能辨，然毛公當時之習尚，臨文之取舍，於其文字思理之迹，同異分合之間，似有條例可尋，苟稍加紬繹，即可得其崖略，字句之例，亦概乎可見，本既得之例以推究其餘，則本經之文字義理，庶可渙然冰釋，怡然而理順矣，此傳例之所由述也，茲分字例、句例二編以撮其要領，蓋積字成句，積句成章，此詁訓之基本，義理之階梯也，本編每例有本式以示定型，有範例以爲標的，所謂執柯伐柯，其則不遠，次以分析，以釋一例之大凡，亦撰作者之匠心，或觸類引申，間有一得，則附例目之後，亦有變式，則就本式而推衍之者，一例之下，復注明篇什，俾與經文對參竊歎先儒釋經，惟求合古，後賢訓故翻求更新，不知前人解經，多以故名，詩有魯故，毛詩故訓傳，書有大小夏侯解故，故者，古也，合於古，所以合於經，故研究傳例，所以推求古經之本義，抑所以合於古人之用心，得作者之本旨，則傳例之蘄嚮儻在是矣。

散文發微跋

鄉人張定華君作，五十七年八月十一日於高雄師院

散文之散與「整」字對待，凡章句形式無任何拘束可以自由抒寫者，即謂之散文，前人名之曰古文，即在屏斥駢偶纖麗之作以其偏整而形式，箝制人之思想故也。然則散文可以信手揮毫，而漫無矩矱耶？是不然，蓋文無成法而有定體，命意遣詞，體制結構，亦固有鎔鑄裁置之方，可以運作者之師心，令讀者如相對語，無文字扞格之苦，而深有先得我心，爲我口之所樂道，我手之所欲書者。至於百世之下，讀者莫不興起鼓舞，幡然爲之攘臂高呼曰命之矣！斯則散文之妙用已入微通玄，則藝苑之激賞，語文之能事畢矣。鄉友張定華君，青年從戎，來臺解甲復改習文事，致力於中國文學，分夜膏火，勤讀之餘，以其研幾所得爲散文發微一書，成草即郵到，余何幸有先睹之快，奉讀一通，知斯作介紹歷代散文名家，即其人其文論之綦詳，足資吾人，采擷者多矣，於散文文法，寫作技巧，尤不憚反復推尋予人以規矩，諸與散文攸關，均有詳盡之論列，一般作家之所樂道，文中固已具述，其有人所欲言而未得言之者，本文亦鉤稽抉引，披露而無餘，謂之發微，其誰曰不宜。

擬中秋黃鶴樓讌集序

夫四運代序，品類流形，物色之感人，固因時而異矣，然自宋玉懷秋，而詞人才士紛然踵接，安仁發孤篇之賦，子美暢八章之什，英詞茂製，波譎雲詭，四時之動人一爾。何臨秋而感慨滋多乎？矧中秋得寒暑之中和，際四時之佳候，天清氣爽，風月光霽，秋蘭之馨香足佩，桂菊之華英可掇，雖李白桃艷之在于春。柳碧荇青之在於夏，甯過之耶。當此之時，苟無廣遊博覽以快耳目之欲，乃於蕪野籬落之下，廛邸市井之間，騁姿縱情，低回流連，寧能攄其幽懷暢其雅興哉？今黃鶴樓擅亭臺之奇，攬江山之秀，得中秋而弗登此樓，登此樓而弗讌集于其上者，吾未見其有得也。樓在武昌西南，屹立江畔，聳黃鵠之巔，前列白沙鸚鵡之渚，周以龜蛇大別之山，江漢迴縈，湘沅遙帶，其南則有洞庭，波光屬天，烟濤浩汗，風起水湧雲構萬變，其東則有黃岡，爲禹偁子瞻謫居之故所，而快哉月波之勝蹟在焉。大江溶溶，流瀉天際，每一登臨，則心神睟發，襟懷爲之開朗，若夫清風乍起，細波微生，水光潭淹，游魚不驚，令人目明心豁，意樂神清，時或暴風卒至，水激浪騰，洪濤崩駭。巨浪嶒磑，屏息潛聽，亦足以蕩魄驚心也。當風止波靜，則水吞山光，山迴水色，山多碧草，水盈綠波，倒景凝翠，琳琅溢目，何其盛也！尤在中秋之夜，大地沉寂，林鳥休巢，新月始升，地廣天廓，輕烟聚而復散。寒光淡而明滅，重以繁星在水，萬點爛然，白露曖江，千練旖旎，對此容有不眉軒色舉者乎？于是譽髦之士咸集，紱冕之徒畢從。擎群彥以臨觀，迓素秋而開筵，香醴醇酎，甘脆肥腴，嘉肴畢具，酒酣耳熱，絲竹駢奏，長嘯低吟，俯仰盡致，此誠一時之嘉會，千載之樂事也。欲張盛宴可無雅作，而四座盡吳楚之才，集漢魏之英，羽觴暫飛，衆制咸就，擊節歎賞，榮觀無已，斯時也而有斯樂。視當年文禕乘黃鶴飄然棲止此樓之際，又何以易之也。

送遠征同學序

我中華民族，紹黃帝之餘烈，奮神武之雄姿，拓土闢疆，奄有東亞，文教武功之盛，于漢唐而臻其極，當斯二代，東西征伐，縱橫宇內，王師所及，無不賓服，迄今遠西諸國，猶有以漢唐名我者，二代聲威之所被也。苟當時無雄才遠略之人，率先倡首，堅忍毅勇之衆戮力一心，欲收絕世之功，建不拔之業，而使五族聲教遠被，遐邇震懾，其可得乎？詩云江漢湯湯，武夫洸洸，經營四方，告成于王，漢唐之聲威，允足夸寰宇，而照垂史乘矣。當此北風怒號，嚴霜既降，積雪在山，落葉滿徑，若彼紈袴子弟，潛居閉戶，重裘擁爐，猶以為未足，而君等挺身攘臂，揚厥征塵，感祖國之多難，恨殘敵之未肅，越關山之險阻，赴萬里之長涂，雖張騫之使西鄙，班超之馳絕域，張仁愿之城受降，王玄策之振天竺，其凜烈拔塵之標，慷慨奮發之節，又何以易此，況于首涂之時，車馬喧闐，旌旗飄舞，師友聯袂以相送，婦孺夾道而歡呼，觀者為之改容，聽者為之竦耳。風雲佳會，千載鮮覯，上視先民，宜無愧焉。頃者敵國投軍之大學生六七人耳，而宣揚于國外，詡爲曠世之奇，今吾校諸君始獲遠征之訊，慨然應名者百數十人，以一校而猶若此，則華夏之民氣寧可侮視，下視敵國不亦泰山之于培塿乎？諸君在學日久，夙膺道義，投筆請纓之際，忠勇之氣已溢于辭色，吾于諸君之行，又何言乎。溯自清季積弱暴露，東鄰蠶食，西鄰虎視，不見齒于當代國家，由來已久，蠢茲暴日，素懷輕慢，挾虎狼之勢，奮寇盜之謀。欲以一朝遽亡我國，不圖國軍英勇，屢挫敵鋒，苦鬥疆場六年交兵，戰績赫然，乃有與國來援，作我盟好，縱橫當世，推爲強國，然吾人未敢以此爲足也。蓋以大洋戰場，廣袤數萬里，駐印盟軍，亦數百萬人。自今以往，將與英美諸邦共破頑敵，任重致遠，投艱遺大，誠諸君騁能出奇之機，英雄用武之地，將不惟立殊勳，顯異域而已。必進而揚我文教，光我國威，復漢唐崛然不拔之聲威，奠世界永久和平之基石，俾敵人望風而逃竄，與國心悅而誠服，然後諸君之勳業永垂，吾儕之期望畢償矣。若夫他山攻錯，麗澤講習，花明月白之夜，時和氣清之朝，攜酒裹肴尋芳探幽，縱飲高歌，隆情雅趣，此固友生相與之歡，然非所望于斯時也。惟願旌麾所指，虜騎長奔，黍稷方華，凱歌載路，一待敵氛蕩滅，洗兵遼海，再與諸君捧觴一醉，瞻望大局，瞬息事耳，行矣諸君，願共勉之。

三月三日修禊序

蓉城之南有百花潭焉，地幽景奇，遊客相繼，甲申莫春之初，與友會飲于此，修禊事也。遡稽鄭俗，三月上巳于湊洧二水之間，執蘭招魂以祓不祥，禊之時義邈矣哉。自晉武君臣答難，或謂徐肇驚三女之俱逝泛觴于水濱以徼福祛惡，或云周公成洛邑因流水以泛酒，昭王宴河曲有金人以奉劍，上巳修禊，義見乎此，然事類虛誕，語難旁稽，要之文人雅士，笑傲風月，頤情山水，攬一朝之勝。以尋及時之樂，適得佳日，何必有所因借哉？自是之後，宋文設餞于樂遊，而延年陳誦美之章，群賢會飲于蘭亭，而右軍抒懷物之感，流風餘韻，吟誦人口，吾輩爾日之遊，良有以也。錦城三月，草碧柳綠，惠風揚和，群卉爭輝，當此之時，攜酒呼朋以遨以遊，樂何如也。況夫此地爲名勝之奧區，風物之總滙者乎。其南爲武侯祠，古柏參天，堂廡森然，其北則草堂寺，高柳垂檐，庭階閒寂，斯一寺一祠，暉映左右，遂令此澤益增觀美，清溪南來，水碧而流曲，轉折處皆有潭，其深而佳者則以此爲最，去潭十餘武，小橋横通，曲徑逶迤，夾道叢樹櫛比，野花星布，馥鬱散芬，沁人心鼻，村舍數椽，居民鮮少，而良田池美，林茂草肥，花壘卉圃，萬類鱗萃，其前有亭，當岸而立，憑檻以觀，心與水遠，輕風乍起，漣漪微蕩，碧波搖人，游魚驚竄，余等洗盞列肴，飛觴勸酬，俯仰吟嘯，其樂奚若，于是塵纓蕩息，情意瀟灑，惟彼隱逸之士，放浪于山巔水涯，容與乎林壑泉石。迓旭日之清英，挹晚霞之絢采，映松間之明月，對空谷之幽篁。其所以能劃然于囂塵之中，自致乎寰宇之外，志曠神怡，體泰心閒，甘心草野，樂友鹿豕。御清飆以上征，同皓月之皎潔，肥遯自得，幽居無悶者，蓋亦冥契于自然之韻，有得乎山水之助矣。

伍、遊記

陽明山遊記

四十三年四月五日余率禮班學生乘車遊陽明山，時微陽初啓，天宇清和，誠旅行佳日也。車經通衢中山北路過大橋折而北沿溪岸前行，約里許分歧，車向右行，抵芝山巖，以往爲平地，至此車漸向上行，幾經曲折，地勢漸高，還顧所經處，村舍稻田，皆低落遠在目下，山路迴環，轉折殊多，稍前則抵頭嶺，越嶺而前，一路愈險，山勢亦縱横起伏，左右錯列，路旁多梯田，新秧出水，歷歷滿田，當車略向左側時，左顧則雲海乍現如輕絮，如堆練，內遶山際，外接天光，時有小峯出沒雲海，若孤嶼，點翠其間，綽約可愛，車由東向急轉而北，直上，則街舍儼然，市肆交列，抵陽明山矣。車停諸生紛紛下車，信步遊覽，忽有圓山陡起左側，形如饅首，與陽明山相倚如宿衛然，公路穿兩山之間而出，緣路委蛇而前，若斷而續，已入後山，路皆鑿石而成，其側峻險處，護以石欄，以止車之逸出，路旁稍下，前後屋宇雜錯，飛閣重簷，花木參差，有使館別墅，皆依山爲舍，鑿石通徑，山花怪石，鳴泉棲鳥，靜處聲色自得於塵囂之外，此非離亂避秦之桃源耶？復前行，爲陽明山公園，遊客多集止於此，路幾不通，園址在山腹，犬牙因緣，似無定界，隨山勢陂陀而爲亭、爲臺，隨水泉流注奔瀉而爲溝、爲池、爲瀑布、泉之淙淙，水之清澈，皆可觀賞，惟人工之迹，猶有存焉者。至於花棚瓜架，藤蘿糾蔓，掩日迎風，可以棲遲，固每引人田園山林之遐思也。四周繁花盛開，古木濃蔭，紅紫璀璨，芳郁宜人，惜爲遊客汗息，山谷雜氣，所襲而人反嗤之以鼻也。從公園下望，山勢環抱，交互層出，其中皆梯田鱗次層比，青秧彌望，山高水深，不憂旱涸，利用厚生，惠我蒸民多矣；日方中，諸生於此席地環坐，與余共進野餐，相與指點山水，喧笑縱談，頗極一時之樂，稍憩相約登後山，欲一窮此山之幽隱，但望巉巖峻坂，高不可攀，蓋和者亦較少矣，余與七人尋小徑而上，落葉藉地，殘枝在道，幸未茅塞，惟時有陡峭，林蔭泥滑，不可著足，稍不慎，即有顚隊之苦，余在後亦懍懍防之，凡數休憩，乃上一層，更穿密林前行，出林方見土坡，迤邐而上，雖無平疇，仍有稻田，田水澗流，盈盈涓涓，可濯可掬，此已爲山之最高處，於茅舍竹離外，耕作有人，猶憶少陵三年饑走，恨未及時，若至此，當不復有荒山之戚爾。其上仍有峯巒雖不高而叢林薈藹，路不可辨，余恐爲虺蜴狐鼬竄伏之所，得此可止則止，以待來者能復有所探抉也。余初遊此地，又多有禁區，凡足迹所至，耳目之所受取，已窺其大略，復何求焉。乃循山徑而下，時已午後三時，遂返，歸途車得地利，下行甚速，未二刻，已抵北市，猶自尋繹遊蹤，青山幽篁，蒼翠溢目，不覺樂而忘倦也。

遊觀音山記

本校秋季旅行，高二禮班決往觀音山，余與張先生亦欣然偕往，八時頃乘汽車出發，越中山北路經市區抵台北橋，淡水由左徐徐遶郭而來，以叢山交互，不見水源，還顧北市則煙霧迷漫，煩囂之市聲，猶在耳際，出橋，曲折穿三四小街，始至蘆州，車折向右行，遂入田野，遠處丘陵起伏，不見高山，惟平岡一帶，宛若長堤，橫列眼前，杳莫測其所窮，其間稻田彌望，阡陌綺錯，田家風物，盡入眼際，夾道叢竹羅生，村舍雞犬，亦隱隱在幽篁中，車度小橋二，抵觀音山麓，公路沿山而上，縈紆出沒，溯狹谷，經竹林，可三里許，車停，山坡猶多叢竹，餘皆雜樹，莫審其名，山顛翠綠依稀，自山腰以下，則木葉黃落，蕭瑟有深秋之意。近廟通道，猶多陡斜，層層無既，然皆青石砌成，光潔雜錯，住足平穩，拾級而上，初不知其爲峻坂也，四周古木隆鬱，非松非柏，葉皆團聚如蓋，上下掩映，則相思樹也。林表忽見飛簷朱戶，粉牆一列，其觀音廟歟。石級盡處，有老榕十餘株，枝葉下覆，路陰不見天日，其根外露，自上而下，包羅岩石，委曲盤結，擅人工之美，實則天成也。廟倚高山，其上峯巒錯峙，正中一峯略圓雄立廟後，峭壁千仞，高不可攀，兩旁小山左右環抱，趨擁低列於前，如衆星之拱北辰，桑麻田疇，悉在眼底蓋此廟獨攬之形勝也，廟有正殿側室，皆一字平列，屋宇褊小而幽靜宜人，余在廟中小憩，稍覺倦乏。寺僧言，後山可望臺灣海峽，上下僅二時許，不禁神爲之往，遂決再登後山，與諸生循廟側石門而上，尋山徑、穿茂林以登後山，徑多細石，薦以沙土，故步履易滑，舉足維艱，其轉角處，多因勢平土，置石桌几，以共休止，約半小時登峻嶺，天光頓開，略見大海，但以未上山頂，意猶未足，復蹴草徑前行，崎嶇起落，忽上忽下，幾至迷惘；徑固茅塞，而又蘆葦叢生，高與人齊，抑有過之，其葉多小刺，拂面觸手，若不勝痛楚，至此殊無暇顧及也。復前行始登山頂，其上不過方丈，然以地勢絕高，可極目縱觀，覽谿谷林泉而下之，稻田屋舍，點點略可辨認而已！群山皆縱列直上，平而無奇，惟最後一山突起數峯，挺秀於其間，蔚爲觀首，淡水由右委宛而來，形如白練而長不可極，其中沙洲漁汀攢青浮白者，往往而然。江水由山側奔瀉而下，似不可遏止，此淡水入海處也。於此臨眺大海，於近山遠天之際有如半圭，平靜不見浪潮，惟孤艦往來巡弋，掀激白浪，雖銀光飛濺，而不聞聲息，恐山高使然也。水光爲迷霧所掩，蒼碧萬頃，與天相接，而上下一線介分，深淺迥異。其下所謂臺灣海峽，其上白雲深處，則吾人朝夕懷念之大陸也。在此佇息移時，諸生或藉草而坐，或游目四虛，天高氣清，披襟當風，極一時遊覽之佳盛。午後一時，始循原路下山，覺省力多矣，惟坡斜路滑，偶有不愼，即有顚隊之虞，回至廟前，遊客來者益滋，幾無立足之地，稍仕即乘車返校，猶憶今日始陰而未雨，繼而微陽不烈，於行得其時矣。此處山不絕秀而丘陵環列，廟不弘敞而幽靜可憩，又薄市郊，遊客無僕僕風塵之苦，爲遊得其所矣，余等乘課餘以送別三秋，其遊興可知，況能瞻顧大陸，以攄懷舊之夙念乎。

碧山遊記

四十四年四月四日，余等乘車經中山北路溯淡水而上，路頗平坦，左側建築極多，最醒目者，惟路旁之朱漆牌坊，大署忠烈門，其上爲忠烈祠，背隱青山，林木葱鬱，獨鍾嵐秀於此，豈非先民英爽之所啓耶？前則海軍總司令部，陸軍參謀學校，國防大學，屋舍率簡樸而較若劃一，顯示軍事教育之意趣。然背倚諸山，過此即平緩乏味，兀然無草木，殊不耐人尋繹也。繼此一帶皆磚瓦廠窯，火烟時起，塵垢傴人，附近田疇，以山水之檢約，亦不甚多，車行轉折更向左深入，抵內湖鄉，無街無市，房舍稀疏而不相屬，由鄉區度小橋迤西，遂近山麓，自小亭右上，步武漸高，約里許，得丫口蓋山勢於此自然低凹，小徑旁通，前往圓覺寺，左上碧山之顚，右建茅亭，設坐以享遊客，亭前豎木牌，標舉碧山十景，泉水洞、瀑布、彌勒石、沖虛洞、石船之類，以供遊人觀賞，亭左則上碧山大道，石級寬而整齊，循此而上，山勢愈高，峯巒嶙峋，既合復分，不易得其主脈所在，再上陂陀右轉，復得小亭，過亭而前，十餘武，即碧山廟矣，廟頗簡陋，正殿僅容十餘人，階下平臺周不過數十武，由此可下瞰各處，丘陵起伏間，稻田歷歷，來路因山谷間出，遂不可辨，一生遙指遠處之塔尖，曰：此總統府也。但見烟雲迷漫下似有簇屋，不知是耶否耶！廟後倚小峯，亂石交積，佇足維艱，此碧山之最高處，孤峯突起，岧岧然俯視一切，余支杖立此周覽，頓覺目曠耳虛，風勢驟急，幾至顚越，偶一不愼，即將從列子御風凌虛而去也，乃偕諸生循亭側小徑下山往圓覺寺。此處石徑妥貼，地勢雖高，亦不覺危悸！半途對望前山之顛，有大石探出林蔭外，扁側稜露若小舟之泊於岸際，已見某校學生盤踞其上，招喚來者，此向所謂石船歟？略一顧瞻，即下石徑，甫抵山腰又一丫口，爲兩峯中分處，過此即圓覺寺矣。復前經坦闊之石道，從容徐行，俄而粉牆石欄在目，是爲圓覺寺，較碧山廟寬大，正殿外，尙有客室、禪舍，比次排列，從階前眺望，眼前景物，爲對山所阻，但有竹篁雜木，梯田層次而已，復返僧舍，穿入廡後，往尋沖虛洞，數步之間即至，大石下覆如簷，小門方啓，一叟擁篲自洞口傴僂出迎，其中窄偪，余故未入，叟自言年七十有八，獨愛其冥頑渾厚，故得全其天年，略致意而去，此時腹餒，乃與張君就石桌便餐訖，轉往客堂飲茶，稍憩與寺僧閒話，自覺塵囂盡滌，恍若身處世外，正午後，乃自寺前小徑下行，本欲往觀瀑布，因無導遊，又無問津處，故穿林撥草，幾至迷途，但仍前行至狹谷深處，靜聽水聲人影，杳無所獲，以爲瀑布竟不可得，悵惘而還，經故道欲返內湖鄉，重過第二丫口，山澗小水自遠處流來，一磐石踞臥澗中上有刻文曰皈依石，了不著邊際，若自遠處飛來者，此蓋十景之一，惜未能遍觀之也。歸途仍有餘興，乃循右側小徑下山，往遊金龍寺及至頗覺此處非類佛地勝景，蓋背後山勢緩落，童童無草木，寺又西式，平頂灰色，無古邃莊嚴之氣象，然較前經廟寺遠爲寬宏矣。與張居登樓歷觀新建梵宇，所費不貲，其設備何以凡俗若是，竟不得解，又於前廊下稍坐以舒倦意，清風自左右來拂，颼颼寒栗，乃決計回內湖鄉，班內諸生無一返者，始知仍留山上，惟不識究在何處？午後三時諸生方重聚，相與攝影畢，乘車首途，猶以不見內湖爲歉！及車出鄉區，瞥見道旁呀然一池，大可數十畝，無草無石，水淺見底而周以石堤，內豁如也，意者內湖鄉之得名或在是歟？此行本遊碧山，歸途始見內湖，雖不能下車以行吟湖畔，然今日之遊，山色湖光，皆略具矣，況日來陰雨緜緜，今日獨晴霽，天之嘉勉，不可謂之不厚也。

大溪遊記

四十四年十月一日，高一義班決定旅行大溪，早起七時正抵台北西站，乘公路局車十餘分鐘出市區，越板橋鎮，車入平野，稻田綠滿，村舍間次，農人往來其間，漸得靜樸之意，兩旁山勢平列，多屬丘陵，中開沃野，一碧無垠，至三峽鎮，山漸蹙聚，車亦略上行，穿山越嶺，路多曲折險峻，雖坐車中，亦頗危悸，車上行愈高，度木橋二座，遂抵大溪鎮，下車即往公園小憩，有大溪初中沈先生願作導遊，先過大橋，橋甚長，兩端有水泥橋柱，上懸長繩二條，密繫小繩以鉤橋板，人車過時皆盪漾颺起，不能佇立！前行約里許，左上石徑，往齋明寺，方數十武，忽見小溪自山麓流出，深碧可愛，詢之，為日人所鑿，自大溪上源引水經隧道下流以灌桃園、中壢二處之田數萬甲，當時工程艱鉅，工人勞累而斃者無數，今則人蒙其利矣。更上數百武有小亭當崖際，對岸山脈層起橫列，下行盤亙與溪水、淡水夾成臺北平原，人謂大溪、新店二水為淡江西源，此其一也，此處綜攬江山之勝，目極數百里，茂林廣野之饒美，車兩行旅之密接，不亞平地，信高原之天府也。余回思曩昔在嘉定烏尤寺爾雅臺上，下覽沫若諸水，其情景忽見於此，洵不期之遇也，亭後即齋明寺，稍穿竹徑即得，本尼庵，簷宇雅潔，窗几明瑩，有俗客寄迹下榻，託名養疴，實則憩息也，余在此稍留，飲茶盥手訖，相約下山，諸生多欲下濯溪水，余立橋上待之，有跣足涉水者，中流湍急，逆波搖曳，欲前不能，余揮令之返，風大呼聲不及聞，深以爲慮，約半小時，相次度水訖，余乃放心，重回大溪公園，午後三時沈先生借來相機凡攝影六七次，高一仁班學生亦到，時已晚，沿向路回車站，歸途得地利，駛行至速，再越時許即抵台北，滿面塵沙，四支亦困乏不堪，計本日旅遊，實無所獲，汽車風塵，僕僕爲勞，此次備嘗之矣。

指南宮遊記

晨起天光清和，十餘日來之陰沈，一洗而盡，早餐後約曾先生郊遊，惟未決定何處，出校門，乃欲往指南宮，值農曆十五前往此廟香客，擠滿車站，約二十分鐘始上車抵木柵站，再換遊覽車上山，出此鎮約半里，即入延壽路，爲屏東客運公司開拓之山線，新闢未久，石土痕迹猶新，車委曲緣山阜以上，至全長五分之四處，巖石頹圮，路線被壓斷，下車步行半里再上車不一里，抵指南山站，梵宮在望焉，稍上數十武，抵宮右下側，惟見遊客漫山，廟貌全形尚無由窺見也，自廟前石臺下接四大路，皆由青石砌成，其級寬而平穩，歷歷可數，余與曾君由向右第一路拾級而下，漸歷平地乃折而左，再循第三右路以上，以由正面可睹廟前一切也，約六七分鐘抵廟門，由平臺遠望，皆岡巒層出，左右羅列，在宮之下，有如衆星之拱北辰然，廟倚山峯，右亭左閣，相連百數十武，飛甍聳簷，其狀巍峨，有廟宇之氣象，絕異他處云，余等在左亭下小息，各用饅首二枚，又攀登山峯，其上多雜木，不知其名，後山溝谷縱橫，其勢偪仄，無足觀者，遂支杖而下，雨後泥滑，又無坦途，栗然惟懼足之有失也，及返廟，人來益衆，復以廟內供神，鼓樂大作，喧嘩香烟使人耳聵目眩，余等遂決計下山，不乘車，欲安步以窮山景，人行道中，兩旁夾植花木，高者入霄漢，小者亦可蔭行人，道上或鋪青石或鑲以色磚，自廟前以迄山下，率一塵不染，遊客至此始覺我佛清淨之地，確異乎人寰，不自知其塵慮之銷融也，山下良田美池，翠竹成蔭，國立政治大學建立於此，惟屋宇過簡陋局促，學府恢廓之度不足，良可惜也。此次遊指南宮，時不過半日，而足跡周遍各處，微陽不烈，山花送香，此行爲不虛矣。

壽山遊記

本日春假余率高一義班學生於八時許乘公路局車由台北西站往三峽，先在長壽山站下車，上山遊覽，入山處有石坊顏曰壽山，下即上山通道，由青石砌成，曲折而上，轉折處皆立石坊，不數百武，即見朱門敞開，已抵廟門矣。寺宇不高，正殿三間，無側廊左斜有平房數間，爲僧人臥寢庖廚之所，均較狹陋。廟前下臨平野，前列岡巒，劃一若帶，其間則稻田密布，阡陌交錯或村舍星點，或竹樹薈萃，而清溪一曲，穿流其間，水淺而緩，汀際小石，歷歷可見，此廟可供眺望之勝況也，自廟右側前行，經茅亭一石桌几在焉，以共遊客喘息，復前約數十武，得墓園，臺階由水泥鑄成，光潔可坐，在此小憩，遊興方滋，與諸生樂遊者欲上尋山顛，穿叢林，攀茂草趄趑續行，徑有足迹，惜太半已茅塞之矣。余等左右撥離，始上山頭，前不見原隰，後則亂山雜沓，無奇峯嶄巖以資壯麗，更由叢草中尋路下山，而荊榛密封，泥滑徑絕，不得佇足，又恐爲蛇蠍之屬所乘，復折回原徑，下抵墓園，於此圍坐午餐，歌舞游戲以助興致，頗有莫春風雩之趣，於山上攝影二次，遂下山赴三峽鎮，沿公路步行，道上碎石久失鋪修，不良於步，而行車時出，塵沙飛揚，逆息迷目，尤所不堪也，自壽山至三峽，歷一小時，始微知跋涉勞頓之苦，抵鎮假某國校庭前休息，已午後三點，離此前往鶯歌鎮，此間均用小板車載運貨物、行客，爲交通要具，車上可載六人，坐木框上，一人推之而行，輕捷可取，余等分顧五六車，每車取資六元，來臺後乘此僅首次，初上時猶恐隊逸，竊以爲慮，及見往來乘客頗多，而坐處平穩急馳，忽焉如御風雲，又轉以爲樂矣。未幾抵車站，以前途小車接轂不得進，遂下車步行，到站近四點，急購票上火車，憶自來北市，已三年未乘火車，今日藉此一試，又一樂也。車上乘客擁擠，固無立足之地，半日旅行，已覺倦乏，此時似不可支，惟某校學生遠行歸來於車上時送歌聲，分人神思，瞬息而抵北市，蓋聞歌而忘倦也。

烏來遊記

兼遊碧潭

四十五年十月二十一日旅行烏來，所租遊覽車於七點半發軔，經羅斯福路出市區，自景美至新店，近郊一帶丘陵起伏環繞，遙遙入目，稍左旋，微見淡水蜿蜒流出，未得其出沒處，車已漸上行，山徑曲折回轉，彎度頗大，眞所謂車行若窮，忽又得路也，及越伸丈坂，車下落平地，又見淡水，沈碧凝翠，倍覺宜人，自小堤水閘下瀉之水沸光濺白，尤可愛之至！再前即下龜山橋，爲鐵索繫成，空懸不堪重任，諸生皆下車徒步，橋身盪漾，步履輕颺，如御風而行，初不知其可畏，車再過石橋，穿越山谷，至雙溪口，而烏來在望矣，車抵站，在此攝影稍息，泛覽此地，適居狹谷之底，兩旁皆崇山峻嶺，峭壁陡立，間以小店、住戶依稀廁列，小橋清溪，雞犬聲寂，而山泉鳥音，頻頻入耳，似別有一小天地也。率諸生尋山徑上行，欲探淡水之源，時方近午，微陽下偶來清風，故不覺山路之難行，約數里許，即得水源，對山瀑布迎面而來，一巨一細，自兩峯之間奔騰而下，或如白練低垂，或如玉盤走珠，飛花濺白，入目沁心，幾不知身在何處也！在此留待半小時，復回車站午膳，午後二點車離烏來，駛向歸途，猶不時回顧，沿途眺望四面皆蒼翠盈溢，了無蕭條之秋色，寶島四季皆春，其信然矣。車前行穿隧道，其下水聲淙淙，如喚引遊人者，余等遂下車，就堤下戲水，其流峻急，下臨亂石，叢沓雜廁，激蕩迴旋，有銀光玉屑之美妙，始信智者之所以樂水，詎謂無因？挹流濯洗畢，又上車前駛，約二十分鐘回新店，作碧潭之遊，先過索橋，往拜空軍烈士墓園，達彼岸，約百數十武，即至，前有石階，余等拾級而上，烈士紀念塔巍然聳立，四面皆有題署，金字灼照，凜凜然如見諸英烈之正氣，此塔瀕淡水右岸，上擁嵯峨千仞之青山，下臨沈澈萬丈之碧潭，群嶺叢錾，迤邐絡繹，奔會於此，安知靈秀所鍾，不預開我中華無盡世葉之人文也哉！塔下爲烈士公墓纍纍然皆忠魂之所棲託，香花時羞，對誦忠義字迹，未有不令人愴然泣下。此寧待羊公之石乃墮淚耶？余等在此沈吟良久，始默然下山，雇舟往泛碧潭以竟一日之遊，憶自大陸播遷來臺，不近舟輯凡七八年矣，舟子操槳盪至橋東，循江岸徐徐而上，石壁大書水深危險，以警遊客，觸處皆是，亦惟此等處之水，碧綠沈凝，倍覺可愛，諸生座椅分次兩旁，余則當艫而坐，閒話隨目一舟怡然，時或細雨隨風，背略溼潤，殊不覺其有涼意也。時已過四點，急命舟子搖向彼岸，蓋恐樂而忘返也，返校已五點半，以遊興仍在，故無困乏之意云。

石門遊記

四十八年四月三日春假，余與高一仁班學生往石門，晨八時半乘專車經市區越台北大橋，市聲漸稀，過迴龍橋遂入郊區，路面亦漸高，時曉霧未散，左右山峯皆不可睹，惟田中青秧出水，行列厤厤，入眼清新之至，車先後駛越桃園、中壢折而左行，山路益高，而田隴益密而無既，至虎嘯營，日色透紅，迎面峯巒參差，淡烟輕雲，盪漾山顛，使人置身畫圖中，人世煩縈爲之洗滌一空，車略轉折而石門在望中，數分鐘內，車過小橋即停，石門施工區至矣，此地本爲山嶺，直由人力鑿斷，峭壁對峙，儼若門戶焉，稍前仍爲峻坂，疑若無路，循石徑左旋，復通深谷，高山夾峙，聳入天表，其左麓，豁然洞開，架木積石，間有巨響，自洞中傳出，震撼山濱，諒即水庫施工之處，禁人遊憩，余等瞻望而已，然意猶未足，復履碎石，循澗流而上，支杖注目，不敢輕舉一步，約里許，已得其源，其上則巖阻草茂，無蹊徑可資攀登，遂於上源憩息，時正午與諸生席亂石而坐，會用午膳，此地遊人稀少，惟村童二三人逐流弄水，悠然自得，諸生有吹琴高歌者，有赤足玩水者，一時笑語喧騰，不覺烈日之方炙也，午後一點半始回停車處稍焉離此，駛往大溪，往者曾一度經此，無心觀賞，信步於小園內，藉資休閒，至四時半始返校，沐浴後即回室小睡，而精神始稍事恢復也。

墾丁公園遊記

五十七年十二月十日　於高雄師院

本日國文系學生決定遊墾丁公園，八時正發軔，十一時抵鵝鑾鼻，此處可眺望太平洋，有燈塔矗立岸上，高數丈，爲遠航之指南，前有總統戎裝像，威風凜然，供人瞻仰，惟風大，不耐久佇，乘車轉入公園，正午，入園內就草地用膳，結隊入山，沿途皆茂林，熱帶植物，多不知其名，途中名勝頗多，有深洞在地下，內設燈照明，石壁天然成各類型，如人、如獸、如蓮蕊，維肖維眞，曲折委蛇，數百步，如出見天日，又觀日峯不甚高而陡立絕壁，上有平臺，可周眺大洋，石黛、碧玉一望無垠，眼界爲之豁然。再經峽谷，皆珊瑚礁岩，如蜂窩牛肚，千奇百怪，目不暇給，令人不忍遽去，歸途有小亭在道旁，顏曰「水天一色」，於此可望大海，雲烟浩渺，海天莫辨，所謂入目驚心者也。午後三時由園內出發回校已六時方休息矣。

小烏來遊記

民國六十一年十月二十五日時在中大

晨七時四十分率本系學生往遊小烏來，約二小時抵達，由山道下至溪畔，有風動石，師生即此席地而坐，並用便餐，略憩息，上坡過索橋，前里許，又得小溪，復下至溪旁，就亂石間坐息，稍有精力，復自索橋下尋小徑上坡，沿山巖小堤前行，隄引澗水，清澈生涼，隄寬僅二寸，旁爲步徑，亦財容足，下臨幽壑，深可十餘丈，全隊成一行蜿蜒蠕行，約半小時，始離險境，又過義興橋，高懸空際，長數十丈，人在橋上，不敢俯視，過橋始悸定，前行數百步，乃上原車駛向歸路，午後五時二十分返家，歷險平安回校，不覺旅途之疲困也。

天祥遊記

六十九年八月二十二日八時乘遊覽車往天祥，經新城，稍前即入山路，坊上大書「東西橫貫公路」，過此入狹谷，屬太魯閣區，循山道而前，爲人工開鑿，石徑險仄，車惟徐徐而行，久之至燕子口，巖壁多洞穴，燕群每年飛來，今以爆炸聲噪，燕群不肯飛臨，谷岸皆峭壁，岸之間，差距近，難仰見天日，故又名「一線天」，復前爲靳珩公園，用以紀念殉職工程師靳珩。有橋亦冠靳珩之名，前爲九曲洞，山巖交互岐出，路亦迴曲蜿蜒，莫知其去向，亦復突兀而來，故名巖壁高處題曰「九曲蟠龍」。稍前則題：「如腸之迴，如河之曲，人定勝天，開此奇局。」凡十六大字民國五十年黃杰署。再前行有慈母橋，以紀念山胞老嫗望子歸來故事，下有青蛙石，伏於溪中，形態宛然，此後遂入天祥，經稚暉橋，旁有普渡弔橋，過弔橋拾級而上，直達祥德寺，坐大雄殿門前，清風徐來，涼爽後，始下山到天祥用午膳，隨車回花蓮，再乘飛機抵松山機場，此次旅遊，一宿兩日行程悤遽，未能暢所欲之，然花蓮至天祥一段，峽谷奇石，山澗碧潭，境幽物奇，別有一番清趣，此行固不虛耳。

谷關遊記

七十六年六月二十七日，本校舉辦谷關旅行，晨八時由校出發，文華、重光、小明、妻同行。十時半抵谷關，歷二時半略覘四周景物，午膳後往谷關遊樂區度索橋，循山路前行，下有小溪，水碧綠、清澈可喜，途中有動物園、水族館，畜獅、豹、猿猴、鹿等，遊客過時猴類多在鐵籠內嬉戲，似有迎賓之意，前行巖上有觀音像一座，旁植修竹，法像莊嚴，令人肅然起敬，更前則龍谷瀑布，呈於眼前，澗高百餘公尺，水自山下瀉，自成瀑布，銀光飛濺，與日景相映，有彩虹一道，浮於水面，極為壯觀，沿途多傍山架棧道，僅容二人並行，此係商人投資闢建者，然山高水清，草木叢翳，確為避暑之勝地也。

關渡遊記

七十二年十二月十八日往關渡，晨八時乘車往台北，至石牌，直往淡水，經祖師廟，淡水中學教會所立，為六十年前之建築，磚瓦皆古物，門窗亦舊式，藉以發思古之幽情也。嗣在淡江大學觀海樓午膳，午後步行關渡大橋，由三座拱形橋鐵架聯構，四車道平穩，淡水緩緩流向大海，時有小舟入眼，過橋，到漢民祠，稍停，回經大橋往馬祖廟，殿宇頗多，山顛有公園，見三足雞、猴、鳥等伏鐵網中，小明、重光雀躍不已，以為一日勝景在此。又穿佛洞，兩壁洞窪處皆有佛像，神名亦罕見，午後四時半始回台北，轉中壢返家休息。

溪頭遊記

七十三年三月二十四日乘遊覽車往溪頭，雨大如注，謂天候不佳，但過苗栗即放晴，陽光照耀，心情頓開，午後四時抵鹿谷，下車觀鳥園，園傍山興建，鐵絲架網，以為鳥類棲息之所，內容廓大，鳥類可自在飛翔，海內外珍禽多薈萃於此。留約一小時始去，旋即回溪頭，夜宿漢光樓套房頗寬大幽靜，次日晨六時起，與同事到溪頭青年活動中心用膳，粥菜可口，八時經大學池，往沈剛伯先生紀念亭，有碑記沈先生平時行誼，臺靜農先生撰文手書，文頗雅醇，足供來者瞻誦。嗣循山徑而上，觀神木，約二千八百年，根處中空，與妻俯身入探，尚可容四五人，而樹杪枝葉四布，仍有青翠，生機盎然，此其神歟！下坡沿途紅檜，已植三四十年，修榦挺直歷歷入目，嗣往竹林，欣賞孟宗竹、方竹等，小童正掘冬筍，妻購數斤，以其鮮嫩也，午前十一時半發車駛往杉林溪，午後十二時半下車遊當地名勝，意在青龍瀑布，循山路徐徐而下，羊腸小徑頗陡峭，濃霧密布，至溪底水聲淙淙，瀑布隱約一線，本欲稍佇以霧重濕度極高，不敢久留，循原路上行，步步苦撐，及入平路始放步而行，到停車場，又留一小時餘，午後三時離杉林站，歸途一日勞頓多於車中假寐，晚八時返家休息，此行亦頗有得也。

長江三峽之旅

八十年六月暑假長江三峽之遊。十九日到石林公園，內皆奇石林立，故名，或聳出或斜插或俯仰，曲折交互，變化萬千，歷二小時半循原路回昆明市，二十日到龍門石窟，下臨滇池，縱橫三百餘里，四十分下山，十點五十分往大華寺。殿額有康熙親題「氣象萬千」四大字，十點二十分至華亭寺，入大雄寶殿，廟貌巍峨（以上均在西山公園內）午後二時往大觀樓，細誦長聯，渾浩氣壯，豁人心目，四點登工人文化宮，鳥瞰昆明市全景，五點四十五分乘機飛成都，下榻岷山飯店，二十一日餐後往望江樓直赴中文系，得遇當年（余在四川大學時）系主任趙少咸師之孫振鐸君，言及當日師友，皆能一一指敘，然大半已物故，口占一絕：人生到處知何因，悠悠未覺四十春。瀛島猶係故園夢，望江樓畔話昔今。系內同窗無一在校者，復談約一小時半，別去回岷山飯店。二十二日往灌縣，首到離堆公園，電視簡介秦代李冰父子創修水利之情況，午後參觀王建墓文物，嗣到工部草堂寺舊址，後人題詠甚多，五時出草堂寺至火車站侯車。二十四日八點半離揚子江上峨嵋輪，住二二六號房，江水黃色薄霧迷漫，不見山色，九時啓航，四時泊岸，遊酆都城，登山，廟宇依山而建，神像顯有幽冥意味，兩廊有地獄陳設，中爲閻羅殿，民間福善禍淫說於斯洞見。二十五日九時半出發，經第一峽瞿塘峽，至此，江面僅五十公尺，水深則爲四十八公尺，峽勢宛然在目。十時半入巫山峽境。小舟可容三十餘人，再游大寧河小三峽果與三峽類似，在雙龍鎮午膳，午後五時半回輪。本日所經爲三峽要點，夜泊巫山港。二十六日七時半啓航經第二峽巫峽，十時半經三峽最後一景巫陵峽。（七十六公里）十二時午膳，兩點啓航抵總站宜昌碼頭，上岸乘公車，三時許觀葛州水壩，此爲世界第三大工程，大舟出入水閘門關時，上下游水位升降差十餘公尺，旋往水力發電廠，洩洪凡二十七孔，洩洪一次，略當黃河全年水量，此實一偉大之工程也。

陸、書札

與喬一凡先生書

談民風士氣

前待坐時所問各條承反復開示，理義之言，洽悅於心，又命閱文件，既知倫常攸關之鉅大，又仰憂時匡救之苦心，知國於天地，必有與立，我中華民國所以能亙歷五千餘年而巍然卓立者，自有立國之根本在，即倫理道德是也。肇自三代建國設教，無不以明人倫爲先務，虞書帝曰契，百姓不親，五品不遜，女作司徒敬敷五教在寬，五者爲天然之秩序，人生之常理，古代政教合一，以此立教，即以此教施政，孟子滕文公篇設爲庠序，學校以教之，皆所以明人倫也，人倫明於上，小民親於下，又曰出入相友，守望相助，則百姓親睦，此所謂親也睦也，與堯典協和萬邦，黎民於變時雍，文義正同，而「親」之一字，尤堪玩味，孟子承堯舜禹湯文武周公一貫之傳統思想，深知人倫之教，與修齊治平之化，表裡相資，又知由親睦而雍和，率由人性本然，擴而充盡之所致，凡人情相親，自能互助合作，各遂其生，咸得其所，化乖戾爲溫煦，移沴氣爲慶雲，以漸臻於萬邦熙熙之盛世，人類焉有爭鬥殘殺之慘劇，殄滅無遺之浩劫耶？矧先民積歷葉生存經驗所倡導之倫常教育，純自啓發人性始，蓋知人性固有自尊向上，互助合作之本能，人格之提高，人道之弘揚，胥肇基於此，而德性之啓迪，由內而外，不待勉強，及其發用，則可以盡性至命，立己立人，非政刑鬼神禍福之整齊而使之遷善者，所可同日而語。所謂百姓日用而不知，民日遷善，而不知爲之者，又曰：魚相忘乎江湖，人相忘乎道義，又曰：理義之悅我心，猶芻豢之悅我口。前修之言，豈欺我哉！又稽德化之復其性，倫理之沃其心，其漸漬浸潤之功，優游涵泳之力，所以淪肌浹體，如此其深且大者，人性之所固有，要在牖啓之道如何耳？立國之根本在倫常，倫常之涵泳在人心，夫人而知之，可爲歎息痛苦者，此一根苗，在近五十年來已被人挖掘殆盡。因之人心渙散，網紀蕩然，今日退守海隅，誠屬理之當然，勢所必至，吾人痛定思痛，仍有不容已於言者，此挖除殆盡之根，生機未滅，非無萌孽之生，牛羊又從而牧之，是以若彼濯濯也，若尋常儕輩蔑視固有文化，猶未足怪，亦難危及大防，而彼所謂衣冠名流，動言學術者，亦唾棄人文倫常，將復然五四運動，少數人之死灰，置六藝經傳於高閣，惟私利物慾是所徵逐，又黨同伐異，標新衒奇，以蒙惑愚昧，固其苟得一時之虛聲，其一言一行，均足以影響社會，當倫常教育一蹶不振之今日，譬猶大廈將傾，千百人扶之猶未足，而一二人摧毀之則有餘，可爲浩歎也。近百年來，國是日非，加以西方文明之激襲，外力之東漸，流波所及，士大夫產生懼外媚外自卑可恥之心理，不察國家之所以危亡，實由於民族文化之衰落，而反以此歸咎於傳統之優良文化，於是自慚形穢，一切以西方爲尊，不知東方文化本有博大容他之雅量，以彼濟此則可，舍己從人絕非，而自外域歸來者，於西方科學新知，鮮有所獲，日惟盲目追求物欲，誘長獸性以此少數販售新知者，鼓簧口舌，一般青年，又方安頓思想無所之際，一唱百和，蔚爲風氣，一視毀滅故常，全盤西化爲無上之光榮，時代之任務，遑論重建倫常，但提本國文物，則一概斥爲陳腐，口不屑道，猶憶向在大陸相識某君有二子方在小學，一日二子向某索錢買物，某如數與之，二子皆連聲稱謝，某大怒曰：子資其父，分所當然，何來異邦之俗，使吾父子骨肉生疏若此，醉心西化者必以某之子爲可愛，余當時則以某之斥責是也。即中國文化重視倫理與西土專役於物之文明，絕端不同之所在，亦我國政教風尚遠出他人之上之主因，明乎此則人心知所向背，知所抉擇矣，先生自謂近來易生氣，此蓋世風人心如此，目擊心創，憂患後世之切有以激之，知非忿怒之氣也，所提立法院建言，體大思精，深得本原，立國立命修己達人之道，於斯爲備，於古有徵，於今可行，非徒託之空言，語雖沈痛，辭則明快，某不敏，何敢置詞，惟歎當今重建倫常教育，必須革新學風，獎勵士氣，培育後來以固本導流，俾後起俊秀認知固有文化，師友講習，朝夕淬厲，多識前言往行，以畜其德，俾學風士氣，爲之丕振一新，然後勉而之善，其從之也輕，天常人紀之重建，必可指日而望之也。

與中大教職員書

七十六年四月十三日于中大

○○等在中大十餘年來承乏教席，欣見中大逐日成長、壯大，與諸國立大學齊驤並驅，爲國家作育人才，共扶艱難之國步，以鞏固復興基地，適時光復神州，出大陸同胞於水火，此我全校同仁之夙願，亦我等分內應有之理念也。自故總統經國先生即世，李總統登輝先生賡即負起領導全民之大責，任重道遠，不辭艱鉅，視事之日，首勉國人「精誠團結，和諧相與」，以共體時艱，完成復國之夙願，國家如此，國立大學爲人才蔚萃之所，全國視聽之所以繫，至宜認清國家處境，黽勉同心，以期「提高學術水準，樹立優良校風」。在此一共同目標之下，堅持此一共識，團結和諧，本同枝一榦之衷曲；抱風雨同舟之情操，和衷共濟，「安定中方能進步」，語淺義深，凡我同仁，無不共掬此一赤誠，舍小我而全大我；協衆志以固長城，則我校之幸，亦國家民族之大幸也。〇〇等甘冒「人微言輕」之議，謹以寸箋敬就教於我全體同仁。

柒、紀事

先大父事略

先大父明辯方直，不信鬼神，視清而神完，眉目間奕奕有英氣，早失怙，先高祖妣李氏，邑舉人李菁之女也，賢而知書，獨憐大父，提攜誨養，未嘗離左右，在鄉塾三年，讀訖五經，皆熟誦不忘，鄉塾先生教以制藝時文，悉能領悟，又不喜深究，及成童，科舉制廢，家居以醫能活人濟物，遂舍儒而醫，然不喜師俗醫，以爲無深知，乃博蒐醫經及古名人針灸岐黃方技諸書，晝夜研治，寒暑無間，積六七年而大悟，遂出醫，往來迎候者鍾接門庭，人病亟不間風雨修阻，必趨赴，貧不能醫者，與之藥不受直，邑有患惡症者，自頷以下及股皆擁腫如佛寺所塑大肚羅漢，臭濁之氣，遠逆人鼻，遠近號名醫者皆蹙頞束手，其家以爲必死，及延大父至，曰此腹癰也，剖之，下膿血毒汁桶餘，投以藥，旬日即瘥，所治奇症頑疾類此者頗多，又于醫理得養生之道，布衣疏食，守其平粹，而步履矯捷，氣志如神，喜仗俠，鄉人有爭訟者，恆就大父折解，大父剖析曲直，各如所願，以是人罔不服，嘗語元曰，吾生平讀書不多，然于事理尠有不達，吾儀自王不夜來守以還，凡更十餘官，率貪鄙枉法，無一清廉愛民者，吾爲鄉里質訟，面官徐徐而談，官不能屈，而亦不能倒置曲直，經十餘官，未嘗爲所屈辱，汝曹讀書，亦當旁通事理，勿徒守章句可也。且言吾家世業農，不願汝苟取榮貴，但作一讀書明理之人足耳。嗟乎！人之父祖豈不欲顯榮其子孫哉？吾祖忿世俗之溷濁，不肯使清白子孫，染其惡習，噫大父之意深矣！大父生于清同治元年，二十二歲祖妣來歸，蓋先高祖母猶子之女，嫻婦教，持家有方，大父亦喜內助得人，無閫內之虞，余少孤，惟賴大父殷切教誨，以有今日，大父年六十，猶辨蠅頭小字，每夜于燈前觀醫書，元侍坐讀經，偶錯一字，祖輒指出原委以告，至夜分倦甚，元傾首而睡，祖怒去其凳，不許坐讀，學書不令偏倚筆管，曰字體正直，象其人也。大父每退語家人曰：吾晚年喪子，賴有弱孫以紓失明之痛，若教之不嚴，其何以成立乎？余自高小至初中，皆大父培植之力，民國十八年初夏某日，祖暴病卒于家，諱定魁，享年六十有八，其日午前南邑初中學生旅行儀城，道經門前，大父立庭外，見諸生裔裔在道，風致頗佳，戲謂鄰人曰：若吾遲五十年而生，亦可作新時代之學生也。及莫果病故，時余在初中，方二學期，歸家奔喪，鄰人具述其語，元不禁擗膺大慟，撫柩昏厥，嗟乎！吾祖果以是而去耶，抑別有疾而致斯耶，奇哉，痛哉。

先考事略

先考諱顯棟，光緒十一年三月某日生，年三十八以病卒，幼夙讀經史，能屬文，幼時與弟二人學於鄉貢生李先生某某之門，先生教於胡氏家塾，族中子弟爲文者十餘輩，無出先考之右者，性孝友，爲人誠恭，寡言笑，第生平遇人未嘗有怒容。光緒某年，儀邑大旱，比年無收，先大父命先考及叔輟讀至遠方販米以維家人生計，先考請于大父，謂二弟弱可仍讀，兒力強能負重遠行，願以一身兼任之，大父許諾，嘗負販百里外，貨米及蘆菔歸售，取其贏以養家人，往來道涂間，勞苦不怨，及年豐，乃躬耕于家，大父業醫，多在外，先考于是整理家政，秩然有序，既而漸裕，有餘蓄，時仲父病卒，季父已輟學從大父習醫，爲人狡詐，覬家中產業，恆于大父母處陰譖吾父，父誠篤惟順親命，不肯辯，自是大父母漸移愛少子而薄吾父，民國某年父驅犢墓原，足蹴一穴，白鏹盈焉，囊歸叔已覺，必得其過半而甘心焉，默使大母言之，家人白父，此金必歸君弟，主母非有意也。必勿予以遂其奸。父曰：得金弟也，而況母命乎。卒半與之，所餘小塊今尚存笥中，吾母每以視元曰：此汝父昔所遺，吾寧忍棄之，後元與弟屆學齡，先考至夜或天雨暇時恆伏案爲兒輩抄書，元與弟幼所讀四書詩經，皆父手澤，父每謂坊間書多訛誤不直，故不憚煩，非自苦也。然所住屋甚低濕，足爲地氣所侵，遂得足疾，重以少歷辛勞，壯勤隴畝，勞疾交攻，由足下逆腫而上，竟不能起，父已臥牀，叔父又進讒于大父，謂吾父託病偷閒，荒棄家事，大父怒杖之，傷頗重，母泣曰：胡不以病明之，父曰：吾豈不知弟之相誣，言之恐重傷親心耳，父病年餘，凡服藥三劑，至民國十二年病彌篤，叔父堅不與藥，吾母泣告族中長者，請于大父及叔予藥一劑，時方初冬，叔隨大父暴陽階前，元往階右撮老牆土爲引，聞叔言于大父曰：比方覓棺未得，姑以一劑延其命可也。叔以元幼未之顧，然元年雖稚小，亦深知此言之慘毒也，悲夫！吾父竟以是而終，豈不痛哉！方先考在時，已見叔有異志，不足賴，乃佃里中田土躬耕，而積其地之所出以備急需，常乘暇乃敢耕治私佃之土，月夜侵曉，陰風晦雨不肯暇，于是得目疾，及暮不見物。母治晚膳訖，策杖往迎吾父，父方蹉跌曲道中，不得進，母尋至，啼泣相將而歸，母每向元語及此事，輒潸然淚下，父亦嘗泣告吾母曰：余積錢最苦，將以備兒女輩教育嫁娶之用，苟非余膝下兒女。他人不得安享之也。今兒子已各成立，且嫁娶生子矣，吾父則邈然不可見，吁嗟天乎，豈不痛哉，余來南師二年每念吾父鞠養之苦，慟傷中懷，故略記其彷彿，于此見父母之愛子至矣，父母之德大矣！將示後世子孫，勿忘其本，且使世之爲人子而不知孝其親者有所戒。

慈親行事

吾母鄧氏字玉貞，少孤，外祖母另嫁漆姓，母自幼爲外曾祖母所憐愛，得親撫養以至成立，幼時使隨子弟就讀家塾，故母氏略知書，女紅家事皆外曾祖母所教誨，母稟性聰秀，諸事一見輒習爲之，若有素焉，年十九來歸，越二年生大姊，繼生四女皆不育，再生元及弟二人，今皆成立，當吾母初入門，先高祖母年九十餘，猶康健以吾母最孝謹，尤疼愛之，母日侍側承接顏旨，或出入將持，或說兒時故事，所以娛侍高堂者無不至，有彩衣之遺志焉。每遇家中宴客，佳肴果餌，母必暗留以奉高祖母，母或在田間嶺上芻蕘，必覓采山果可食者歸以獻之，高祖母每値吾母外出，必手杖倚門閭以望，常呼吾母曰：重重，吾暫不見兒，老眼望穿矣。其見愛之情可知。高祖母病卒，吾母侍祖母亦若是，民國某年荒旱，歲比不收，母與父共操辛勞，內外經紀，不惟使家人無凍餒之苦，而資用益以饒足，然先考以勞瘁積病。臥牀累年，遂于民國十二年溘然長逝，時吾母痛不欲生，元方十歲，但牽母衣啜泣，二弟猶小，不知哀痛，三弟未出生，母既痛死者，又哀孤弱，五內摧傷，幾瀕于死，竟乃決志撫孤，以承先嚴之遺志，孰意先考墳土未乾，而叔父竟絕手足之誼，遽欲吞沒家產，積慮畢見，侵陵益甚，欲偪母大歸後並逐諸孤兒，日夜詬罵叫吼，無所不至，時或杖石相加，聲色猛厲，如對仇敵，某日叔父藉盛怒之威以巨石投吾母，顯欲置之死地，天幸未中，母暗內此石于匱中，七八年後，母取以示元，揮淚述往事，哽咽不能成聲，時見偪如此，母猶茹苦堅忍，欲待諸兒之成立也。吾母嘗語元，汝叔嬸力謀迫脅，使吾處境危苦，每望見彼輩則心悸神傷，不知是何孽緣，使吾遘此荼毒也。嗚呼痛哉！孤兒嫠婦，煢獨無告者，世屢見之矣，然吾母當日見陵之刻至，實未之前聞也！吾叔始謀未遂，又倡議分家，于田產先據其肥沃，器用先掠其精美者，惟所欲爲，莫之敢攖，蓋叔生性狡黠，方年富力彊，族中人孰敢直言過問者，故分居後，叔家終歲溫飽，吾母攜孤幾并日不得一餐，母多方假貸，又灌園鋤蔬以供朝夕之膳，僅以度日，然吾母持家勤儉，經紀有方，四時農事必先爲之備，鎡基不缺，倉廩修治，室內器物，各有處所，視之醒目，取用立辨，量入爲出，不虞匱乏，又性好施與，周恤貧患，不計疏遠賢愚，惟力是視，勤勞自吾母分內事，習與性成，晨興夜寐，一日之間，操作指使亹亹不倦，家人初以爲煩，久而安之，竟且以爲利賴焉，嘗教兒輩吾家守舊，耕讀是式，布衣疏食，不使過分，終吾身而已矣。元幼時與二弟讀于鄉塾，母每致鮮菜芳果以勞塾師，堅請嚴予教誨，自是以爲常，夜則紡績，于燈下督課，分夜不稍倦，積數歲元已粗知書，能屬短文，母又命投考縣立初中，甫一年而先大父病卒，此後悉賴母苦心支持。讀訖初中，復由高中而大學畢業，均母氏培育之力，每念老母幼而孤苦，長歷艱辛，憂患困阨，備嘗之矣，若非吾母之堅毅宏忍，元兄弟能有今日耶？每憶吾母以往行事，中心藏之，何日忘之，元今行年四十，而身華寂寂，一無所成，實仰負堂上劬勞之苦，愧也何如，故錄此以自惕，一若躬侍慈親于堂前，不敢逸豫苟安也。

自傳

八十三年九月上旬稿

余胡姓名隆元字自逢，蜀北儀隴人。先考諱顯棟早卒，先妣鄧氏諱玉貞，守薄田數畝，撫余及幼弟二人以至成立。年六歲，先大父以竹簡大書唐人五言詩令讀，日下四五行，能孰誦，大父故夙學，通經籍，能文章，家居教余讀群經及古名人文集，年十二學屬文，率三四百字，淺明近理。次年入縣立初中，方一年大父病卒，哀慟未已。共軍旋集通、巴。縣人紛紛流徙，其冬共軍佔領儀邑，次年夏，川軍入境，兩軍相峙，或退或守，勝負相繼者屢，凡三年餘，旋遭天旱，時值一九三六、三七、三八年。此三年內，災區頗廣，而以儀邑爲最重，此時赤地千里，野無青草，殷實之家，猶并日一食，下此者草根樹皮，皆已剝掘無餘。次年乃有雨，田禾僅半收，越年復大旱，歷四〇、四一、四二、凡三載，吾家顆粒未收。自三六以迄四三年，此八年內，天災人禍頻仍，因輟學數年，三九年始考入南充師範學校（培育小學師資）校內未開英語課，余自力補習，於四三年以同等學力考入四川大學中文系，在川大四年，潛心研求，未嘗稍懈，治文學以六經爲主，先由論孟尋其蹊徑，以漢儒之訓詁，宋明之義理相參伍而質諸聖人之言。於微言大義，修己治人之方，必反復玩味，默識神會，不解者寧從蓋闕；子部擇老莊韓墨，觀其要略以窺其異同；史部則首閱四史，究其史例書法、褒貶是非之際，而尤喜漢書，愛其詳整雅贍也；集部中詩多讀子美。文則愛退之歐陽。每歎今日妄立新文學之名，新舊之爭斷斷莫辨，余則以爲文無古今新舊，惟其當而已。在川大畢業後，受聘任空軍幼年學校國文教席，地址在灌縣蒲陽鎭，近雪山，子美詩：「雲來氣接巫峽長，月出寒通雪山白」正謂此也。留此三年，四九年二月隨幼校遷臺，校更名爲預備學校，五〇年空軍成立子弟中學，名至公中學，又改聘爲至中教員。五一年參加高等文官考試，錄取，以生性亢直，不宜仕途，仍致力於學術以自娛。五三年離至中赴台北中山女中任教，五七年報考臺北師範大學國文研究所碩士班，旋獲碩士學位，六〇年續修博士，專攻經學、古文字學，六三年獲國家文學博士學位，受聘爲北師大副教授，授古文字學、訓詁學等，六六年省立高雄師範學院成立，應聘爲國文系主任，在高雄師院五年，七二年國立中央大學聘余任中文系主任，連任歷六年、休假，又任系主任一年。八〇年任中央大學文學院院長，未幾，年屆退休，改爲兼任教授，迄今在研究所任課，並指導論文，專授群經大義、周易研究、古文字學等科。平生服膺儒家思想，教學以傳統文化爲宗主，蓋中國學術，不外宇宙、人生二端，即自然法則、倫理法則二大類。常以學術之興替與國家之盛衰存亡直接攸關，若由窮理盡性以參贊化育；立心立命以開創人類億萬年無疆之休祐，本此理想爲可企及而日孜孜，庶有達成之一日。

附師大研究所時自傳一則

余蜀北儀隴縣人也，家世業農，早孤賴母氏撫育成人，年方髫齔，先大父授之書，課督甚嚴，四子五經，咸以次受讀焉。後入縣立初中，方卒業，共賊西竄，縣區殘破，輟學者五年餘，始就讀於南充師範學校以竟其業，未幾著籍四川大學，入中國文學系，時向、林諸師，皆一時耆宿，樂育後進，凡經史要籍，必令諸生閱讀一通，以植根柢，故川大之學風，雅稱樸實。余既峻所習，即以國文教於空軍預校，時在三十六年，越二歲，賊勢滋張，陳兵江北，躍躍欲南，於是政府東西播越，退守臺澎，余因隨軍來此，乃留原校至四十三年始北來任教於台北第二女中，凡三年而師大國文研究所招生，余應試被錄，今茲吾師爲授史學通論，始獲侍講席，躬沐化雨，自慚未窮史部，於四史資治通鑑外，餘書多未寓目淺庸若是，何能一窺籓籬，若大雅有以教之幸甚，余生而質魯，訥言好靜，又不喜交游，雖在都市，若隱山林，顧與人不面從，亦無後言，而怨尤亦希，惟年齒徒增，學殖荒落，每憶先大父之言，不願汝曹苟希世譽，但作讀書明理之人可也，若云所志，請事斯語。

鄭子尹在文學上之成就

一、前言

余往歲起草周易鄭氏學一文，閱黔中鄭子尹先生所作鄭學錄，因及巢經巢集，偶一翻檢，頗喜其文章瑩潔樸茂情致綽約，欲詳讀之而未遑也。今春初，抽暇手鄭先生全集，閱讀一通，漸不忍釋手，反復讀之，乃有不獲已於言者，遂爲巢經巢集之研究。深仰先生以經師、人師，而兼擅詩文，儼然爲清代道咸間，西南一大儒，固近代之盛事也。

先生幼承其舅氏黎公雪樓之教誨，逹三十年，於學已具根柢，迨游學四方，又獲侍程侍郎春海之門，與聞乾嘉諸大老治經家法，爲學門徑。於是專攻許鄭之學，以厚植其基，尤潛心乃祖康成先生之著述，欲更發皇而光大之。以其經子之淹博，史乘之洽聞，積學有素。然後藉其餘力，發而爲詩，爲文，信手恣意，縱横馳驟，無不豁人耳目，沁人心脾。余思先生之文章，所以如此其卓卓者，其生平處顚沛流離之境，受飢寒家難之迫，愁苦因阨，亦不爲無因。所謂操心危而慮患深，故逹也（孟子）。其論學也，於友朋間，往復討論，特注意學力之積養，集中往往而然。足見先生爲學之勤篤，深知夫學養之不可稍忽！視後世之不肯讀書，而輕言著作者，爲不可同日而語矣。集中每用經史熟語及前賢文字，而初未嘗號於人曰：余惟陳言之務去云爾，先生以爲古人之文章，皆能爲我所用，能有助於吾之行文足矣。視後世矜言創作，以引前人文字故實爲可恥者，又復不同。先生經史醇深，不甘以文人自居，然其論詩文，特提倡文藝之價值。以爲文章（通詩文而言），爲天地之維柱，能宏揚浩然之正氣，支持宇宙，維護不息不已之生機，故足以綱紀世教，修明人倫。振厲末俗，而昭示來葉也。其重視文藝之價值，加強文藝之使命，有非後人所能料及者。

本篇專就全集作較客觀之分析，未有創獲，即以其詩文而論詩文，時在近代，習尙易知。執柯伐柯，其則非遠。庶乎切近務實之意。知一代大家，窮其畢生之精力，從事於問學，箸述，所謂：「苟全性命於亂世，不求聞達於諸侯（諸葛武侯出師表中語）」者也。

二、鄭子尹文學作品之內蘊

(一)立意

1.建立人道。

人類爲生存而自強不息，爲求生存而奮發有爲是也。然必須顧及多數之利益與群體之安全，保障多數之利益，維護群體之安全，是爲人道。凡政治、法律、社會道德、國際公法等，皆爲建立人道之學術。所謂各遂其生，各得其所。俾老有所終，幼有所長，鰥寡孤獨廢疾者皆有所養。政治上之最高原則，社會學之無上原理，莫逾於此矣。孟子曰：「仁也者，人也，合而言之，道也（盡心）。」此道字，固即人道，人與人之間，互信互諒，相生相養，以至守望相助疾病相扶持，皆人道之大者也。文章最大之使命，在美化人生，潤色吾人之日常生活，充實吾人之精神生命，以調適情趣，怡悅性天，斯即爲人類而鼓吹而號召也。由是觀之，人道之建立，確爲當務之急矣。

文集卷一，十五頁下，四行調人：

予讀周禮至調人，乃廢書而歎曰：嗟乎！是天下殺人者無罪也！是治天下可不設刑政也！如其言，則天下盡人皆可殺，盡人皆可以殺人，幾何不人類與人道俱絕哉！益天下盡人而已矣，人之類，若君，若父母，若夫妻兄弟，若師友與諸親屬而已矣。今殺人者，能外人之父兄師長及凡有親屬者而殺之哉？殺人之父兄師長及凡有親屬者，則所殺者之親戚子弟心得讎之，而力不得殺之，即得殺之，而法不得殺之，殺之必天子之法，故天子之法，不當問其親戚子弟之讎與不讎，而但問殺人者之罪在大辟，罪在小辟，夫是之謂人道。今乃曰凡和難，父之讎，辟諸海外……噫！爲天下至尊不能明辟正刑斯已矣，又使其讎遠避，而禁使不得讎之哉？……則愈讎愈殺，愈殺愈讎，不且讎殺無已時耶？人道絕，吾安知人類不與之絕也……如其言，幾何不人類與人道俱絕也？

殺人者威之以罪型，旨在禁其不得殺人，所以保障人之生命，是爲人道。此人道之一端，舉一以概其餘。「人道絕，則人類與之俱絕」，人道爲人類而建立必矣。竊謂世間一切學術（文學自不例外），皆爲建立人道而研究，而發明之，誰能河漢斯言？

人道尙矣，語其步驟，莫先於治亂。饑寒，亂之本；衣食，治之原，苟欲養民，衣食不可不急。

2.民養：衣食

文集卷四，一頁，三行，樗繭譜自序：

戴君者，民也，養民者，衣食也。出衣食者，耕織也。不耕則饑矣，不織則寒矣。饑寒，亂之本也；飽煖，治之原也，故衣食，自古聖人之所盡心也。堯命羲和，爲此謀天也，禹八年於外，爲此謀地也，舜咨九官十二牧，爲此盡利也。湯武誅放桀紂，爲此去害也。周公夜思繼日，求善此之法也。孔子孟子，老於栖皇，求善此之柄也。無衣食，古今無世道也。舍衣食，聖賢無事功也。……。

自堯以至於孔孟，歷葉聖賢之所務所汲汲者，無非衣食。民生爲歷史之重心是也。「朱門酒肉臭，路有凍死骨」。白樂天以此爲杜集中至警策之句，無非衣食之事，可知爲文立意之所在矣。

3.興正學。

建立人道之方法，在於興正學，即端正學術之趨向也，學術爲領導人類思想之燈塔，正學興，則可以正人心而息邪說，亦爲立本之計。

文集卷三，二十三頁下，十行重修啓秀書院記：

吾縣入國朝六七十年，前代十四社學，其沿廢蓋無考……伯英于公鍾岳，以候補道兼遵綏桐三縣事……力求所以衽席士民，一日枉過，顧且歎曰，嘻甚矣壞！及吾不治，誰當治之者，爰出財，度功期，趣修……閱兩月落成，觀者咸嘖嘖于公賢。余獨以爲自去冬，白號賊寇吾東里，于公今日爰事，明日治軍，越今年二月，東里平，賊旋至江外寇南里，而粤賊復出綦桐，寇吾北而西，公走賊於西，蟣甲於南，籌食料戰，紛不暇給。於此時圖興文教，鮮不謂迂闊，非切務，而卒克成其願者，非其才識意量有以決叢賊之必破於吾手，講武修文之可以並行不悖，而厭亂之天心遂聽其挽回，有隱隱相會合者，焉能若此哉？然此非徒美觀而已……顧瞻榱宇，思于公之所以戎馬倥傯而亟治此爲何？正學之興，邪慝之亡，當必有克副賢大夫之厚望著……。

4.文章以經術行義爲歸。

文集卷五，十四頁下，二行，跋韓詩符讀書城南首：

黃魯直嘗以此詩勸獎之功與孔子同歸正論也……竹垞先生評文章經訓數聯云，論讀書必歸到經術行義上，此昌黎學有根本處，最得其旨。

先生引朱竹垞評文章經訓云：論讀書必歸到文章行義上。蓋朱氏評文章經訓，而以經術行義爲主，是爲文立意之範圍（經訓亦作文之事），當與經術行誼有關也。

5.爲文必求有益於世教。

文集卷四，三頁，四行，重刻楊園先生書已燒時，

余成童之年……先生與何商隱書云，近思錄之刻，惡必人之寶愛，但以昔日所見此書之幸，與

今日求覓此書之難，度亦此心爲人心之同然耳。珍不敏，刻是集，竊私淑先生此意，至於謂總之斯人之徒，不有益於此人，必有益於彼人。彼此均無益，而我心可以無憾，則非先生之學之量，不敢作此言也。

言人之爲文，當求有益於人類，不有益於此人，必有益於彼人，蓋指有關於世教之言論。不益此則益彼，而曰：「彼此均無益」者，即實際果無所益，然而吾爲文之先，固思求有以益之，其實雖不得益，而我心庶無愧，故可以無憾也。

(二)取材

1.取材廣泛。

先生寫作時，取材極爲廣泛，譬之篇什，無事無物不可入詩。

詩集卷三，九頁下，二行，平夷驛馬祖祠下柏將圻矣，命伐之，其擁樹諸石不忍他棄，遂移作假山於祠後庭：

平生愛石心，惟有石始知，兩腳落荒城，苔岑悲索離。誰謂補天具，日見乃忽之。今笑抱之進，馬卒俱暗嗤。世有非常原，固無怪汝疑，茶夫小兒手，指意任所爲。妙在不經心，遂與巖壑期。峯巒有重複，嵌竇亦生姿。果然愜所欲，百繞未覺疲。誰爲後來者，聊樂某在斯。

移石作假山，至尋常耳，而以之入詩，亦以此不經心之故，自然與巖壑暗合，別饒姿態。而家中瑣事，雖溼薪，亦以之入詩。

詩後集卷三，七頁，十行，溼薪行：

地鑪雪夜燒生薪，求然不然愁殺人。竹筒吹溼鼓臉痛，煙氣寒眶含淚辛，小兒不耐起即去，山妻屢撥瞋且住。老夫對坐一黯然，擲黍投鉗與誰怒。緩蒸徐引光忽亨，木火相樂笑有聲。頭頭銜煙漲膏乳，以聽秋濤三峽行。人生何性不須忍，乾薪易熱亦易盡。濕薪久待終得然，並見涵養之寬和。

詩中委曲述說，情狀宛然。亦詩亦文，尤饒情致，並見涵養之寬和。

2. 鎔經籍之文以爲詩。

詩後集卷二，十三頁，十行，旌德呂茗香明經……贈長句次韻奉答……。

我吟率性眞，不自謂能詩……奈何命巧丁，瑣尾悲流離……。

右瑣尾句，見詩衛風旄丘，其三章曰：「瑣兮尾兮，流離之子」。此鎔詩經中二句而爲一句也。

同頁又曰：

汩余日就老，百念無一幾。

右用離騷：「汩余若將不及兮，恐年歲之不吾與」二句之意。

同卷八頁，十三行，牙林渡：

曉下牙林河，上即麥沖水……。行險恃心亨，我師良在此。

按周易上經坎卦辭曰：「習坎，有孚，維心亨」。坎爲險，此約用卦辭之文，意也。

詩後集卷三，十一頁，五行，前八九年訪得明清平孫文恭公教秦緒言一卷……邵亭作詩書其後因次韻和之。

古人已入長夜室，不賴後死固無術……蒐訪心勞鬼當相，特要康強及逢吉。

按書洪範篇曰：「身其康疆，子孫其逢吉」。此鎔書經二句之文以爲詩。集中經見，不具舉。

3.民間疾苦。

人飢己飢，人溺己溺，痛恤民隱，由來詩人，無不具此懷抱，此杜子美三吏三別之所以見稱於後世也。

詩後集卷四，十一頁下，六行，經死哀：

虎卒未去虎隸來，催納捐欠聲如雷。雷聲不住哭聲起，走報其翁已經死。長官切齒目怒瞋，吾不要命祇要銀。若圖作鬼即寬減，恐此一縣無生人。促呼捉子來，且與杖一百。陷父不義罪何極，欲解父縣速足陌。嗚呼北城賣屋蟲出户，西城又報縊三五。

右詩寫吏卒催稅過急，傴人自經死而置若罔聞，仍嚴杖生者，催納如故。於時吏風之苛虐，民間之疾苦可見。

遺詩九頁下，一行，禹門哀：

禹門寺內排桁楊，彼何人斯坐齋堂。舉人秀才附耳語，捐户捉至如牽羊。喝爾當捐若干石，火速折送親注籍。叩頭乞減語未終，摑嘴笞臀已流血。十十五五銀鐺聯，限爾納畢縱爾旋。……

君不見前年此寺亦勸捐，樂安一里銀九千。當時謂我避賊禍，賊來用之否還我……六月賊仍寇吾里，倒村殺賊各攜米。可憐十九無粒粟，懷中旋摘新包穀。時時猶聞催軍需，速送城中總捐局……今年差喜歲不惡，嗷嗷待收免溝壑。賊來掠去官來捐，所有終爲他人穫……

右寫吏人勸捐，官紳一氣。託名防賊之用，實即榨取勒索，然而嚴刑苦偪，民不堪命必矣。

逸詩四頁下，十行，吳軍行：

將軍湄潭來，云斷粵賊路。賊過城北三百里，將軍只在城中住。問卒不滿千，婦人乃倍之。城外無大狗，城內無隻雞。小兒或觸己，裂旗謂兒裂我旗。縛兒兒亂啼，將軍怒詈命斬之，十金到手云兒無知……。

右斥官軍騷擾虐民之實況。自謂防賊，而坐守城中。賊來不出，賊遁不去，搜括民物，城內外雞犬無幸留者，官軍如此，與賊何異？

詩集卷三，五頁，八行，晨出樂蒙冒雪至郡次東坡江上値雪詩韻寄唐：

樂蒙城下碑負龜，破曉捫讀了不知。凍雨濛濛苦無笠，半日撲面風逆吹……里程詑見幾新墐，亦有僵倒命若絲。……最有移民可憐愍，十十五五相攜持。涕垂入口不得拭，齒牙痲痲風戰飢。壯男忍負頭上女，少婦就乳擔中兒。老翁病嘔呻且走，欲至他國知何時？爾守爾令寧見此，深掌密室方垂幃。羊羔酒香紫駝熟，房中美人爭獻姿……樂者自樂苦自苦，何由畫此陳丹墀。我今凍餒亦交迫，破帽遮首單衣披。臘盡不歸飽妻子，荒山足繭愁奔馳。……入城耿耿臥不寐，民生家計愁心隨……。

先生於嚴寒密雪天氣，目睹新墐（新埋者）處處，或僵仆路旁者，實令人摧傷。尤可憫者，流離道中之移民，天寒地裂，扶老攜幼，呻吟奔馳，又不知伊於胡底。所謂：「民生家計愁心隨」者，集中往往見之，固亦變風變雅之遺音耳。

㈢結構

1以譬喻行文。

(1)以譬喻說理。

文集卷五，三頁下，五行，跋學蔀通辨：

讀學蔀通辨四編終，作而歎曰：嗟呼！吾見今所謂燕窩海參等矣。嘗之不成味，食之不可飽。三代聖人不知其名，而世忽群焉貴之。誠朴之家，蓋終其身未嘗一入口，惟知食飯而已。心侈力富者，乃以食飯為不足尊也，賓享燕會，惟此等之是尚，夥頤錯列，東歠西梜，使人與己皆恍恍惚惚於腥羶醜惡之中，一贊群和，以自快意。然而號於人曰：食飯，食飯！固未嘗曰，食燕窩海參等也。及至食飯，而已為腥羶醜惡者塞其臟腑，苟且告飽，亦終不知飯為何物也，佛實而儒名者，何以異是？嗟呼！其亦心侈力富使之然也。若象山陽明諸子，其可惜乎！既慕佛老之術為甚深妙，不仙佛，則恐虛此一世也。而又慮不孔孟，則得罪於世教。竭大過人之才力，使佛老昏塞其臟腑，而號於人乃曰：吾孔孟之道，實亦不知道為何物也，不大可惜哉！

先生惡士人之佛實而儒名者，終不知為何物。乃以燕窩海參之腥羶喻佛老；以飯食喻孔孟之道（眞理如布帛菽粟然），旨在使人易知耳。以譬喻說理，其為辭不費，而讀者每易曉悟，先秦諸子，多優為之。辭達而已矣，必先達己意，次達讀者之意，乃為上乘之作耳。

(2)以譬喻起興。

詩集卷三，二頁，四行，武陵燒書歎并序

十二月朔泊桃源，夜半舷破，水沒半船，翌抵武陵，啓箱簏皆透漬，烘書三晝夜，凡前所鈔述者，或燒或焦，半成殘稿，為之浩歎。

烘書之情何所似？有如老翁撫病子。心知元氣不可復，但求無死斯足矣。書燒之時又何其？有如慈父怒啼兒，恨死擲去不回顧，徐徐復自摩撫之。此情自痴還自笑，心血既乾轉煩惱。上壽八十能幾何？為爾所累何其多？

烘書固細事也，然直敘，則一語竟事，不復見詩篇之興味。今以「老翁撫病子」為喻，其內心之疼愛固已，然求愈子病之心雖切，而又不得急躁從事。書已燒時，既恨其見燒，且棄之矣，轉又徐徐撫摩之，正如慈父之怒頑童為也；氣未平而慈心又復滋起，學記謂：「不學博依，不能安詩」。以譬喻引入，此博依之一方也已。

2.以經文說事理。

文集卷四，一頁，樗繭自序：

戴君者民也，養民者衣食也，出衣食者耕織也。不耕則饑矣，不織則寒矣。饑寒，亂之本也；飽煖，治之原也，故衣食自古聖人之所盡心也。堯命義和（書堯典），爲此（此衣食）謀天也，禹八年於外（孟子滕文公），爲此謀地也，舜咨九官十二牧（書堯典），爲此盡利也，湯武誅受桀紂（孟子梁惠王下），爲此去害也，周公夜思繼日（孟子離婁下），求善此之法也。……

右段利用書，孟子之經文以說事理，言簡意賅，其理至明，不待廣徵博引，不煩多方解說，而事理自在引文之中，庶幾爲文之一道也。

同卷十六頁下，首行，張節婦題詞序

前三十年，同里張伯高茂才，持其伯嫂唐節婦殉夫事狀，徧乞人題詞，繼又爲請旌於朝，樹綽楔矜式閭里，而以仲兄子其詩爲之後。今伯高歿已久，其詩始檢得稿之未殘失者數十家，乞余編次爲卷。余嘉伯高爲叔，其詩爲子，兩能盡愛敬之道。次訖，乃爲序之。昔文王之繫卦也，於恆之六五曰：恆其德貞，婦人吉（周易恆卦六五爻辭）。孔子釋之曰，婦人貞吉，從一而終也（恆六五象傳）。禮古昏義曰：壹與之齊，終身不改。故夫死不嫁。由此觀之，婦人之不再嫁，常也，正也。再嫁非聖人之所許也……。

右引周易恆卦爻辭象傳及昏禮之經文，以說夫死不嫁之事，亦文約而義自足，不待解說矣。

3. **以經義總結全文**。

文集卷三，二十三頁下，十行，重修啓秀書院記：

吾縣入國朝六七十年，前代十四社學，其沿廢蓋無考。康熙乙酉，令邱公紀，始於城南面背江流創湘川書院……歷五十六年，至乾隆壬辰，守于公芳桂乃重葺此而併湘川，時孫文靖公士毅來視學，始易名啓秀書院……日即腐落……伯英于公鍾岳……一日枉過，顧且嘆曰：嘻甚矣壞，及吾不治，誰當治之者，爰出財度功期，趣修……閱兩月落成，觀者咸嘖嘖于公賢。余獨以爲自去冬白號賊寇吾東里，于公今日爰事，明日治軍，越今年二月，東里平，賊旋自江外寇南里，而粵賊復出綦桐寇吾北而西。公走賊於西，蟣甲於南，籌食料戰，紛不暇給。於此時圖興文教，鮮不謂迂闊，非切務。而卒克成其願者，非其才識意量，有以決叢賊之必破於吾手，講武修文之可以並行不悖，而厭亂之天心遂聽其挽回，有隱隱相會合者，焉能若此哉？然此非徒美觀而已。自今待問足閒三席，鼓篋者亦無憂後至而俠坐，顧瞻榱宇、思于公之所以戎馬倥傯中而亟治此爲何？正學之興，邪慝之亡，當必有克副賢大夫之厚望者。二三君子以余頗識邦故，又巢焚無歸，突兀見此爲先受其庇，宜有文以紀之，遂不辭，令來許有考焉。

本文歷敘啓秀書院之興革荒落，以于公兼攝縣事，掃清寇氛同時修治書院。文治武備並舉，無非以書院振興正學後，人心端向，自足以滅息邪慝。正用孟子：「君子反經而已矣，經正則庶民興，庶民興斯無邪慝矣（盡心）」之意（正道興而邪惡自亡），以總結全文之大旨也。

文集卷五，九頁下，十行，跋啓秀書院壁書弟子職：

右弟子職一篇，古之小學所以教童子之規條也。今爲管子書之第五十九篇。據班氏藝文志列此於孝經爾雅之後，則前漢時，固以為經類而單行矣。子家多非元書，本有管子尤攙雜，此當自漢人采增，應仲遠注班志，遂謂管子所作，實不然也。其書曲而盡，曲而易讀。成周盛時，蓋無不熟誦而習行之，使人心性筋骸在兒時，已馴化於禮法之中，德之所以易成也。唐房玄齡作注，已十得七八，朱子因而分章句，補注文，纂入儀禮經傳通解內，蓋仍以為古經矣。余惟朱了以此篇與曲禮少儀內則，同為小學之支流餘裔。今曲禮三篇，賴編在小戴禮，人人得而誦之，獨此篇以難得傳本，因罕讀者，故為手書朱子章句於書院壁，俾互相傳寫，用課童幼，庶幾子夏教門人小學之法。不一二年，將徧吾鄉里小兒之口焉。至其注義，國朝有濟陽張氏，浙中王氏，高密任氏，益推益詳，成學之士，尚其朱子參考之。

按論語子張篇、子游曰：子夏之門人小子，當酒掃應對進退則可矣……本文言弟子職與曲禮少儀內則等篇同為小學（童子當習知者）之事，故引論語之義以總結全文，所謂子夏以小學之法教門人者也。

三、鄭子尹文學作品之平議

文學作品之欣賞，存乎其人（讀者）。譬如聲色珍玩，各有所好。見仁見智，品藻迥殊。然而佳什鴻文，言之有物，行之久遠者，莫不贊許稱絕，咸共欣賞，故曰不知子都之姣者，無目者也（孟子告子篇）。今論先生之作品，謹就其表現之價值，寫作之技巧，藝術之深度等，淺觀深察，反復玩味，而後直抒愚者一得之見，不敢謂之評論也。

㈠言情。

詩緣情而綺靡（陸機文賦），三百篇之卓絕，在於得性之眞。治世之音安以樂，亂世之音怨以怒（樂記）。皆作者耳目之所接遇，心靈之所感受。樂則喜，苦則悲，其喜其悲，絲毫不待勉強，而亦不得有所作爲於其間，此詩文之極致也。先生爲至情中人，其詩文抒情之作，皆出於衷曲，見之於聲音笑貌（文字）者，而自然感人，亦令人情不自己。情之至者，莫過於：

1.天倫之愛。

詩集卷六，一頁，四行，繫哀四首

禫祭踰月，欲歌先哽。痛念慈蹤，觸事如昨。我今不述，誰復知之？垚灣此居，地從主人。計吾生不改遷泯滅者，惟數事耳，恃其與哀俱永，各繫一章，三年不事吟咏，詞之鄙俚不計也。樂桂之樹，樹在僦宅前。三株離立各合抱，一株踞右獨茂圓。其後大冢京兆阡，其前壁下蔣家田。樂安溪水繞田過，清淺可厲無橋船。年年負膽指南走，次次涉此求塗便。丁酉以還食於郡，八十里歲八九旋。一回別母一回送，桂之樹下坐石弦。度溪越陌兩不見，母歸入竹兒登籩。此景何時是絕筆？十月初四己亥年。嗟呼乎桂之暮，吾欲祝爾旦暮死，使我茫無舊跡更可憐。吾不祝爾旦暮死，使我至今撫爾長潸然。桂樹止無情，永念對蕙芊。

此天倫之愛也。詩憶慈親送子望子之恩情，母愛，兒念，純出天然。樹下坐處，一切宛然如昨，而慈顏渺不可復睹嗚乎傷矣，悽愴之情，令人讀之泫然！

又同頁下，二行，雙棗樹：

園角一茆亭，亭後雙棗樹。幾年亭破草荒蕪，舊爲阿孃拜斗處。亭下今居前十年，方如棋局一畦田。一鮮割半爲池沼，上種綠楊中種蓮。池頭不滿三弓地，斗亭即向其間置。高籬三面裏藤花，花心如蜜終年翠。晚涼鮮露午晴天，柳陰藤蔭藕香邊。有時阿母來小憩，有時阿母還流連。涔挽挽撚菅線，續續抽抽紡木棉。紫蕹堆袍幫婦脫，黃瓜作犢與孫牽。一窩雞乳呼齊至，五色貍奴泥可憐。當時家計誠貧薄，母身雖勞母心樂。似有鬼神旌苦辛，亭西六月舒梅萼。而今陳跡渾不存，存有破亭留棗根。後日懸知改遷盡，冷煙寒圃自晨昏。

右寫慈親憩息流連之處，高籬藤花，藕香柳蔭，母氏於其間，或能躬自操作，或攜孫兒爲樂，今則一切皆非，睹物懷想，能不依依，詩境清絕，情愫眞摯，與三百篇通連，直風雅之作，諒非過譽。

又同頁下，十行，黃焦石：

後園黃焦石，厥癩如蝦蟆。古柏覆其顛，蒼苔布其窊。石腳何所有？纂纂楙木瓜。石縫何所有？黃異蘱香花。初來治茲圃，地瘠不可鏵。辛勤我母力，十年擁糞渣。不知鎝幾鉏，硌确化爲畬。秋分摘番椒，夏至區紫茄。小滿技葱蒜，端陽斬頭麻。頭上覆尺巾，細意毫不差。時來憩石上，汗沘慈色加。指麾小兒女，亦學事作家。覩之不如意，復起爲補苴。舊時值坐處，塵涴風與爬。爾來三四年，荒翳藏蛇蠅。獨撥莽中覓，隕涕至日斜。

同卷二頁，四行，苦竹林：

階西牛所宮，宮南焉所止。其下苦竹林，種自西禪寺。竹瀝宜病人，竹葉宜弱子。竹篾宜厤刀，竹皮宜履底。我母道求難，人有不如己。又厭此角空，過者見表裡。手植數十科，年年顧而喜。謂筍歲增大，再蓄儘堪恃。今日看成林，吾母長去矣。

右二首，黃焦石爲母氏憩坐揮汗之石，苦竹林爲慈親所植，手澤遺蹤，皆不忍見，要爲致情之作，足以傳示後來者也。

2. 別緒。

黯然銷魂者，唯別而已矣（江文通別賦）！江陵勞勞亭，東都帳飲處，自昔詩人所不欲上，所不忍就者，著以行子腸斷，送者淚滋，情所難堪也，夫別雖一緒，事乃萬殊，而母子之別，尤人情之所難當也。

詩集卷一，一頁下，四行，芝女周歲：

憶我去年春，二月初四吉。將就禮部試，束裝指京室。酸懷汝祖母，不忍見予別。倚櫂飼幺豚，淚府彘盤抹。此時汝小鎮，尚是混沌物。艱苦徒萬里，無才分宜黜。豈知出門後，慈念益悲切。前阡桂之樹，朝暮指就醫。予身向北行，母目望南咽。旁人強歡慰，止令增感怛。所幸越七日，先生爾如達。半百甫爲祖，忻忭那可說。乃令念兒心，漸爲抱孫奪。吁嗟賴有此，不爾得今日。生女信爲好，比鄰不遠出。削爲紀晬盤詩，悲忻共塡結。

右道母子暫別之苦。分敘慈母愛子之心及子遠出，移愛於孫女之情，非愛孫也，良以此心無所安頓，斯轉移於孫，固亦別緒之難堪耳。

3.田園之樂。

田園與都市有別，一喧囂，一恬靜。大半醉心利祿者，趨候於權勢之門，奔走於名位之途，彼安知田園之爲樂？惟不汲汲於富貴，不戚戚於貧賤者，能蕭然物外，得徜徉於田野籬落之間，而有以自適其情：

詩集卷五，七頁下，七行，夏山飮酒雜詩十二首之四

高柳陰籠打稻場，白芙綠節舊池塘。十年故事無人記，獨對黃雞啄夕陽。

此田家即景也。柳陰稻場，與荷池爲鄰，清逸之氣，入目沁心。

其七：

月住風停澄道心，四山蟲語一鐙深。山妻絕勝劉家婦，手煖沙瓶喚女斟。

其九：

嬌女嬰嬰雙秀眉，見耶解笑亂拈髭。長吟星盡四高句，不是伯休林臥時。

右月住首寫山中夜靜，妻女煖酒勸飮之樂，嬌女首見幼女依依懷抱中聽父吟誦之情景，皆怡情田園之清趣。孤懷幽賞，寵辱皆忘，錦衣玉食之奉，縟采妙舞之娛，何以易此。

4.**懷古**。

詩集卷一，四頁，十一行，經來陽：

青蓮（李白自號青蓮居士）葬屍魚腹裡，少陵復作飫死鬼。可哭亙古兩詩人，死亦古今絕無比！劉昫小儒不足責，余意端嗤宋公子。阻水一篇豈未見，荒唐亦復沿舊史。悲哉此老入暮年，君民淚盡江湘沚，稷契功名付浩歎，老醜向人嗟可恥。新知濟濟徧海內。寒暄不救溝壑死。牛肉白酒致荒江，快啖苦覺人情美！豈知賢令好禮數，後人顧將鴆毒視。嗟嗟忘刻實天意，巨妄誣賢小者耳。君不見東山太白女無歸，宗武湖湘爲奇兒。

此懷古詞人之作也，傷李杜之才，而數奇命蹇若此！雖爲李杜悲，實即自悲其身。二子中，尤爲子美叫屈。蓋太白嘗見知於明皇，召呼不應，有自命酒仙，力士脫鞋之說。而子美獨落魄終生。千古詩才，同一遭際。「造物忌才」，先生已自道其實，憶少陵懷宋玉詩，有「悵望千秋一灑淚，蕭條異代不同時」之句，正與此首同一聲調，其自悲之意至明！念天地之悠悠，獨愴然而涕下，此情其何以堪？

5. **情景交融**。

詩集卷一，二頁，一行，東湖

東湖山皆似君山，秀鬐明螺相抱環。人住四圍淺竹裡，鳥呼一碧低松間。晚鐘出谷何處寺？落日耕雲誰氏田？聽唱樵歌入林去，思欲從之煙渺然！

右詩寫湖山明秀如畫，人居淺篁，鳥呼碧波，鐘聲出谷，樵歌入林，人物兩忘，情景交融爲一，言情不能外景，即景生情，情自在此景之中矣。

㈡**寫物**。

陸士衡謂：「遵四時以歎逝，瞻萬物而思紛（文賦）」。此文境之所由生也。竊謂寫物必先能觀物，又必積學有素，然後徜徉於山水大地之間，則山水等物將爲我所收攬，悉在吾股掌之上，不然，則山自山，水自水，於我何與，於是周覽縱觀以綜其形勝，歷物細察以悉其眉目，則巨細不遺，無遠弗屆，信筆所之，無不委曲盡致，得心應手矣，觀先生之寫物。

1. **眼前實景。**

詩集卷一，四頁，七行，游北湖懷昌黎公……。

秧鍼麥浪水縈渠，山斗蒼芒落照餘。湖地四邊今叱犢，昔年中夜此叉魚。長船大炬無留影，斗碩波瀾有別豬。帳對蒼桑憶三穀，暮煙羃羃久踟躕。

右詩首二句，皆眼前實景，人恆見之者也，秧鍼麥浪，田間隨處可見，夕陽西下，山色蒼茫，亦舉目即得，此寫物之初步也。

同卷三頁，四行，浯溪游：

朝別柳司馬，暮拜元道州……春流溪水花溶溶，滿耳丁當漱寒玉……紅亭鼎峙上下石，萬顆斜陽點丹綠……。

右詩春流二句，溢耳水聲，花影水光交映，紅亭二句，斜陽照拂亭周花木，丹綠互見，入眼鮮明。雖亦眼前實景，必細觀之始得，又稍施丹鉛以潤色之，則聲色斑斕，韻味倍增矣。

2. **寫物如畫。**

詩集卷一，八頁，六行，釣：

避暑巧成釣，脫喧翻怪幽。水風長在竹，鳥影不驚鉤。欲舉卻仍住，將移還更投，此心隨物付，得失盡悠悠。

寫物如畫，取其狀物畢肖，事理入微耳，右詩有之，寫釣曲盡事態，欲舉二句尤妙，非眞垂釣者，不能道出半字。

詩集卷七，二頁下，四行，子午山詩七首之一：

山舊名望山堂，實童埆，嚮無居者，道光辛丑，墓先妣於山中，始爲廬其名，以山位正子方，因名之曰子午。迄今五年，寸栽不瘞，漸有蔚色，撫事哀命，聊述所懷。

午山千步地，步步傷我心。昔時無寸毛，今日開園林。白水繞山陽，青岑擁山陰。流峙所環會，坐盡邱壑深。痛我聖善母，音形此沉沉。居生事事記，念之淚盈襟。十世井竈思，終老力不任。得此前十年，何啻値萬金。

右詩寫午山園林，青山白水，高峙環繞，邱壑形勝，悉爲午山所攬，景物如此，洵足以墓其母矣。寫物歷歷入目，有詩如畫者也。

詩集卷一，七頁下，三行，閒眺：

雨過桑麻長，晴光滿綠田，人行蠶豆外，蝶度菜花前。臺笠家家餉，比鄰處處烟。歡聲同好語，鹹水曬秧天。

右寫田家實況，宛然在目，桑麻盈疇，秧鍼曬水，蠶豆夾道，菜花穿蝶，炊烟四起，好語讙動，田家淳樸風味足矣。

3.景情融洽。

詩集卷一，六頁，一行，清浪灘：

清浪四十里，獨以惡石勝，上如刀山立，怒梃索人命。下藏萬千劍，欲剚暗中刃，一刻失要害，立見頭腹迸。舟子八年力，經過最勇慎。使篙無空著，目到手即應。奪人出龍腸，拚身陷堅陣。神使啞啞叫，乃賀脫窗阱。旁深數十家，橫舟日伺偵。但祝估船沈，攘貨一呼進。恃此聞有年，頽茆尚懸磬。

右寫灘險，令人如臨深履薄，股戰脅息，不寒而栗，蓋灘之險惡，歷歷如繪，後人讀詩，如涉險灘，如履危地，景情融洽之至。

㈢記敘。

太氏記敘文字，每以人、物、事爲主。貴能眞實，清晰、活潑而有情趣。使讀之者，如見其人，如聞其聲，如睹其物，如歷其事，則歸之翔實、正確。尤須華實而相副，質而不俚，信以傳信，爲後世足徵可信之資，即北乘之作也。先生博覽群書，記敘文字，夙優爲之，茲謹就其下筆時意之所重者，略爲評述：

1.喜傳忠列事蹟。

文集卷六，七頁下，十一行，瀝膽將軍傳：

明崇禎中御史富順陳啓相，鼎革後，僧服隱遵義南平水里之掌臺山，號大友聖符上人者，著平水集若干卷，未詳存佚。獨里相傳所記瀝膽將軍遺事一篇，事甚壯！余懼其久而亡也，爲擴而傳之。將軍姓黎氏，名維祚，字名遠，四川江津人。幼不肯竟學，獨耽卜算星輿諸雜技，崇禎末，遭亂轉徙，即遵義家焉，其蹤跡莫測之者。順治已亥，明永歷王入緬甸，諸爵將各擁衆拒守滇黔間，維祚憤惋，遍往告以大義，皆忻動，密草迎鑾奏，令馳達。庚子正月廿二日，維祚合各奏本，斲木棓三尺許藏其中，以荷蓧鐺諸物，挾術以行，至辛丑九月十八日，抵孟艮府，謁李定國，備述艱苦及諸將志，破棓竅出示諸奏，定國大義之，爲密達於王，兼奏稱維祚忠肝貫日，義膽橫身，穿虎豹，趨辰極，烈風勁草，殆無足喻！時王在阿瓦城，城左右夾河，洪波浩渺，相距五六日程，主臣惟聲息相通，皆無由見。十月十五日，王敕至，授維祚瀝膽將軍，令督理滇黔楚蜀，遍厲諸勳將士，俟晉鞏兩藩舉師，即四路策應。並付空紙百，印三，令便宜塡給，維祚乃爲若擔龍船乞食者，藏敕印於複底，小舟，供三四神像，擊小鉦，肩唱以行。定國遣旌甲護至通界，始易裝走諸營報之，及十一月，更入緬復命，而王有騰越矣。先是，維祚行後，孟艮夷謀亂事洩，定國怒屠之，量不可居，馳約白文選同攻阿瓦，阿瓦木城七重，已破其三，夷懼，遣人謂曰：乃不過欲見皇帝耳，姑止攻三日，當送出，定國從之，夷得整備。閱二日，右河船密如木葉，內外夾攻，晉鞏兵覆沒幾盡，定國徙它夷所，文選據騰越，圖恢復。

有焉實者，同文選事張獻忠時素善也，詣其營告以密謀，言吳三桂願與合，文選所受紿，時有艾將軍亦歡附，遂相與鑽刃歃血，未幾，緬夷送王出，居草屋三間，文選兵環其外，三桂兵又環之。及維祚至，艾導入見，王大哭，維祚亦哭曰，事已至此，臣惟疾奔告諸營，令於道至劫耳。王曰：汝善語十王家，果救我，我止願修行去，哽咽不能言，手裂衣一片，自書敕付之。維祚即盡夜行抵荆侯營，定謀劫之偏橋，更入滇偵伺，而王已於壬寅三月死，乃佯狂遯去，不知所終。

論曰：維祚一匹夫耳，而以心存舊國，不計生死，履出入絕域，冀回日於一倖，則朱純臣魏藻德輩，何肝腸面目也！斯人已二百年，乃始得其姓字於方外遺老之手，非天道之終不欲泯其忠義哉！

右記將軍以一匹夫，心存故國，出生入死，奔馳異域，爲恢復明社而冒死犯難，忠義之節，彪炳千世，使後之人景仰不已者，此文揚搉之功有以致之也。

同頁十三行，鄢節婦傳：

余識孺人孫元哲時，詢上下，知有祖母，問年，曰九十矣。曰壽矣！然不悉其事，今年秋，元哲服齊以來曰：祖母歿矣，然平生有卓卓者，私意當不與俱歿。子且爲我文之。乃知孺人節孝者，故得揚搉傳其事。孺人氏曾，平越湄潭人，邑諸生名技先母也。方笄字時，娩蜿聽父母教。凡績織組紩酒漿醯葅諸女事無不良，而性貞靜，不苟笑話，有弗善，不顧也。年二十歸於鄢，事夫子兩寒暑，遽爲嫠婦，又無所育。舅姑謂之曰：爲再醮人，孰若爲未亡人難？汝若爲其難甚善，爲易，獨可念吾子之負汝也。顧孺人涕而咽，孺人曰：君舅君姑，乃不諒未亡人乎？夫子死猶不死也，裹有咳咳者，爲男女不可知，女也我嫁之，幸生男，則我任教耳。居夫喪踰五月，而遺腹子生。孺人爲夫下撫孤，上事舅姑，乃自此始。舅姑以兒子夭，得此孫如兒子，視他孫百倍其愛。而孺人待其子，乃不稍假顏色，就傅後，見偶懈，即折蔓隨之曰：既生汝而不成汝，吾何面目見汝父也？每裹淚而笞，畢笞而泣，年四十七，即見子成茂才，而其舅方愉歡然忘子之早死，蓋是時姑歿矣，舅存，老且耋，孺人已異兄叔居，而舅喜即中婦養，孺人輒善承老人指，即一飲盥，必柔色親進之，數十年無少衰者。至養其舅壽九十一，無疾而終，嗚呼勤矣！其舅之將歿也，呼孺人前，祝之曰：婦能守志成我孫，不絕我子後，又善事我，今死矣，無以報汝，天祐善人，使婦如我壽，道光庚寅七月，孺人卒，計春秋得九十一，如其舅所祝云。嗚呼！如孺人者，乃可以爲女子矣！其風徽詎有沬哉？元哲亦茂才，樸訥無妄，述祖德多不能出口，僅及此，予故略其細者。

贊曰：古稱節婦人者，殆所謂求仁不怨者耶？抑徒知女道如是，雖常變不爲易。世之視其夫如傳舍者無論已。至遇常而不能少行婦道，抑又何耶？觀孺人其知媿矣。

右傳敘節婦秉性貞靜，甫嫁兩載，遽爲嫠婦，撫遺腹子，教督唯嚴，不稍寬假，又事舅謹勤，舅老，喜就婦養，侍甘旨，數十年不少衰，並云難矣！先生以其節孝俱至，故揄揚而傳之，復系之以贊，以節婦爲人之所至難，而可以振厲末俗，得此文傳之永世，節婦爲不朽矣。同卷黎雪樓先生行狀（文長茲略）尤詳盡，巨細不遺，而眉目宛然，纚纚若貫珠，傳記文之佳品也。

2. 遊記。

(1) 記途中所見。

文集卷三，九頁下，六行，遊至大覺寺記：

戊戌之冬，十月幾晦，聽鶯軒朝夢方熟，侍者呼書至，慰眼觀之曰：昨約遊大覺寺忘耶？外及飯矣，披衣出，與諸人會於寓，遂行，出北門，緣龍山麓緩步，霜氣初散，旭日入江，不熱不寒，里許，得道左刻餘至正元年閏五字，不審何記也。旁紀萬曆十九年臥龍坊高傑妻句氏捨錢修道，尺仗俱因石刻之。里許，得崇禎十三年修冷水孔道碑，里許，得石鼻泉當道，左穴出灌可四五百畝，歲不涸。其上有洞口，僅容胸，梯下有人物象，病乳求嗣者惑焉，昔年曾入，陰凜甚，故不樂再往，數十步至後川橋，一名普濟橋，俗呼高橋也。有店焉，橋宋楊忠烈建，竹鼉溪至此入穆家川，溪上石壁平瑩，根多明人記漲至，漫不可盡識。白飛霞曾沐此壁，書水瀰瀰十二字，省志載石壁仙題山齒齒云云誤也。旁刻溪山青一詩，草款無識者，然似三丰流矣。上爲普濟庵，明宏治中建，李敬德有記，旁三刻皆紀重修者，觀已，與諸人飯……。

右段直記沿途所見景物，逐次敘列。由道旁刻石至碑、泉、橋、店、壁書、庵等物事，與一般遊記同，此直敘之法也。

(2)記一山及四周景色。

同卷十頁下，十一行，遊迴龍山記：

「遵義環城山水，巖巒之雄峭，樹木之挺異，莫右於迴龍山，其山自碧雲峯支出，蜿蜒東行十里許」，穆家川趨其足，逐峙爲此山。其山陰肉而陽骨，骨者石也，外著者也。以負蓄厚，故其石硌硌角角，壁者，窟者，窒者突者，脊而下迤者，膊而上累者，歙翕丕思若騫而若飛者，靡不駢駿闇辦以合爲此山。上干青天，下臨沉淵，而其氣一洩於樹，故其樹直上數仞而不拔，橫出數丈而不折。隨其石之高下，楚楚莽莽，而柯莖棽離可數，每與高風相遭，則枝葉上下，若江之湖，海之濤。其中朝暉夕曛，若螺蚌搖光於方丈圓橋也，有伏泉息於踵，冽而清，其聲泠泠。嘗之則甘，使人忘機，唯智者別之，外人徒震眩於巖巒樹木之足駭異而已。余以有倦與一二人遊此，頗自負知山，故說之。

全文以此山爲中心，先探其來脈，然後列敘四周景色，由石、樹、泉著眼，寫石、樹尤細緻，個別狀分，工細之至，而千彙萬狀，皆此山之景物，其系統儼然，有條不紊，凡景物之繁複難理者，可以此文爲準焉。

(3)山水佳趣，於幽靜中淂之。

文集卷三，二十頁，五行，米樓記：

自軒（烏稻軒，先生所居）而廊，委蛇南至於山口……今年夏，於母孺人墓右，營先子兆峻，日多閒暇，乃分張圖籍，排潔幾案，讀書課子其中，四窗靜綠，山鳥無聲，樹影湖光，是漾闌楯……。

右段四窗數句，寫樹影湖光，盪漾樓前，此山水之佳趣也，唯閒暇之人，在幽靜之境，乃能得之，文境正復如此。

3.記事物眞切平淡。

詩集卷七，五頁，三行，正月四日邵亭東來喜賦：

點鐙欲飲聞犬吠，小兒走報羊叔至。開歲四百日那即來，出看果是邵亭弟。爲言奉檄恐先去，早知行緩尚濡滯，更遲數日終汝勞，多笑幾回亦吾意……。

右詩敘事何其眞切，又何平淡？宋人田園詩，每有此味，知濃妝艷抹之詩，殊令人膩耳。

4.記靜物則插敘人事。

文集卷三，八頁，九行，斗亭記：

地舊圃也，余居竹溪之十二年，始化蔬爲花木。其前劃田三之一爲方池，源於檐而冬夏常不涸，因種芙蓉其中，緣以綠節，遂爲外屏，其中多鮒魚，可玩可餌，手植柳四五株蔭之，上列雜樹，四時皆有花，而亭適當隶下，大人嗜釣，非深冬常在溪。太孺人善病而好勞不可拂，每日暄夕佳，攜妻若妹，若小兒女，奉孺人坐亭上，或据樹石誦書詠詩，思昔賢隨遇守分之遺風，或偕兒女黏飛蟲，呼螻蟻，觀其君臣勞逸部勒，或學鵲楂楂鳴，投挼花，驚潛魚，爲種種兒戲，孺人雖笑罵之，而紡磚絮纖，未嘗一輟手，夏荷秋蘭，梅萱冬春，蓋三年於此矣。咸曰亭無名，何因以斗謚之？或問故，爲之歌曰：斗兮斗兮，不余乎期，亭之存兮繫余懷，亭不存兮余之悲。而余惟亭之存兮。斗兮斗兮！歌終，咸不能復問，名亭之故，竟無知者。

右斗亭記，亭爲靜物，前段敘花木田池，亦靜物也，若不入人物，則易感枯澀。故插敘人事，實爲天倫之樂。先生爾時父母俱存，兄弟無故，兒女妻孥在側繞膝，承歡兩代，一家歡聚，云胡不樂？亭於何有？

(四)考辨。

考辨爲覈實，細緻之工夫，似不假學力。然閱歷不廣，記誦不博者，不易發現疑難與錯誤，縱得其疑難，知其錯誤，而又無從入手，不知所以釋疑，正誤之方，則學力亦極關緊要。先生學博力深，識見精銳，每一疑難，必見其盤根節處，而因其大穴大郤，以施斧斤！又未有不深入而渙然解散者，故考辨之文，亦有其技巧在。

1.辨僞。

文集卷一，三頁，五行，辨日本國古文孝經孔氏傳之僞。

孝經一篇，漢有今古文，今文顏眞出之，河間獻王上之，長孫氏江翁等說之。古文出自孔壁，祕在內府，至東漢許叔重鄭仲師始爲解說，何有孔安國傳也？隋劉炫始僞作孝經孔氏傳，與今文鄭注並列學官，五代之亂亡其傳，惟本經存。乾隆中，歙人汪翼滄市日本，攜彼國太宰純校刊古文孝經孔氏傳以歸，付鮑廷博刻之，其書遂遍布海內。四庫提要已斥其爲僞矣，然止謂陋冗，不類漢人釋經，而不暇實核其僞。當時精審，若召弓盧氏，且極序辨爲眞孔氏，作贋書之惑人若是。余故爲列十證，闢之如左：

劉炫既撰孔氏注本，別作古文稽疑一篇明之，又作義疏三卷，書皆不傳。要主孔氏駮鄭氏，兩漢以來，並謂孝經爲孔子與曾子陳孝道，獨炫謂孔子自作，特假曾子之言以爲對揚之體，並非因曾子請業而對，是所撰僞孔傳大端也。今孔序乃云，曾子躬行匹夫之孝，未達天子諸侯以下之事，因侍坐諮問而夫子告其義，遂集錄之，名曰孝經，則與炫說不應，其僞一。

孝經漢止分章，晉荀昶撰集諸說，仍無章名，至皇侃義疏始標目各冠章首，明皇御注因之。然則標章非古也，故宋司馬溫公所見古文本經，止二十二章而已，今標目惟所多四章，別立新名，餘皆同御注，其僞二。……前漢藝文志，孔氏有古文尚書，孔安國以今文字讀之，因以起其家，逸書得十餘篇，故古文尚書傳，自安國始，伏生所得二十九篇，今文耳，非古文，今孔序云，昔吾逮從伏生論古文尚書誼，是今古文尚書祖師亦且不辨，其僞九。

右錄三條，其一、孝經古文本無傳，隋劉炫，始作孔傳，謂孝經乃孔子自作，今僞孔傳云孝經爲曾子作，與炫說又不合，其僞一。其二、就分章言，今僞孔傳，多出四章，別立新名，與古本亦不合，其僞二。其九指出今僞孔傳於古文尚書之祖師且不辨，其淺陋之甚，將不攻而自破。茲約引三條，餘皆確鑿有據，其爲僞不待辦而自明。

2.正誤。

同卷十四頁下，五行，注脫竄。

雜記上，宰夫朝服即喪屨，注：朝服告鄰國之禮也。正義標注，朝服告鄰國之禮。疏之曰：鄰國來弔，不敢純凶待之，而著朝服，是以吉待鄰國之禮，今以正義推之，知注本作朝服以吉待鄰國之禮也。諸本吉誤作告，又上脫以字，下脫待字，遂不可解，正義標注亦誤脫。

右先審注文：「朝服告鄰國之禮。」爲不辭，向來疏家直釋注文，今疏文云云，是注明有脫誤，正誤後，注義自明。

3.補佚。

同卷十八頁下，十一行，補爾雅注文：

釋言，辟歷也，注云未詳，按辟、古霹字，歷古靂字，謂震雷也，辟說文震下作劈。則辟言其擊物破析也。歷言其雷刺轣轣也。單言則曰辟曰歷，合言則曰辟歷。前漢天文志，辟歷夜明，劉向傳赧紅辟歷，皆合言也，後世俗書並從雨，郭氏按文求之，此訓遂無從解說，邵郝二家，並執辟法以通歷字，一云歷律之通，一云歷秝之借，俱未確。

先生以辟歷爲霹靂之古文，並舉漢書爲證極是！足見其博物，歷代注疏家皆莫之知，考辨匪易言也。

4.徵實。

文集卷二，十頁下，一行，談梐：

按後漢郡國志……作談指……亦談柤在興義之一確證，或曰水經注敘溫水……毋乃誤乎？曰：余嘗謂班氏志簡確而明，酈氏注水煩亂而晦……凡此諸注，悉同寐語……此讀水經注所當知者也。知此，則前人是非，判然明白，然後以水徵地；以地證古，雖未見漢書輿圖，而能與親見者其言不背，不猶愈於憑虛揣合哉？

右篇原文過長，茲略舉以見先生考辨之精神，意謂考地理河川，當徵之實況，故曰：「以水徵地，以地證古」。此徵實謹嚴之態度，得之於清初閻胡諸賢者也。文章之博贍，又其餘事也。

(五)總評。

先生詩文，爲清代道咸間一大宗師，以其經學淹貫，子史洽熟，故根柢深厚，英華發外，自不可揜也。幼時，親承舅氏黎公雪樓之教誨，大匠規矩，夙在胸中，又徧觀黎家藏書，識力眼界，迥復不同。又外受業於名卿程侍郎春海，嚮往清代大儒師法，治學門徑、風範、耳之益熟，乾嘉以來，東南諸大儒，未有能過之者。故其發爲文章，則縱橫馳騁，有不可遏御之勢，生平著述甚富，備極謹嚴，不肯率爾操觚，亦不甘以文人自居。惟遭際迍邅，半生爲貧窶之餓夫。

詩集卷一，四頁下，五行，游石鼓書院次昌黎合江亭元韻首中云：

丈夫寧不然，誰能拔寒餓？自撫事畜身，長愁貧鬼賀，而傲骨嶙峋。

同首又曰：

我生骨少媚，所如輒坎坷。

不肯阿世取容，爲人，所遭如此。故其文雅健古樸，自成一家。上取先秦諸子；下得韓柳家法，養之有素，而又矩矱不越，爲一代名家，豈偶然哉！

其於詩醇厚淵懿，爲道咸間之大宗，亦以學源經術，潛心義理，上追風雅騷賦，爲一醇正清拔之詩人。詩境之奇者，直與杜韓爭後先。又以才思之俊逸，爲詩不拘一格，不限一體。集中有極自然之詩，如：

詩集卷一，二頁下，八行，浯溪游：

朝別柳司馬，暮拜元道州，漱齒寒泉水，濯足清湘流，春風繫船好，晴日拊髀躍，入浯溪，何在？在湘滸，勝游未易更僕數……。

有清拔俊逸，極似蘇李之作者，如：

詩集卷三，六頁，十二行，白水瀑布：

斷巖千尺無去處，銀河欲轉上天去。水仙大笑且莫莫，恰好借渠寫吾樂。九龍浴沸雪照天，五劍挂壁霜冰山。美人乳花玉胸滑，神女佩帶珠囊翻。文章之妙避直露，自半以下成霏煙。銀虹墮影飲㳷鑾，天馬無聲下神淵。沫塵破散湯沸鼎，潭日蕩漾金鎔盤。白水瀑布信奇絕，占斷黔中山水窟。世無蘇李兩謫仙，江月海風誰解說。春風吹上觀瀑亭，高巖深谷恍曾經。手挹清冷洗凡耳，所不同心如白水。

其寫田家風物，如：

逸詩二頁首行，斤溪老翁歌：

老翁居斤竹溪上近三十年似農非農者爲歌之。

蝴蝶年年飛草綠，老翁耕稼無榮辱，晚來帶月荷鋤歸，朝起乘牛隨日出。渴常掬飲澗泉水，飢即飽飯舊杭粥，妻醜能評種樹書，兒癡解和栽秧曲。門前斬斬食九田，宅畔陰陰倍尋木，日暖溪頭四照花，月明場上群眠鹿。自言煮菜妻作徒，復見侍壺兒即僕，相呼便向鄰家來，大醉即在鄰家宿。村村賣藥不論錢，往往留賓常舉燭。果熟親行接女歸，餳甘笑指教孫讀。老翁不願作宰相，老翁不願處華屋。老翁事事無不足，但祝雞肥禾黍熟。

眼前即景，而清麗絕俗，農家夫婦父子，情深恩洽，一片親和，所謂似農非農者，亦豈衰世荷蓧之丈人歟！其寫世態民風者，如：

逸詩十一頁，五行，哀里：

樂安唐舊縣，極障界東緣。高處一俯望，山如微波蹙。雙江繞青林，百里何秀曲。豈惟好山水，尤喜美風俗。農勤女紡織，商販不遠鬻。僻社萃廉秀，星居藩果竹。書無鄧思賢，藏備四庫錄。叟或不識城，兒不識樗鞠。先子昔遷居，謂可陸村卜。豈知十年來，事事改故躅。後生頑囂氣，老古不上目。姊妹棄餘蔬，翁媼施嚛蹴。聽之周孔舌，按之跖蹻腹。自涉甲寅亂，里氛益難觸。有力驕悍成，有勢敲榷熟。頭眼稍殊眾，稱官從健僕。問其何品流？軍功與納粟。樸厚亦不少，故是機上肉。人事釀天怒，降禍一何速？平時較一粒，此日火千斛。平時封尺株，此日刊萬木。貧富一朝盡，可哀累惸獨。雪公舊道場，化爲三千屋。

回首廿載前，誤計不能贖。寥寥子午山，誰聽秋墳哭。盡樂安民俗之轉易，由純厚而澆薄；由安和而侈張，競於浮名功利，遜清國運，亦自此而每況愈下矣。觀題畫四首：

詩後集卷二，十四頁，三行，題仇實父清明上河圖四首。

朱雀門開散早鴉，萬人如海事紛拏，趙家全盛分明見，不用東京紀歲華。

南北瓦頭諸伎新，龍津橋外漲紅塵。荔枝腰子蓮花鴨，羨爾承平醉飽人。

景象天禧慶曆間，青苗愁嘆未登顏。畫師無限傷心事，不寫城東萬歲山。

清明風物汴河干，仇老精能過擇端。資聖寺前如問價，一金止許一回看。

盛衰興亡，分明可見，極咏嘆咨嗟之情致，寫物亦眞實如畫，絕句中之精選也。此情韻淖約之一面，其豪放馳驟者，如：

詩後集卷四，二頁下，七行，唐南溪單騎撫賊歌：

南溪大令唐鄂生，短小謙下如晏嬰。到官未歲民士悅，遠近俱以青天名。滇西奔命官迫變，入蜀索仇破三縣。逕趨南廣度金沙，恣睢平羌南北岸。提軍按司遠如蝟，巡道總戎近若鸛。坐視郡圍四十日，講和不許況云戰。大令呼民授以兵，提戈直指敘州行。紅旗一點卓賊近，城中望見唐字驚。一戰火逼翠屏下，再戰尸膊舊州霸。三戰陣前皆棄兵，稽首青天求我貰。諭之明日弔黃樓，吾戴頭來看誠詐。綠林子弟千百曹，帕首如輪腰插刀。大呼青天果單至，羅拜聲湧寒江濤。大令指渠不汝縛，籍爾有眾聽吾約。留者從軍否護歸，吾爲上請當許若。眾繞胡牀誓天日，所有他心萬刀斫。精兒攝飲淡巴菰，老者恭承銀鑿落。一笑從容上馬歸，扶鞭紛送催科腳（山名）。我時坐臨七星頭，喜此凶頑譚笑收。蜀都之東億萬户，庶免猘噬兼狼蹂……。寫唐南溪單騎赴賊，酣恣淋漓，筆勢縱横自如，親見單騎赴賊，賊曹呼拜之實況！何其壯也！足見先生之詩，無所不工，筆所到處，咳唾成珠。然先生以邃於小學，詩中閒用古文奇字，令人讀之箝口結舌，究於詩篇，不甚相宜，不免美玉之一瑕耳。翁同龢謂先生足稱經師祭酒，詞壇老宿，洵非虛譽也。

鄭子尹先生及其文學修養

一、鄭子尹先生傳略

鄭先生名珍，字子尹，號柴翁，別號五尺道人，貴州遵義人。祖父學山，縣學生。父文清。兩世精於醫，皆有隱德，鄉里稱長者。昆弟三人，曰珽，曰珏，先生居長。配黎孺人，子一知同，女子二人。先生爲道光五年拔貢生，十七年舉人，凡三爲校官。二十四年，以教職用選荔波訓導。同治二年，大學士祁寯藻薦於清廷，特旨以知縣分發江蘇補用，未行而口疾作，次年甲子九月十七日，卒於家，生於嘉慶丙寅三月十四日，年五十有九。

先生初受知於歙縣程侍郎恩澤，侍郎邃於古學，天下稱文章宗伯，見先生文，奇其才，詔之曰：「爲學不先識字，何以讀三代秦漢之書」？乃益進求諸聲音文字之原與古宮室冠服之制。方是時，海內之士，崇尚考據，先生師承其說，實事求是，不立異，不苟同，即已洞知諸儒者之得失。侍郎視學湖南，招先生去，期許鴻博，爲指陳清代師儒家法，又引見新化歐陽澗東，鄧湘皋兩詩老，時湖湘間號人文淵藪，而湘皋執騷壇牛耳，海內罕其儔匹。澗東亦卓然名家，先生與上下其議論，兩先生不以後輩折抑，把臂論交，湘皋酒酣氣豪，振筆千言，先生和之，敏給警策，厭飫人心。湘皋大言曰：「今天下詩，僕無多讓，何期今見畏友乎！」曁交寧鄉黃虎癡，黃性高潔，雅癖金石，聚先秦兩漢以來墨本數千卷，先生就觀，各領其妙，困悟隸楷法。居侍郎門下年餘，辭歸，侍郎有：「吾道南矣」之歎。是後家稍藏書，顏其室爲巢經巢。無者假之舅氏及遵義故家。時獨山莫子偲，隨其父宦遵義，與先生同志，多儲秘笈，締交先生，講貫大旨，先洞悉文字，根以窮經，故其學植深固。又與子偲之弟庭芝，內弟黎伯庸，桐梓趙石芝，黔西張子佩諸海內名達相友，往返切磋，稱莫逆焉。

先生論學，尊德性而不道問學，此元明以來，程朱末流，高談性理，坐入空疏之弊；明於形下之器，而不明於形上之道，此近世學者，於考據規規事物，陷溺滯重之弊，其失一也。程朱未嘗不精許鄭之學；許鄭亦未嘗不明程朱之理。奈何歧視爲殊途？偏執之害，後學所當深戒，其初先生肆力於許鄭二家之書，以爲不明傳注，則經不能通；不明故訓，則傳注不可得而讀。其於康成、叔重，篤信恪尊，惟恐弗及，其有不合，則發憤以思。又不合，則旁綜諸儒之說，鉤稽互證，必求得當於程朱氏之義理而後已。如是者積三十餘年，而先生之於三禮六書，乃始渙然怡然矣。又以餘力，旁通子史，類能提要鉤玄，融爲己有。先生考古窮經之隙，遇事感發，則寄興爲詩。其於詩，溯騷賦而下諸名大家，靡集不窺，擇其尤膾炙者，彙鈔成冊，含咀有年，而風骨則力追盛唐，蚤年胎息眉山，終撫韓以規杜。又通古今訓詁，奇字異文，一入於詩。古色斑爛，如觀三代彝鼎。要之，名作如林，不持一格。第覺横肆遒逸之概，溢於毫素，當代詩人，才學兼全，一人而已。作文純白古健，變化曲折，不預設局度，任其機軸，操縱自如，比成，乃罔不應矩，亦嗜書畫古玩，恆陳列左右，書祖平原，時仿歐褚，畫宗思白，間摹文沈。嘗曰：「此於學問中，特伎藝耳，亦不可不善。」篆法遠紹冰斯，從容合矩，清代錢鄧以下，未見其儔，興趣所至，間亦點染山水，蒼樸蕭散，超絕時賢。經學大師，兼長三絕，古有子瞻，今惟先生而已。

先生至性孝友，幼事父母，凡負薪執爨紡績芸鉏，罔不代作，長益孺慕。每抃舞匍匐作兒戲，不致親歡笑不止。人擬之萊氏斑衣，時出謀生計足奉養一月即歸。故家雖貧而甘旨未嘗或缺。母黎孺人，早歲積勞，暮年善病，先生百計求醫藥療之，母歿，葬於子午山，朝夕走省，風雨匪閒。父文清公好植名花，凡南中奇產，先生罔不畢致。山中紅綠，煥爛奪目，恆匝四時。又篤友于，兩弟皆先生教之成立。中年以後，薄有田數十畝，盡以與兩弟，己未秋，季病歿，為教養諸孤，進之如子，人稱為難。

先生抱不世之才，僻處西南一隅，生出晚季，羈身貧窶，暫位卑官，文章事業，半得之憂虞艱阻之境，豈天之所以玉成完人者，類必若是耶？然荼蘗備嘗，以糲食鶉衣終世，垂白厄窮尤甚，重足傷矣！黔中數百年以來，求學術之醇且備；與著述之精與富，未嘗有盛於斯者也。

撰著之書，經、有儀禮私箋，考工輪輿箋、鳧圖說，深衣考。小學、有說文逸字，說文新附考，汗簡箋正，說隸。史、有鄭學錄，世系一線圖。子、有親屬記，老子注，母教錄，樗繭譜。集、有巢經巢詩鈔前後集、外集、巢經巢文鈔、播雅，明鹿忠節公無欲齋詩注凡若干卷。其未刊未成者，尚若干卷，吁！可謂富甚矣！（參用鄭徵君行述、鄭子尹先生行狀、清史儒林傳、鄭徵君墓表等文）。

一、鄭子尹先生文學修養

㈠思想淵源

六經爲義理之總匯，亦文章之淵藪。先生之思想，直宗六經，潛心致力有年，故其文學之素養，可云至深且厚矣！早年即厭薄時藝，志在六經。

巢經巢詩集（以上直稱詩集）卷目（臺灣中華書局聚珍倣宋版印）四頁下，十行。完末場卷矮屋無聊成詩數十韻揭曉後因續成之：

我亦胡不足，而必求科名。名成得美仕，豈遂貴此生。十年棄制藝，汗漫窺六經。友串妄稱譽，謂我手筆精。安知公等長，直非愚所能……。

其必取諸此者，以六經代天而立言。

文集卷三，八頁下，七行。

重修魁星閣記：

今天下求售文者，必尸祝魁星……余按魁星，乃南北二斗也……至魁主文章，則亦有說。按文耀鉤云：斗者天之喉舌。易春秋六經，聖人代天而言者也。世之文章至八股極矣（按言頹變之極，非美之也。）然作者苟不悖乎六經所言，是亦取出乎天之喉舌者而言之耳。言者心聲，誠能肖天，天必福之……。

經義不違天之所欲言。此先秦兩漢儒家尊天法天之流風。尊經所以尊天，其思想源於六經無疑矣。窮經當從事於經學，而以識字爲本，此研經之門徑也。

文集卷三，十一頁，六行。

漢三賢祠記：

惟皇帝二十有一年，三月二十七日……今祠成，子其爲我序遵義當祠三先生之意……國朝經學，能上接漢儒者，壹以識字爲本。凡字有聲有形有義，六經聯字以成，文字之聲形義明，其於治經，如侍先聖賢之側，朗朗然聞其耳提面命也……。

由小學以通經，如親侍先聖賢之側，面承教誨，又謂不識字，不足以談性命，而見孔孟。

詩集卷二，十頁，五行。

招張子佩：

……俗士不讀書，取便談性命，開卷不識字，何緣見孔孟……。

文字與經義，直接攸關，故先生早年銳意於小學。而六經歷秦火之後，書缺簡脫，至漢，泰半不可通讀，幸賴通儒鄭康成之刊定，承七十子後，集有漢諸師之大成，下開後世治經之途徑，清代乾嘉諸大師，談經訓故，直升高密之堂，先生躬逢斯盛，步武時彥，遙宗高密，當仁不讓。

前題同頁六行：

世儒談六經，孔子手刪正。安知口所讀，皆屬康成定。今昔諸大師，匔匑守殘賸。微公集厥成，吾道何由徑。衆流匯北海，乃洗秦灰淨。師法千年來，儒者各涵泳……絕學興皇朝，談經一何盛，顧閻實開宗，醇博亦莫更……更得盧王輩，精識邈乎夐，顧惟十數公，爛誦不計乘，其於漢前籍，字字經鞫證，精能固殊尤，細心亦天性，直聳高密堂，上與日月併。我無能爲役，自覺此身剩，思傍先人牆，操戈助攻幷……。

先生以爲康成注經，直譯先聖微言，敷暢厥旨，故六經鄭注，一字不可刊削，其於家學之服膺，固已深且久矣。

詩後集卷一。

七月初五日，家康成公生日，莫郘亭釋奠於湘川書院……郘亭有詩示諸生，因次其韻：

生日古未聞，自晉遂不廢……洪惟高密公，譯聖寤千代，如從聖人手，親受所以裁，六學文數萬，一字不可殺，歷宋漸陰霾，迄明乃昏昧，國朝復天明，絕學邈無對，小子生其際，門忝通德大，謹執子孫體，立北聽衆喙……兢兢祖述心，望海寄遙酹，先疇敢鹵莽，終畝須糞曬……

平居品題人物，考較一人之言行，覈其是非，一以孔孟爲準。

詩後集卷三，九頁，二行，與趙仲漁婿論書：

吾嘗謂人號君子，考其言行而已矣。天資學力各不同，撥以孔孟惟其是，而是之中亦有別，與評金玉正相似……。

而論學問，不妄立門戶，漢宋大儒，兼所取資，固以爲身心之歸趣，性命之涵泳，皆足藉重：

文集卷三，三頁下六行，上俞秋農先生書：

某列門下六年，不克歲月奉教誨……念讀書一端，天當不能禁我，以故略有知見……年來知漢宋大儒，收拾人身心性命者，正極寬曠……。

蓋漢宋大師，要皆祖述先秦儒術，並於經義，各有所發明，譬之江河異流，而其朝宗於海則同。以其學行，莫不規範於六經，而折衷於夫子，由先生之所宗尚，其思想之淵源，可以概見矣。

㈡師友漸漬

詩云：「他山之石，可以攻錯（詩小雅鶴鳴）」。蓋師友自昔尚矣，論語．孔子曰：「里仁爲美，擇不處仁，焉得知？」仁知、聖哲之事，聖人、人倫之至！希聖希賢，智愚所同。此言慎其所處也。荀子勸學篇：「君子居必擇鄉，遊必就士，所以防邪僻而就中正也。」此則兼及擇人，則師友之漸漬，關涉至鉅。先生方成童，從舅父雪樓黎公受業，自道光元年以來，與弟子籍凡三十餘年，其漸漬不可謂不久矣。

文集卷四，三頁，四行，重刻楊園先生全書序：

余成童之年，舅氏雪樓黎公，令桐鄉歸，從受業，乃始見楊園先生集，讀而愛之……。

又嘗從受詩法。

同卷六頁，七行，千家詩注序：

宋劉後邨千家詩選，世弆家聞……舅氏黎雪樓先生之言詩，神明於古人，南中未有或之先者，前三十年，既以詩法授珍輩（先生名珍）內外兄弟，而二三幼者，課暇輒拈此令誦之，隨即校之注之，細書四房，以與講說，珍亦時耳於側，故得聞所以校注之意甚詳……。

先生之於雪樓，舅甥而師弟者也。其相知遇，又迥殊於常輩矣，況雪樓之德義風範，足資矜式，宜雪樓歿而先生哭之慟，哀思愴惻，於祭文中可見。

文集卷六，十九頁，四行，祭舅氏黎雪樓先生文：

嗚呼！釋氏論人，四大合成，當其散時，無影無因。雖則云然，是氣非理，氣則有終，理則無止。孔曾顏孟，周程邵張，惟其理存，至今不亡，維我舅氏，我知不朽。沒後思之，愈覺寡耦……我未及死，情曷能已。痛念靈輀，啓期在邇，雪中謀食，負病而行，孰知更病，幾不能生，以舅之故，拌命馳歸，骨立如柴，吾亦自危，幸撫公棺，是天我憐。所謂理者，止如此焉，吉日至矣，公何踟躕，薄酹於前，鑑我病軀。師弟一生，舅甥一世。便此永隔。嗚呼哀哉！

迨出里門，首見知於程侍郎春海，躬侍門牆，爲所拔識。侍郎作秦漢之文，而先生所作，其雅潔樸茂者近之矣。

文集卷三，一頁，三行，上程春海先生書：

某再拜，謹奉書程侍郎先生……某賦性至愚，不通曉世務，然頗樂讀書，此先生所素見，至今生二十九年矣，居此邦尟師友劘切，任性不知所裁……念昔從遊於南，以師弟之愛，朝夕之親，窺先生盤盤鬱鬱，胸羅眾有，其言論類非宋明憑肊擬度者倫，其筆爲文章，則如聞先秦兩漢人聲息……唯日北望，庶幾一示以爲學之方，使此身不恨虛廁於大賢之門……。

侍郎並錫以嘉名，其推重又可知。

詩集卷一，五頁，十二行，留別程春海先生：

……偉哉夫子文章醫，當今山斗非公誰，種我門牆藩以籬……錫我美字令我晞，以鄉先哲尹公期，無雙叔重公是推。道眞北學南變夸（同郡鄉先輩尹珍、道眞，從許愼，應奉受經書圖緯，教授南域，黔人無不敬服），此豈脆質能攀追，敬再拜受請力之，頭童牙豁或庶幾……。

又在俞秋農門下六年。

文集卷三，三頁，下六行，上俞秋農先生書：

某列門下六集，不克歲月奉教誨。又以直大故，埋頭窮山……夏盡釋服，入郡，得辱書臮尊公行狀，不敢拂命，謹擬銘稟郵上，苟稍可塗易或俛就之，否則自爲而易，亦師弟以隱爲直之道也……。

爲貞定先生之弟子，貞定稟性剛粹、金相玉質，而先生之持正不阿，耿介特立，有所自來矣。

文集卷六，二十四頁，八行，祭貞定先生文：

嗚呼先生而遂如此乎！吾誰與典型而勉跂前規……惟我先生之剛粹兮，玉潔金堅，莫或乎瑕疵。氣則山之巖巖兮，神則煦煦之春曦。昔不以孺子爲不可教兮，自備員弟子，而即語以定命之威儀。我敬承而不敢暴棄兮，其進也又似不儕乎等夷……。

又爲賀中丞之門人，感其禮接贈書，而冀其作育以有成。

詩集卷四，四頁，十行，鄉舉與燕上中丞賀耦耕先生：

文學無貴賤，師弟有因緣……公名麗中外，孺子心已箋……旌花照黔服，草木增華鮮。下士懸勢分，呼來侍之前。呂醫受薰浴，始見韓門全，手贈擘經書，謂我能終篇。念自束髮來，抱遺望古先，意薄言鸚鵡，力遂忘其孱……但恐歲月逝，蕪穢愁芳荃。因公庶有就，不致中道捐……國家作人意，寓此賓之筵，今日所厚醴，異時待敷宣……惟山見五岳，惟水觀九川。塵滴乞沾丐，期無負當年。

至於肩隨者，則有舒鹿門，以秀才而客遵義，其人喜讀書而介然有守。

文集卷四，五頁，十一行，訂溆浦舒氏六世詩稿序：

舒鹿門其潞者，即集中柴峯之弟也，以秀才持筆研食遵義，其人魁而修，雍然而毅，幾五十，暇且喜讀，書仿唐楷，入室教子，聲厲聞於外，出則由由而不自失。歲丁酉，余始交之……令先世之聲兒盡在此矣，其格致雖不同，要同具忠孝勤懇之氣……爲子孫能同具祖父之氣，詩之存獨此六世乎哉。因識此事首末，亦見鹿門之爲人也。

至莫孝廉友芝、張副貢琚、黎訓導兆勳、傅孝廉咏等，則不僅文字交，而亦聲氣應通，心神密契，先生之所師友者，可以想見矣。

㈢文學觀點

1. 作者素養

先生篤行之君子也，故於文學觀點，仍本人格第一之宗旨以立言，以爲行先於詩，蓋人格超越一切。即本先聖先德行而後文藝之微旨。論語學而，孔子曰：「弟子入則孝，出則弟，謹而信，汎愛衆而親仁，行有餘力，則以學文。」子夏承其緒而亦曰：「賢賢易色，事父母能竭其力，事君能致其身，與朋友交言而有信，雖曰未學，吾必謂之學矣。」能事君父與交友以信，行已備矣。學之爲用，莫大乎是，豈能謂之無學？先生所謂如杜韓之高風峻節，雖無詩而必傳，即其人格必將景行百世之下，其人必不待詩而後傳，況行與文之並優同光乎！此先生於作者素養期求之嚴厲也。

文集卷一，七頁，三行，邵亭詩鈔序：

段誠之云：詩非待序而傳也。余謂作者先非待詩以傳，杜韓諸公，苟無詩，其高風峻節，照耀百世自若也。而復有詩，有詩而復莫踰其美，非其人之爲耶？故竊以爲古人之詩，非可學而能也。學其詩當自學其人始，誠似其人之所學所志，則性情抱負，才識氣象行事，皆其人所語言者，獨奚爲而不似？即不似猶似也……。

故先生之於作者，首期其人格之端方，曰：「學其詩當自學其人始」。不惟提示人格之意義，亦教人以學詩之方也。次爲才力，先生亦極重視，論語泰伯、孔子曰：「如有周公之才之美，使驕且吝，其餘不足觀也已」。是才之見重於世固久，竊謂才，多自稟賦言，力則勤懇以爲之者也。才半由天授，力則全係人爲，皆絲毫不可勉強。而自來作者，以功力積厚而成名者，反而居上，且較多於徒恃其才質者，當別白觀之。

文集卷三，二頁下，十一行，與鄧湘皋書：

昔者相遇長沙，淺陋無所識……先生之詩，無蹙詞，無竭旨，人已欠伸，己方泰如。宕肆汪洋，仍自無盡，而渾厚沈著，畢歛鋒棱，如黃河曲曲轉注緩帶衺也。某目大腹空，讀並世人著作少所當意，每誦尊篇，不覺心服。誠有見夫學之非難，而才之爲難，此中消息有分寸不可強者然也。數年來家益貧，親益老，且多病，依戀春暉，窮愁無似……初頗留意詩文，苦才力不給，亦懶從事，自笑天與我明經絕大頭銜，顧名思義，求無負厥職，斯亦可了此生矣，又何暇多求哉……。

先生自謂才力不給，固是謙抑，而其學殖之深厚，已足見其才力之綽有餘裕。故於時人，咸冀能盡其在己者，以厚植其根柢，譬之屈宋李杜歐蘇之所以發而爲文章者，乃在平日修藏游息於孔孟程朱之遺教，此重學植（根柢）固已。明乎此，學者當知所務（務本）矣，觀其送黎純齋之序可知。

文集卷四，十三頁，八行，送黎純齋表弟之武昌序：

人之制於天、權於人者不可必，惟在己者爲可恃。格致誠正以終其身，是不聽命於天人者也……

……吾又意士誠志聖人之道，聽命於天人者，誠無如何矣。自修其可恃而亦無如何哉，是固難爲一概道也。表弟黎純齋，行謹而能文……將適武昌省其從兄，擬兄資遂北附順天鄉試……北歷徐袞，瞻光日，下水陸，不止萬里，驅檣輪轍之間，睪然想望孔孟之所爲教，程朱之所爲學，以及屈宋李杜歐蘇之所以發爲文章，必明相遇於心目間者，則斯行也誠快，彼聽命於天人者雖不可知，而在己者所得多矣。

2.作品價值

詩文之評價，古今所取固各異，然其能振厲末俗，使後世聞風興起，庶幾有裨於世教則一。先生論詩文，特重氣骨。蓋文章以氣節風骨爲主，又必有氣節者，方有萬鈞之骨力。先生題鄂生詩中，特著明之。以鄂生先人嶙峋有峻節，家風所沐，先後同揆，讀之能驚先生之神者在此。

詩後集卷四，二頁，二行，書鄂生詩稿後：

讀君近詩驚我神，此事何止作替人，麒麟緩步不動色，百獸帖耳爲之馴。不見三年日能幾，有功翰墨乃如此。信知碧海掣鯨才，不在聰明三十里，先公峻節高嶙峋，復爾筆力挽百鈞。文章氣節一家事，嶽嶽聳我西南坤，我今殖落百無用，羸牛飴草鞭不動。因君一憶竹垞翁，晚歲斯文歸夏重。

又謂文之足以垂法後來，可資鑑戒者，在能感發人之天良爾。

文集卷四，五頁下，十行，寶言堂家戒輯聞序：

家戒輯聞一書，錢塘王氏雲廷初以聞之祖父者，撮爲戒五十……使其子弟奉爲法鑑者也……至其之言五十則者，洪纖表裡，靡不曲盡，讀者以爲修身保家當如是否？在即其天良之感發而自得之，無俟贅及云。

夫文字足以感發人之良知，必爲至性怡情之作，要以醇厚雅正爲歸耳。

文集卷四，七頁下，八行，播雅自序：

余束髮來，喜從人問郡中文獻，得遺作輒錄之，久乃粗分卷帙，名曰遵義詩鈔……去秋在行省前輩唐子方伯，方伯謂鄉里耆舊，其行義文采，已多無傳，賴有此，不宜更閟手厠費，屬歸爲之，窮冬多暇，盡出前鈔，重加去取……次爲二十四卷，所登載不必盡工，然纖佻惡俗則鮮矣，更曰播雅，奉方伯訂正而刻之……。

先生於詩之去取，顯斥：「纖佻惡俗」之什，則有取於醇厚雅正者爲信然，此先生於詩文之評價，概以嘉言懿行爲主，其重視人格，不言而自喻矣。

3. 作品表現

先生以爲詩文之至者，當畢肖其人。蓋即孟子所謂：「有諸內必形諸外」（告子下），樂記所謂：「和順積中而英華發外」是也。非徒詩文，即書畫亦莫不然，其造詣高者，皆可以作品中，親見其人之言行舉止。蓋文有個性，亦如人之所稟賦者然，故謂詩足以見一人之聲皃（聲音笑皃）。

文集卷四，五頁，十一行，訂溆浦舒氏六世詩稿序：

舒鹿門其潞者：呼兒自其家盡負其先世遺稿以來屬規定。余曰：詩果足重乎哉？欲知其人，藉以見其聲皃（今貌字）而已。爲子孫者，尤常常見祖父之聲皃也，子如是固宜……有詩愈得以想其人，子孫得藉祖父聲貌，以追武其爲人足矣，子如是固宜……。

讀其詩可以知其人。

同卷八頁，六行，偃飲軒詩鈔序：

余嘗過桐梓，觀大婁山……今閱吾友曉峯趙君詩鈔，於余所言與茲山相稱者，乃始欣然謂若有可信。曉峯生三歲而孤……狀短小如不勝衣，而雅負氣好奇，家雖貧，非其人食之不可……讀其詩可以知其人矣……更閱數年……德行問學，夫寧有止境耶……。

謂作品與人格之融合爲一也。又以大家詩，皆有淵源，要無一字無來歷。

同卷六頁，千家詩注序：

宋劉後邨千家詩選……後來學問不尚淵源，未必非輕蔑前輩之故……至子弟所讀，先入爲主。不正俗本之誤，後將轉以正本爲非。若各大家詩，無一字無來歷……。

言一字之不苟下也。而信筆揮灑，亦復有範圍可循，不可橫決藩籬，蓋謂不失風雅之遺意耳。

同卷一五頁，八行，張子佩琚詩稿序：

道光乙酉，程春海侍郎主貴州學政，所拔貢士凡七十五人，余猥與其列。於是始識黔西張君子佩……子佩爲詩，搖筆千言，清拔自肆，然才豪語易，往往蛟蚓互雜，決去範圍，余就此稿略刪定，僅存一百餘首……。

其論表現之方式，則以詩爲直抒性靈之作，不拘於格律。

詩後集卷二，十三頁，四行。

旌德呂茗香明經，年六十餘，以去年避寇來貴陽……後見余詩文，枉贈長句，次韻奉答……。

我吟率性眞，不自謂能詩。赤手騎袒馬，縱行去鞍羈……。

而在託興攄懷。

文集卷四，六頁，七行，千家詩注序：

宋劉後邨千家詩選……然其於唐宋名大家，載不及小半。當讀之詩，更不及百分之一，斯已若鄧林一枝，丹穴片羽也已！而猶然徒口讀之，會不一識古人，曉一古事，知一託興攄懷之所在，雖成誦如流水何益……。

不失三百之旨，其出辭氣也，文宜條達。

文集卷六，二頁下，四行，書鹿石卿先生硃卷後：

右明天啓元年，定興鹿石卿先生中順天鄉試硃卷一冊……冊閱今二百二十九年，字大紙厚，又子孫善弆，無少損爛。讀其文洞徹義理，筆直斥時事。侃侃無避忌，各體條達，似唐宋人，坐言起行，無施不可……。

詩不貴雕繪。　詩集卷一，五頁，四行，留別程春海先生：

我讀先生古體詩，蟠虬咆熊生蛟螭……此道不振知何時，遂爾疲苶及今茲。學語小兒強喔伊，雕章繪句何卑卑。雞林盲賈爲所欺，傳觀過市群夥頤，厚顏亦自居不疑……。

大匠誨人，必以規矩矣。

4.方法

言方法，謂說詩力求簡明，學詩貴乎靈悟：

文集卷四，七行，千家詩注序：

宋劉後邨千家詩選……至子弟所讀……字句苟一說即了，必繁曲引證，反膠泥其聰明。至本事本旨，稱載前說，又無以引其靈悟而鼓舞其幼志。使知世間書之當讀者多，此其為童子計，思即是粗選誘之入於高明宏達之途者，用意最為切至，珍欲持公之初學久矣……。

蓋簡明則不膠滯讀者之聰明，靈悟則易發初學之興趣。此教學雙方之所當務之者也。

㈣行誼

1. 孝友。

(1)孝思

先生至性中人。孝友出乎天資。而又服膺儒術，希風往哲。故其德義可尊，行事可法。論語憲問，孔子曰：「有德者必有言」。先生半生憂患日迫飢寒，然於二親之生養歿葬，未嘗不致敬盡禮，觀其文可知，茲分述之：

①承志

先生之母黎孺人，愛其生父（即先生之外祖父），孺人痛其生父之行誼，不見聞於後世。先生愛其母，因推及於其外祖父，故乞程侍郎為文以傳其外祖父，因以遂母氏之夙念，所謂承志者也。

文集卷三，二頁，二行，再上程春海先生書：

某再拜，謹上書程侍郎先生閣下，六月阿穌自京還，知先生階轉户部，襄贊愈繁，日幾無一時暇，故先外祖墓銘未獲拜賜捧歸。某固知終必成之也，又爲此再三云云者，所以重外祖之行，敬先生之文，而又所以報母氏生我之萬一也；夫求人志外祖，而曰以報母氏，此其情爲至曲！然非於先生，某不敢出此言也。昔外祖之卒也，某之母哭之哀。至今道及，猶必咽咽不能終其語，嘗語某曰：爾外祖至苦人也！其生也，遭繼祖母夏慘虐，方三四歲時，夏以蟲蟲（今作蠹）毒口鼻，死半日復甦，繼復誘至溪推墮水，母拯之，亦半日復甦，卒不得死……至成童，補弟子員，則吾祖館於蜀以卒，時兩世老人健在，四姑待嫁，一弟逃待尋，一弟待婚爾，外祖籍筆舌力以盡事生送終冠笄祭祀之道，不給，又爲醫卜等術以助之，嘗置紡車於前，膝上横經鐙下紡以讀，盡四更，得棉線重半鈣許，畢書一卷，又嘗病脾瘧三年，每夜瘧罷，起呼鐙食粥，或點易諸弟子課藝，或人與之講，如是以爲常，其自苦如此，而能傑然自立，人品學問卓卓可道，卒幾二十年，曾不得鉅公一稱道之，將終不稱道耶？其爲苦復何如也！某聞言而悲之，悲夫母氏之所悲，又爲母氏悲夫爲子孫無不欲論譔其美以揚其祖父，爲女子無不恨生不爲男子以報其父母，此天下之至情也。今先生儻以名世之文，惠及外祖，則某之母登墓門，撫貞石，必自私計曰：此吾子之師所爲文也，因吾子而得其師之文，而先人之行事得見於天下後世，雖不爲男子又何恨？然則先生又不獨惠及黎氏子孫也，某之受賜多矣。故陳至曲之情狀，伏惟先生諒焉。

又爲望山堂以遂其父之志。

同卷十八頁，下三行，望山堂後記：

由墓左迤東行，得一小巒，復屈曲而西南，得一巨巒，是爲子午山。左臂當屈中，有平阿焉，因實之屋……是年九月訖成，移前記望山堂者名之，嗚呼傷矣！憶去年冬仲歸自古州，東脩粗餘，府君以喜，居十日即計材致工，府君尤喜，先歸時，已自約親友，爲是月二十二日七十壽，實今年始七十也。是日客盡會，歌舞侑酒，府君樂甚，持酒盞又約客曰：明年此日，壽我於望山堂新居矣。盡冬入春，土木功作，無日不持酒走視，至二十五日架就，余眩不能侍客，府君酬接酣燕，樂如前也。自後乃噎作，食飲日減，然猶日釣於溪，卒前六日，尚理竿筒欲出去。忽意怠遂臥，臥遂不復起，越四月朏，乃棄余長逝矣！嗚呼！余痛先人之志及其遺言，日夕謀挈家墓下者六年矣，貧子縱富，爲貲幾何！顧衣食且不足，非思及府君健在，慰其意念，安其居處，吾結廬如是爲之耶？又如是其急也，志願近遂而若此。必吾獲罪於天，有不可禱者矣……。

是先生本自衣食不足，而罄其所蓄大興土木功，又汲汲以求其速成者，蓋欲安老父之居處，而遂其樂成此屋之意，是承其父之志也。

②述事

中庸：「夫孝者，善繼人之志，善述人之事者也（兩人字皆指先人）」。先生於失恃後，爲母教錄，自序母氏平生備嘗艱險，鬻子之恩勤，歷歷如昨，念當日提命，痛德音之不復再。

文集卷四，一頁下，六行，母教錄自序：

公父文伯之母曰：君子能勞……夫惟能勞而後能言勞，歷觀古賢母，如崔元暐家善果諸傳所載，世隔千載，聲口宛然……珍母黎孺人，實具壼德。自幼至老，艱險備嘗，磨淬既深，事理斯洞。珍無我母，將無以至今日，恩斯勤斯，鬻子之閔斯，惟身受者，乃心知耳。而今已矣，母子一生，遂此永訣！涕念往訓，皆與古賢母合符同揆。在當時聽慣視常，漫不驚勵，致身爲孔孟之罪人，母之不肖子，今日欲再聞半言，亦邈不可得矣，天乎痛哉！

喜母教錄之獲得，而見知於名公巨卿，母德不朽，足慰九原，所謂善述人之事者也。

文集卷三，四頁下，十一行，上賀耦耕先生書：

自二月吉到古州學官……某自爲中路嬰兒痛，追慈教，緝成小錄，當呈遵府志時，已封冊附上，茲還古州，同知楊公示以尊札，始知先生今日始於他處見本，而又不責以淺近，深賛其言行可法，欲爲廣傳，以敦風化，索多寄去者，伏誦之餘，歎先母荊布沒世，而其庸言庸行，獲爲名儒鉅公所齒錄，先母爲不朽矣。又歎非先母之德實不可沒，則此錄必不宛轉獲致於先生之前，其卒爲先生見而深賛之，而思廣之，則仍先母仁孝艱瘁之厚蓄所致，而某之爲罪人爲不肖自若也……。

③侍親

嘗以家貧親老，依戀春暉，不忍遠離。

同卷二頁下，十一行，與鄧湘皋書：

昔者相遇長沙，淺陋無所識……數年來，家益貧，親益老，且多病，依戀春暉，窮愁無似！無可爲先生告者，自度學不足經濟當世，抑又無從得之，即得之，強木不慣曲膝鞠躬……以故進取一念，直付東流……。

蓋重親恩而薄於進取也。

④娛親

先生雖厭薄仕進，然時復以母愛之故而發憤讀書，蓋揚名顯親，亦歡娛之一方，意固有在。

文集卷三，十一頁，八行，辛丑二月初三日記：

晨寤復寐……記去年今朝，母病愈數日，春和天晴，能偕孫兒女屋榮籬角，坐暄光中，觀菜薹果蕾以爲快！余亦快庀少行李，計明日赴慈閣，母曰：吾以病久，稽汝事，至是得無慮及？汝生日且歸耳。嗚呼！豈知今之今日，視去歲之今日，竟成兩世耶？當日以寠人子發憤讀書，意有在焉！今皆大非（言母已即世），而奚以讀書爲也？……視新購皇清經解十巨堆插架上，益感念用此奚爲也……。

⑤懷念

「哀哀父母，生我劬勞」。孔子著列三百篇中，即孝子懷念之誠懇，以興後世之孝思。所謂「孝子不匱，永錫爾類」者也。先生嘗念母教之勤苦，燈下課讀，離經句句，至四更五更未休。

詩集卷五，七頁，八行，題黔西孝廉史薖州六弟秋鐙畫荻圖：

水東之禾水西薖（自注：清鎭戴孝廉字禾莊，與薖州並治經爲詩古文），學古今黔並眉白，敬爾尊慈有義方，業成出自鬻紗力，晝荻辛勤那可言，不待圖窮淚橫臆。平生我亦頑鈍兒，家貧讀書仰母慈。看此寒鐙照秋卷，卻憶當年鐙下時，蟲聲滿地月在牖，紡車鳴露經在手。以我三句兩句書，累母四更五更守。長成無力慰苦心，頭白待哺仁人林，爾今才氣猛如虎，往取將相壽賢母，莫似老荒止作筥。

其追慕於身後之事，篇中往往可見，母沒爲築望山堂，以慰告其精靈。

文集卷三，十四頁下，五行，望山堂記：

望山堂，子午山舊名也……太孺人墓於臍……嗚呼！太孺人東遷以來，借母家宅以居，十年來，嘗顧余歎曰：五欲廣數椽屋，種一果一樹，百年他人物，吾何望而擲此力乎？時余方求免家人凍餒之不暇，雖心悲其言之苦，意之慘，而思副所願無術也。後數年歲獲稍厚，忍疏耐縷，銖餘而絫蓄，方思買四五畝地，結茆植楥，俾樂其自有，提孫挈婦，朝暮按行，怡怡然指新栽稚椄，謂某可及身食之，某可及子孫食之，庶幾辛苦一生，至是暮年稍慰其意，而豈知欲爲此者，乃持以給斂殯屯夕之費也。自去年營葬既峻，山中舊塋，悉委閒地，凡松梧竹桂櫻榴梅桃之屬，無不相所宜植之，高高下下，百卉咸集。於時猶有餘貲，計貧者積百金大不易，不及此爲一屋，旋耗於衣食矣。遂亟構斯堂，匪雕匪飾，惟豁惟潔，太孺人精靈往來，撫斯堂也，必有悲余之悲，而歎意余之歎者，昔太孺人病亟，猶顧謂曰：葬我必於近卜廬，相望見爲佳也……嗚呼！余不及樂其志於生前，而收望山之名於其身後……此余所爲攀宰木而涕泗橫流也。

今先生不能爲屋於其母之生前，而徒構堂於母歿之後，以告慰其精靈，其用心亦良苦矣。嗣又闢梅垓（今屺字），分其母所植之梅，徧種垓上，以顧瞻慈母生前眷念之所託，並記花之靈異。

同卷十六頁，二行，梅垓記：

> 垓即所謂側掌而襠臍者也。南於墓徑可百步，高與臍等，而掌末適直墓門……初土人鏟腰爲田，庚子秋，余得之……乃種梅焉，至今四年，於是垓之上，乃無非梅者，梅之初也，府君蓄盆梅一脩踰足大如指，千葉而白花，一日先孺人撫而言曰：凡物皆有全量，使夭閼不盡其性者，皆爲人害之也。因出植籬間，越年其條大發，又越年行樹下，而冠已無礙，余因雨水前，削枝之近者半，夾以石深擁之，期年發擁，其根者三而得一或二焉，篤斫而樹之，樹者又如是分之，因是，堯灣寓宅多有梅，其祖樹，當丁酉六月花一枝，是秋，余舉於鄉，及庚子，先孺人棄養，遂不花，易年，乃枯以死，木之可感也如是！……憶余在十年前，結草亭於寓東大棗下，左右植梅五六株，剷前之田爲方池，中菰蓮而上萱柳，每春夏葉茂，枝撐相交，一亭皆綠。先孺人或坐梅下紡棉績麻，或行梅邊摘花弄孫子，及秋霽冬晴，則又架竹槎枒間曝衣襦，乾旨蓄，徐徐然來往其際……某某株爲所倚而撫者，某枝爲所芟者，某槎枒爲所架竹者，宛宛皆能記識，而據垓北望，纍然一邱。音容莫復，徒使茲垓爲瑤林，爲雪海，過焉者嘖嘖道山中之盛，能無悲乎！詳述之以見諸梅之能盡其性者，皆出自先孺人手也……。

又錯植柑於廊之內外，朝夕得以倚其樹而撫其枝，知某者父所摩挲；某又母所獨嗜，追惟反復，惟父母手澤口澤之爲念，即詩人恭敬桑梓之遺意云爾。

文集卷三，十九頁，十三行，柑廊記：

府君好種花，太孺人喜樹蔬果，故所居，其園圃柂落間，喬者，緜者，華者，蔓者，毒而刺者，詑種異名，百十其狀……前年，余官古州……試盆歸佛手柑一，公孫橘一，以新府君之玩。公孫橘者，樹葉皆似橘，子大如金柑，彼枝實，此枝花，不間冬夏……府君甚悅之，故結子歸已震墮枝，復勞日數摩挲，冀急見其實，今盈枝纍纍而不及見矣！太孺人近六十時，得圍尺之柑，食而美之，唾一核，隨種籬下，生閱五年而實，實二年而太孺人終。是三種者皆柑也，今以錯置廊之內外，而廊因以之名，記曰：父沒，其書手澤存焉。母沒，其杯因口澤存焉。三柑者，非吾父母手澤口澤之所存乎！倚其樹，撫其枝，念我先人不一見之長味之，徒爲兒子所嬉弄而涎視也。記曰：維桑與梓，必恭敬止，吾於此，則不獨恭敬已也。

復爲樓於雙親墓前，讀書課子其中，蓋宋米元章葬其母丹陽陽縣君於黃鶴山，並以其考祔，因定居墓前，築海岱樓以爲吟嘯之所，先生不欲元章專擅於前，故樓臺前而居之，蓋念先人之篤，以風世之輕去先人之墳者。

同卷二，十頁，首行，米樓記：

自軒而廊，委蛇南至於山口……故本樓也……今年夏，於母孺人墓右，營先子兆峻，日多閒暇，乃分張圖籍，排潔几案，讀書課子其中，四窗靜綠，山鳥無聲，樹影湖光，晃漾闌楯，素蓄米元章大書木蘭橫絹本……遂謚斯樓爲米樓……元章家本襄陽，葬其母丹陽縣君於黃鶴山後，又以其考中散公祔，因定居甘露寺下，別建海岱樓爲嘯詠之所。余於元章品行學問，不敢望其萬一，獨此，似不無曠世之同者，庶以藉口輕去先墳之憾……。

雖在客中，猶縈念親墓一日千回。

詩集卷九，八頁下，四行，客心：

客心梅屺（母沒，植梅屺上，以寄哀思）上，一日去千回，樹樹臨池照，枝枝向墓開。老妻清晝倚，稚女綵衣陪。那識東雲外，瓶花伴酒盃。

而於萱慈，尤低回不已！因羨有母可侍之人，誠有福澤，蓋母恩常繫中懷，情不獲已也。

同卷一頁，九行，十六日送子何歸覲：

昨日欲語復休，萬言千緒在心頭。今日臨分一杯酒，相看片語俱無有。男兒有事可奈何，曉寒送子山之阿。看我霜鬢不更黑，何年此地還經過。往亦不復念，去亦不復悲。今朝梅屺下，明旦眉江湄。萬花生時錦翻海，想汝登堂拜母慈。吁嗟乎子何！此福豈我得？抱子攜妻奉朝夕，一日千金不得易！贈子斯言作離別，他日相逢意無極。

(2)友愛。

先生敦篤友于，讀馮氏姊還里首，姊弟情親，相見匪易，彼此又當暮年，互道珍攝，依依不忍遽別，讀之令人惻然。

詩後集卷三，五頁下，三行，臘月十七日馮氏姊還甕海：

姊來兩月歡，姊去終夜語。相守待晨發，雞鳴淚如雨。姊氏信仁賢，事事肖先母……比年連三喪，賴汝隻力舉，問產尚如舊，益知心獨苦。憐我憂患存，不見幾寒暑，十月遠來歸，俄及聽臘鼓。兩手何曾閒，女事輒相助，鹽貴朝淡食，火弱夜團聚……歸寧已不易，過節尤難遇。……行年將六十，似此知再否？……女債當須紀，日促安能住……知姊性過我，臨事不遑處。出門復顧言，明年還視汝。善留相見身，多福宜自取，有子能傳業，有孫行當乳，得過且復過，愼勿蹈豺虎，凝立思姊言，鳴箯松中去。

先生之於季弟，不惟生則相養，歿後尤能撫遺孤，以全手足之誼。而運蹇門衰，命薄於紙！臨終斷手春喉之痛，令人不忍卒讀。

詩後集卷三，十一頁，十二行，二苕季弟哀詞二十首：

惡命平生此盡頭，豈徒斷手直春喉，天心門運從何說，氣湧如山淚不流。

衰門人物總堪憐，磊落無人及汝賢。縱有後生能似得，廟成鬼老待何年！

其中雞鳴一首，見永訣託孤，口不能言；但以目指，悽苦之情，極人世之慘毒矣。

雞鳴呼我屋西頭，永訣空餘息在喉。目指三兒含哽付，一生兄弟片時休。

傷心一首，直述先生兄弟苦生苦死之實況，足令千載以下同聲一哭。

傷心吾道老尤非，長餓何由手足肥。致汝苦生還苦死，斂時猶是阿兄衣！

屢期一首，又見人事總由天意，則無可奈何之詞，其內心之痛楚尤明。

屢期遊屬屢儃佪，前月無端去又回，祇說相生有天意，豈知爲要送終來。

廿年一首，明先生撫孤責任之重，米鹽細事，必須支持，貧家獨維五口黃孺，其苦也可知。

廿年徒有異居名，雖是吾家待子行，從此哥哥行不得，米鹽凌雜要親撐。

2. 性情

(1) 樸直。

先生自謂腰強（文集卷三與鄧湘皋書曰：自度學不足經濟當世，抑又無從得知，即得之，強木不慣曲膝鞠躬，亦隴種東籠而退耳，即此之腰強也。）口訥。蓋不喜揣摩人意，隨聲唱和，是樸直之人也。

文集卷三，三頁下，六行，上俞秋農先生書：

某列門下六年……視人間所論所尚，不如意爲多。而又強於腰，訥於口，處稠眾之中，大都聽之不解，群方贊和，己獨嘿然！人遂以爲驕，偶一言又不當人意，人遂以爲狂爲妄，其實某樸拙人也……。

自覺面目可憎，與人寡合。

詩集卷五，一頁下，十一行，次韻寄張子佩威寧：

阻雨不能去，默默手拄頰……欲識吾何爲？言之增磊塊！天生可憎面，未語先得罪，惟爾能我知，散木究何瘣……。

(2)端雅。

先生端方雅潔，獨喜梅花，以其幽光冰骨，笑傲霜雪，其秉性近之歟。

詩後集卷三，六頁下，八行，早起觀梅次坡公松風亭韻：

山中一家不成村，隔壁聽書皆古魂，天憐此子太寂寞，特遣玉友陪朝昏，四山雲合迷處所，南國少此梅花園，幽光照世有奇賦，冷面對人無暫溫，老夫未曉不成寐，起視不待升初暾，自憐此花極似我，眾人未醒先開門，何異桃李方睡熟，汝獨笑與冰雪言，凝陰閉塞幸珍愛，歲暮保有山林尊。

謂玉友冷面，常與冰雪相對，嚴寒歲暮，風骨不少屈，保有山林之逸，蓋先生自道也。故有「梅花似我」之句，再次前韻一首，言歲盡無錢，惟與梅花共晨夕。

同卷七頁，首行。

殺豬聲叫東西村，歲垂盡矣驚心魂，先生囊無一錢看，獨與梅花同旦昏……籠褢行哦總花底，花亦喜我恭而溫，以說天寒無浪出，且當白醉松窗暾，感君相示冰雪意，未晚手自關柴門……。

由詩知先生不惟與梅樹相對，且以之爲畏友而淬厲之矣。三次前韻首：謂寇難後，得宿梅下，經世情之冷煖，惟有草木多情相憐，故願醉臥花前而已。

同卷，頁五行。

前年梅開賊掠村，攜家遠避餘驚魂！去年歸就梅下宿，數日卻去神昏昏，惟有今年飽仙福，文君盡力娛文園，明年不識又何似，淨骨且受冰肌溫。世情冷熱大概見，幸賴草木分餘瞰……銜觴倚樹別有會，此意欲說難爲言，蒼苔照眼翠禽靜，一笑臥倒花邊尊。

同卷七頁下，二行。

山中梅花盛開一首，記梅花爛漫，銀海瓊玉，富氣充溢山谷，良堪觀賞。

山翁舊是梅花仙，忍饑種梅不計年。花時富氣溢山谷，玉作家居瓊作田……繁星突上青竹頂，白雲漲入蒼松間。或恐清光動帝座，定應賸馥分人寰。日日提壺與花飲，爪摩鼻嗅時復歎。昔年确地無寸木，短蕎瘦麥直黔山。一朝手變爛銀海，惟有十指知艱難……。

同卷七頁下，二行。

山中梅花盛開一首，記梅花爛漫，銀海瓊玉，富氣充溢山谷，良堪觀賞。

山翁舊是梅花仙，忍饑種梅不計年。花時富氣溢山谷，玉作家居瓊作田……繁星突上青竹頂，白雲漲入蒼松間。或恐清光動帝座，定應賸馥分人寰。日日提壺與花飲，爪摩鼻嗅時復歎。昔年确地無寸木，短蕎瘦麥直黔山。一朝變爛銀海，惟有十指知艱難……。

觀梅有感首，記今滿園之梅，皆二老手植躬移之故，藉攄懷親之夙念。

同卷七頁，下九行。

先君昔日居堯村，籬落之間梅一盆。母惜千歲終不大，放出平地伸囚冤。坐令長條怒上屋，旋睹高花橫臥門。我時敬竊先母意，歲擁茁稚分析根。至今繞墓冰雪種，皆於此樹爲子孫……當時祖梅亦至性，母歿遂枯知殉恩。我今垂老衹無用，永負養鞠身徒存。撫花長歎花亦感，寒曉共泣東方暾。

而晨登梅屺獨吟一首，喜梅能助人發引詩興，不與凡草木同，花似解人語意，故詩愈吟愈多。

同卷，八頁，首行。

看花終年無一句，獨向梅花吟不住。不關才退及心懶，非君無以發吾素，平日冷澹眞自知，老去性情尤衆惡，君看悠悠凡草木，對之語言亦何趣。清晨獨去人鳥寂，碧蘚光中哦且步……羌無故實枝橫觀，盡得風流月挂樹……君聽此詩定何如，爲倒一杯醒眼露。

然亦花之與人，情親神契，忘形爾汝之故也。

(3)淡泊名位。

宦場趨迎拜送，本屬貫常，先生不肯折腰屈膝，良以淡泊名位，自不能事上官也。

詩集卷三，五頁下，六行，追寄莫五北上：

重安江前雪映天，知君此時到其間。……又始弱寇誰不姸，金門玉堂無子艱。念我才具未老堅，論獻遠媿黿貫班。折腰屈膝又所難，自計豈能事上官……父兄俱存兄弟全，癡兒問字妻紡棉。詎免身勞心以安，但無遠別吾終焉……。

但時亦違己薄宦，爲貧而仕，固不在青紫。

詩集卷七，三頁下，三行，望山堂述懷（節原題）：

少小不讀律，自闕經世務，名漸爲人知，菲躬隱憂懼。違己求薄官，亦爲無食故。誰能持餓腸，林下散清步……欲去誰汝留，但歸要有路，十畝儻足辦，吾亦何不如……。

(4) 排遣

先生在官，恆以書酒自娛，蕭然自得。迨賦歸去來，亦願酣醉園池以終此生。

詩集卷九，八頁，首行，書遣知同以十七日歸五首之五：

歸告汝母叔，此來免災咎。飯勝家食牛，自奉亦略厚。日惟一冊書，時或酒一斗……吾官本求食，知及麥秋否？……仲也物好事，事多口生垢。季也勿怨勞，勞極天必祐，好育一將魚，更酤百經酒。待歌歸去來，日日醉池首。

詩集卷六，三頁下，五行，和淵明飲酒二十首之五：

尤思家居兒孫繞席爭酌之樂，有酒焉得不醉。

參差五男女，媚爺爭酌喧，爺醉顏如花，臨風反以偏。念我蓋棺時，汝曹扛入山。風雨一堆土，有酒豈得還，今日及舌在，用飲莫用言。

矧世人在天地大宅之中，萬古同此一醉，李杜之典衣，揮霍，寧謂無故？

前題之十五：

舉觴望青天，萬古此大宅，各入醉一場，既醒無遺跡，杜陵典春衣，蕭索銅三百。揮手四十萬，君妃扶太白，二子骨在無？我更何歎息！

3.志業

(1)希聖賢

先生以孔孟與日月齊其明，其德慧術知，照及八荒之外，故願以孔孟自期。

詩集卷四，一頁下，七行，樾峯次前韻見贈兼商輯郡志奉答：

……孔孟日麗天，豈不照荒巘？以茲頗自信，十駕竭駑勉……。

(2)志在勳業

先生不甘以文自居，而志在勳業。

同題首行：

男兒生世間，當以勳業顯。埋頭事章句，小夫已翦翦。何況誇文詞，更卑無可善。居常每念此，必若波濤卷……。

(3)志在著述。

詩後集卷一，一頁，四行，七月初五日家康成公生日，莫郘亭釋奠於湘川書院郘亭有詩示諸生，因次其韻：

……洪惟高密公，譯聖寤千代……六學文數萬，一字不可殺……小子生其際，門忝通德大……

兢兢祖述心，望海寄遙酹。先疇敢魯莽，終畝須糞矖，獨憐孱懦嬰，大懼日月邁！遙懷沙邱堰，一近絕聲欬……。

蓋欲繼高密（鄭康成）之志，譯聖注經，終身以著述爲務，日先疇，日終畝，無非欲嗣其謦欬耳。平生篤守儒家風範，所默契者眞儒、師儒（詩後集卷三、十一頁首行日：眞儒信是無不能，又日：獨歎師儒壯邦國是也），其志節之所在，可知也已。

4. 學養。

(1) 企慕前修。

先生慕二程兩蘇之道德仁義，而重其氣節，學之唯恐不及。

文集卷三，廿一頁下，五行，怡怡樓記：

高心泉秀東兄弟，家貴筑學宮之前……君兄弟棄青書先生早，至今三四十年，于于喁喁無少改，前襟後裾氣象，視世之同氣如路人，或終年不相見，或相見相待若賓客，而徒號於人謂吾於某某乃兄弟者，其相去誠不可以道里計。然亦思二程子兩蘇公之所以爲樂乎？以道德相師，以仁義相友，氣節高乎一代，言行法乎萬世。及今想其在時，夜眠共被，朝遊相攜，仰不愧，俯不怍，與天地名物相渾合於談笑寢飯之際，其爲怡怡者更何如也。吾與君皆垂老矣，欲學二程子兩蘇公，遲暮恐不及，二三垂髫婉孌拜揖乎吾前者，其有望於斯乎！

又敬弔古忠貞之士，欲爲之制兆域，建祠亭，以旌揚其忠義，其景仰之誠愨可知。

文集卷三，二十二頁，六行，訪楊价墓記：

宋威靈英烈侯楊公价善甫之墓，舊無識其處者……嗟乎！侯以與父若子當宋末造，世篤忠貞，而侯尤極志化民厲俗……其所造於茲土者爲大！越六百年，曾不得周槨之土以蔭其朽骨，是誠可悲也已！不知者不足責，知者而亦聽之，將若之何！昔余在黎平謁何忠誠公墓，悲其蕪圮侵踐也，賦一詩，以爲空言何補？後數年，今楚撫胡公林翼爲守，見余詩慨然，即位封樹，制兆域，創祠亭，一如余意所料量處分，至今牧兒不敢近焉。以楊侯之忠於宋。視何公之忠於明，其時勢勞績略相等，安知今不復有如胡公者乎？石知邑人，又好古慕忠孝，侯墓之於邑，與有其責，苟遇能如胡公者，余望其告之也。

夫忠烈之在天壤間，爲支柱世宇之正氣。先生痛楊侯墓之蕪廢不治，祠廟未立，將何以矜式於國人？其仰慕前修，力發幽光之孤懷又可知矣。

(2)嚴義利之別。

論語里仁，孔子曰：「君子喻於義；小人喻於利。」辨義利爲立身之大節，先生服膺已久。文集卷三，四頁，五行，與周小湖作楫太守辭貴陽志局書：

月十六日明府馳使至，伏讀尊教，諭以貴陽府志需效纂緝者……某寒士也，朝耕暮讀，日不得息……此其不敢一也……人情不諒，每易加罪，某以家貧親老，覛就教職，儼然備員，今又爲此，厚責者必又苛論，某雖不肖，義利之介，竊奉教於君子矣，此其不敢五也……。

(3)好學。

先生好學之精神，尤令人欽崇。平生不樂與世人往返，而終其生願與簡冊爲伍，雖饑寒弗顧也。

詩後集卷三，八頁下，九行，正月初趙仲漁婿來山中漫書：

我歸非書不挂眼，堅坐兩臂厚如蘚。終年親友斷行跡。口閉生臭舌欲卷，目中兩歲不見汝，嗟肯過存苦足繭……我今身與世相違，誓作蠹魚死殘簡。三旬兩食未爲餒，九冬無裘亦覺暖。相從且復數日留，梅花滿山足消遣，甕中未盡過年米，安乾薄托猶足辦。

苦讀終生不倦，家貧膏火不繼，惟藉先人神龕之鐙照讀，夜分更闌，冷坐對卷，心樂爲之，似非此則不歡也。

遺詩，一頁，四行，夜誦：

老非對卷不爲歡，堅坐龕前冷亦安。似作兒童完夜課，仍須翁媼待更闌（自注：今無力不給讀書油，夜即就先人龕鐙照讀）。女孫屢至催烘火，內子時言恐中寒。一笑隨時有牽掣，信知放意讀書難。

昔尼父弟子三千有餘，而獨許顏淵與己爲好學。先生暮年，久忘名利固非有所期而讀之。吾於先生，則心敬其誠爲好學之士也。

(4) 四好山水。

先生居恆耽玩山水，凡有佳勝，不憚險阻，不遠跋涉，非其好之深，樂之篤，不克若是。

詩集卷六，九頁，十一行，飛雲巖：

扶輿靈秀各有分，貴州得此一朵雲，蠻風萬古吹不化，中有元氣常氤氳。造化之手信幻極，四海不作雷同文，茲巖豈復涉世想，雲將摎削天磨斤。成時莫自贊其妙，俗間巧頌徒云云，經巢居士鷺鶴群，一絲不淨落世氛。紆行五日爲看此，所見乃過前所聞。十里泉聲接幽壑，蒼蒼萬木煙繽紛。買宅逕思傍雲住，下視擾擾同飛蚊……兒女催人待粗了，揮手一謝雲中君。

先生山林中人，雅愛邱園竹樹。

詩後集卷二，三頁，三行，修園：

余生山中人，少性愛邱壑，眼中去竹樹，意輒似無著。官居屋三層，不啻笯倖鶴。曷以寄野懷，逍遙散腰脚。……後圃當階前。喜見舊植博。叢柚發素蘤（今作花），曲桃綴紅萼。……誰家能餉竹，爲我補籬落。

蓋天性若是，舍此則意興索然，有若囚拘，其詩文均有得於山水之眞，故逸興遄飛而不能自已也。

(5)儉薄。

先生持身儉素，居官亦疏食淡飯，甘之如飴。

詩集卷九，七頁下，二行，書遣知同以十七日歸五首之二：

自我來鎮遠，不撤惟菽乳。佐之菘波陵，菔兒及芹母。每食數必備，鮮鮮照寒俎。於我已有餘，放箸腹如鼓。門斗竊相笑，天生菜園肚。慣喫槁農飯，稱作種田户。一笑謝善禱，吾豈如農圃。頓頓此盤餐，儻獲天長與。何論老廣文，卿相吾不取。

疏食飲水，樂在其中，惟自信有守者能之，他人亦不敢望也。

㈤遭遇

1.貧病。

⑴早年貧固。

先生命蹇數奇，一生遭際，惟阨窮憂患。早年即貧困。

文集卷三，三頁下，六行，上俞秋農先生書：

某列門下六年，不克歲月奉教誨……某本窶人子，幼來饑寒造極，計無復去處，念讀書一端，天當不能禁我，以故略有知見……。

⑵愁苦生涯。

詩集卷五，三頁，十行，愁苦又一歲贈邵亭：

愁苦又一歲，何時開我懷？欲死不得死，欲生無一佳！大雪滿中夜，曉來四望迷，當當滴破榻，雷聲繞檐階。悽切結中腸，事事增慨欷。生本乞者相，強命金閨才。……今年正月朔，旅發灃水湄，沿途樂歲首，兒女粲紅衣。彼時吾與汝，凍面兩相隨。暮求飯店宿，朝食風柵糜……相攜過大江，宜城行可哀。寒風劇刀劍，吹僵如輿尸……喉中默念死，心暖僅一絲……易驢漢水上，驢劣又難騎。雪花大如蝶，片片飛上眉。……艱辛四十傳，塵垢至京師，外極行路難，內極慈母悲。隨人攜柳籃。試罷精更疲……載書出國門，麥田綠正肥……步至長新店，憊極坐道歧。相看似土偶，欲笑口不開。念沙宿良鄉，自此晝夜馳……夢夢到樊口，驛以舟當差。危乎堵宮下，浪駭天忽迷，小舟八尺長，中流隨簸簁。魚鼈逐到岸，鬼活魂暗啼……望家廿日程，艤舟謝緒祠，謂言拜家慶，可及角黍期。安知鎮遠水，頃刻上俾倪，洞庭大於天，蛟龍恣盤嬉。流尸宿船底，淹户守寸隄。十日斷舟行，岸聲但走雷。伏篷米漸竭，何問鹽與齏……歸來喜俱存，兄弟亦怡怡，萬里問何得，笑指書幾堆……朝暮倚親側，又可事纂批……好事賢郡守，乃念地乘非……顧以一日長，主持爾見推……終思竟此業，匪望千秋垂……狼星射東井，羽檄忽紛披，遣發兩省兵……兩月老我師。遠者思逃亡，近者多仳離。當食每不飽，夢中半鼓聲……仡仡平太守，一火殲厥魁，手提血髑髏，擲向妖穴灰，凱還笳鼓競，正值鞭春時。父老各色喜，前時命如雞，心懸今始落，歲去已莫追。邨邨買年事，闐闐紛滿街，余亦獨何心，不歸對母妻……養餘復有事，顧弄雙嬌孩……命也末如何，遣悲遂成詩。

右詩歷寫雪夜屋漏，旅途風雪淒厲，饑寒煎薄，返家途中，爲洪水所阻，困厄不堪，抵家主修郡志，又值寇警，亂平返家重聚，遣悲成什，可謂愁苦歲月也。當自他鄉作歸里之計，而資斧不給，縫屨典釵，草草料理，亦不免自傷貧困。

詩集卷六，八頁遭，八行，貴陽寄內四首之二：

資身無術具衣糧，貧乞燔餘亦自傷。吾道果然成石瓠，人情固厭索檳郎。金釵晝拔儲歸費，布屨宵縫穩去裝。持笑寒號孟東野，夫妻那得不相瘡。

嘗讀書於牛欄側，穢惡之氣，必阻逆鼻息，而一住十餘日，無力他徙，其困窮可知矣。

詩後集卷四，八頁首行，讀書牛欄側三首之一：

讀書牛欄側，炊飯牛欄旁。二者皆潔事，所處焉能當？讀求悅我心，食求充我腸。何與糞壤間，豈有臧不臧！

其三：

閏歲耕事遲，一牛常臥旁。齩草看人讀，其味如我長。置書笑與語，相伴莫相妨。爾究知我誰，我心終不忘。

(3)貧仕冷官。

先生爲貧而仕，仕亦冷官，不爲世所重。月食官廩，每苦不繼，觀貸米一首。

逸詩七頁，九行，貸米：

月食仰官廩，夏後廩若洗。患坐好爲師。飢餒固其理，賴有諒我人，肯貸一月米。孟秋藉以過，仲秋行復爾。嗔兒叫門東，笑鼠墮甕底，意忘天地間，更有食肉事。千斗值幾何，口惠常不至！初乞猶色赧，漸慣未覺恥。莊生誠隘人，監河故可喜。諾乃不少得，忿指枯魚肆。

此爲冷官，不啻三月不知肉味，與杜集廣文先生（杜詩：諸公袞袞登臺省，廣文先生官獨冷，甲第紛紛厭粱肉，廣文先生飯不足……）同一處境，直有過而不及，可歎也已。

(4)晚罹惡疾。

先生晚年嬰口疾，頰車腐化，牙床如裂，醫者指爲怪症，束手無方。逸詩十二頁，五行，病中歎：

蹉跎一病半年餘，欲裂牙床腐頰車。在症無名醫欲避，久纏不放孽何如？先人化去空留藥，口業思來只讀書。親屬不知人不問，可憐奇事盡歸余。

先生以口疾久纏，痛楚病榻以卒，可云數奇命蹇之尤！觀「可憐奇事盡歸余」句，寧不泫然！

2.家難。

(1)哭季弟。

詩後集卷三，十二頁，八行，二苕季弟哀詞二十首之十五：

颯颯秋濤風雨哀，繞山松樹盡渠栽。一根不死吾弟死，不爲先墳都斬來。

其十六

事我如爺嫂似孃，酸腸汝嫂擗胸時，最是一聲聽不得，萬芳想盡不能醫。

(2)哀女詩後集卷一，五頁下，九行，

三女賓于以端午翌日夭，越六日葬先妣兆下哭之五首：

買山種竹已堪箱，十七年中夢一場，過眼詩書成記誦，借鐙鍼黹足衣裳。但爲女子猶深惜，復托窮爺盡可傷！父德母恩全不負，白頭空欠淚千行。

其二

其三

自小偏憐慧亦殊，女紅輟手事充奴。指揮纔念身先到，緩急常資債易逋。細數勞生寧解脫，時忘已死尚頻呼。雛孫不解酸懷劇，啼繞牀前索阿姑。

其五

青犢黃巾淚眼中，賊聲聞又上巴東。遭逢末世難言命，憂患平生不止窮。汝得九原從大母，天將何地置而翁？一盤設祭還相慰，堪籍溝渠養育同。

(3) 孫女孫男繼殤。

避難途中，孫女孫男相繼而殤，內心悲苦，可謂至極。

詩後集卷二，一頁下，首行，十三日出北郭視女孫葬所：

我到遲三日，孫生整四年。冢新沅水岸，腸斷葛蠻天。無識知何怨，同來忍棄捐。終期歸骨去，葬汝季姑邊。

同頁下，四行：

是日龐孫痘忽變逾時亦殤明晨親埋之與其姊同墓四首之一。

孫男繼孫女，半月客中亡！只有氣俱塞，更無心可傷。醫方誤俄頃，瑞日變冬霜。世盡無知物，昏昏負彼蒼。

其三

本爲逃生出，翻增促死悲。早知皆若此，苦竄竟何爲？襁哭關山道，裘包雨雪時。空餘來路在，歷歷不堪思。

⑷悼次孫。

次孫喪，先生夫婦哭之慟，天不相憐，貧困凶喪交偪，固人世之極哀痛也。

逸詩六頁下，九行，玉樹殤命同兒送棺歸葬午山感賦：

乙卯喪長孫，吾已及五秩。今年喪次孫，吾年又過七。門祚日已衰，肌膚益不實。生平只獨子，望孫意猶疾。長者若今存，十齡止欠一。……出語類老成，舉步無顛躓。……默喜更十年，我死或未必，庶幾禮堂業，可以授之膝……既奪讀書孫，又燬藏書室。老矣盡一生，待死更無術。老妻聽不得，哭踊如壞牆。在禮誠已過，於恩豈復常。落地即爲命，兩齡已同牀。臥則抱其乳，行則牽其裳。一旦奪手中，如何禁慟傷。卻念六十姥，義無從孫亡，以我斷腸人，復寬人斷腸。胡令至此極，哽咽瞻昊蒼。

⑸室家殘破。

先生避難歸，室家殘破，田園荒蕪，觸目傷懷，悽愴欲絕。

逸詩九頁下，二行，還山：

我聞寇烽急，寇去我事牽，乘此兩粗緩，與婦歸午山……水輪響漸大，已及竹溪邊……薩時清淨地，鼓角何喧喧……。

明晨至山堂，嚮墓惟一哭。桂柏餘悽蒼，瓦礫堆舊築……成來如升天，燬去在瞬目。何力更辦此，吾年已衰促。寇賊況相尋，言歸何由復……。
卅年堯灣居，鄰舍皆我親……驚心十閱月，死不餘幾人，存者就寨去，故屋無遺薪。米溪一帶水，影絕寒粼粼……已矣天實爲，終期靜風塵。

埋書：

人之所以貴，不在七尺軀。則貴乎書者，又豈故紙歟？然人道之器，書亦道之輿，人死既宜葬，書燬可棄諸？我巢正月焚，我歸一月初，徘徊赭階上，歷歷思舊儲……奈何都不存，惟見瓦礫鋪，一哀爲出涕，萬有良歸虛。數日封積灰，不令落穢污。……乃今巢經翁，傷心埋燬書。汝存我盡力，汝亡我收枯。借問燼中人？識此孝子無？

3. 時局：

(1)生逢末世。

詩後集卷一，六頁，六行，三女賓于夭五首之末：

青犢黃巾淚眼中，賊聲聞又上巴東，遭逢末世難言命，憂患平生不止窮……。

(2)官貪民侈。

文集卷四，二頁，三行，送潘明府光泰歸桐城序：

郡署內來青閣北隙地二十步許，即縣署右垣……去年庚子，桐城稚青潘公來爲宰，余適事郡乘客閣中，每夜將半，猶聞堂上與民決曲直聲，乍溫乍厲，如父兄於子弟也。……遵義庶治哉……
……夫今之仕宦者，尚未膺任時，纍纍然一舉人進士耳，一旦得所憑藉，乃衣必極四時佳者，各數十稱，始曰足衣。食必調山海之珍錯，始曰可食。他一切用視是，而其妻子親戚，素亦甘蔬而煖布者，至是皆哆口不謂然。縫人歲居，庖甬旬易，頤奴喉婢，便唾盡官氣，例以舊日，截然兩人！而三五相值聚語，要無不豔譚某物某味之佳惡，而其所譚者，又大都非中州五土所產，夫如是，民焉不病？豈能賣田園廬舍而來爲官哉！欲惠斯民，亦無暇焉耳矣。記少時聞言者道蘇貨廣貨，相詫極矣！十年來乃盛尚洋貨，非自洋來者不貴異！今日英吉利，即洋貨所由來者也，其於中國何如耶？自去年擾穢海疆，至今大半年，積半天下兵力，而猶未盡蕩滌，是何由致之然哉？如公者，其足發余感歎欷歔也……。

讀此，知當時官吏之奢泰貪污，民風之崇洋貨浮華，皆爲致亂之主因，而專買洋貨之風，迄今仍有過之之勢。

(3) 盜匪充斥。

當時盜匪盈野，時攻掠城邑，焚毀劫殺，民命如草，積尸亂麻，觀逸詩七頁下，十二行，閏八紀事：

嗚呼同治元，我縣禍何劇。周方百里地，眾矢注一的，湄寇退東南，粵賊進西北。粵卻湄復至，湄去粵仍逼……官能幾何勞？民有幾何力？而粵賊此來，吉凶尤叵測，毛面十萬餘，所至若蝗螣……更聞善穴城……地底行魑蜮。……我縣彫劫餘，何以能阻格……兩道趨我縣，大樓失險扼……蝮虺所經由，寧能免蜇螫……群情增倉皇，官吏殊震虢……呼聲山岳動，殺氣天地黑……月終謂盡去，相賀喜能國。蠆尾乃更毒……過所如掃席……忠莊天旺間，死人亂麻積，上天胡不仁？此昔堪太息，凡賊之躪及，空空剩阡陌。掠我貨與賄，不知若干直。……盡時或驅去，父子不相覿，舉家或屠殺，身首不能晰……賊所餘屋舍，土寇繼燬折。存者何以歸？歸者何以殖……，愧無先人學，黃巾敬其德，巨劫盡我心，備書涕沾臆。

(4)流離轉徙。

離亂走避，道路險阻，無旅店客舍，可供棲止，遭時方亂，極生人之不堪。

詩後集卷一，十頁下，七行，宿羊巖北岸：

隔江望羊巖，關門高且閉。鼓角鳴天半，旌竿梟雲際。雲轟灘聲雄，線挂石徑細，我行挾妻孥，對此心愈悸。……越川既稽時，攀陟更匪易。關上數十家，吏卒閒塞廁。前行儻維谷，何以處童稚？陋隘聊即安，止求雨雪避。火邊薦縱橫，大小爛漫睡。展轉窗已曙，竟夕那成寐。

觀先生之遭遇，可云否極。蓋非詩文之能窮人；必窮者而後工，良以孤臣孽子，操危慮深，物理人情，洞徹無遺，故有裨於斯文，乃天有意成全先生而固先啓之也。若謂此語非然。則先生之世德流芳，及身之孝友淳良，而其遭際乃若此，其理不可得而言矣。

㈥**學術**

1.爲學門徑。

先生爲學，自許氏始，啓之者爲程春海侍郎。

詩後集卷二，十一頁，首行，識程春海侍郎讀說文手跡（節原題）：

我爲許君學，實自程夫子。憶食石魚山，笑余不識字。從此問鉉鍇，稍稍究滂喜……。

首辨門徑，以通許學爲入學問一途之初步，所謂：「尋一求古人之路」者也。

文集卷三，一頁下，三行，上程春海先生書：

某再拜，謹奉書程侍郎先生……於是意尋一求古人之路，先讀書文爲本，佐以漢魏人小學及希馮元朗以下等書……。

其用在別聲音、辨文字。其目的，在通讀群經，蓋文字之與經義，本枝一體，同條共貫，能如此，則可以字釋經，轉而以經說字，則二者相得益彰，收效尤宏，此漢清兩代大儒世守之家法也，故又曰：

別聲音，辨文字，效古之十歲童子所爲。乃即以字讀經；又即以經讀字，覺其路平實直捷，履之甚安，遂斤斤恪守尺寸……。

先生潛心於此，積三十餘年。

文集卷四，十一頁下，二行，說文逸字序目：

……自弱冠以來，稍涉許學，誦覽之餘，輒有所疑，餘三十年矣……。

其植根不可謂不厚矣。又盛贊清儒在經學領域之成就，謂：

詩集卷四，四頁下，首行，鄉舉與燕上中丞賀耦庚先生：

……念自束髮來，抱遺望古先。意薄言鸜鵒，力遂忘其孱。我朝盛明經，諸老起接肩。閻胡奮前菲，江戴持中權。六經有實義，大師非漢儒。皇皇一代學，足破諸子禪……。

俾六經皆有實義可稽，群言亦獲有攸歸，爲學極致在此。先生有取於當代漢學家之成績爲必然矣。

2.讀書態度。

先生讀書，心至精細。一字一言，不苟且掠過。

文集卷五，十一頁，末行，跋韓詩赴江陵途中寄贈三學士首：

右詩蓋作於由衡至潭途中，詩云：江水清且急，則在湘江也。云涼風日修修，則八九月也。云胡爲首歸路，旅泊尚夷猶。益見覲岳之後，泊潭之前，中間必以故稽留一二十日。此詩之作，即在其時。憲宗之立，伾文之貶，在八月，京使至湘中，當在九月，此時公已聞詔，則詩作於九月無疑。宜編在潭州泊船詩前，方扶南編岳陽樓別竇司直後，誤矣，蓋阻風鹿角，地在潭州下流二百餘里。時已是十月，與涼風句不合。若過岳陽，則是大江，更不得云湘水也。

先生以地、時、當時之重要事蹟，每句之語義，相與比勘紬繹，以尋其究竟，而定其是非，足見心細之至，其考校之文字尚多，舉以槪其餘耳。

3.涵養醇厚。

同卷十四頁下，二行，跋韓詩符讀書城南首：

黃魯直嘗以此詩勸獎之功，與孔子同歸，正論也。陸唐老短之，謂退之切切然餌其幼子以富貴利達之美，若有戾於向之所得者，非也！讀書通古今，行身戒不義。學行並進，文質相宜，達則富貴若固有；窮亦名譽不去身。爲聖爲賢，止是如此。論古今通理，有潭潭府中趨之俗子，必無鞭背生蟲蛆之哲人。子孫苟賢，藏身有術，即不爲卿相，亦免人僕人奴。必欲餓不任聲，寒而見肘，是其時命所極，決非父母之心。若伏獵侍郎，弄麞宰相，固韓公所不屑計較，於符豈有慮焉？如唐老者，吾知其必教子孫作木石矣。竹垞先生評文章經訓數聯云：論讀書必歸至經術行義上，此昌黎學有根本處，最得其旨。

先生情性中人，無固執拘泥習氣，乃所謂通情達理者。與人不苛求，責人不求備，蓋其涵養之醇厚致然，先生於學養，貴能實踐躬行，平生服膺程朱。

詩後集卷三，八頁，七行，殘臘無以忘寒，借測圓海鏡，十日夜呵凍本校訖示兒：

藏書讀書事不同，藏書貴多讀貴通……人生即不爲大儒，豈可案上無程朱。渾天一轉吾家事，會有老父開吾愚。

以爲躬行克己，莫過於程朱，乾嘉諸賢，於考鏡有餘，而躬行則弗逮，惟紅豆山房半農人（惠士奇、棟之父），手書楹帖云：「六經宗服鄭；百行法程朱。」能心知其理，先生之涵養，蓋有所取耳。

4. **藏書豐富**。

先生藏書之富，前所未有：

逸詩十頁下，三行，埋書：

四庫所校錄，浩浩七萬卷。下士而窶人，乃能及其半……生小家壁立，僅抱經與傳。九歲知有子，山海訪圖贊。十二識庾鮑，十三聞史漢。十四學舊家，插架喜偷看。始知覽八千，舊是先生貫。鳩集四十年，丹黃不離案。有售必固獲，山妻盡釵釧。有聞必走借，夜鈔恆達旦。不獨有應有，亦多見未見。古州新附生，爲起藏書館（自注：山堂皆訓導古州時，新進諸生資金所造）。自謂得之難，庶幾免於患。詎知終不保，天意豈人算。我得自我失，猶勝身後散，世事良未知，一物不足歎。

又曰：

微雨坐松根，默寫蒼茫意。漢人所讀書，盡在藝文志。若似今刻本，不踰一巨匱。當時號儒者，大底進洙泗。於何見後來，如是陳所記。我生嗜博涉，將老迷津濟。此豈賊火哉？毋乃天所使。爲絕泛鶩緣，自作反本計。隨身十二擔，經子史已備，天意果如此，炳燭請從事。

綜計幾及四庫校錄七萬卷之半，以貧窶之士，而有此巨藏，可云至難矣！大氐宋代晁陳二氏所記錄，已多涉獵。自蒐閱覽鈔錄評點，凡四十年，其記覽之博如此，可謂學養閎深，眞積力久者矣。故卒悔其太博，而後約經子史之要，撮取十二擔，朝夕相隨，流離不忍遽舍，其淹博會通，不爲無因。

5.用力勤到。

詩後集卷三，三頁下，七行，五孫種痘作二首之一：

門衰生不殖，德薄天益刑……吾年已六九，於世鮮所營。妄希禮堂業，期以數世成……吾衰尚未懶，大字鈔六經。

讀書必須眼口手心四者俱到，而手到爲之樞。手到，則眼口心相將隨之，而印象尤深。故亭林先生嘗有著書不如鈔書之語。六經皆嘗手鈔，用力勤到如此，學之大成，有自來矣。

參考書目

巢經巢集

詩小雅鶴鳴之什

論語里仁、學而、泰伯、憲問

荀子勸學篇

孟子告子

禮記中庸

春秋左氏傳

杜工部全集

漢學師承記

韓昌黎全集

鄭子尹對後世寫作之啓導

一、重學力之積養

莊子逍遙遊：「鵬之徙於南冥也，水擊三千里，摶扶搖而上上者九萬里……且夫水之積也不厚，則負大舟也無力。覆杯水於坳堂之上，則芥爲之舟，置杯焉則膠，水淺而舟大也。風之積也不厚，則其負大翼也無力。故九萬里，則風斯在下矣，而後乃今培風，背負青天而莫之夭閼者，而後乃將將圖南」。莊子此喻，用之於學養，至爲恰當！凡物所積愈厚，則其所能負載者亦愈大。學力之於作品，正復如是。學力深厚，則作品之成就愈高，而其所表現之價値亦愈大，此不刊之理也。

(一)學養之提示

1.學養。

文集卷四，十一頁下，八行，周易屬辭序：

孔子之贊易也，曰聖人繫辭焉而明吉凶……吉堂雖長余兩歲，精力十倍余。學養誠篤，逐年以增，於里中獨所畏敬，其學易必不以此書爲止也可知矣。

由右段知先生之重視學養，以吉長之學養專勤，故於里中獨畏敬之也。

2.**學養須假以歲月，不可強致。**

文集卷五，十八頁下，七行，跋內弟黎魯新慕耕草堂詩鈔：

> 近人涉筆無槎牙直露大難……吾弟學勝於才，不得之靜悟，即得之苦吟……祇靜悟則易增魔障，苦吟則易傷氣格。此一定之勢所難免者，當試審之。此後更學養十年，海內精於論詩者，必以處之矣。

黎魯新已有詩集，並有舉力（觀：「吾弟學勝於才」句可知），先生以魯新力尚未至，須更學養十年，海內論詩者，於詞壇上方有以處之。十年之功，爲時非短，知學養須積之以歲月，非可強索之也。

3.**學養不足，具氣餒無力。**

詩集卷一，五頁，四行，留別程春海先生：

> 我讀先生古體詩，蟠虬咆熊生蛟螭……此道不振知何時，遂爾疲苶及今茲……閒明大黠奮厥衰，鼎未及扛臏已危。其腹不果則力羸，其氣不盛則聲雌。固宜宛轉呻念尸，非病夸蓋即戚施……。

右詩即謂學力之不逮也。譬之力不足而勉強扛鼎，必折臏絕亢，有生命之虞！曰「腹不果」，明其食（喻學養）之不足。而氣之不盛，亦須學養。力僅如此而強爲之，則病態（戚施等）叢見矣。

4.**養以文質彬彬爲至。**

詩集卷七，十二頁下，五行，論詩示諸生時代者將至：

我誠不能詩……李杜與王孟，才分各有似，羊質而虎皮，雖巧肖仍僞……文質誠彬彬，作詩固餘事。

先生論作詩，須文質兼備者，方優爲之。欲文質兼備，仍須有賴學養，蓋詩才以此（文質兼備）爲極致也。

㈡**豫事**。

文集卷三，十七頁下，十二行，巢經巢記：

非居盛文之邦，或遊跡遍名會……不能名藏書家也。余幼喜汎窺，見人家稍異者，必盡首末，稍長讀四庫總目，念雖不得本，猶必盡見之，裹足牂犍叢山之中，家赤貧，不給饘粥……凍餒迫逐，時有所去，去即家人待以食歸，而顧擔負色喜也，解包乃皆所購陳爛，相視爽然！而余尚衣不完，食不飽，對妻孥尠槁寒栗象，亦每默焉自悔，然性終不可改易，迄今二十餘年矣，計得書萬餘卷，漢魏後金石文字，宋元來名人眞跡，又近千卷，雖不能名藏家，吁，亦多矣……

……。

積學不能不置備書藉，此先事之工作也，先生家故赤貧，所蓄以供饘粥之資者，乃忍凍餒以購置所好之書，其得之難而藏之多如此！先事爲備也，凡事豫則立。

㈢**門徑**。

同卷四頁下，十一行，上賀耦耕先生書：

自二月吉到古州學官，旋以府試赴黎平，郡中童冠，頗不以某一無知解，樂與往還。核其風氣，大抵地介極僻，故純樸有餘而家少藏書，肆盛瞽説，學者五經尠成誦，諸史罕聞名，徒梯卑爛八股，若將終身，美質雖多，不能無恨！府學廩生胡長新年少而貧，獨能日夕相從，留意根柢之業。此子如不廢學，必作黔東冠雞，惟得一士，足相告語耳……。

先生以經史爲根柢之學，極是！謂黎平學者，鮮誦五經，不知諸史之名，以爲恨事！獨許廩生胡長新留意根柢之業，則以經史爲根蓋無疑。故學養之門徑，當自經史始。五經皆大文章，亦義理之淵藪。諸史則先民言行之記錄，生活之經驗，胥在於是，由經史入，得其門徑矣。

㈣方法。

1. 讀書。

文集卷四，十四頁，九行，桐筌序：

善言地理者無他，目到也，足到也，覽記盡古今之書，是謂目到……夫人之學力，亦何有止限？昨日爲爲是，今日見爲非，去年以爲計，今年以爲略，亦用心無已者乃有然也。若束書不覩，而役其神智於無益，與傲然執寸知粟獲而即以爲盡之者，豈足以與於此哉？……。

右沒言學力無止境，須積歲月以增益之，積之之法，在於讀書。故謂束書不觀者，不足以與此（此學力）。又

詩集卷七，十二頁下，六行，論詩示諸生時代者將至：

我誠不能詩，而頗知詩意。言必是我言，字是古人字。固宜多讀書，尤貴養其氣。

作詩亦宜多讀書，蓋學力之不可不養也。

2.讀書足以啓發知見（不可不讀）。

文集卷三，三頁下，六行，上俞秋農先生書：

某列門下六年，不克歲月奉教誨……某本窶人子，幼來饑寒造極，計無復去處，念讀書一端，天當不能禁我，以故略有知見，視人間所論所尚，不如意者爲多……。

視人間之論尙，每不如意，則其知見，迥與恆常不同，實自讀書以啓之也。

㈤勤力。

文集卷五，一頁下，首行，柴翁說：

柴翁者何，山農之老者也……余年十五六，始見國初顧俠君韓詩補注，酷嗜之，鈔而熟讀焉，繼而聚宋之五百家注，朱子考異，呂程洪方四家年譜，洎明凌稚隆所刊宋寥瑩中世綵堂韓集，以及國朝朱竹垞，何義門朱墨批本，方扶南之箋注，莫不取而參稽之，互證之，幾無一字一句不用心鉤索者，至今垂三十年矣。然於韓之所以爲韓，固望而未之見也……。

由右知先生積功力之勤而且久，於韓集曾無一字句未到心力，達三十年，先生於學無不窺，此僅就讀全集之一事，足見其用力之勤。又

同卷三頁下，五行，跋學蔀通辨：

讀學蔀通辨四編終……程子曰參也竟以魯得之，吾觀朱子，自道其資質，要不過中人，視象山四歲時，即思及天地窮際者，固遠不及矣。乃卒得聖人之純正，非以其魯歟？大抵質鈍者爲其易，不敢爲其難；守其一，不敢望其二，心細而用力苦，故其究卒底於道。而於異端也，亦無不洞悉毫末。高明者，天下事不足難其心，則懶生焉，懶而又欲以一己兼天下之數。粗粗之心，昏昏之行，宜其佛實儒名，終不知道。而亦未嘗即佛。朱子之主敬，其勤矣乎！象山之養神，懶焉而已。故學者寧魯鈍而勤，毋高明而懶。

先生特重勤力，所以厚植其根柢也。篇中尊朱子之勤，而斥象山之懶，意當在是。故寧取中人之資，不重高明之才，蓋雖中人之資，然心細而用力苦者，即可以聞道。其敦勉後世之心，亦云苦矣。

㈥**功效**。

1.**十年觀效**。

詩集卷七，二頁，十行，書柏容存稿：

黎生於我席硯友，四十存詩三百首。自言燒棄過大半，夜寒持示商可否。濃塗爛改復自嫌，得失已知我何有，不廢讀書眞有益，爾來自比少作厚。知君學養再十年，定視今玆又芻狗……。

右謂讀書有益於寫作，愈讀書愈有進益。學養十年之後，其所作必大逾往昔無疑，芻狗者，以草爲狗，專供祭祀之用，祭畢則棄之，學養十年之後，詩已大成，自親今作如芻狗，學養之效如此。

2.**有效之喻**。

詩集卷七，十頁，十行，諸生次昌黎喜侯喜至詩韻課詩於余和之：

自我來古州，日抱畏人念……作詩誠餘事，強外要中歉。膏沃無暗檠（按檠、燈架），根肥有新艷，懸知他日作，會得老夫譫……。

按以膏根喻學力，學力足則有光彩也。

逸詩四頁，八行，吉堂老兄示所作鹿山詩草題贈：

晨起讀君詩，一二已心許。再進眼復開，益讀益余嚇……君胡不早出，令我得避舍……茲事（按謂詩）誠小技，亦從學養化。世有昆岷源，江河自輸寫……。

按以江河之源喻學力，江河之輸寫，喻作品之浩大，源遠而流暢之意。

3.優入聖域。

詩集卷七，十一頁，二行，次昌黎讀書城南韻示同兒：

至聖孔尼父，亞聖孟子輿。兩家無父兒，自解勤讀書。惟其勤讀書，道德塞太虛……。

右言勤讀書（積學力）則可以希聖賢，大聖道德之崇高，由讀書之勤苦而來，積學之效，可以優入聖域，何其大也。

二、寫作宜自規摹始

先生於詩，自李杜以下諸大家專集，無不研誦，而得之李杜者居多。有時師其用心，亦或襲其句法。以爲前人作品，悉能爲我所用，初未嘗如後世好以創造自矜，與謂不用陳語，實則勦襲前人之作者，又復不同，今就其沿用前人之處，略析言之，以見大家非不用前人陳句，正以見其規摹古代名作，學取其長，仍不害其爲一代之宗師也。

㈠**取自李白者**。

詩集卷一，八頁下，八行，月下醉歌：

明月本在東林間，不知何時走上天。爲貪杯酒未及顧，失爾去路無由攀，惟見清空似碧海，琉璃萬頃嵌銀盤。咫尺人天不相管，何況世外求神仙。蓬萊瀛洲果何處？秦皇乃葬驪山邊。固知仙骨有時朽，惟爾飛光最長久。西升東沒無窮期，白兔擣藥延爾壽。如何醒眼看世人，不伴玉皇飲天酒。宋無忌娥影珠，一日奔馳四萬里。何如花間傾玉壺，壺空醉矣還歌呼。

按李太白全集卷二十，十二頁，二行，把酒問月：

青天明月來幾時，我今停盃一問之。人攀明月不可得，月行卻與人相隨。皎如飛鏡臨丹闕，綠煙滅盡清光發。但見宵從海上來，寧知曉向雲間沒，白兔擣藥秋復春，嫦娥孤棲與誰鄰？今人不見古時月，今月曾經照古人。古人今人若流水，共看明月皆如此，惟願當歌對酒時，月光長照金樽裡。

先生月下醉歌之首四句，實用李太白把酒問月之首四句及七八兩句之意。先生歌中白兔句直用李詩中之白兔一句。先生歌中西升東沒句，亦沿用李詩中但見二句及今人不見四句之意，兩相比較自知。

詩集卷五，六頁，二行，寒時遊桃源洞至湘山寺醉歌：

桃源洞旁滿桃花，春風吹斷黎眉騧……手可以提酒一壺，足可以向花林趨。好山好日不用一錢買，送到眼中皆畫圖。天公辦此亦費力，無人消受直成虛……。

按李太白全集卷七，一頁，五行，襄陽歌云：

落日欲沒峴山西，倒著接䍦花下迷……君不見晉朝羊公一片石，龜頭剝落生青苔，淚亦不能爲之墮，心亦不能爲之哀，清風朗月不用一錢買，玉山自倒非人推……。

先生於醉歌中之「好山好日不用一錢買」句，直用李詩襄陽歌中之「清風朗月不用一錢買」之句法。

又詩集卷八，四頁，九行，四橘堂歌：

鹿公孝子忠臣孫，葺堂在署如在郇……請爲醉歌告將來，老守作人洵可懷。樹不可使之拜，屋亦不可使之灰。若憶老夫開堂四十日，集豈不註無欲齋？

中樹不使之拜二句，亦取李詩襄陽歌中，淚亦不能爲之墮二句之句法，一讀便知。

㈡**取自工部者**。

詩集卷二，二頁下，十行，漏詩：

溪上老屋溪樹尖，我來經今十年淹。上瓦或破或脫落，大縫小隙天可瞻，朝光簸榻金瑣碎，月色點竈珠圓纖。

春雨如麻不斷絕，爾來正應花泡占。始知瓦舍但名耳，轉讓鄰茆堅覆苫。溜如海眼瀉通竇，滴似銅壺催曉籤……。

按杜工部集卷四，六頁下，十二行，茅屋爲秋風所破歌：

八月秋高風怒號，卷我屋上三重茅，茅飛渡江灑江郊……俄頃風定雲墨色，秋天漠漠向昏黑。……牀頭屋漏無乾處，雨腳如麻未斷絕……安得廣夏千萬間，大庇天下寒士俱歡顏，風雨不動安如山，嗚呼！何時眼前突兀見此屋，吾廬獨破受凍死亦足。

按屋漏詩全篇師工部茅屋爲秋風所破歌之意，而春雨如麻不斷絕句，正取杜詩「雨脈如麻未斷絕」之句法。又：

詩後集卷四，二頁，十行，初四日步至洗馬池……觀南溪水師南岸眞武山賊作歌。

玻黎江碧金沙黃，合江樓吸金碧光……吾欲手挈豊柄運豊綱，下挹江水作酒漿。灑爲甘露清而涼，化爾鷹鸇成鳳凰，使我萬家赤子安耕桑。嗚呼！焉得福星包世度，東有蒼龍西白虎。

右詩吾欲手挈至末段，全師工部茅屋破歌安得廣夏至末一段之意，使我萬家赤子安耕桑句，正自工部安得廣廈三句中化出。又

詩後集卷三，十頁，七行，浣溪吟寄唐鄂生：

夜半參横天頂時，心隨山月下峨眉。月入平羌不知遠，從風已到浣花溪。浣花溪水水西頭，表人雖往林塘幽。南鄰北鄰在何處？惟有草堂千古留。草堂先生眞絕倫，不論抱負觀保身……厭聞鼙鼓驚四鄰，遣心欲就水檻濱。高言大句固難望，榿栽竹行猶堪親。且爲浣溪吟，卻寄草堂

寺，何日攜錢過野橋，遠望他鄉惟表弟。嗚呼！男兒無賴擬終老，萬里傷心不自保……。

按工部集卷十一，一頁，八行，卜居：

浣花流水水西頭，主人爲卜林塘幽……。

㈢取自餘家者。

詩後集卷三，一頁下，三行，三月初八日……游芙峯山……。

芙峯山，在城東，插天一朵青芙蓉。……今年此地不看花，明年此日知何似……。

按全唐詩選卷一，劉希所作之代悲白頭翁：

洛陽城東桃李花，飛來飛去落誰家？洛陽女兒好顔色，坐見落花長太息，今年花落容色改，明年花開復誰在？……古人無復洛城東，今人還對落花風，年年歲歲花相似，歲歲年年人不同……。

先生遊峯山首中，今年此地不看花一句，正由白頭翁首段中化出。先生論詩，亦以多讀詩卷爲先務。

詩集卷五，九頁，九行，黃愛廬郡守出所藏方正學……手書諸卷……眞跡也：

香光松雪今已奴，人得晉唐口中珠……方黃豈是鳴書人，今觀文董亦不踰。乃知紛紛寡人者，正坐胸無千卷儲。田歌自古非田夫，知書莫如不善書……。

右本論書法，而曰「田歌自古非田夫」，足見作詩、作書，其理一也。故作詩亦以多讀詩卷爲基石，胸儲千卷，方可爲詩，田夫不曾讀書，故不能作田歌，明言作詩宜自規摹始也。

三、興起德義

㈠文字有宣揚倫理之力。

文集卷四，十六頁下，一行，張節婦題詞序：

前三十年，同里張伯高茂才，持其伯嫂唐節婦殉夫事狀，徧乞人題辭，繼又爲請旌於朝，樹綽楔於式閭里……節婦以一死盡其自全之道焉已耳，夫豈計其貞徽芳躅揄播人口哉？乃人人樂長言嗟歎之不置，如是其連章累牘者，亦足見所惡有甚於死，爲人心之所同然，而得之婦人女子，尤可慕而可風也。世之夫死而再嫁者，何面目立於天地之間哉？余因思古賢媛，如杞梁妻、齊義母、巴郡三貞、與夫焦仲卿、阮元瑜、任子咸之妻，諸君人者，其志行，後世不少相類。而以有劉子駿之頌，左九嬪、曹子建之贊，及王仲宣、丁正禮、潘安仁等之賦若詩，其孔雀東南飛一篇，更推爲五言長作之祖。故千載下，流連歎誦，覺其事其人，彪炳㚟出於冽日寒霜之表，有非他人所能及者，文字之力之聳植彝倫，固如是乎。顧安所盡得曹劉諸子之作，爲能歷久而彌傳也……。

文字可以宣揚倫理，即篇中所謂「聳植彝倫」也。則文字之力，誠大矣！曹劉諸子，皆大手筆，又以其能揄揚倫理，故能歷久而彌傳，則作者之蘄嚮，可知也已。

㈡感發母子慈孝之心。

文集卷五，八頁下，五行，跋機聲鐙影圖：

古之人，於爲父也妻者即母之而盡子道，不必其生已也。於爲夫也子者即子之而盡母道，不必其己生也……自世道衰，天理之公微，人心之私盛，爲君母者曰，是非吾生也，子焉而已，而爲庶子者亦曰，是非生我也。母焉而已。於是雖有母子之名，而母子之道，尟盡其實矣。今大定章吉士子句、庶出也，生甫周，其母謝安人歿，君母諶安人，實百苦撫教之，見其成進士入庶常館而始歿，歿後子和悲慕無已時，作此圖志恩勤以寓其痛，而持以示余。余嘉歎安人之爲母，吉士之爲子，皆能盡古人之道，而合乎周公之所以教。世之爲君母庶子者，聞茲風其慈孝之本心，或可油然而起也乎！故申禮意而書之。

母慈子孝，人倫之大者。爲君母庶子，能慈孝若是。其生身，已生之母子，當更慈孝矣。曰「本心」者，慈孝乃人之天性，而令其本心，油然興起慈孝者，則文字宣揚默化之功，作者當知所重矣。

㈢文字足以振奮人心，令人興起。

文集卷六，三頁，五行，書上蔡語錄後：

此朱子校定上蔡語錄三卷，道光初，歙洪氏所刻……前二年，先生已從祀孔庭，百世之師，一言一行，皆足使人興起，當命兒子如上說，別寫一本，爲朝夕服膺焉。

大賢一言一行，皆足使人興起，所謂上蔡之言行，均在其語錄，即文字中，故文字足以振奮人心，而令人興起。孟子曰：聖人，百世之師也……奮乎百世之上，百世之下，聞者莫不興起也（盡心）。此即感應影響之力也。貴陽陳夔龍序先生全集云：「讀其詩文者，使人孝弟慈諒，尊君親上之義，油然勃然，不能自已」。則先生之詩文，足以興起德義，有功於世教無疑矣。

四、作法

吾國歷代作家，多不言作法，一般大家，每持：「文無定法」之說，故無詳盡而有系統之作法箸錄。惟孔子曰辭達而已矣。又曰言之無文，行之不遠。已涉及作法。孟子曰，大匠誨人必以規矩，此雖非專指寫作，然寫作當有規矩無疑。先生爲一代名家，於前人名著精研已久，服膺至深！於詩文之作法，必有所窺，即憑其寫作之經驗，已足以霑溉後人於無既矣，茲謹就其對詩文寫作時之意見，鉤稽敘列，以供參考，亦取執柯伐柯之意云爾。

(一)寫作前之準備。

1.積養。

詩集卷七，五頁下，八行，往攝古州訓導別柏容邵亭三首之三：

黎大似同甫，莫五如伯恭。我病稍姦黠，青蒿倚長松。然亦各緣性，無取和而同。要是老大時，定命當擇從。即以文字論，外形誠自中，知至豈易言，謂知恐私衷。此意期共勉，吾聞紫陽公。

右詩謂：「即以文字論，外形誠自中」。指作詩文而言。論文字，必先有諸內，蓋有諸內而後形諸外也（孟子語）外形自指文字。有諸內者，涵養於平日，固積養之謂。

2.初步工夫。

同卷二頁，十行，書柏容存稿：

黎先生於我席硯友，四十存詩三百首。自言燒棄過大半，夜寒持示商可否。濃塗爛改復自嫌，得失已知我何有，不廢讀書眞有益，爾來自比少作厚……。

右謂作詩當自塗鴉始（黎生之濃爛塗改是也），自昔大家手稿，滿卷塗抹可見，初學勿憚改定，久則熟諳矣。

㈡寫作時注意事項。

1.避忌。

文集卷五，十八頁下，八行，跋內弟黎魯新慕耕草堂詩鈔：

近人涉筆，無槎牙直露大難，徧讀諸作，喜婉約之旨，於斯而有嗣響……。

右謂時人易犯「槎牙直露」之病，作詩者所宜避忌者也。

2.規摹。

詩集卷六，四頁，十三行，和淵明飲酒二十首之十五：

舉觴望青天，萬古此大宅，各入醉一場，既醒無遺跡……。

按右首首句取自工部，杜工部集卷一，八頁，八行，飲中八仙歌曰：

知章騎馬似乘船，眼花落井水底眠……宗之蕭灑美少年，舉觴白眼望青天，皎如玉樹臨風前……

……。

先生特約工部「舉觴白眼望青天」之句耳。

詩後集卷二，四頁下，十一行，端午對諸君餽物作歌：

一經兩經罨口紅，箬包脡屈杭子從……卻慚作師無寸功，胡瞻爾庭懸者豐……。

右詩「胡瞻爾庭懸者豐」句，直取毛詩魏風伐檀之什，其首章曰：

坎坎伐檀兮，寘之河之干兮……不狩不獵，胡瞻爾庭，有懸貆（獸名）兮……。

先生鎔詩經兩句而爲一句耳。

㈢作品必具之條件。

1.氣。

詩集卷一，五頁，四行，留別程春海先生：

我讀先生古體詩，蟠虬咆熊生蛟螭……間有大點奮厥衰，鼎未及扛臏已危。其腹不果則力餒，其氣不盛則聲雌……。

右詩「其腹不果」句喻學養不足，而「其氣不盛」句，則直謂詩宜氣盛，不則無以舉其聲音而有雌雄之鳴矣。

詩後集卷二，二頁，一行，同陶子俊方伯往觀小井李花井在東山下：

我愛昌黎公，乘雲往醉玉皇家，大句淋漓斡玄造，萬堆雪作連天花。山城忽復見斯景，事去千載無等差。雖無盧與張，卻有陶長沙。相攜尋到井源處，浩浩一素迷高窊……。

右詩謂井源處景象萬千，氣勢壯闊，有如韓詩浩浩乎載溢兩間之元氣。故贊之曰：「大句淋漓斡玄造」。言其氣盛，同乎造化陶鈞之功，杜工部所謂：「元氣淋漓障猶濕，眞宰上訴天應泣」是也。皆謂氣魄之浩蕩。杜詩此二句雖言畫之氣勢，而詩、畫之均須有氣勢，要無不同矣。

2.筆力。

詩後集卷四，二頁，二行，書鄂生詩稿後：

讀君近詩驚我神，此事何止作替人。麒麟緩步不動色，百獸帖耳爲之馴。不見三年曰能幾？有功翰墨乃如此。信知筆海掣鯨才，不在聰明三十里。先公峻節高嶙峋，復爾筆力挽百鈞。文章氣節一家事，嶽嶽聳我西南坤……。

先生贊鄂生之詩，筆力雄健，能挽百鈞之重。則詩之貴有筆力可知。又曰：「文章氣節一家事」，鄂生之文章，足驚悚先生之神，固以其筆力之遒勁耳。又

同卷五頁，四行，遇家人自西蜀歸遂戲楊家河岸劉氏宅居趙曉峯作魁巖歌見慰賦答：

魁巖下瞰君家屋，數世居之飽清淑。一朝靈氣生作君，學品俱是巖面目。君與巖習自不知，但覩所作魁巖詩。此意靈山有眞識，說似外人翻笑嗤。老我百憂復千慮，負書來吸巖下靈。身似學徒心似僧，祇覺無還亦無住，感君相慰歌筆雄，名山縱許已成翁。他年誰作輿地志，慚愧斯人附寓公。

先生盛稱趙曉峯所作魁巖歌，筆力雄厚。謂其負巖勢之峻偉，得山岳之靈秀。故發而爲詩，畢肖此巖。曰：「歌筆雄」者，正指筆力之雄厚而言也。

3.作者身影。

詩集卷六，二頁下，六行，題新昌俞秋農先生書聲刀尺圖。

秋風起哀音，吹此慈竹林。行行竹林下，誦公懷母吟。吟聲和淚聲，滴我思母心。請爲皐魚歌，和以子夏琴。蒼天何高高？海水何深深？可憐一寸心，死此一塊肉。身矣恐不男，男矣恐不育。既育望兒長，既長望兒讀……血吐千萬盆，話費千萬筐。……哀哀摧肺肝，歌哽琴咽彈。天耳爲我塞，地鼻爲我酸。……徒枉一世心，不博一日安。蠢蠢者紙堆，絫絫者新阡，負母非一塗，因公附斯篇。

先生因題俞秋農懷母吟而轉念母黎孺人，撫育辛勤，教子望子成龍之苦心，童稚憨頑，母愛處處，所謂藉他人杯酒，澆自己塊磊，無詩文無作者本人之身影在內，此作品必具條件之一也。

㈣**作詩方法**。

文集卷四，八頁，六行，偃飲軒詩鈔序：

余嘗過桐梓，覩大婁山，經其東南，曾盤崔嵬，蹩地隱天，草武煙雲，鬱鬱蒼蒼……意其窮深雄闊……必有負瑋抱者，或外來，或本產，出其精芒光焰，歌嘯姿肆乎其間，然後與茲山相稱……余論年未老，而頹惰不堪！料莫復長進，以曉峯日澤以古，發爲聲者，又必出之極思苦吟。即已前所詣，已令余不忍去手，更閱數年，知余所言與大婁相稱者，乃眞相稱矣。德行問學，夫寧有止境耶？點勘畢，書此還之。

右明謂作詩須運思，吟哦，即作詩之方法也。杜工部云：「益知良工心獨苦」，又曰：「意匠慘澹經營中」，正指運思而言，又曰：「新詩改罷自長吟」。餘家亦有：「吟成一個字，撚斷數莖鬚」之說，則謂吟哦也，詩之韻味，必須反復咏歌，高聲淺呼以尋繹之也。而曰：「極思苦吟」，則勞神，歷時之深而且久又可知矣。又

文集卷五，十八頁下，九行，跋內弟黎魯新慕耕草堂詩鈔：

近人涉筆……然斯道（謂作詩）有利有弊，吾弟學勝於才，不得之靜悟，即得之苦吟，故能刊落浮辭，吐屬沈摯……。

右首亦提出「苦吟」之法，外增「靜悟」一途，不過細心體會，與「極思」正復相因耳。

(五) 和詩方法。

文集卷五，十七頁下，首行，跋韓詩和李相公攝事南郊及杜相公……二首：

方扶南辨兩詩贋作……因斷非公作，篤二相屬和不得已而假手代之。余以理揆之，二詩原無可議。凡和人詩，必就彼題目，裝入己意。大抵贊人者多，或寓規於贊，體例自是如此……。

右言和人之詩，必藉原作者之題目，納入自己之意見，而贊人者居多，或贊之中隱寓規勸，此其體例也。

五、文藝評價

文藝之評價，端視其功用而定，先生謂文章，直爲天地之維柱。所以支持宇宙者也。文信國公正氣歌曰：「天地有正氣，雜然賦流形。下則爲河嶽，上則爲日星。於人曰浩然，沛乎塞蒼冥。皇路當清夷，含和吐明庭。時窮節乃見，一一垂丹青……是氣所磅礴，凜烈萬古存。當其貫日月，生死安足論？地維賴以立，天柱賴以尊。三綱實繫命，道義爲之根」。維柱之義，當本乎此。固謂申張正氣，發揚眞理之文章也，準斯以言，舉凡有關人道主義之發明，人類自由和平之維護，人群相愛互助之提倡，人性向上趨善之啓導，此類作品，皆具至高無上之價値，凡我文藝界，當三復斯言。亦即文藝當以此爲依歸，非吾人之作品，必篇篇講道德，字字言仁義。陷於宗教家說教之形式；出於老嫗保母喧聒無休之口吻，將必引人厭煩而不肯已。不過一篇文字，無論長短，其歸根結穴處，不違斯旨而已。善作者，固知審矣。

㈠文章價値，因人而異。

詩後集卷四，二頁，二行，書鄂生詩稿後：

讀君近詩驚我神，此事何止作替人……不見三年日能幾？有功翰墨乃如此……先公峻節高嶙峋，復爾筆力挽百鈞。文章氣節一家事，嶽嶽聳我西南坤……。

文章價値，因人而異，其人有氣節者，所作之詩，亦筆力千鈞，嶽嶽驚人感人者也。又文集卷六，六頁，十一行，書唐子方樹義方伯書札後：

(二)咸豐癸丑春，子方唐公，自家奉詔往安撫湖北，次年正月，以身殉難。其季子炯，集所得手書諭及臨難時書數十紙，都爲一冊，余得讀之，其時勞勩排擊心跡歷見，說詞語閒暇，筆墨舒整又乃爾，余不知涕之泫然也。嗟乎！士君子臨事，惟知有理，不知有身。理苟存？身不存可也；理苟不存？身存何益？讀公第一札云：若萬不能敵，惟一死而已。尸軀聽其付螻蟻魚鱉，不必從荆棘叢中，尋不可得之殘骨，效愚子之所爲，其視身爲何物哉！觀於此，亦可以知所輕重矣……。

先生讀唐子方方伯殉難前書札，不禁泫然流涕，而謂人當以身殉理，理者，眞理，即正義也，此即孟子舍生取義之意。唐公節義之士，臨難視死如歸，其文固宜永垂不朽也。

(二)**佳作之條件**。

文集卷四，十七頁下，四行，賢母錄序：

自丙辰與黃君子壽別於貴陽，子壽侍其尊上琴塢先生及左淑人宦燕晉間，南北相望者蓋七載。今年冬，子壽馳書自成都以來，言爲淑人疏齊衰布纓已釋矣。比始萃當代名公先生所撰銘誄志傳之屬數十篇，都爲一錄。子其題目焉，且爲序。余乃發所述事狀，吹鐙讀之，往復再三，輒咽然淚涔涔下不止。蓋其所次淑人事親之孝敬，教子之慈毅，處親鄰厚孤惸之仁恤，與夫貧苦勞瘁，有百其艱者，大抵與吾母同，而其年僅六十五，爲壽又同，其生也歲陽在丙，卒歲在庚，而辛又三月，復日逢八，更無不同。記曰見似目瞿，況似之似者乎！此中路之嬰兒，所以哭無常聲，亦有其萬不可解於心者然也。子壽之爲此錄，其萬不可解於心者，殆又與余似邪……而子壽自通籍來，視清華若寄焉，不可以躋尊顯爲榮，而惟日侍夫左右爲樂，一旦天奪所恃，其何爲心？然視余方俱存時，則飢驅不遑息歲，或無一二日在視食上至枯魚蠹，徒率妻子守一抔之土，不能如子壽若此，藉手名流，發攄慈德，則子壽雖撫帕而悲亦可一一少解矣，子壽誠賢矣哉！

由右知文之佳者，類能觸發讀者之同感。言我口之所欲言，又得人心之所同然者也。

同卷十六頁下，首行，張節婦題有序：

前三十年，同里張伯高茂才持其伯嫂唐節婦殉夫事狀徧乞人題詞……余因思古賢媛，如杞梁妻……而以有劉子駿之頌、左九嬪、曹子建之贊……故千載下流連歎誦，覺其事其人，彪炳夐出於沍日寒霜之表，有非他人所能及者。文字之力之聳植彝倫，固如是乎？顧安所盡得劉諸子之作，爲能歷久彌傳也……。

由右知能傳世久遠者，必爲佳作，曹劉諸子之作，歷久彌傳者，以其作品，經當時代之考驗也，要之佳作，不外能引發讀者之同感，與承當時代之考驗也。

(二)文藝之使命。

1.文藝在能宣揚眞理。

文集卷六，十九頁，四行，祭舅氏黎雪樓先生文：

嗚呼！釋氏論文，四大合成。當其散時，無影無因。雖則云然，是氣非理。氣則有終，理者無止。孔曾顏孟，周程邵張。惟其理存，至今不亡……。

理在兩間，亘古不泯。孔曾顏孟，周程邵張，即理之表徵耳。諸聖先賢言而世爲天下法；行而世爲天下則，浩然之正氣，充塞宇宙，故永不磨滅，按理即浩然之正氣也。其所繫之大如此，文藝即貴能宣揚眞理，培植凜冽之正氣，以維持宇宙之大生命也。

2. **文藝貴能傳述嘉言懿行。**

同卷十九頁，十二行，祭開州訓導子元仲舅文：

嗚呼！長山公外孫二十人，惟某於舅情獨深……庚子三月、吾母辭世，五月、舅之開州學官，我常歎吾母不復見矣……前年營葬甫畢，終歲爲邵志，筆無停手，去年春撤志局，擬正月二月，攜印本過開州，使仲舅見祖父及吾母列傳，喜仁孝賢淑之託以傳……。

仁孝賢淑之託以傳者，文藝也。文藝固當傳述仁孝賢淑之事蹟，以遺典則於來葉，成不朽之盛事也。

(四) **文藝之真實價值。**

遺詩十頁下，十一行，賀儀軒生曾孫：

熙甫好作祝壽詞，柴翁喜爲髯頭詩。人生既老復何説，落地成珠乃可期。文章薪火要世守，天地維柱須人支……。

正氣為天地之維柱，宇宙之生命。正氣須藉文藝以培植，以揄揚之，始能油然興起，沛然充塞天地之間。故曰：「文章薪火要世守，天地維柱須人支」。惟文章方有此功能，具有此價值。願我文藝界能秉承先生之高見，以萬鈞之筆力，為發揚天地正氣而日孳孳，吾人類前途，庶有望矣。

雜著

讀儒行

昔尼父處周之季葉，王道廢弛，禮義崩放，強弱兼併，上下蒙詐，天子不能誅，方伯不敢伐，天敘人紀，壞亂無餘，閔道德之不行，周流歷聘，干七十餘君而不獲一遇，故有鳳鳥之嘆，退隱之思，乃自衛反魯，規堯舜之緒，遵文武之教，刪詩定禮，贊易道，作春秋，綜百王之舊章，垂千載之大經，所以章往考來，開物成務，其用心力亦可謂苦矣。當時來遊於洙泗之間者三千餘人，皆使之修德習業，依仁游藝，而後身通六藝者七十有二人，世稱一代儒宗，豈虛語哉！斯七十子，顏曾閔冉，游夏之徒，後世亦尊之爲儒，下逮孟荀，遙承聖緒敷贊弘猷，世謂爲大儒，有漢董生仲舒，嫺習孔周，涵詠典墳，出言爲章，舉行有法，稱一代醇儒，下迄有宋，周程朱張數子，闡述心身性命之微，修己治人之要，皆爲一代碩儒，其後或數世無其人，或百千年間一人而已，豈世實無儒哉？足以言儒者鮮矣。今所謂墨守章句之徒，騁夸翰藻之輩，談說辨給之流，口飾忠信之言者，皆似是而非，若莠之亂苗，紫之奪朱，而皆不足以言儒也。故余讀戴記儒行，而後乃知儒之不易云爾。其所以不易者，非徒儒衣冠之後而遽可稱儒，其要在有儒行也。惟其行之難能難全而後見眞儒之不易云也。然詩有之，高山仰止，景行行止，游乎聖人之門，庶可遠其鄙倍，況其上焉者，其資材之可以有爲者乎。

文學新舊之爭

沒有以往典型的作品長期涵泳，那有後來居上日新孟進的佳作出現（前修未密，後出轉精），我永遠佩服朱子鵝湖寄和陸子壽詩：「舊學商量加邃密，新知培養轉深沈」這兩句詩確能發人深省，振我聾瞶，舊學須商量而後使其邃密，新知亦必須涵養，這才是推陳納新，日益精純的好辦法，可是有極少數的，也是極聰穎的人，他們很巧妙地，輕輕地用一個「舊」字或更微妙地用「古典」二字加在文學或傳世較久的書籍之上，這不是和在老少之間加上「代溝」一詞一樣的別有居心（共產用語）他們使人意味著這是舊的、陳腐的，應該揚棄的，你們還有何話可說，平心核實的說，學術思想以及文藝作品，只應該就內其容風格以及其感導作用來衡量它的價值，不宜以時之先後來妄估其高下，因之研究文學，只看其作品之價值如何而定，好的作品，絲毫不受時空的限制和影響，我們從事文學的人，似乎也不必在內心橫梗著此一有時空區劃的設想，此一觀念，必須先予澄清、根除，才能談文學，以及其他一切學術思想。

本人自去年八月承乏中文系務以來，深感自己識見淺陋，學殖的荒落，肩上挑起此一重任，實有不克負荷之苦，因之對於如何發展系務，如何引導同學從未向人發表任何宣傳詞令，我總是默默心計，步步踏實循序漸進地去作，此次歡送畢業同學，又值「中論」第二期刊出，此是系內師友共同耕耘的文藝園地，讓我們協力去培植園內的一草一木，令其花果繁碩，因之我希望畢業同學就四年內所學取資於師友者，用之於待人作事，尤當想到在萬方多難，國步艱難的時代裡，我們應該如何奮發、刻苦，力撐艱鉅去竭一己之才力（盡其在我）中大地處原野，在校內的同學應該珍惜韶光，勤勤懇懇樹立讀書風氣，聽取師長訓導，共同一致建力本系篤實的學風，努力於求知修業，俾中大中文系同學勿論離校在校均能揭示淳良之風範，內外交修，俯仰無媿，正是個人之衷心之所企盼，亦我國家民族之所寄望，諸位能如此，庶不愧爲中大兒女了。

要之，文學與一國的歷史文化有著傳承不可分割的淵源，絕不可發生離異的現象，文藝也必須植根於民族文化的土壤之內，才會綻放絢麗的花朵，結出碩大可口的果實出來。

論思辨

一、思辨之由來

《中庸》第二十章哀公問政，子曰：「文武之政，布在方策」又曰：「誠者天之道也，誠之者，人之道也……誠之者擇善而固執之者也，博學之、審問之、愼思之、明辨之，篤行之……有弗思，思之弗得弗措也，有弗辨，辨之弗明弗措也……」天人之道至大，不思不辨，何能擇善而固執之。

二、思辨為學問而發

孔子堅持學思並重《論語爲政》子曰：「學而不思則罔（迷罔）；思不而學則殆（危而不安朱注）」。故又謂徒思無益，曰：「吾嘗終日不食，終夜不寢以思，無益，不如學也（衛靈篇）」思須貼近學，（切問近思）思，尋求事理，辨、分析、處理之事，化資料爲學問，思在發現疑難，尋求問題，辨則解決問題，是爲學問也。

三、思辨所以祛惑解蔽

惑蔽每在疑似之間，觀《論語．陽貨》子曰：「女聞六言云蔽矣乎，對曰未也，居，吾語女，好仁不好學，其蔽也愚；好知不好學，其蔽也蕩，好信不好學，其蔽也賊；好直不好學，其蔽也絞；好勇不好學，其蔽也亂；好剛不好學，其蔽也狂。」仁、知、信、直、勇、剛，皆美德不以學輔之、導之，則有愚、蕩、賊、絞、亂、狂之蒙蔽良可畏也，此疑似之足以惑人也。

四、疑似當辨者

孔孟言之至詳《論語陽貨》子曰：「惡紫之奪朱也，惡鄭聲之亂雅樂也；惡利口之覆邦家者。」

同篇又子路曰：「君子尙勇乎？子曰君子有勇而無義爲亂，小人有勇而無義爲盜。」賜亦有惡，惡徼（伺察）以爲知者，惡不遜以爲勇者，惡訐（攻發人之陰私）以爲直者。」明徼之不爲直，不遜非勇，訐焉得爲直，皆似是而非之甚者，孟子於鄉愿之亂德，則曰：「非之無舉也，刺之無刺也，同乎流俗，合乎污世，居之似忠信，行之似廉潔，衆皆悅之，自以爲是，而不可以入堯舜之道，故曰：德之賊也，孔子曰：惡似而非者，惡莠恐其亂苗也；惡佞恐其亂義也；惡利口恐其亂信也；恐鄭聲恐其亂樂也，惡紫恐其亂朱也，惡鄉愿恐其亂德也（盡心下）。」孟子申言似是而非，可惡之至，以其爲德之賊也。

五、思辨必有權衡

孟子曰：「楊子取爲我拔一毛而利天下不爲也；墨子兼愛，摩頂放踵利天下爲之，子莫執中，執中爲近之，執中無權，猶執一也。」（盡心）孟子言執中固是，然必有權衡。孟子又曰：「權然後知輕重，度然後知長短，物皆然，心爲甚」心宜有權衡，以道爲準《荀子》言之至善，〈正名篇〉曰：「道者，古今之正權也」。〈解蔽篇〉「何爲衡？曰：道。」所權衡者，義利、善惡、是非、眞僞之論定，以爲吾人行止當否之唯一依據，思辨之重要可知矣。

文字與語言

曠觀寰宇，遠稽載籍，地無小大，民無多寡，要以國名者無不有特立之語言文字，蓋二者王教之原，國聞之本，上以推索舊典，下以宜民便俗，理財正辭，彰往考來，百官以治，萬品以察，體國經野，用宏效遠如日月經天，江河流地，亙萬世而常新，歷永古而不渝者也。史倉以前，書契未作，而人秉天地之靈，含五常之德，萬類紛接於外，喜慍鬱動於中，音聲外發而語言以生，然語言一出脣吻，易逝難留。且不踰戶庭，難以行遠，由是文字代之而生，王荊公云，物生而有情，情發而爲聲，人聲爲言，述以爲字，韓昌黎亦云，人聲之精者爲言，文辭之於言又其精也。文字之出於語言至明，有清樸學，已躋絕峯，惠戴錢段恢宏藩籬，太炎章氏，更集大成，而論衡所敘曰：太古草昧之世，其言語惟以表實，而德業之名爲後起，故牛馬名最先，事武之語，乃由牛馬孳乳以生，牛馬始語，事武孳生之字也，由是文字之出於語言，尤彰明較著也，然文字之箸於竹帛，傳之典籍，師友相承，轉相教習，家誦戶聞，道聽塗說，流行既徧，沿時復久，則咸知爲語言，而昧其本根，是語言復出於文字。夫語言之用，不能異地移時，事一過往，輒復遺忘，求其永續不可復得，且土域不同，南北音聲，別爲楚夏，音讀雖明，語則難曉，若施之簡札，則又按字可知，此文字之用，超乎時空之外，所以濟語言之窮也，他如家人父子，芻蕘牧豎，販夫走卒之輩，田野市井之間，率爾告語，邃古雅言，輒存迹象，夷考其實，於爾疋說文方言諸書求其解說而不能通曉者，證之以方言殊語，則渙然冰釋，怡然理順。此語言所以補文字之軼也。綜斯而言，語言文字之嬗衍，其歷程有四，一曰有聲無言，二曰有言無文，三曰文以足言，四曰言文相資，流暢無滯，以迄於今，考其流變之迹，瞭若指掌，故較其體用，文字爲語言之符，語言表心曲之象，二者實相依而存，相輔而行，名雖微別，程效則一，治斯學者，當知今之典籍，古代語言之林府，今之方言殊語，未刊之載籍，二者若束蘆之相依，麗澤之相須，不可偏舍其一也。

讀〈䓣漢昌言〉

壹、前　言

先釋名〈䓣漢昌言〉，䓣《說文．一下》艸部「䓣，艸大也，從艸，到聲」，段注：「《毛詩》倬彼甫田，韓詩作䓣彼圃田，釋故曰：『䓣，大也，倬聲到聲同在第二部』都到切，昌字，《說文．七上日部》：「昌，美言也，從日從曰」，段注「咎繇謨曰．禹拜昌言。」由說文、段注，知䓣與倬通，有光大之義，䓣漢者，光大漢族、宏揚漢文化也，昌言．猶善言嘉言也。

先生畢生排滿興漢，於《章氏叢書》各篇中屢見，晚年在蘇州講學時，此志尤堅定不移，民國二十一年壬申（一九三二）在蘇州滄浪亭可園連續講學兩月按系統闡釋「儒學要旨」、「大學大義」，勉學者當學范仲淹「名節厲俗」；顧炎武「行己有恥」（范顧二公均蘇州先賢），先生以挽救民族命運、令民族文化不致中斷，倣顧炎武「讀經會」建立學會，謂「深念扶微業輔絕學之道，誠莫如學會便」，乃與蘇州李根源、張一麐、陳衍等成立國學會（民國二十二年一月國學會在蘇州正式成立），創會刊「國學商兌」，時先生在上海於創刊號上嘗見〈周易是莊周所著〉一文，急馳函該刊謂「此等文必與芟薙」。足見先生愛護儒學之殷切，明年（一九九四）遂徙居蘇州並云「若天假吾年，見弟輩大成而死，庶幾於心無歉，於前修無負矣。」先生集清代考證學之大成，沉潛經學，以儒家經典爲傳統文化之所繫，歷數千年不替，倡導青年讀經，並謂「讀經有百利無一弊」（近數年來有王財貴君發起十萬兒童讀經風靡一時，可謂謹步先生之清塵）蓋守先待後之苦心，至深且篤，而〈葑漢昌言〉之大旨益可概見。

貳、昌言提要

今撮舉全文至要六端，分疏於下：

一、無我

〈葑漢昌言一〉：

老聃所以授仲尼者：世家稱，爲人臣者毋以有己，爲人子者毋以有己。列傳稱，去子之驕氣與多欲，態色與淫志。毋以有己者，無我也。驕氣，我慢也。多欲，我愛也；態色，我慢所呈露也；淫志，我愛所流行也，是皆去之與毋有己相成。不言去欲而言去多欲者，己欲立而立人，己欲達而達人，亦欲（按人性中本有願欲，太炎正視「欲」字非貪念之謂，斥理學以天理，人欲對舉之弊），老以詔孔，其所就爲無我，孔以詔顏其所就爲克己（按《論語．顏淵篇》，「顏淵問仁，子曰：『克己復禮爲仁。一日克己復禮，天下歸仁焉。爲仁由己而由人乎哉……』朱註：『克，勝也，己，謂身之私欲也。』」）授受不爽若此，儒者多忽之。

按上引，一則曰毋以有己者，「無我」也，二則曰老以詔孔其所就爲「無我」又謂孔以詔顏者爲克己。克己與無我之義相成相足，己，即私我也。按「無我」之說，悉本孔子，孔子所絕四事，毋我其一也。《論語．子罕篇》「子絕四，毋意、毋必、毋固、毋我。」朱註，「絕，無之盡者。毋，史記作無是也。我，私己也。」今檢史記實作毋，不知朱子所據何本？今查《經籍纂詁．卷九十四》毋，無也。詩東山毋士行枚箋，淮南脩務訓，寡人敢毋軾乎注，呂覽季夏，毋敢詐僞注，毋，无也。易繫下傳失得毋恤。虞注，又毋猶無也。詩賓之初筵式毋從謂箋，又儀禮少牢饋食禮，勿替引之注。」又按廣韻毋，無同在十虞內，同武夫切聲韻畢同，則毋、無二字通用，無疑。是《論語》之毋我，即「無我」也。外此，莊子亦云「喪我」，見《齊物論》「今者吾喪我。」莊子此篇旨在泯絕對待，不僅人我俱忘，即死生，壽夭亦視若無有，太炎於我字有明確之詮釋，《說文十二下》戈部「我，施身自謂也，或說我，傾頓也。從戈𠂹，𠂹，古文𡙧也。」段於「頃頓」下注曰「謂傾側也。古文以我爲俄，太炎因謂：「古訓最剴切者，說文云：『我頃頓也』此謂我，即俄頃之俄，言其念念生滅，如鐙中俄炷也。」（昌言一）太炎意謂我念生滅之暫也，人固不必過執我見以自罔其行止也。

二、論理氣

《昌言一》先生曰：

宋明諸儒之辨，困於理氣，所謂理即道體，而五常屬焉，所謂氣，則以知覺運動當之。理，猶佛典所謂法，氣，猶佛典所謂生，有生已空而法未空者矣。宋儒謂理在氣先，可也，現見人類有生然復有道義。明儒謂理麗（附著）於氣，即氣之秩然不廢者，亦可也。雖然氣者人之呼吸所吐納者爾，以知覺運動爲氣名義已乖。黃太沖謂心亦氣也。噫，人心至靈而謂之氣，仁，人心也；謂仁，人氣也可乎？蹶者趨走是氣也而反動其心，謂反動其氣可乎？以妄見天地萬物言唯有知，氣，則知之動，理，則知所構也，以本無天地萬物言，唯有知所謂本覺也，了此者奚困於理氣爲。（大氏諸篇所謂氣，應改稱爲力）。

按太炎以氣爲人呼吸所吐納之氣甚是，今人亦知人體充滿之氣與自然界之大氣通流者是，又以知爲本覺，氣則知之動，理則知所構，（以佛理喻）理猶佛典之法，氣猶佛典之生，唯有本覺之知，可以分別理、氣也。又按太炎以氣爲力（小註）所見甚是，與今科學知識符合，氣以陰陽二氣爲本根，二氣乃宇宙間最大之兩種動能（見小著《先秦諸子易說通考》陰陽一目中，文繁不具）動能即原動力，宇宙之所以恆動者賴有此力，五行原於五星（見史記天官書）亦宇宙之作用力，隨四時而有大小強弱之分。「今物理界亦已證明，太炎以氣爲「力」，至有卓見，蓋氣化創生萬有，此說則中國歷代載籍之所同然也。

三、釋人心、道心

太炎釋人心、道心云：

荀子解蔽云昔舜之治天下也，不以事詔而萬物成，處一危之，其榮滿側，養一之微，榮矣而未知，故道經曰：人心之危，道心之微，危微之幾，唯明君子而後知之，按人心者，有生之本，天地萬物由此心造；所謂阿賴耶識，所謂依他起自性也；道心者，無生無有天地萬物，所謂眞如心，所謂圓成實自性也。在《易》乾爲人心，自強不息，夕惕若厲（約易乾九三爻之句）斯爲危矣，艮爲道心，不獲其身，不見其人（約艮卦辭文句）斯爲微矣，聖人應世，雖已契眞如，然此生所託則阿賴耶識也。是故處一危之則光輝日新，燭照萬有，所謂其榮滿側也。養一之微，則滌除玄覽，廓然婁（屢）空，所謂榮矣而未知也，自僞古文點竄道經，其義稍異，後儒直以人心爲欲，道心爲理，不悟理欲皆依人心，若道心，則亦無所謂理也，謂之道心，亦不得已而爲之名也。

按宋明理學家以天理、人欲釋道心，人心，故有「人心惟危，道心惟微，惟精惟一，允執厥中。」十六字心傳之說，清儒已力闢之，太炎亦否定此說，則以人心爲佛語之阿賴耶識；道心爲眞如心。又以《易》理喻，則乾爲人心，艮爲道心，又以夕惕若厲釋「危」字，以不獲其身，不見其人（言忘我）

釋「微」字，見人心可以造作，道心似有「無爲」之意，不如宋明儒以理欲分別人心與道心，有輕重主從之見也，太炎謂理欲皆由人心之造作，道心則無分別相，不得謂之理也。太炎以乾爲人心，艮爲道心，此蓋以動靜言之也，曰自強不息，是動也，伊川曰「動爲天地之心」（復彖傳「復其見天地之心乎」一陽初動之際，草木暢茂，百花盛開，是天心之動），艮爲止，靜也，寂然不動之候，莊子亦云「萬物無足以鐃吾心者，故靜也，水靜猶明，而況聖人之心靜乎，天地之鑒也，萬物之鏡也」（天道篇），「不獲其身，不見其人」，己忘我矣，何以忘我？此心寂然不動也，故能燭照萬有，直謂人心、道心，皆契眞如，無貴賤、利害之別，以闢宋明儒斥欲爲邪妄之念，是偏見也。太炎引荀子「處一危之，養一之微」二句中之「一」字，不可忽略，此「一」與眞如契合，老子曰：「昔之得一者，天得一以清，地得一以寧……萬物得一以生，侯王得一以爲天下貞」（三十九章）又曰：「道生一，一生二，二生三，三生萬物……」（四十二章）《說文》一篇一字下曰「惟初太極，道立於一，造分天地，化成萬物。」故能處一危之，其榮滿側，養一之微，榮矣而未知，所謂榮者正如莊子「唯道集虛，虛者心齋也……虛室生白，吉祥止止。」（人間世）此「一」必須涵養，故荀子曰「未得道而求道者，謂之虛壹而靜……虛壹而靜，謂之大清明……心者，形之君也，而神明之主也」（解蔽篇）此處一，養一有素之後方能廓然而大公，物來而順應，胸懷灑落，有如光風霽月也。

四、神我說

太炎引孟子語而釋之曰：

孟子云「萬物皆備於我矣，反身而誠，樂莫大焉」（孟子盡心上篇）此即神我之見。後代濂溪契焉，如鶴林寺僧壽涯授濂溪四句偈曰：「有物先天地，無形本寂寥。能爲萬象主，不逐四時彫。」此豈佛說正僧佉神我之說也（壽涯此偈本老子所謂有物混成，先天地生，寂兮寥兮獨立不改，周行而不殆，可以爲天下母。但改天下母爲萬象主，其義即殊。言天下母，則是萬物資始者，即阿賴耶識，從依他起自性言也，言萬象主，則是神我，從遍計所執自性言也）濂溪得之，胸懷灑落，如光風霽月。其說顏子之樂，以爲見其大而忘其小，見其大則心泰，心泰則無不足；見大即見神我是已。其後白沙契焉，自述靜坐久之見吾此心之體，隱然呈露常若有物，日用問種種應酬，隨吾所欲，如馬之御銜勒也。體認物理，稽諸聖訓，各有頭緒來歷，如水之有原委也。所謂心體呈露，常若有物者，似若現前立少物，謂是唯識性然；又云終日乾乾，祇是收拾此理而已，此理干涉至大，無內外，無終始，無一處不到，無一息不運，會此則天地我立，萬物我出，而宇宙常在我矣。得此霸柄入手，更有何事，往古來今，四方上下都一齊穿紐；一齊收拾，何用爾腳來手攘，此正神我之說也。使孟子濂溪白沙，得孔顏爲師，自知克己，自知無我，自知無有所立卓爾不得，則終身不離婆羅門僧佉師境也。然於得失寵辱死生之變，固已塵芥視之，其於四端，則如火之然，泉之達矣，可不謂至賢乎。蓋見神我者，充實之謂美，充實而有光輝之謂大也，證無我者，大而化之之謂聖也。故以爲人非頓悟，則有得乃無得之門；

神我，則無我之漸耳，如魯男子，可與學展禽矣。

由上引可知「神我」之說，創自孟子、濂溪（承壽涯之教）白沙皆深契神我之要，何則，濂溪胸懷灑落如光風霽月，謂顏子之樂，能見其大（神我）。白沙靜坐久之見心體隱然呈露，知天地我立，萬物我出，而宇宙在我矣。神我之「神」，白沙見之益眞，言之尤詳，此時不知得失寵辱死生，而於四端，如火之然，泉之達，擴而充之至義之盡，益見充實而有光輝，進而得大而化之之境，上下與天地同流，優入聖域！於是有得乃無得之門；神我，爲無我之漸。是太炎以無我爲至高之境。此無我、神我二我字略有別，無我之義，乃小己，私我；神我之我乃眞如心，此心乃一身之眞宰，荀子名之曰天君，出令而無所受令者也。

五、尚友古人

太炎引漢晉唐宋先賢可法者凡十四人其言曰：

漢儒雖博稽名物，然其學有統，則仁義忠信是也，清世爲漢學者，惟最先張蒿庵，江愼修輩猶有漢儒風節，其後說經日以精博，躬行則衰，夫漢儒墮行者固有之矣，若鄭仲師之不屑於匈奴，盧子幹之抗議於廢立，所謂使於四方，不辱君命，見危授命，顚沛不違者此其風節豈中庸之材所敢擬？至師丹之骨鯁，朱雲之狂簡；於世亦爲希有，趙邠卿於重關複壁中注孟子，觀其題辭後序，辭無憔殺，意抗浮雲，是有得於孟氏浩然之氣者也，淸世其有乎？顏魯公非以學道名者也，臨難之勇，處事之正，死節之烈如此，昔人嘗以問象山，象山答言，人皆有秉彝，勿視學道泰過。余謂非獨魯公也，自漢以下，卓然以德操名世者，蓋有十四人，上不必七十子之徒，下未逮濂洛之學，蓋發乎悃愊，因心而至，或者以行不著習不察相蔑，則雖夷惠之行猶可閒也，賢士至眾。但今舉十四人，謂其生遇孔子，高或扳子貢、季路，次亦與曾宓漆雕同比，人倫之範，斯爲高選；學者毋自重其師資牆宇而人之德性是尊，則於尚友之道幾矣。

張良（子房）、汲黯（長孺）、黄憲（叔度）、田疇（子泰）、諸葛亮（孔明）、管寧（幼安）、王烈（彥方）

上漢七人

顏含（弘都）、陶潛（淵明）

上晉二人

元德秀（紫芝）、元結（次山）、顏眞卿（清臣）、陽城（亢宗）

上唐四人

范仲淹（希文）

上宋一人

彝倫在人，何間緇素，儒者以逃父病釋伽，此則泰伯仲雍先嘗爲之，抑亦印度熱地果穀易孳，裘纊服用資生之具既給，殊不待子之養也。是故梵志、僧佉之倫，靡不出家習道，亦不自釋氏始……大乘本有居士……涅盤經述伽葉言，我當以佛法僧常住啓悟父母，是則仍有省親，遂其烝烝也。

太炎本孟子「以友天下之善士爲未足，又尚論古之人，頌其詩讀其書不知其人可乎？是以論世也，是尚友也（萬章下篇）諸語意旨，提示尚友古人，謂漢儒風節如師丹、朱雲之行誼，於後世罕見，趙邠卿深得孟子浩然之正氣，清世則無有，唐世顏魯公臨難之勇，死節之烈，綜自漢以下卓然以德操名世者凡十四人，足見先生之所尊崇在德操節義，令後世服膺其德性躬行實踐，以匡末世以學術迎合政治之頹風，尚友之眞幾乃見矣。

六、論損益成虧

《列子天論篇》言損益成虧，先生曰：

列子書漢人無引者，王，何稽，阮下及樂廣，清談玄義，散在篇籍，亦無有引列子者，覼張湛序殆其所自造，湛謂與佛經相參，實則有取於佛經爾，天瑞篇引鬻熊一章謂損益成虧隨世（注，世，宜言生）隨死，往來相接，間不可省，凡一氣不頓進，一形不頓虧，亦不覺其成，亦不覺其虧，亦如人自世（釋文音生）至老，貌色智態，亡日不異，皮膚爪髮，隨世（釋文音生）隨落，非嬰孩時有停而不易也。前此莊子有舟壑喻，有亡乎故吾語，有方生方死語，後此明道有言死之事即生是也，義並同此，然不如列子了達明卷，此因佛家如河如燄等喻而作，（蕺山生死說曰：

「聞道祇在破除生死心，心無起滅，自無生死，此欲排佛，反成佛義。」）李習之復性書云：「子路結纓而死，非好勇而無懼也，其心寂然不動故也。曾子之死也，曰吾何求焉，吾得正而斃焉，斯已矣，此正性命之言也。……由習之之言觀之，自唐以上儒者，祇習《中庸》文義，得其一端以致用者，反在擊劍之士，擊劍何以師《中庸》？則取其至誠之道，使心不動也。蓋聶目懾荊軻去不敢留，有以知其不講劍術，伯昏教射，必上闚青天，下潛黃泉，揮斥八極，神氣不變，今之善手臂工按蹻者，亦必調氣習定，胥是旨矣，然則《中庸》不可能也，得其緒餘，白忍猶可蹈也。

按太炎夙交平陽宋恕平子，平子精內典，治寶積經，最後乃壹意治瑜伽，太炎自被繫，專修無著世親之說，比出獄，聞平子治瑜伽，竊自熹以爲梵方之學知微者莫若平子，視天台、華嚴諸家深遠（見太炎《文錄二・瑞安孫先生傷辭》）知太炎從平子深研佛典，故爲文每以佛理說之（齊物論釋即其顯例）太炎謂明道言生死與列子同，蕺山習之則言此心寂然不動，故了死生之義。

太炎又謂唐以上儒者，祇習《中庸》文義，不如擊劍之士能取其至誠之道，使心不動，善射者亦必調氣習定胥是至誠之道，心不動之故，蓋以至誠能疏觀萬物而知其情，參稽治亂而通其度，材官萬物，制割大理而宇宙裏矣（荀子解蔽篇語）竊按列子此段實本《易》道「損益盈虛」之原理以言變耳，夫道有常有變，先秦諸家亦深知之。《易》以道陰陽。陰陽握天道變化之樞機，即消息盈虛是也。老子亦知常變故曰：「道可道，非常道」（第一章），荀子於天論中曰：「列星隨旋，日月遞炤，四時代御」（即言變），又曰：「天有常道矣。」又曰：「夫道者，體常而盡變，一隅不足以舉之」（解蔽），莊子則屢言之，「方生方死」其一也，齊物論又曰：「其分也成也，其成也毀也。」又曰：「果且有成與虧乎哉？果且無成與虧乎哉？」視成虧若一，知變之至也。秋水篇論變至爲明確曰：「物之生若驟若馳，無動而不變，無時而不移」是也。《周易》爲運動變化之學，言變之句至多，於經文，則泰卦九三爻曰：「天平不陂，天往不復」上六爻曰：「城復于隍」是，繫下傳曰「變動不居，周流六虛，上下无常，剛柔相易，不可爲典要，唯變所適」（此雖以爻言，而爻效天下之變化，卦爻，即萬有之影似也。）太炎即列子此段只言觀變處變之方，心體寂然不動，死生禍福無攖於心，足見列子損益成虧之說，純本於《易》理，損彖傳「損益盈虛，與時偕行」，列子易盈虛爲成虧，其義全同，天人無時不變，變乃與時偕行，無動而不變，動，變相因，相資《中庸》「動則變，變則化，唯天下至誠爲能化」此《易》、《庸》，互通之理，是天道生生不息之幾，唯一「變」字而已，詎可忽哉。

叁、結語

〈對漢昌言〉爲雜記體，要爲漢文化揭發其精華所在，以見我民族之所以博大悠久者，其來有自，歷代大聖大哲之德慧睿智所以貽後世子孫者，固取之不盡，用之不竭矣。本文六端中以「無我」爲主，斥後世妄執我見，凡利害得失當前，必先問於我有礙否，而後定其行止，學術界亦然，先生於莊子齊物論釋中，反復開悟，泯絕對待觀念，於是非成虧均能玄覽齊一，而死生一關，尤恆人所難戡破，故有無我之說，又立神我之說者，此我乃眞如心之所由立，眞如無不燭照，何分人、我、是神我之我，非私我之謂也。第三，釋人心，道心「以人心」爲阿賴耶識，此心中虛無物，旁通無窮，如長空雲氣，流行無所止極，如大海魚龍，變化無有間隔，無內外可止，無動靜可分，所謂阿賴耶識（昌言二）依他而起自性也。道心爲眞如心，以《易》例之，則乾爲人心，自強不息。夕惕若厲，乃持危保泰居安思危之義，艮爲道心，知止常靜，不躁動，無我執，則無適無莫，應物無方，然於處一，養一（荀子語）特予提出，則道心固須涵養滋潤力久自油然而生，非可襲取之也。於尙友古人舉列漢晉唐宋凡十四大賢，皆德操卓立，純德性中人，足以挽頹風，厲士氣也。第六論損益成虧知天道之本如是，變化往復不息不已，方生方死，破除對待觀，齊物論之紛紜，泯是非之妄爭，與莊子物化之旨同符，與我民族以天下爲一家，中國爲一人，廓然而大公之大同境界爲期也。